# 들뢰즈와 언어

*Deleuze and Language*

**Deleuze and Language BY Jean-Jacques Lecercle**

Copyright © Jean-Jacques Lecercle 2002

First published in English by Palgrave Macmillan, a division of Macmillan Publishers Limited under the title DELEUZE AND LANGUAGE, 1st edition by Jean-Jacques Lecercle. This edition has been translated and published under licence from Palgrave Macmillan. The Author has asserted his right to be indentified as the author this work.

Korean translation copyright © Greenbee Publishing Co. 2016

This Korean edition published by arrangement with Palgrave Macmillan, a division of Macmillan Publishers Limited, through Shinwon Agency Co.

들뢰즈와 언어 : 언어의 무한한 변이들

**발행일** 초판1쇄 2016년 6월 10일 | **지은이** 장-자크 르세르클 | **옮긴이** 이현숙·하수정
**펴낸곳** (주)그린비출판사 | **펴낸이** 이희선 | **주소** 서울시 은평구 증산로1길 6, 2층
**전화** 02-702-2717 | **이메일** editor@greenbee.co.kr | **신고번호** 제25100-2015-000097

ISBN 978-89-7682-428-8 04100
ISBN 978-89-7682-302-1 (세트)
이 도서의 국립중앙도서관 출판예정도서목록(CIP)은 서지정보유통지원시스템 홈페이지(http://seoji.nl.go.kr)와 국가자료공동목록시스템(http://www.nl.go.kr/kolisnet)에서 이용하실 수 있습니다.(CIP제어번호: CIP2016008285)

나를 바꾸는 책, 세상을 바꾸는 책 www.greenbee.co.kr

언어의
**무한한 변이들**

# 들뢰즈와 언어

장-자크 르세르클 지음 | 이현숙·하수정 옮김

ㅎB
그린비

들어가는 이

# 감사의 말

카디프 대학에 감사한다. 특히 나에게 연구할 시간과 이 책을 쓸 시간을 주었던 캐서린 벨시와 데이비드 스킬튼에게 감사한다. 편집자의 모범인 드니스 라일리, 대화를 통해 자신의 부친이 2인자가 아니라는 확신을 주었던 에마뉘엘 가타리, 책을 빌려 주었던 다니엘 하인스, 인내를 보여 주었던 카디프 세미나의 모든 회원들에게 감사한다. 나의 들뢰즈 강연을 기꺼이 들어줬던 파리 제8세미나와 노엘 바트에게 감사한다.

6장은 *L'Esprit createur* vol. xxxviii : 4(Winter 1998)에 실린 글을 조금 수정한 것이다. 재판을 허락해 준 앤 토미크에게 감사한다.

# :: 차례

| 일러두기 |

1 이 책은 Jean-Jacques Lecercle, *Deleuze and Language* (Palgrave Macmillan, 2002)
를 완역한 것이다.

2 본문의 주석은 모두 각주로 표시되어 있다. 옮긴이 주는 끝에 '— 옮긴이'라고 표시했으며,
표시가 없는 것은 모두 지은이 주이다.

3 본문 중에 독자의 이해를 돕기 위해 옮긴이가 추가한 내용은 대괄호([ ])로 묶어 표시했다.

4 들뢰즈와 가타리의 저작에 대한 모든 인용은 프랑스어 초판본을 사용하였다. 영역본의 페
이지수도 각괄호 안에(( )) 함께 기입하였다. 인용된 프랑스어판, 영어판 상세 서지사항은
권말의 '들뢰즈와 가타리의 저작 목록'에 정리해 두었다.

5 단행본·전집·정기간행물 등에는 겹낫표(『 』)를, 논문·기사·단편·영화·미술작품 등에는
낫표(「 」)를 사용했다.

6 외국 인명이나 지명, 작품명은 2002년에 국립국어원에서 펴낸 '외래어 표기법'을 따르는
것을 원칙으로 하되, 관례가 굳어서 쓰이는 것들은 관례를 따랐다.

# 들뢰즈와 언어

Deleuze and

Language

# 들뢰즈, 베케트, '똑같은 전투'

더 이상 희곡을 쓸 수 없는 작가를 상상해 보라. 언어에 대한 감각이 너무 예민해져서 단어의 형식화를 방해받는 시인을 상상해 보라. 장황한 말들이 극단적으로 생략되어 무언극으로 전락한 『햄릿』을 상상해 보라. 언어가 그 용어의 두 의미 사이에서 소진되어 있는 상태를 상상해 보라. 그것은 모든 잠재적인 표현의 가능성이 실현되어 단어 속에 결빙되었지만, 그 결과 모든 잠재적인 화자들이 너무 피곤해서 말을 하지 못하게 되는 상태이다.

이것이 바로 베케트의 후기 작품인 TV 희곡 『쿼드』 *Quad*, 『유령 트리오』 *Ghost Trio*, 『…한갓 구름만…』 *…nur noch Gewölk…*, 그리고 『밤과 꿈』 *Nacht und Traüme*이다. 여기에는 언어가 전혀 없다. 여기서 언어는 기껏해야 소품을 묘사하는 목소리로 축소되거나, 최악의 경우 연극이 시작되면 자연스럽게 소멸되는 몇 개의 지문으로 축소된다.

그렇지만 이 언어 혐오자는 문제에 부딪힌다. 그는 조용히 언어를 버릴 수 있다. 그는 그림을 그릴 수 있고 음악을 작곡할 수 있고 춤을 출 수 있고 무성 영화를 찍을 수 있다. 따라서 그는 말해질 수 없고 오직 보여질 수만 있는 그 무엇이 있으며, 최고의 에피파니epiphany는 침묵이고 발생하는 사건의 포획과 환영은 언어가 없을 때 가장 잘 성취된다고 주장할 수 있다. 그리고 최소한 예술의 영역에서는 무언dumb이 어리석음이 아니라는 것을 실현함으로써 밝힐 수 있다. 그렇지만 그러는 동안 그는 적극적으로 언어를 혐오하지 않게 될 것이다. 그는 언어에 의한 표현 욕구라는 배반에 경멸을 표하지 않을 것이고, 웅변의 위험에 처해 더욱 웅변적으로 되지 않을 것이며, 친숙한 화용적 역설로 말하자면, 말하지 말라고 다른 잠재적 화자에게 경고하지 않을 것이다. 왜냐하면 언어에 대한 경멸과 혐오, 언어에 대한 불신을 표현하는 유일한 길은 언어를 통하는 것이기 때문이다.

베케트 역시 이 역설에서 예외는 아니다. 그 이유는 그의 후기 TV 무언극 희곡이 내 앞에 내 책상 위에 책의 형태로 놓여 있기 때문이다. 그 책 맨 앞장에는 '에디트 푸르니에의 영문번역'이라는 부제가 있고 『소진된 인간』*L'Epuisé*이라는 제목으로 들뢰즈의 긴 주석이 실려 있었다.[1] 단어들, 단어들, 단어들, 그리고 하나 이상의 자연언어에 대한 언급이 있다.

역설은 들뢰즈의 에세이에서 반복된다. 이 에세이는 베케트의 TV 희곡에 담긴 언어의 소진을 자연스럽게 다루고 있는데, 그것은 언어가 극단에 도달하고 소멸되어 더 이상 존재하지 않는 지점으로 이해된다. 결국 그 궤도의 끝에서 이 유명한 극작가는 언어 없이도 잘 해나갔다. 그러나

---

1 곧 밝혀질 이유로 나는 프랑스어 버전을 인용할 것이다. Samuel Beckett, *Quad et autres pièces pour la télévision, suivi de L'Epuisé, par Gilles Deleuze*, Paris : Minuit, 1992. 들뢰즈 에세이의 영어 번역은 Gilles Deleuze, *Essays Critical and Clinical*, trans. Daniel Smith and Michael Greco, London : Verso, 1998, pp. 152~174를 보라.

들뢰즈는 베케트의 언어에 대한 이론, 심지어 베케트 언어의 세 가지 유형에 대한 이론을 둘러싼 흥미로운 상태에 근거하여 자신의 주석을 구성하였다. 그럼으로써 그는 언어가 오직 희미한 형태로만 남아 있는 텍스트를 그 (아마도 부재하는) 언어에 대한 이론을 구성함으로써 다루고 있다.

나는 이 역설paradox(곧 이 부분을 상세하게 다룰 것이다)을 우화parable로 사용할 것인데, 그것은 언어의 문제적 본질에 대한 우화, 그 실행자들practitioners(나는 사용자들users을 말하지는 않을 것이다)이 맺고 있는 애증 관계에 대한 우화, 언어를 그 극단, 즉 침묵에까지 밀어붙일 필요성에 관한 우화, 소진을 극복하는 소진되지 않는 장황함에 관한 우화, 말로 표현할 수 없는 것들에조차 존재하는 말의 구성적인 표현 가능성에 관한 우화이다.

나는 이 역설을 질 들뢰즈[2]의 철학을 관통하는 가이드라인으로 삼을 것이다. 나는 그의 작품들에서 언어를 테마가 아닌 문제problem로서 다룰 것이다. 앞으로 살펴보겠지만 들뢰즈는 1960년대와 1970년대 프랑스와 유럽의 철학이 취한 언어적 전회linguistic turn에 많은 면에서 저항하고 있는데, 그것은 몇십 년 전 분석철학이 취한 보다 유명한 언어적 전회와 다르지만 평행한 형식을 취하고 있다. 다른 한편, 만일 공동작업에서 가타리의 특별한 공헌을 고려한다면, 들뢰즈는 그러한 전회의 일부이다. 이것이 바로 독자가 들뢰즈는 항상 언어의 토대를 다른 것에서 찾고 (때로는 몸에서, 때로는 생각에서) 그것을 부수적인 것까지는 아니지만 적어도 부차적인 현상으로 간주하는 것 같은 인상을 받는 이유가 된다. 그렇지만

---

2 나는 '질 들뢰즈'란 말을 사용하는데, 이는 한 개인이나 위대한 철학자의 이름이 아니라 '언표의 배치'일 때만 정당화된다. 여기에는 물론 그 주요 구성 요소로서 펠릭스 가타리(Félix Guattari)도 포함된다.

같은 독자는 들뢰즈가 항상 강박적으로 언어로 회귀하는 듯한 인상을 받는다. 언어는 표면surface의 효과, 즉 외면의 영역superficial field[형이상학적 표면]의 효과가 된다. 그렇지만 들뢰즈는 표면과 면plan의 철학자이지 않은가. 언어의 범주에서 특징적인 두 과정인 해석과 은유에 대한 들뢰즈의 적대감은 악명 높다. 그렇지만 언어예술로서 문학에 대한 그의 사랑 역시 악명 높다. 문학적 접근에 있어 고도의 모더니스트인 들뢰즈에게 문학 텍스트들(그들의 문학성)은 대부분 스타일style과 구문의 문제이다. 한마디로 우리는 들뢰즈의 저작에서 명확한 언어이론을 찾지 못하는데, 심지어 언어의 문제를 다룬 책은 한 권도 없다. 그러나 우리는 의미의 이론을 찾고(『의미의 논리』), 시어와 스타일의 이론을 찾고(가장 명백한 것은 『비판과 진단』), 화용론을 찾는다(『천의 고원』). 그러므로 이 책의 과제는 이러한 역설을 발전시키는 것이 될 것이다. 앞으로 살펴보겠지만 이는 들뢰즈에게서 언어가 문제로서 구성되는 것을 포함하는 것인데, 그것은 그가 이 개념에 부여한 엄격한 의미에서 그렇다.

그러나 처음의 역설(말로 표현할 수 없는 것에 포획된 시인)과 우화('들뢰즈, 베케트, '똑같은 전투'même combat)로 돌아가자. 베케트의 TV 희곡에서 언어는 정말 이상한 대상이다. 『쿼드』에서 배우들은 무대 위에서 움직이면서 결코 한마디도 하지 않는다. 언어는 지문으로 제한되고, 희곡 자체에도 존재하지 않게 된다. 우리의 숭배 대상인 연극과 언어의 관계는 방금 구입한 잔디 깎는 기계와 그 사용설명서의 관계와 같다. 『유령 트리오』에는 말소리가 들리는데, 그 목소리는 여자의 것이다. 그런데 무대 위에 있는 유일한 인물은 남자이다. 따라서 그 목소리는 끊어진 목소리, 웅얼거리는 소리, 『쿼드』에서만 읽을 수 있는 지문을 말하는 소리로서, 관객이 볼 수 있는 소도구나 등장인물들의 움직임을 묘사한다. 그 목소리가 순수하게 묘사적인 톤이기를 그치고 감정 표현을 드러낼 때가 딱 한 번 있는데, '아!' 하고 놀라는 소리(지문에 당연히 언급되어야 하는 감정)가 그녀에게서 새어 나오는 것이다. 희곡이 거의 끝날 때까지 목소리가 기여하는 것은 거의 없거나 단음절이다.『…한갓 구름뿐…』(예이츠 시의 일부에서 인용한 것으로서, 그의 밝은 시들과는 꽤 거리가 있다)에는 남자의 목소리가 나오는데, 지문은 우리에게 그것이 때때로 무대에 나타나는 남자의 목소리라는 것을 알려 준다(비록 그가 무대 위에서는 말이 없지만 말이다). 목소리는 남자의 행동과 가끔 스크린에 등장하는 클로즈업된 여자의 얼굴 표정을 묘사한다. 재미있는 것은 여자의 얼굴에서 입술은 예이츠의 시 구절들을 발음하는 것으로 보이는데 지문에는 계속 그녀의 목소리는 '들리지 않는다'라고 되어 있는 것이다. 마지막으로 『밤과 꿈』에서 언어는 완전히 사라진다. 남자 배우가 꿈을 꾸는데, 이는 대부분 자신에 관한 것이다. 이때 남자의 목소리는 슈베르트가 작곡한 동명 리트lied[독일 가곡]의 마지막 일곱 소절을 부드럽게 흥얼거린다.

이렇게 자신의 경력 마지막 시기에 (이 희곡들은 1980~1982년에 '쓰였다') 베케트는 희곡의 구성 재료인 언어에서 가능한 한 멀리 떨어진 것이 명백하다. 그는 음악이나 이미지 등 다른 매체로 이동함으로써 이를 실행한다. 클라이맥스에 언어의 대체물인 침묵을 향해 이동함으로써 실행한다. 언어의 주변부를 만듦으로써 실행하고 언어가 주장하고 저항할 때는 언어를 희곡의 경계 너머로 추방하고 무대 지시어나 해설의 소리를 제거함으로써 실행한다. 그리고 언어의 기능 중 하나이자 희곡의 중심이 되는 감정 표현을 앞세움으로써, 그리고 언어의 본질적 의무라 할 수 있는 대화를 포기함으로써 실행한다. 이렇게 그는 언어가 쓸모없어지고 시각적 이미지를 단어로 기괴하게 번역할 수 있는 상황에서 언어를 유지한다. 그렇지만 만일 언어가 실제 사물에 대해 시각적으로 접근할 수 있다면, 누가 **장황한 대사**를 원하겠는가(TV용 희곡을 읽는 것은 안타깝고 고통스럽다)? 그가 논리적 가능성들의 체계적 소진이라는 망상 중의 하나로 돌아갈 때에도, 『쿼드』에서의 이 소진은 시각적이고 제스처적인 것이지 『와트』*Watt*에서처럼 언어적인 것이 아니다(『와트』에서 무한한 순열로 펼쳐지던 언어적 기벽을 생각해 보라).

그러나 들뢰즈는 희곡에 관한 에세이를 쓰는 작업에 착수하면서 후기 베케트에 있어 명백한 언어의 소멸이라는 부분을 취하는 것을 조심스럽게 삼갔다. 들뢰즈는 전형적인 자기 방식대로 텍스트의 핵심적인 의미를 소진이라는 문제와 동일시하는 것으로 시작했다. 여기서 그는 모든 유형의 소진을 염두에 두었다. 즉, 육체적 소진(무대 위의 인물들은 너무 피곤해서 움직일 수조차 없었다), 가능한 결합의 논리적 소진(그는 와트뿐 아니라 몰로이, 그의 호주머니와 굴러다니는 16개의 조약돌을 회상했다), 또한 개인적 행적의 소진, 작가의 계획의 소진(이 소진은 언어의 소진 형태를 띤다)이 그것이다. 『소진된 인간』은 후기 베케트의 전형적인 특성일 뿐 아니라 작가 자신이며, 무엇보다도 언어이다.

그러므로 베케트의 후기 희곡들 속에서 소진이 하나의 언어이론, 혹은 하나에서 다른 하나로 논리적으로 이행하는 세 개의 언어이론의 관점에서 고려되는 것이 그렇게 비논리적인 것은 아닐 것이다.

**언어1**은 **이름**의 언어이다. 그것은 이미 우리가 아는 것과는 다른 언어이다. 사실 그것은 이름이라고 할 수도 없다. 우리가 아는 한 언어에는 구문론적 배열, 이중 분절에 따른 의미의 체계적 구성, 그리고 문장이 명제를 구현하는 것에 대한 적절한 언급 등이 포함되어 있다. 그러나 이름의 언어는 그렇지 않다. 이름-단어는 흩어진 원자들이고, 그들의 연속은 명제가 아닌 열거 혹은 목록을 형성하며, 그들의 결합은 **구문적이기보다는** 베케트의 망상적인 양식으로 대수학적이다. 따라서 이 언어가 색다른 언어로 나타날지라도 다음 언어로 나아갈 때 우리는 그 기이한 친숙성을 아쉬워할 것이다.

언어2는 목소리의 언어이다. 언어1의 친숙성은 이름 붙이는 화자가 여전히 주체라는 사실에 의해 설명된다. 언어의 법칙을 정초한 이 신비로운 **입법자들**nomothetes은 비록 분리된 비-명제적인 것일지라도 세계에 대한 언급reference의 형식을 보증한다. 의미작용signification, 즉 기호들을 어떤 논리적 순서로 결합하는 것은 어색하다. 현시manifestation, 즉 말하는 주체의 현존은 제한될 수 있지만, 단어와 사물 사이의 관계를 언급하는 지시designation는 여전히 존재한다. 그러나 언어2는 그렇지 않다. '언어'라고 부르는 것이 점점 어려워진 이 언어 형식 속에서 단어들은 사라져 버리기 때문이다. '단어 없애기'는 언어2에 근거하고 그것을 충족시키는 과제이다. 이 단어의 소멸은 즉각적이고 흥미로운 두 가지 결과를 낳는다. 첫째, 그런 언어는 더 이상 **나의** 언어가 아니다. 왜냐하면 나는 그 의미를 이해하지 못할 뿐 아니라 그것을 의미의 표현으로 파악하지도 못하기 때문이다. 둘째, 물론 의미는 실종된다. 그런 언어는 만약 말이라면 외국어가 될 수밖에 없는데, 나는 그것을 잘 알지 못하고 전적으로 타자에 의해 발화될 것이다. 들뢰즈는 가능한 세계로서 대타자the Other의 심각한 이론의 유형을 그리기 위해 이런 상황을 이용한다. 여기에서 대타자와 나의 현실세계가 접촉하는 유일한 점은 더 이상 의미를 갖지 않는 '목소리'Voice이다. 아직 이 언어2가 낯설고 소원할 수도 있지만 그다음이자 마지막 단계인 언어3의 단계로 넘어갈 때 우리는 그것을 아쉬워할 것이다.

언어3은 이미지의 언어이다. 그것의 '언어'로서의 자격은 전적으로 은유의 산물일 수 있는데, 우리가 '정상적' 언어로 간주하는 모든 성격을 박탈당한 것처럼 보이기 때문이다. 이상하게 들리지만, 언어2에는 아직 발신자가 있다. 그런데 그것은 내가 아니다(나의 언어가 아니기 때문이다). 그것은 심지어 화자도 아니다(목소리는 비인칭적이다). 그것은 언어적 연쇄의 근원, 일련의 단어와 유사한 그 무엇이다. 달리 말해, 언어1이 (불완전한) 지시의 형태를 유지하는 곳에서 언어2는 (혼란스러운) 현시의 형태를 유지한다. 언어3은 그렇지 않다. 그것은 이 **단련**askesis의 과정에서 한 걸음 더 나아간다. 우리는 더 이상 계열들(언어1에서처럼 관련된 이름들의 논리적 조합의 소진)이나 스토리를 갖지 않는다(왜냐하면 언어2는 대타자의 목소리로서 회고적이고 향수적이며 때로는 창의적이고 환상적이기 때문이다). 언어3은 비인칭적이고 특이한singular 이미지들로 구성되어 있다(소리나 그림 모두에서). 그것은 이미지들이 출현하는 장소이다. 이것이 어떤 의미에서도 더 이상 언어가 아니라는 것은 말할 필요도 없다. 의미작용은 언어1과 함께 사라지고 지시는 언어2와 함께 사라졌다. 이제 현시의 차례이다. 다음에는 깨어진 이미지들만 남게 될 것이다. 명백한 것은, 왜 이것을 언어라고 부르는가? 하는 문제이다. 그리고 그 대답은 내가 들뢰즈의 고도의 모더니즘이라고 부른 것과 관련되어 있다. 언어3은 주체도 아니고 객체도 아니며, 화자도 아니고 지시대상도 아니다. 그러나 그것은 여전히 수신자, 청중을 갖고 있다. 그리고 여전히 그 무언가가 진행되고 있는데, 그것은 그러한 이미지들의 출현 과정이다. 이것은 반성적으로 받아들여져야 하는데, 그 과정이 포기와 출현의 과정으로서 이는 언어 자체의 과정이기 때문이다. 이때 예술은 언어를 그 극단까지 취하고 언어가 도달하고자 하는 침묵에 더욱 가까이 가게 하고, 그리고 그 단어 '침묵'의 영어적 의미에서처럼 프랑스어에서도 이를 성취한다. 언어3은 언어의 극단적 언어로서, 이때 언어는 침묵으로 변하거나 음악이나 회화와 같은 다른 매체로 변한다.

들뢰즈에 따르면, 언어3에 이르는 이러한 과정은 특유의 것으로서, 그것은 베케트 **작품**œuvre의 발전에 속해 있다(언어1은 소설에서 특징적인데, 무엇보다 『와트』에서 그렇다. 언어2는 소설과 희곡, 특히 라디오 희곡에서 찾아볼 수 있다. 언어3은 소설 『일에 따라』*How it is*에서 생겨났지만 TV 희곡들에서 풍성해졌다). 그러나 그 진보는 또한 논리적이어서 언어에 대한 진실의 형식을 공식화하고 그것을 '괴롭히는' 것이 무엇인지를 이야기한다. 왜냐하면 우리가 알고 있는 언어, 베케트가 추방하고자 했던 언어는 그 단어의 모호함 속에서 기만적일 뿐 아니라, 지향·기호작용·기억·습관 등 모든 소통과 대화의 도구를 적재하고 있기 때문이다. 이 모든 것이 우리의 단어들을 동결시키고 독을 넣고 그리고 그들과 대화하는 우리를 질식시킨다. 화자는 끊임없이 언어에 의해 목이 졸릴 위험에 놓여 있다. 기호학의 젖은 담요가 표현하려는 모든 시도를 덮어씌운다. 그러므로 들뢰즈가 말했듯이 '뒤에 숨은 것이 무엇인가'를 찾기 위해 언어 표면 위에 '구멍을 뚫을' 필요가 있다. 그리고 『밤과 꿈』에서 음악과 회화의 결합 같은 매체 변화만이 전적으로 이를 성취할 수 있다.

베케트의 TV 희곡에 대한 들뢰즈의 설명에서 내가 매력적으로 느끼는 것은 그 역설적인 양상이다. 우리는 언어가 무엇이며, 음성적·의미론적·구문론적·화용론적 수준에서 그것이 어떻게 작동하는지를 알고 있다고 생각한다. 그리고 들뢰즈의 분석에서 베케트의 표현 양식 중 그 무엇도 언어로 간주될 수 없다는 것은 명백한 사실이다. 그렇지만 바로 그것(언어)이 그것들(베케트의 표현 양식들)을 묘사하기 위해 들뢰즈가 선택한 용어이다. 혹은 똑같은 생각을 다르게 공식화한다면, 언어가 희곡의 희박한 공기 속에 더욱 소멸될수록 들뢰즈 주석에서 그 (언어의) 형이상학적 범위는 더욱 확장되는데 이는 은유적 흐름과 팽창이 문자의 덧없음을 보상하기 때문이다.

이 역설은 텍스트의 속성 자체에 각인되어 있다. 베케트는 음악가도 아니고 영화감독도 아니다. 여기서 그는 읽기를 의도하지 않는 것이 명백한 텍스트를 읽을 때 경험하는 고통과 어려움의 원인이 되는 작가가 되지 않기 위해 최선을 다하고 있다. 그럼에도 불구하고 들뢰즈의 주석은 TV 프로그램이 아닌 텍스트에 초점을 맞추는데, 그것이 한 권으로 인쇄될 수 있기 때문이다. 그는 대략 지문으로 제한되기 때문에 언급할 가치가 거의 없는 텍스트에 대해서 논평한다. 지문 글쓰기나 스타일의 기쁨을 탐닉하기에 가장 좋은 매체는 아니다.

그렇지만 그것이 전부이다. 이 '텍스트'가 들뢰즈에게 부여한 기회는 언어의 한계에 대한 반성의 기회와 그로부터 도출되는 언어에 대한 꾸준한 적대감의 이론화이다. 이것은 철학적·종교적 전통을 관통하는 익숙한 흐름이다. 이러한 전통들에 따르면, 언어는 사유를 배반하고 사건 발생의 재현을 불가능하게 하며, **장황한 대사**는 즉각적인 그림에 대한 유감스러운 대체물이 된다. 언어는 그 외양과 명백한 기능에도 불구하고 의미의 발생과 순환을 촉진하지 않는다. 그것은 상식 속에 동결된다. 그것은 명료한 담화 속에 사건의 폭력성을 배신한다. 그렇지만 언어에 대한 이러한 비관적 관점은 **동시에** 언어예술인 문학의 필요에 대한 **찬가**paean가 된다. 문학은 그 극한까지 언어를 밀어붙임으로써 사건을 포착하고 환영할 수 있는데, 그 경계에서 언어는 다른 매체를 만난다. 언어의 한 형식으로 시의 언어가 있어서, 그것이 '낡은 스타일'le vieux style을 버리는 경우에 한해, 비전과 음악을 공급하기 때문이다. 그렇지만 여기에는 충족되어야 할 조건이 있다. 그 언어는 물적 관용구 내의 외국어로서 이상하고 비정상적 언어여야 한다는 것이다. 들뢰즈가 이를 묘사한 대목이 있는데, 그것은 또한 쓰기에 대한 그 어떤 시도도 거부하는 베케트의 '비-문체'non-style 에 대한 것이다. 그러한 언어는 '잘못 보여지고 잘못 말해지는'mal vu mal dit 언어인 것이다.[3]

독자도 예상하겠지만, 이것은 많은 질문을 불러일으킨다(이것이 나의 역설이 우화가 되는 지점이다). 이것은 단지 시적 언어의 개념을 일상 언어에서 파생된 **일탈**écart의 개념으로 회귀시키는 것인가? 문법과 구문에서 시적 언어와 구분되는 일상 언어 같은 것이 존재하는가? 우리는 말할 수 없는 것을 말하는 선지자적 영감에 사로잡힌 시인이라는 낭만주의 개념으로 회귀하는 것인가? 들뢰즈는 시대착오적으로 그의 고도의 모더니즘적 제스처를 반세기나 늦게 반복하는 것뿐인가? (그가 좋아하는 작가들의 명단이 우리로 하여금 그렇게 생각하게 한다.) 나는 이런 문학적 질문이 들뢰즈의 주된 관심사가 아니라고 주장할 것이다. 그의 작품 속에서 지속적인 것은 오직 철학적 문제와 언어의 **문제**의 징후뿐이기 때문이다. 이 두 가지 속에 철학자의 언어에 대한 필수적인 저항과 적대감, 그리고 동시에 언어에 대한 집착이라는 역설적인 양상들이 있다. 그러므로 우리는 들뢰즈의 철학에서 언어의 **문제를 구성**하는 것에서 시작해야 한다.

---

3 Beckett, *Quad*, pp. 104~105. 이 문장은 베케트에게서 차용한 것이다. Beckett, *Mal vu mal dit*, Paris: Minuit, 1981.

# |1장|
# 언어의 문제

## 1. 도입부

다음은 악명 높은 『안티오이디푸스』의 첫 부분이다.

그것은 때로는 조용하게 때로는 발작적으로 기능하면서 모든 곳에서 작동하고 있다. 그것은 숨을 쉬고 열을 내고 먹는다. 그것은 배설하고 성교한다. 그렇다면 이드the id라고 한 것은 얼마나 잘못인가! 모든 곳에서 **그것**it은 기계들이다. 그것은 실제적 기계이지, 비유적인 것이 아니다. 그것은 다른 기계를 작용하게 하는 기계이고 다른 기계들에 의해 작용되는 기계로서, 접속과 결합에 필요한 모든 것을 갖고 있기 때문이다. 기관-기계organs-machine는 에너지원-기계 속으로 삽입된다. 하나가 흐름을 생산할 때 다른 하나는 그 흐름을 방해하기 때문이다. 유방은 젖을 생산하는 기계이고 입은 그것에 결부된 기계이다. 식욕부진의 입은 몇 가지 기능 사이에서 요동친다. 그것의 소유자는 그것이 먹는 기계인지, 항문 기계인지, 말하는 기계인지, 혹은 숨 쉬는 기계(천식의 발작)인지 아직 분명하지 않기 때문이다. 그러므로 우리는 모두 장인들이다. 각자 작은 기계들을 갖고 있기 때문이다. 모든 기관-기계는, 하나의 에너지 기계가 있는데, 그것은 항상 흘러가고 방해한다. 판사 슈레버는 그의 엉덩이에 태양광선 —— **태양의 항문**A solar anus —— 을 갖고 있다. 그리고 다른 사람들은 그것이 작동한다는 것을 확신한다. 슈레버 판사는 무엇인가 느끼고 무엇인가 생산하고 그 과정을 이론적으로 설명할 수 있는 능력이 있다. 무엇인가 생산된다. 단순한 메타포가 아닌 기계의 효과가.[1]

이 텍스트는 즉시 질문을 야기한다. 우리는 과연 어떤 언어게임을 하고 있는가? 내가 읽고 있는 것이 철학 논문인가 아니면 소설인가? 나는 비교 항목이 필요했다. 여기 또 다른 유명한 첫 문장이 있다.

> 1 The world is all that is the case.
> 세계는 경우들의 총체이다.
>
> 1.1 The world is the totality of facts, not of things.
> 세계는 사실들의 총체이지 사물들의 총체가 아니다.[2]

나는 얼마 전에 내가 어렸을 때부터 수많은 그릇된 견해를 진실로 받아들였다는 것, 그리고 그런 불안정한 원칙에 근거하는 것이 가장 의심스

---

1 Gilles Deleuze and Félix Guattari, *L'Anti-Œdipe*, Paris : Minuit, 1972, p.7(영어판 pp. 1~2).

2 Ludwig Wittgenstein, *Tractatus Logico-Philosophicus*, London : Routledge & Kegan Paul, 1961, p.7.

럽고 불확실한 것일 수 있음을 깨달았다. 그래서 나는 내 인생에서 처음으로 그때까지 받아들였던 모든 의견들을 몰아내고 처음부터 다시 시작하는 일에 진지하게 착수해야 했다. 학문에서 확고하고 지속적인 그 무엇을 구축하기를 원했기 때문이다.[3]

고대 영국의 대성당 마을이라? 어떻게 고대 영국의 대성당 마을이 여기에 있을 수 있지! 낡은 성당의 낯익은 커다란 회색 사각형 탑이라? 어떻게 그것이 여기에 있을 수 있지! 모든 사실적인 전망의 관점에서 볼 때, 성당과 그것을 보는 눈 사이의 공중에는 녹슨 철못이 하나도 없다. 끼어드는 못은 무엇인가, 누가 그것을 박았는가? 아마 그것은 터키 강도떼를 차례차례 찔러 죽이라는 술탄의 명령에 의해 시작되었을 것이다.[4]

우리의 도입부(『안티오이디푸스』의 첫 구절)가 객관적 문장과 과장된 과학적 전회scientific turn의 구문을 동반한 비트겐슈타인의 『논리-철학 논고』Tractatus Logico-Philosophicus의 글쓰기 스타일과 다르다는 것은 명백한 사실이다. 또한 그것은 독백으로 되어 있어 보다 인간적이지만, 그러나 여전히 추상적인 데카르트의 『성찰』의 도입부와도 아무 관련이 없는 것이 명백하다. 이어서 연출되는 언어게임은, 비록 아편 섭취로 인해 광적이고 환각적인 목소리가 들려오긴 하지만, 디킨스의 『에드윈 드루드의 비밀』에 나오는 문학적 언어게임에 가깝다는 것도 명백하다. 『에드윈 드루드의 비밀』의 첫 구절처럼 『안티오이디푸스』의 첫 구절에서 충격적인

---

3 이것은 데카르트의 첫번째 성찰의 도입부이다. René Descartes, *Discourse on method and the meditations*, Harmondsworth : Penguin, 1968, p. 95를 보라.
4 Charles Dickens, *The Mystery of Edwin Drood*, Harmondsworth : Penguin, 1974, p. 37.

것은, 하나의 목소리가 (마치 두 개처럼) 말하고 있다는 것이다. 그러므로 나는 그 텍스트가 철학 책의 첫번째 페이지라는 것을 잠시 잊고 그다음을 문학적으로 읽는 과정에 탐닉할 것이다.

문학 텍스트에서 (철학 텍스트는 어떤가) 첫번째 단어는 매우 중요할 때가 많다. 여기서 대명사 '그것'it(비트겐슈타인의 『논리-철학 논고』가 시작되는 정관사만큼이나 의미 없는)은 몇 줄 아래에서 강조된다는 것을 제외하고는 해innocuous가 없어 보인다. 그리고 이와 함께 우리는 번역의 첫번째 문제와 만나게 되는데, 왜냐하면 원래 프랑스어로는 지시어 ça("ça fonctionne partout……"[그것은 모든 곳에 작용하고 있다]. 이것은 문학적 분석임을 기억하라. 그리고 텍스트의 고유한 언어는 무관하지 않다. 가능한 한 당신은 햄릿의 독백을 번역본으로 읽지는 않을 것이다)이기 때문이다. 나는 번역본을 비판하려는 것이 아니다. 'it'의 선택은 불가피했다. 그렇지만 지시어는 인칭대명사가 아니다.

하지만 그것들[ça와 it]은 공통점을 갖고 있는데, 그것은 둘 다 모두 중성이라는 점이다. 그것은 번역자의 선택을 정당화하게 되는 것이다. 'it'은 뱅베니스트가 '비인칭대명사'[5]라고 부른 것이고, 'ça'는 지시어의 중립적 형태다. 그리고 그것들은 **구문론적 기능**syntactic function을 공유한다. 둘 다 제로-토픽화zero-topicalisation에 사용되었는데, 그것은 이미 알려진 정보를 전제하지 않고 문장이 시작되는 것이다("it is raining"의 전칭적 'it'와 "ça va?"를 비교하라). 둘 다 왼쪽 초점left-focus이나 외치변형("C'est lui qui l'a fait", "it is true that……"[그것은 사실……이다])을 공표

---

5 Émile Benveniste, "La nature des pronoms", *Problèmes de linguistique générale*, vol. 1., Paris : Gallimard, 1966, pp. 251~257.

하는 문법적 카타포cataphor[후방조응]의 목적으로 사용될 수 있다. 끝으로 둘 다 이미 언급된 토픽을 지시하는 단순한 아나포라anaphora[전방조응]의 표식이 될 수 있다("ça n'est pas le problème"이 전제로 하는 'ça'의 지시대상은 이전의 대화에서 명백하게 나타나지만, "it is working"에서 'it'의 지시대상은 명백하지 않다). 질문은, 우리 텍스트에서 'ça'/'it'은 구문론적 기능 세 가지 중에서 어느 것을 충족시키는가? 하는 것이다. 그 대답은, 우리의 발생(사건)은 첫번째와 세번째 즉 제로-토픽화(이것은 완전 시작이다)와 아나포라——비록 이것이 텍스트의 첫번째 단어이지만, 텍스트 이전에 상호텍스트가 내재하고 있다——에서 주저하고 있다는 것이다. 다시 말해, 우리의 단어는 잘 알려진 문학적 수식trope의 발생, 즉 거짓된 아나포라적 수식의 발생으로서, 여기서 텍스트의 시작은 텍스트의 시작이 아닌 것처럼 가장한다. 만일 나의 소설이 "그 늙은 남자는 죽어 가고 있다"라는 문장으로 시작한다면 정관사[그]는 이미 늙은 남자와 동일시되고, 이야기는 **중간에서**in medias res 시작되는 것처럼 보인다.

처음 두 단어 'ça'와 'it'은 **의미론적 기능**semantic function 또한 공유하고 있다. 그것들은 둘 다 지시대상이 모호하다. 알다시피 자연어에서 모호함이란 지시어로서 결점이라기보다는 주요 자산이다.[6] 화자의 지식이 결핍되어서든 아니면 결핍을 가장하고 있어서든 모호하게 지시하는 것이 필요한 실제 상황이 있다. 이런 경우에 'ça'와 'it'은 완벽한 도구가 된다. 여기서 그들의 모호함은 수사적이 되고, 그것은 미결 혹은 지연의 수사가 된다(그것은 제로-토픽화 혹은 공허한 토픽화의 구문론적 기능과 유사하다. 왜냐하면 사전 정보가 전혀 없거나 있다고 해도 축소되었기 때문이

---

6 Joanna Channell, *Vague Language*, Oxford : Oxford University Press, 1994.

다). 독자는 순간 어리둥절해진다. 그들은 무엇에 대해 말하고 있지? 물론 그들은 기계들에 대해 이야기하고 있는데, 'it'이 지시하는 대상이 네번째 줄에 있기 때문이다("그것it은 기계들이다"). 그러나 그러한 정의는 하나가 아닌 것이 명백하다(그러한 기계들은 복수지만 'it'은 단수이다. 그리고 그것을 주어로 하는 동사들은 기계적 주체가 아닌 생명의 주체를 요구한다. 기계들은 성교하지 않기 때문이다). 따라서 모호함과 미결의 수사는 명백히 작동하고 있다.

그렇지만 이것은 또한 번역의 문제가 대두되는 지점이고, 'ça'와 'it'이 갈라지는 분기점이다. 'It'은 의미론적으로 비어 있는데, 그곳을 채울 수 있는 것은 매우 많다. 그것은 대-명사pro-noun이지만, 대-술어pro-predicate일 수도 있고, 심지어 대-발화pro-utterance가 될 수도 있다. 우리는 "it is raining"에서 이 말이 상황 전체를 재현할 수도 있는 것을 보았다(이러한 사태를 우려한 그리스의 문법학자들은 "it rains"처럼 주어 없는 동사를 그리스어 버전인 "Zeus rains"로 해석했다). 그러나 지시어 'ça'는 그렇지 않다. 그것의 기능은 언어의 가장 극단에서 지시하는 제스처(이름이 가리키는 것처럼)를 언어 속에 각인시킨다. 이때 그것의 지시대상은 설사 그것이 모호하다 해도, 엄격하게 단수이다. 'ça'는 나의 지각의 직접적인 대상, 너무 직접적이어서 아직 그것에 이름조차 붙일 수 없는 그런 대상에 주목한다. 그리고 그러한 내용, 언어학자가 '이동자'shifter라고 부르는 단어는 모든 새로운 사건, 모든 새로운 발화와는 다르다. 이 유사-제스처가 텍스트의 시작에 미치는 역설적 효과는——우리는 다시 수사의 영역에 들어왔다——우리가 언어에 들어가는 바로 그 순간 언어의 바깥을 가리킨다는 것이다. 'ça'는 또한 작품의 주인공의 이름, 비록 모호할지라도 뒤따르는 모든 활성동사의 주체이지만 동시에 비활성 비인칭대명사이기도 하다. 따라서 전술한 주인공은 비록 명백히 신체를 부여받았음에도 불구하고(먹다, 등등) 명백히 아무도 아니게 되는데, 사람도 아니고 심지어 신체도 아닌 것이다. 왜냐하면 그것은 은유로 간주됨으로써 기계로서의 성격을 띠기 때문이다. 안타깝지만 불가피하게도 이것은 대부분 번역 과정에서 상실된다.

텍스트의 첫번째 단어는 연쇄적인 수식어들이다. 그리고 수식어들은 필요조건이지 충분조건이 아니지만, 문학 텍스트에 특징적인 것이다. 수식어들은 실제로 텍스트의 나머지 부분에 풍성하게 나타난다. 'ça'가 '기계들'일지라도 ça의 인칭화는 지속된다. 그릇된 아나포라의 내러티브 수식 다음에는 아나포라의 **수사적** 수식 혹은 반복(작품의 문체는 정교하게 반복된다)이 뒤따른다. 표현("모든 기관-기계는 에너지-기계"다)의 공식화된 양식은 격언이나 슬로건이 지닌 시적인 힘을 텍스트에 부여한다 (방금 인용한 문장에서 동사의 모음은 문체의 보편적 간략화에 기여한다). 그리고 그 문장은 또한 암시(마르크스에 대한 희미한 암시)를 통해 작동하는데, 이는 마치 명백히 바타유(태양의 항문), 판사 슈레버, 그리고 그 반동으로 프로이트를 언급하는 텍스트의 다른 나머지 부분과 같다. 여기서 두번째 번역의 문제가 대두되는데, 그것은 'ça'가 모호할 뿐 아니라 동음이의어의 장소가 된다는 것이다. 'ça'와 'le ça'는 각각 'it'와 'the id'로 번역되는데, 그것은 또다시 안타깝지만 불가피하게도, 전체 단락이 의존하는 단어들에 대한 역할을 상실한다. 끝으로 텍스트에는 주요한 수식어인 메타포들이 심어져 있는 것으로 나타난다. 레이코프와 존슨의 용어에 따르면,[7] 우리는 존재론적 메타포 'the id'와 지속적인 구조적 메타포(신체는 기계다the BODY is a MACHINE)를 만난다. 사실 이 메타포들의 은유적 속성은 직접적이고 강하게 부정된다. 그렇지만 문학평론가는 그러한 부정을 프로이트적 부정의 예로 잘 해석할 수 있는데, 부정된 용어가 다시 텍스트의 **추락**chute을 제공하는 것이다. 그것[메타포]은 단락의 마지막 단어를 갖고 있고, 그 단어이기도 하다.

이 모든 것이 스타일로 간주된다. 여기서 모방할 수 없는 목소리가 들리는데, 그것은 『에드윈 드루드의 비밀』의 첫 단어들 속의 목소리처럼 특이하고, 세잔의 그림처럼 인식 가능한 것이다. 이것은 실제로 화려한 부분으로서 전문적이고 설득력 있는 연설가의 모든 규정적인 웅변을 보여 준다. 프랑스인들은 이를 '제스처'effets de manche라고 부른다. "그리고 다른 사람들은 그것이 작용한다는 것을 확신한다." 여기서 어떤 사람은 내재된 감탄부호를 감지할 수 있다. 더욱이 이 텍스트에는 화자가 부재한다. '누가 말하는가?'에 대한 직접적인 대답은 없다. 그것은 디킨스에게도 없고, 최소한 즉각적이지는 않은데 그 물음이 강조되고, 소설의 두번째 단락 시작 부분에서 답해지기 때문이다("흩어진 의식을 환상적으로 끼워 맞춘 그 남자는 머리끝에서 발끝까지 떨면서……"[8]). 그렇지만 여기에는 텍스트가 극단으로 치닫는 점과 상식이 우세하리라는 보장 사이에 위치하는 내레이터의 목소리는 존재하지 않는다. 아마도 우리는 문학적 언어 게임의 한계에 도달하는 것 같다. 그 목소리는 비트겐슈타인에게 있던 것처럼 규정된 것이고, 데카르트에게 있던 것처럼 뒤틀리고 은밀한 것으로 밝혀졌다. 비록 제기된 토픽의 범위가 철학 텍스트에서보다 더 넓고 보다 문학적 성격을 지닌다 해도 말이다.

적어도 이러한 수사적 혼란의 결과는 명백하다. 이것은 언어가 드러

---

7 George Lakoff and Mark Johnson, *Metaphors We Live By*, Chicago : University of Chicago Press, 1980.
8 Dickens, *The Mystery of Edwin Drood*, p. 37.

나는 텍스트들 가운데 하나로서, 이러한 텍스트는 크고 대중적인 발화, 플로베르Gustave Flaubert가 말했듯이 크게 전파하기au gueuloir를 위한 것이지 철학자의 서재 안에서 내면적이고 조용한 독서를 위한 것이 아니라는 것을 의미한다. 그렇지만 이 드러난 언어는 또한 텍스트에 의해 명백히 무시당하거나 심지어 배제되기까지 한다. 텍스트는 그 은유적 기계들의 사실성을 주장하고, 그것이 기계로 작동하는 가운데 언어의 생생한 요소를 배제하게 된다. 왜냐하면 그것은 주어와 동사 배열의 법칙을 위반하고 'it'이 명백히 글쓰기를 하는 바로 그 순간 'it'의 활동에서 말하기를 어느 정도 배제하기 때문이다. 이것은 더 이상 단순한 문학적 제스처가 아니다. 이것은 철학적 제스처다.

따라서 우리의 문학 텍스트는 철학 텍스트이다. 이런 관점에서 우리는 첫번째 단어인 'ça'를 제로-토픽화와 모호함이라는 언어의 두 가지 기능에서 다시 생각해야 한다. 철학 텍스트에서 도입부는 주로 서로 보완하는 두 개의 제스처의 자리인데, **입장**position의 제스처와 **배제**exclusion의 제스처가 그것이다.

여기 입장의 제스처에 관한 두 예가 있다. 그것은 "자연에는 무無가 아닌 무엇이 존재해야 하는가". 그리고 그 소산으로 "왜 무가 아닌 존재가 있는가?"에 대한 이유가 있다.[9] 여기서 질문의 형식으로 가정된 것은 가장 일반적인 것으로서의 '존재'being 자체에 가깝다. 그리고 나는 우리의 'ça'에 해당하는 라이프니츠의 'something'이 언어학적으로 모호한 것

---

9 Gottfried F. W. Leibniz, "A Resumé of Metaphysics", *Philosophical Writings*, London : Dent & Dutton, 1973, p.145 ; Martin Heidegger, *An Introduction to Metaphysics*, trans. Ralph Mannheim, New Haven : Yale University Press, 1959, p.1. 역자인 랠프 만하임은 "왜 nothing이 아닌 essents인가"라고 했다. 옮긴이의 주석에 있는 신조어는 이해되지 못했다.

에 충격을 받았다. 그것은 우리의 첫번째 단어 역시 입장의 제스처에 각인되어 있다는 것을 의미하기 때문이다. 'ça'는 주어진 모든 것의 이름인데, 다시 말해 존재의 다른 이름으로서 책의 나머지 부분이 상술해야 하는 대상이 된 것이다. 아니면 제로-토픽화의 언어적 기능이 여기서 충분히 도움이 된다면 그것은 아직 부재하는 존재의 이름을 대체하게 되는데, 이는 이후의 분석들에서 결국 드러날 것이다(들뢰즈의 저작에서 이 이름은 변화한다. 『차이와 반복』에서 그것은 '동일자의 영원회귀'로 나타나고, 후기 저작들에서는 '카오스'chaos로 표기된다). 나는 우리의 첫 단어가 라이프니츠의 'something'뿐 아니라 하이데거의 Es gibt, 즉 'there is'(제로-토픽화의 규범적 기호)의 등가물이라는 것을 제안하는데, 그것은 질문의 형식으로라도 입장의 제스처를 나타낸다.

그렇지만 'ça'는 또한 기본적 제스처인 배제의 제스처를 위한 장소이다. 그리고 여기서 'ça'의 모호함은 커다란 도움이 된다. 왜냐하면 그것은 단어로 하여금 그것에 대한 언급 없이도 배제를 **부드럽게**en douceur 수행할 수 있게 하기 때문이다. 그것은 또한 현상의 현존의 즉각성을 표시한다. 반反헤겔주의자임을 공언했음에도 불구하고, 들뢰즈와 가타리는 『정신현상학』*Phänomenologie des Geistes*의 첫번째 장 「이것과 내 것」Das Diese und das Meinen을 유용하게 읽었을 것이다. 여기에서는 지시어 'Diese'의 역설적 성격을 지적하고 있다. 'Diese'는 나의 의식에 의한 현상을 즉각적으로 통각되는 변환장치를 통해 가장 특이한 내용을 표현하지만, 그러나 그것은 가장 보편적인 언어학적 요소로서 그 자체로는 의미 없는 어떤 의미를 채울 수 있으며 따라서 유일하고 진정한 보편적 지시자가 된다.[10]

배제는 텍스트의 세 부분에서 작동된다. 그것은 'I'의 배제로부터 시작된다. 비활성 지시어 'ça'는 텍스트의 주동사와 목적어의 주어로서 모든 인칭대명사를 배제하는데, 화자를 표상하는 일인칭대명사의 배제가 가장 두드러진다. 이것이 바로 이 책의 도입부를 『성찰』과 비교하는 것이 타당한 이유이다. 데카르트에게 있어 화자의 공식화는 보편화를 목적으로 하지만 그의 관심사는 과학의 기초를 놓는 것이지 다른 것이 아니다. 아마 그 혼자만이 아니겠지만, 텍스트에는 일인칭 표시가 넘쳐난다. ('I'가 문장의 주어가 아닐 때, 'my' 혹은 'me'의 존재가 눈에 띈다.) "On n'est jamais si bien servi que par soi- même"[자기 자신밖에 믿을 사람이 없다]. 언어학자들이 '나-먼저 원칙'me- first principle이라고 부르는 것의 철학적 등가물로서 박애charity와 같은 현상의 분석은 가정에서 시작된다(이것은 프랑스 속담의 영어 버전이다). 우리의 텍스트에서는 그렇지 않다. 첫번째 단어는 가장 직접적인 현상인 'ça'와 관련되어 있는데, 그것은 직접적으로 주어졌지만 지각이나 내면적인 의식의 직접성을 통해 주어진 것은 아니다. 이것이 어떤 형태의 **코기토**도 없이 진행되는 시작이다(이것이 텍스트의 첫번째 배제의 제스처다). "I think"[나는 생각한다]도 없고 심지어 "it thinks, ça pense"[그것이 생각한다]도 없다. 모든 'ça'가 작용하고 'ça'는 기계와 같이 기능한다. 그러한 제스처는 현상적 접근을 철저히 거부하는데 문학에서처럼 철학에서도 풍부한 이 작용은 가치에 충격을 가한다(텍스트, 특히 철학적 텍스트는 보통 성교에 관여하지 않는데, 말 못하는 것을 말하는 것에는 특별한 기쁨이 있다).

덧붙여 말하자면, 말하는 주체인 'I'의 배제는 들뢰즈 철학의 특징이다. 그의 철학은 아마 주어를 중심 위치에서 강등시킬 것을 철저하게

---

10 변환과 부정성에 대한 헤겔의 관점을 분석한 것으로는 Giorgio Agamben, *Il Linguaggio e la morte*(Turin : Einaudi, 1982)를 보라.

추구하는 유일한 철학일 것이다. 나는 서로 다른 두 가지 맥락을 간략하게 이야기할 것이다. 『의미의 논리』에서의 사건. 이 경우 죽음의 사건은 비인칭 문장으로 공식화되는데, 즉 il meurt[그는 죽었다]가 아니라 on meurt[누군가가 죽었다]가 된다.[11] 들뢰즈는 이러한 비인칭 공식을 로런스 퍼링게티Lawrence Ferlinghetti의 문장을 차용하여 '4인칭 단수'fourth person singular라고 했다. 사건은 그 자체로도 특이성이 있지만, 그것은 비인칭적이고 전-개체적 특이성(이 용어는 질베르 시몽동의 철학에서 차용한 것인데 이는 들뢰즈 특유의 철학 개념의 일부이기도 하다)[12]을 지니고 있다. 우리는 'je'에서 'ça'로의 이동을 통해 비인칭의 영역으로, 'il'에서 'on'으로의 이동을 통해 전-개체적 영역으로 인도된다.

들뢰즈는 자신의 저작 『푸코』에서 푸코의 '발화의 극장'theatre of utterances과 화자의 부재를 설명하기 위해 (발화의 주체는 장소나 위치로서 발화의 유형에 따라 다채롭게 채워진다) "on parle"[누군가 말한다]라는 문장을 사용한다.[13] 이는 가능한 주체를 위한 장소를 제공하는 익명의 웅얼거림이다. 이제 분석의 초점은 더 이상 화자나 작가가 아닌 발화의 체계가 된다(푸코의 담화이론의 특징은 '언표의 과학'science des énoncés이라 불린다). 그러므로 익명의 'on'의 웅얼거림이다. 덧붙여서 들뢰즈는 언어로 시작하는 세 가지 방법을 말한다. 그것은 사람으로 시작할 수 있고

---

11 Deleuze, *Logique du sens*, Paris : Minuit, 1969, p.178. 영어 번역에는 'they'로 되어 있다(p. 152).

12 Gilbert Simondon, *L'individu et sa genèse physico-biologique*, Paris : Millon, 1995(1st edn. Paris : PUF, 1964). 시몽동의 개체화와 테크놀로지에 관한 철학에 관하여는 Muriel Combes, *Simondon : Individu et collectivité*(Paris : PUF, 1999)를 보라.

13 Deleuze, *Foucault*, Paris : Minuit, 1986, pp.62~63. 영어 번역은 'one speaks'이다(p. 55).

(발신자, 수신자), 기호로 시작할 수 있고(여기서 그 표현은 'ça parle'이 될 것이다), 현상세계의 독창적인 경험으로 시작할 수 있는데, 이는 'parole parlante'[말하는 말=기호적 지향]와 'parole parlée'[말해지는 말=언표적 지향]의 교환 속에 구현된다(여기서 그 세계 자체는 우리를 향해 말을 하고 있다). 들뢰즈에 따르면, 푸코는 "il y a du langage"[언어가 있다]라는 신성한 웅얼거림을 네번째의 시작으로 제시한 것이다. 언어의 총체적 철학이 바로 여기 주어의 급진적인 우회 속에 내재되어 있는 것이다.

그렇지만 우리의 텍스트는 배제의 두번째 형식을 실현하는데 이번에는 아주 명쾌한 방식이다. 그것은 텍스트에서 말장난을 하고 있는 'ça'의 두 의미 사이에서 선택의 문제와 관련되어 있다. 모호한 지시어, 연쇄적 수식어들은 프로이트의 이드를 적극적으로 배제한다. "quelle erreur d'avoir dit le ça"['ça'라고 한 것은 얼마나 잘못인가]. 프로이트의 존재론적 메타포(그것은 단순한 대명사와 변환장치를 실재를 나타내는 명사로 바꾼다)가 배제된 것은 두 가지 이유에서이다. 첫번째는 메타포가 근거하고 있는 바로 그 추상적 개념이다. 거짓 의인화와 페티시즘fetishism의 경우, 그로 인한 복잡한 과정은 하나의 대상으로 변화한다. 강조된 정관사는 그 대상의 독특함이 바로 들뢰즈와 가타리가 목적한 것임을 지적한다. 반면 단수 'ça'는 복수 '기계들'에 의해 규정되는데("모든 곳에서 그것은 기계들이다"), 이는 구성적이고 복합적이며 과정적이다. 두번째 이유는 그 메타포가 'ça'를 영토화하고, 그것을 시간적 과정에서 공간적 대상으로 이동시키고 그로써 탐험 지도(강을 지도에 그리기 위한 흐름들과 장애물들)여야 하는 것을 고착된 층의 지질학으로 변화시킨다는 점이다. 다시 말해 그 기계들을 구조로 변화시키는 것이다. 『슬픈 열대』의 유명한 대목에서 레비스트로스는 정신분석학과 마르크스주의를 지질학에 비교한다.[14] 이 세 가지 '과학들'은 모두 육안으로는 볼 수 없는 보다 깊은 층과 관련되어 있기 때문이다. 모든 것이 면의 표면에서 일어난다는 철학적 지도제작자인 들뢰즈와 가타리에게 있어 이보다 더 이질적인 것은 없다. 이 두번째 배제를 통해 주요 개념의 상관관계[층위의 대비]가 구축된다.

그렇지만 그 상관관계를 규명하기 전에 이 텍스트 역시 배제의 제3의 형식의 장소로서 이미 푸코의 구절에서 언급되었던 것에 주목하자. 왜냐하면 우리의 텍스트에서 'ça'는 작동하고 숨을 쉬고 열을 내고 먹고 배설하고 성교하지만, 그것이 특별히 하지 못하는 단 한 가지가 있다. 그것은 말하지 못한다(적어도 도입부에서는 그렇다. '말하는 기계'talking-machine는 나중에 언급된다). 이러한 부재는, "ça parle"이 라캉의 악명 높은 테제 "무의식은 언어처럼 구조화되어 있다"[15]를 압축시킨 공식이라는 것보다 더욱 놀라운 것이다. 이러한 공식은 그의 기표signifier에 대한 유명한 정의와 관련되어 있는데, 그것은 "하나의 기표는 다른 기표를 위한 주제를 재현한다"[16]는 것이다. 따라서 배제는 이중적이다. 우리의 텍스트는 'ça'의 주요한 활동에서 '말하기'speaking를 표 나게 배제하지 않을 것인데, 그이유는 '말하는 기계'가 언급되었기 때문이다. 그렇지만 다른 신체 기능은 말할 것도 없지만 먹는 것이 말하는 것보다 중요하다는 것은 강한 함축적 의미가 있다. 그리고 이 둘 사이의 관계가 들뢰즈의 지속적인 관심

---

14 Claude Lévi-Strauss, *Tristes tropiques*, Paris : Plon, 1955, pp. 58~59.

15 Joël Dor, *Introduction à la lecture de Lacan*, vol. 1 : L'inconscient structuré comme un langage(Paris : Denoël, 1985)를 보라. 들뢰즈와 가타리의 배제는 이러한 공식과 관련되어 있다는 것을 지적해야겠다. 그것은 [라캉의 1953년 보고서인] '로마 강연'(Discours de Rome)에서 찾을 수 있는 보다 흥미로운 "무의식은 타자의 담론"과 관련된 것이 아니다.

16 이러한 공리에 대한 해석은 나의 책 *Interpretation as Pragmatics*(Basingstoke : Palgrave Macmillan, 1999), pp. 79~80을 보라.

사 중 하나인 것도 사실인데, 이는 우리의 텍스트에서 식욕부진anorexia에 대한 암시로서 나타난다. 결국 똑같은 구멍orifice이 두 경우에 모두 관계 되기 때문이다. 이것의 결과는 언어가 관심의 초점이나 중심이 될 수 없 다는 것이다. 말하기보다 더욱 중요한 인간의 행위들이 있기 때문이다. 그래서 우리의 텍스트는 구조주의가 취한 언어적 전회(과학의 모델로서 의 언어나 언어학의 중심성의 형식으로, 그리고 "언어처럼 구조화된" 무의 식을 포함하는 정신의 지형학의 형식으로)에 명백히 저항하는 것이다. 그 러므로 우리의 텍스트는 정신을 구조화하는 것으로서의 기의 또한 배제 한다. 이것이 바로 『안티오이디푸스』의 지속적인 주제로서 가타리의 주 요 공적 중 하나라고 할 수 있는데, 이는 앞으로 살펴볼 것이다(그것은 이 미 『의미의 논리』에 나와 있는데, 여기서 들뢰즈는 라캉을 정중하게 대했다). 기표에 집중하는 것보다 더한 '기호체제'regimes of signs가 있다. 기의의 전 횡이 역사화되고 자본의 양식과 결합되는데, 이것이 바로 『자본주의와 분열증』Capitalism and Schizophrenia의 주요 테마이다. 그들이 주장하는 것 은 기호학적으로 말하자면, 인간은 말하는 동물 이상이라는 것이다. 이에 대한 가타리의 입장은 얼굴(혹은 '얼굴성'facialities)과 리듬('리토르넬로' ritournelles)이 똑같이 중요한 또 다른 기호학적 양식이라는 것이다.

우리는 문학적 스타일에서 (글쓰기writing) 철학적 스타일로, 개념의 체계를 이동했다. 여기서 '체계'란 용어는 물론 적절하지 않고 오해의 여 지가 있다. 논리 정연한 철학자인 들뢰즈는 체계적인 철학자가 되기를 주장하지는 않았다. 그가 선호하는 추론의 도구는 '**상관관계**'correlation이 다. 그 자신은 결코 이 용어를 사용하지 않았지만, 이는 '계열'series, '종합' synthesis, 혹은 심지어 '선'lines이란 이름으로 들뢰즈 작품에 분포되어 있 다. 들뢰즈에 특징적인 철학적 기하학이나 철학적 지질학의 통합이라 할 수 있다. 그렇다면 과연 상관관계란 무엇인가?

전통적으로, 그리고 사소한 것이지만, 개념의 작업은 헤겔의 용어로서 이해된다. 개념은 테제, 안티테제, 진테제(프랑스의 6학년 학생에게는 이것이 헤겔이다)라는 변증법적 삼단계에 따라 발전하는데, 이는 **지양** Aufhebung의 미스터리를 향해 인도하는 과정이다. 이 전통적인 개념 밖에 있는 현대적 방법의 하나는 해체로서, 즉 전도, 도치, 삭제의 복원이다.[17] 들뢰즈의 반-헤겔주의는 보다 급진적인 것이다. 이때 그는 개념의 변증법적 발전 대신 상관관계에 의존한다. 즉 두 개의 대조적인 계열들 혹은 열들은 이접('x, not y')을 통해 구축된 열들의 계열들로서, 각각의 열은 다른 열에서 반대의 숫자를 갖고 있다. 각각의 열의 결합은 인과관계('x, therefore x′')가 아닌 결합된 진테제('x and x′')를 통해 획득된다. 그 결과는 유일한 개념도 아니고 (비록 각각의 열이 결정의 부가물로 간주되지만) 이분법도 아닌데, 대비는 열을 따라 점점 증식되어 탈주선으로 변한다. 이 모든 것은 너무 추상적이기 때문에 이를 반영하는 예를 하나 들겠다. 나는 변증법적 전개에 반대되는 (개념들은 혼자 오지 않는다) 상관관계의 상관관계를 생산할 것이다.

| 1 | 2 | 3 | 4 | 5 | 6 | 7 | 8 | 9 |
|---|---|---|---|---|---|---|---|---|
| 상관관계 | 복수 | 무질서 | 열린 결말 | 관계적 | 선 | 리좀 | 지도 | 리듬 |
| 변증법 | 단수 | 고정된 원천 | 목적론 | 근본적 | 나선 | 포르퓌리오스의 나무 | 삼각형 | 종결 |

이 표는 다음과 같이 읽는다. 즉, 상관관계가 개념의 증식을 내포한

---

17 Jonathan D. Culler, *On Deconstruction*, London : Routledge, 1983, pp. 86~88.

다면 변증법은 유일한 개념을 내포한다. 상관관계가 무질서인 곳에서 변증법은 고정된 원천이나 원칙을 내포한다. 들뢰즈의 책을 열 페이지 이상 읽은 사람이면 누구나 이런 유형의 추론을 계속 만나게 된다. 따라서 상관관계는 무질서와 열린 결말이 되는데, 이는 그것이 항상 중간에서 시작된다는 것을 의미한다("항상 중간에서 시작된다"는 들뢰즈의 보다 악명 높은 규정의 하나이다). 바로 여기에 단일한 개념(그 한정된 범위는 결정들의 유한한 목록에 의해 소진된다)과 단일한 이분법(나선의 전개 과정에서 이를 '구제'할 제3의 용어를 목적론적으로 지향하는)에 대한 주요 이점이 있다. 그러므로 상관관계의 원칙은 다음과 같다. 즉, 거기에는 **항상 다른 행**이 있다. 그것은 종결을 선도하고 리듬을 고무시키고 한 행에서 다른 행으로의 풍부한 개념적 도약을 촉진하고 (열의 각 요소들 사이의 관계는 비트겐슈타인의 친족적 유사성보다 엄격하지 않다) '포르퓌리오스의 나무'라는 이름으로 진행되는 체계적인 이원론적 분류를 금지시키고 모든 장치를 리좀으로 변화시켜 삼각형을 허용하는 '데카르트 좌표' 없이도 지도처럼 탐험할 수 있게 한다. 들뢰즈의 저작들 외에 내가 알고 있는 상관관계의 가장 좋은 예는 실어증에 관한 야콥슨의 논문에서 구축된 상관관계이다.[18] 그것은 언어 사슬을 조직화하는 두 형식인 계열체paradigm와 통합체 syntagma로 차분하게 시작한다. 그것은 이 두 형식의 실어증과 상관관계를 맺고 있는데, 이는 언어 요소의 (계열적) 선택 혹은 (통합적) 조합의 실패로 나타난다. 그것은 은유와 환유의 두 수식, 꿈꾸는 작업의 두 형식인 요약과 도치, 문학(낭만주의와 사실주의)과 회화(초현실주의와 입체파)에

---

18 Roman Jakobson, "Two Aspects of Language and Two Types of Aphasic Distur bances", *Selected Writings*, vol. II, The Hague : Mouton, 1971. 상관관계에 대해서는 나의 책 *The Violence of Language*(London : Routledge, 1970), p. 131에서도 다루고 있다.

서의 두 스타일과 상관관계를 맺으며 진행된다. 물론 여기서 정신은 물러선다. 사람들은 비판가의 창조적 상상력에 대한 경의와 관계의 경박한 편의에 대한 분노 사이에서 망설이게 된다.

　잠시 내가 인용한 텍스트(『안티오이디푸스』의 도입부. 앞의 21~22쪽)를 잊어버린 것 같다. 물론 그 텍스트는 너무 짧아서 상관관계를 전적으로 확장하는 것을 허용하지 않는다. 마찬가지로 그것은 상관관계의 명확한 수사적 형태를 취하지도 않는다. 그러나 우리는 그 안에서 그러한 상관관계와 우리가 묘안을 갖고 발전시킬 수 있는 상관관계의 어렴풋한 윤곽을 찾는다. 상관관계의 가능성을 나타내는 언어적 표식은 부정negation이다. 그것은 우리의 약정된 텍스트, 'x이고, y는 아니다'("모든 곳에서 그것it은 기계들이다. 그것은 문자 그대로 기계이지, 비유적인 것이 아니다")로 나타나는 규범적인 문장에서 결여되어 있지 않다. 세로행의 존재를 지시하는 대비는 때로는 명백하고(방금 인용한 문장에서처럼), 때로는 숨겨져 있다. 들뢰즈가 부정적인 원한恕恨의 철학자가 아니라 긍정의 철학자라고 주장하는 것처럼, 이러한 경우 긍정적인 용어만이 언급된다.

　만일 우리가 텍스트를 다시 읽고 이때 의미론자 혹은 구조적 담화 분석가에게 친숙한 분석적 도구를 사용한다면 다음과 같은 분명한 대립을 금방 발견할 수 있을 것이다. 기계 대 기관(당신의 기관은 사실 기계이다. 신체는 기계이다), 실제 대 비유(사물의 세계에는 기표와 기의 사이의 끝없는 게임보다 단어들의 직접적인 간섭이 있다), 효과 대 메타포('ça'는 구체적인 신체적 효과에 관한 모든 것이지 기호들의 관념이 아니다). 이렇게 드러난 대비는 숨겨져 있지만 쉽게 회복될 수 있는 대비 속에서 연장될 수 있다. 신체 대 로고스(텍스트의 모든 단어와 그 충격적 가치는 언어-이성-정신의 이상에 대립되는 것으로서 신체의 물질성-총체를 주장한다), 흐름과 단편 대 기호(소쉬르의 기호 도식에서 기표에 대한 기의), 수직적 질서가 아닌 수평적·선적 질서, 끝으로 텍스트는 복수의 특이성(이것은 지시의 빈 껍질이 있는 곳으로서, 사실 이것은 변환장치, 도움말이다) 대 통일성과 추상의 보편성(이 대비는 'ça'와 'le ça', 'it'과 'the id'의 대립처럼 번역 과정에서 상실되긴 하지만 실제로 명백하다)이 내재적으로 대비된다.[19]

이 모든 대비들이 상관관계의 시작을 형성한다. 그 중간에는 텍스트를 구축하고 그 수식 리듬을 설명하고 상관관계의 증식을 허락하는 하나의 대비가 있고, 그것은 기능과 재현/해석 사이의 일반적 대비이다. 텍스트는 'ça'가 **작용 중**이라고 묘사하는데, 이는 기능과 생산 효과의 문제이지(텍스트에서 말하는 "우리는 모두 장인들이다"에서 '장인들'은 프랑스어로는 'bricoleur'인데, 이는 DIY샵뿐 아니라 레비스트로스를 연상시킨다), 사건의 재현 상태와 그러한 재현의 문제제기, 해석의 상태가 아니다. 그리고 텍스트 자체가 도상적으로iconically 작동 중인 것처럼 보이는데 이는 철학적 접합 속에서의 개입, 마르크스의 말을 빌리자면, 다른 철학자들을 만족시키는 해석으로 세계를 변형시키려는 시도이다. 우리는 왜 텍스트가 다음과 같이 끝나는지 이해해야 한다. "무엇인가 생산된다. 단순한 메타포가 아닌 기계의 효과가."

물론 상관관계가 진행되고 있다. 이는 도입부에 한정되지 않는다. 기계는 구조가 아니기 때문이다(『안티오이디푸스』는 반-구조주의자의 텍스트이다). 에너지와 힘, 강도들은 의미작용이 아니다. 배치(언표의 배치, 욕

---

19 불가피한 오역은 실제보다 한 발 더 나아간다는 사실을 피할 수 없다. 'id'의 원어는 인칭대명사 'Es'이지 지시대명사가 아니기 때문이다. 프랑스어에서는 중성대명사가 없기 때문에 지시대명사를 써야 했던 것이다. 그러나 내가 주석을 붙인 것은 프랑스어 텍스트이고, 그것은 번역의 필연적인 실수가 창조적 오류 속에 철학적 이익이 되었다.

망의 배치)는 (말하는) 주체가 아니고 개인도 아니다. 이 확장된 상관관계야말로 앞으로 내가 들뢰즈의 언어철학이라고 부를 것의 핵심으로서 이 책의 나머지 부분에서 탐색될 것이다. 그 사이 나는 그것에 활기를 주는 역설, 들뢰즈에게서 언어를 문제적인 것으로 만드는 역설을 주장함으로써 『안티오이디푸스』의 도입부에 작별을 고할 것이다. 앞에서 묘사한 상관관계는 구조주의 문화에서 언어를 그 중심에서부터 도치시키고, 그것의 출현하에 물질적 장소인 신체에 재再각인시키려는 전략을 내포하고 있다. 그러나 그러한 전략은 심히 역설적이다. 이 텍스트는 'ça'가 작용 중인 것을 고려하면서 에너지의 흐름과 장애, 절단을 마치 엄마의 젖줄기가 굶주린 아기의 입에 의해 방해받는 것, 즉 유방기계와 입기계로서 묘사한다. 그렇지만 이러한 유형의 기계의 가장 좋은 예들은, 가장 자연스러운 것은 아니지만, 나의 발성기관들을 통과하는 공기의 흐름이며, 이는 앞서 언급한 기관들이 나의 무거운 숨소리나 신음소리를 명료한 언어로, 나의 음성phone을 로고스logos로 변화시키기 위해 부과하는 데 장애가 될 것이다. 강등된 언어는 묘사된 과정의 가장 명백한 예로서 즉시 복귀시켜야 한다. '그것'it은 먹고 흥분하고 배설하고 성교하지만, 무엇보다도 텍스트 안에서(수백 페이지 속에서 지칠 줄 모르고 장황하게), 그리고 텍스트 밖에서 말을 한다ça parle. 언어의 배제는 프로이트적 부정을 실증한다. 이것이 『안티오이디푸스』라는 제목의 텍스트에 대한 타당한 시작이다.


## 2. 언어에 대항한 들뢰즈

언어의 강등은 진지하게 다루어져야 하는데, 언어가 회복되는 경우에도 그렇다. 프로이트적 부정의 예후는 너무 쉽게 알아차릴 수 있어서 거기엔 정신분석가의 관습적인 속임수의 기미가 있다. 그 속임수는, 잘 알려지지 않았지만 솔직하게 토로한 텍스트에서 들뢰즈와 가타리가 말하기를,[20] 질문에 대해 대답할 시간을 갖기도 전에 대답을 제공하는 데 있다. 어린 한스는 진심으로 말에, 그리고 아래층에 사는 어린 소녀에게 관심이 있었다. 그러나 그는 설명이나 전개가 허용되지 않았고, 즉시 오이디푸스화·삼각형화되었다. 들뢰즈는 언어에 대한 적대감(이 용어는 너무 강하고 부정적이다. 그것은 제한적이어야 한다)에 있어 자신이 전통의 일부라는 것 때문에 보다 나은 운명에 처해 있다.

앵글로-색슨의 경우와는 다른 형태지만, 프랑스 철학 역시 언어적 전회를 취한다는 것이 일반적으로 인정되는 사실이다. 이 전회의 내용은 앙투안 콩파뇽이 '이론'의 고전적 동기를 묘사하면서 만들었던 문구를 사용하여 요약할 수 있는데(이로써 그가 1960년대 말과 1970년대 프랑스 철학과 사회과학을 의미함을 알 수 있다), 그것은 '형식주의formalism와 마르크스주의의 결합'[21]이다. '형식주의'는 언어의 중심성(가타리는 '독재성'이라고 말했다), 언어과학, 언어학을 의미한다. 놀라운 것은 당시 거의 모든 프랑스 이론가들이 마르크스주의와 관계를 갖고 있을 (혹은 갖고 있었을) 뿐 아니라, 언어학과 연관된 보다 근접한 형식에 열중했다는 것이다. 라캉 특유의 기표에 대한 집착과 메타포에의 편향뿐 아니라, 레비스트로스의 음성학, 그레머스Algirdas-Julien Greimas의 서사학에서의 구조주의 의미론의 역할, 초기 크리스테바에게서 기호학과 상징 사이, 유전형genotype과 표현형phenotype 사이의 식별distinction(소비에트 언어학자 샤

---

20 Deleuze and Guattari, *Politique et psychoanalyse*, Paris: Des Mots Perdus, 1977.
21 Antoine Compagnon, "L'exception française", *Où en est théorie littéraire?*, Paris: Textuel, 2000, p. 43.

움얀Sebastian Šaumjan에게서 차용)의 역할을 기억하자. 부르디외의 사회
언어학, 데리다의 이중 언어에의 관심(무엇보다 그의 작업은 텍스트 해명
explication de textes인데, 이는 프랑스 아카데미나 탈무드의 전통에서 비롯한
다), 언표의 과학으로서의 푸코의 지식의 고고학을 기억하자. 그리고 『분
쟁』에서 앵글로-색슨 발화행위 이론에 대한 리오타르의 그 유명한 고도
의 독창적인 경멸을 기억하자.[22]

　　나의 마지막 문장은 두 언어적 전회, 즉 영미적인 것과 대륙적인 것
사이에 연관이 있음을 시사한다. 그것은 문화의 역사에서 흥미로운 주제
가 될 것이다. 대략 네 가지로 동기를 구분할 수 있다.[23] 첫번째는 (주로 앵
글로-색슨의 언어적 전회가 대륙보다 몇십 년 전에 일어났다는 사실 때문
에) 축복받은 상호 무관심이다. 두번째는 서로 주목하게 되었을 때, **귀머
거리들의 대화**dialogue de sourds라고 부를 수 있는 것이다. 이러한 몰이해의
가장 좋은 예는 그 유명한 1962년 루아요몽에서 열린 콜로키움으로서,
여기서 상대방의 작품들을 이해하는 것은 고사하고 읽는 것조차 할 수 없
는 것으로 나타났다.[24] 세번째 동기는 마침내 관계가 형성되었을 때, 비록
전투적 의미일지라도, **부부싸움**sècnes de ménage으로 불릴 수 있다. 이러한
활발한 오해의 대표적인 예는 데리다와 설John Searle 사이의 대륙 간 교환

---

22 Jean-François Lyotard, *Le Différend*, Paris : Minuit, 1983 ; Claude Lévi-Strauss,
　　*Anthropologie structurale*, Paris : Plon, 1958 ; Algirdas J. Greimas, *Sémantique
　　structurale*, Paris : Larousse, 1966 ; Pierre Bourdieu, *Ce que parler veut dire*,
　　Paris : Fayard, 1982 ; Julia Kristeva, *Semiotike*, Paris : Seuil, 1969 ; *La Révolution du
　　langage poétique*, Paris : Seuil, 1974 ; Jacques Derrida, *Le Monolinguisme de l'autre*,
　　Paris : Galilée, 1996 ; Michel Foucault, *L'Archéologie du savoir*, Paris : Gallimard,
　　1969.
23 더 나아간 설명은 나의 글 "Philosophies du langage analytique et continentale : de
　　la scène de ménage à la méprise créatrice"(*L'Aventure humaine*, 11, Paris : 2000),
　　pp. 11~22를 보라.

으로서, 그것은 『유한회사』[25]에서 절정을 이루었다. 여기서는 인정사정이 없었다. 마지막으로 가장 흥미롭고 결실 있는 동기는 창조적 오해로서 리오타르의 책이 좋은 예가 된다. 그런데 분석철학의 수입과 비판, 발전의 또 다른 예는 들뢰즈와 가타리의 실용주의에서 찾을 수 있다. 그들은 리오타르가 후기 비트겐슈타인에 대해 했던 것을 오스틴John L. Austin과 설에 대해 했다. 즉 그들은 그 개념들을 차용해서 그것들을 아주 많은 기계들처럼 작동시키고("그것은 모든 곳에서 작용하고 있다"), 그 결과들을 평가하고 비판한 다음 그 개념을 전적으로 새롭고 예기치 않은 그러나 새로운 품격의 전망을 제공하는 방법으로 간주한다.

따라서 들뢰즈는 프랑스의 고전적인 이론을 특징짓는 언어적 전회의 총체적인 부분이 되는데, 그를 '형식주의'라고 비난할 수 없어도 그렇다. 그러나 역설은 그가 또한 전통의 계승자라는 것으로서, 이는 언어에 대한 철저한 적대감까지는 아니더라도 최소한 깊은 불신으로 나타난다. 프랑스에서, 그리고 특히 들뢰즈에게 중요한 것은 이러한 전통의 주요 기원이 베르그송이라는 것이다. 다음은 그 전형적인 대목으로, 『사유와 운동』에서 발췌한 것이다.

나는 언어가 과학과 함께 전파된다는 것을 인정한다. 그러나 과학적 정신이 어떤 순간에 어떤 질문이 제기될 것을 요구하는 한 언어는 고정을 필요로 한다. 언어는 철학에 개방되어 있다. 그러나 철학 정신은 끝없는 혁신과 재발명을 향하는 경향이 있는데 그 이유는 그것이 사물이 어떻

---

24 논문 출판은 Cahiers de Royaumont, *La Philosophie Analytique*, Paris : Minuit, 1962 를 보라.

25 Jacques Derrida, *Limited Inc.*, Evanston, Ill. : Northwestern University Press, 1988.

게 작동하느냐에 관계하는 것이기 때문이다. 반면 단어들은 한정된 의미, 상대적으로 고정된 관습적 가치를 갖는다. 단어들은 낡은 것을 재구성함으로써만 새로운 것을 표현할 수 있기 때문이다. 이것이 바로 공동체를 지배하는 보수적 논리로서, 일반적으로 그리고 무분별하게 '이성'이라고 불리는 것이다. 대화conversation와 보수conservation는 아주 비슷하게 들린다.[26]

베르그송의 언어에 대한 불신 ——이는 들뢰즈 사유의 핵심에 가까운 테마이다—— 은 단어가 개념을 동결시키고 상식에 의존하게 만든다는 사실에서 기인한다. 언어는 사회적 기원을 갖고 있다. 언어의 목적은 소통을 창조하여 협력을 촉진시키는 것이다. 이것은 언어의 주요 기능이 산업적·통상적·군사적이고 항상 사회적이라는 것을 의미한다. 그것은 리얼리티를 말 그대로 사회의 필요에 따라 고착시킨다. 그러나 철학자는 그러한 상식과는 거의 관계가 없다. 형이상학적 문제는 일시적인 사회적 요구를 훨씬 넘어서는 것이기 때문이다. 그 결과, 철학자의 과제는 단어를 넘고 언어의 결에 대항하여 자신이 공식화할 문제를 발견하는 것이다. 베르그송에 따르면 "un problème speculatif est résolu dès qu'il est bien posé"[언어의 문제는 그것이 정확하게 공식화될 때 해결되는 것이다].[27] 언어는 그 "천박한 공리주의" 속에서 숨거나 모호해진다. 즉, 문제는 항상 상식적인 단어들이 도달할 수 없는 곳에 존재하는 것이다. 이것이 바로 철학자와 시인이 자연스럽게 공감대를 형성하는 지점으로서, 시인 역시 철학자와 마찬가지로 언어를 그 극한까지 취하려고 한다. 차이가 있다면,

---

26 Henri Bergson, *La Pensée et le mouvant*, Paris : PUF, 1975(1st edn. 1938), pp. 88~89.

시인에게 있어 그 한계 너머에는 침묵이 있고 그곳에 도달하려고 역설적으로 애를 쓴다면, 철학자에게는 언어 바깥에 삶이 있는데 이는 문제들과 개념들 밖에 있는 것이다.

들뢰즈가 이런 관점을 공유한다는 것, 어떤 의미에서 그는 베르그송의 제자라는 것(베르그송은 구조주의의 실증주의적 전통에 의해 무시되었던 철학자들을 부활시키는 데 기여했다)은 명백한 사실이다. 바디우와 마찬가지로(바디우는 그 사람들을 소피스트라고 불렀다), 들뢰즈는 철학에서 언어적 전회를 주창한 대표적 앵글로-색슨 인물인 비트겐슈타인을 극히 싫어했다(들뢰즈의 책 『들뢰즈 ABC……』[28]에서는 비트겐슈타인에 대하여 격렬한 단어들이 제어되지 않은 채 사용되었다). 왜냐하면 들뢰즈에게 있어 모든 철학적 문제들이 문법적 문제라는 생각은 저주와 마찬가지였기 때문이다.

최근에 한 들뢰즈 전공자는 언어에 대한 그의 '불신과 비관주의'를 강조했다. 그가 주장하는 것은 들뢰즈에게 언어는 "모든 환상, 인간의 유한성과 그 종속성의 근원"이라는 것이다. 언어는 판단을 위한 대중적 취향의 원천이고, 인간 내부의 악의 주요 원인인 것이다.[29] 그렇지만 철학의 도구와 매체, 철학이 그 문장에서 개념을 추출하는 것 역시 언어이다. 이러한 역설은 이제는 친숙한 것이다. 이런 것이 들뢰즈의 저작들 속에서 어떻게 취급되고 있는지 살펴보자. 그리고 들뢰즈의 저작 속에서 언어의 부재의 존재absent presence에 주의하자. 사실 그는 언어철학에 대해 글을

27 *Ibid.*, p.51.

28 Deleuze and Claire Parnet, *L'Abécédaire de Gilles Deleuze*, Paris : Montparnasse, 1997, letter W.

29 Alberto Gualandi, *Deleuze*, Paris : Belle Lettres, 1998, p. 107.

쓴 적이 한 번도 없다. 그렇지만 『의미의 논리』는 언어철학에 대한 저술에 가깝다. 들뢰즈가 충분히 완결된 언어이론을 구성한 적은 한 번도 없지만, 그는 수많은 부분 이론들을 제공했고(의미 이론, 스타일 이론 등), 그리고 언어는 얼핏 보기에는 직접적인 관련이 없어 보이는 이론이나 개념에 적용되는 특권적인 지점으로 꾸준히 존재했다.

이제 들뢰즈 스스로 말할 때가 되었다. 다음은 클레르 파르네가 들뢰즈와 대담한 『디알로그』의 한 대목이다(앞에서 보았듯이, '들뢰즈'는 개인의 이름이 아니라 항상 집단적 배치이다). 우리는 이를 전형적인 들뢰즈적 태도로 간주할 수 있다.

언어가 기존의 리얼리티나 다른 성격의 리얼리티를 훼손한다고 말해서는 안 된다. 언어가 먼저이고, 그것은 이원론을 고안했다. 그러나 언어의 숭배이자 언어의 조립인 언어학 그 자체는 그것이 인계받은 낡은 존재론보다 더 나쁘다. 우리는 이원론을 뚫고 지나가야 하는데passer par, 그 이유는 언어 속에 이원론이 있기 때문이다. 문제는 이원론을 제거하는 것이 아니라 언어에 대항하여 싸우고 말더듬기stuttering를 창안해야 한다는 것이다. 이는 우리가 언어 이전의 유사-리얼리티로 돌아가기 위해서가 아니라 이러한 이원론들 사이에서 언어의 흐름을 만들어 내는 구어vocal의 혹은 문어written의 선을 추적하기 위해서이다. 이러한 말더듬기는 언어의 소수적 사용minority usage, 라보프William Labov가 말한 고유한 변이를 정의할 것이다.[30]

이것은 (앞서) 괄란디가 들뢰즈를 묘사한 것보다 전체적으로 언어에 대한 보다 복잡한 태도를 내포하고 있다. 이는 언어에 대한 보다 특별한 불신의 배경으로서 언어 이전의 리얼리티가 존재하지 않는다기보다 강력한 테제를 언급하는 것으로 보인다. 이 짧은 대목에서 두 번이나 언급되었기 때문이다. 그래서 우리는 언어 바깥에 그 무엇도 존재하지 않는다가 아니라 우리 언어의 한계는 우리 세계의 한계임을 이해할 수 있다. 그곳 밖에는 물자체things-in-themselves나 실재Real가 있을 수 있지만, 우리의 리얼리티는 언어적인 것이다. 현상은 언어로 가득할 뿐 아니라 언어적으로 구축된다. 이것은 아마 반反후설적 진술로 간주될 수 있는데, 그 이유는 들뢰즈의 현상학은 언어 충동으로 나타나기 때문이다. 이로써 두 가지 결과가 나오는데, 그것은 이 대목에서 직접 묘사된 것이다. 즉 언어는 리얼리티를 동결시키고, 그것을 '이원론'의 전제주의에 의해 명명된 상식의 대상으로 변화시킨다(우리는 이것들을 데리다의 어조로 '이분법'dichotomies이라 부르도록 배웠는데, 그것은 자연과 문화, 신체와 영혼, 언어와 사고를 말한다). 그러한 이원론에는 반드시 대항해서 싸워야 하지만 그것을 피할수는 없다. 사실 이원론은 상관관계가 형성되는 재료이고 이 상관관계는 두 개의 상반되고 역설적인 이유 때문에 필요하다. 그 하나는 이분법에 몰두하면서 이를 보호하고 찬미하기 때문이고, 다른 하나는 이분법을 증식시킴으로써 우리로 하여금 그것들을 넘어서게 하며, 그들의 언어적 건축을 탈주선으로 변화시키고 처음의 나무들을 리좀으로 변화시킨다. 두번째 결과는 언어에 대한 필수적인 투쟁이 더 이상 말로 표현할 수 없는 직관이나 직접성의 형태를 취하지 않고 말더듬기의 형태를 취한다는 것이다. 만일 언어가 필수적이면서 극악한 구조를 사유에 부여했다면, 철학

---

30 Deleuze and Parnet, *Dialogues*, Paris : Flammarion(2nd edn.), 1996, pp. 42~43〔영어 판 p. 34〕.

자의 과제는 그들 사이의 선을 추적하고, 바다 괴물인 카립디스와 스킬라를 모두 피할 수 있는 길을 찾는 선장이 되는 것이다. 즉, 용감한 병사 슈베이크[31]의 전략의 철학적 등가물이 되는 것이다. 이원론(랑그 대 파롤, 기표 대 기의)은 리얼리티뿐 아니라 언어 자체를 한정하는데, 이는 전복시킬 수 없으므로 이제 우리는 그들의 계층 구조를 선으로 변화시키고, 정치적이고 시적으로 파괴력을 지닌 소수자 혹은 언어의 말더듬기를 사용하는 법을 창조하자. '소수자 언어'minor language라는 용어 자체가 언어에 대한 들뢰즈의 역설적인 태도를 구현하는데, 우리가 그것에 몰두하기 때문이다. 우리는 항상 그 바깥으로 나가는 것을 꿈꾸는데 그곳은 그 어떤 리얼리티도 없는 전前언어적 리얼리티의 건조한 모래 위이다.

그렇지만 이것은 단념을 위한 청사진이 아니다. 다수자 언어의 소수화와 말더듬기는, 들뢰즈가 때로 '언어의 제국주의'라 불렀던 능동적인 저항의 전략이다. 『천의 고원』에 등장하는 이 대목은 실제로 (모든 층들strata을 넘어선) 언어와 (언어를 넘어선) 기표의 연대 제국주의에 헌사된 것이다.[32] 층들은 현상이 발생하는 면들이다. 그곳에서 물질이 형성되고 강도強度가 포획되고 특이성이 고착된다. 그것들은 흐름과 코드화로 규정되는데, 이는 영토화와 재영토화의 이동을 위한 장소들이다. 비록 이들의 명칭이 지리학에서 유래했지만, 이들은 들뢰즈와 가타리의 '면의 기하학'의 중심에 위치한다. 층은 혼효면plane de consistency이다.

이러한 층화의 모델이 언어인 것 같다. 음성적 실체의 흐름, 음소의 코드화, 언어의 혼효면은 언어적 연속, 분절된 단어들의 사슬 혹은 선이

---

31 브레히트(Bertolt Brecht)의 희곡 『용감한 병사 슈베이크』(The Brave Soldier Svejk)의 주인공.—옮긴이
32 Deleuze and Guattari, *Mille plateaux*, Paris : Minuit, 1980, p.84[영어판 p.65].

굽어지는 곳이다. 언어의 이미지는 우리에게 의미를 만들어 주는데, 그것은 처음에는 신기한 이론적 구성처럼 보인다. 그렇지만 거기에는 두 개의 위험이 있는데, 그것은 언어의 이중 제국주의에 대해 바로 앞서 언급한 대목이 지적하는 것이다. 첫번째 위험은 인과의 질서가 도치되는 것이다. 우리는 언어를 이론적 구성의 원천이 아닌 그것의 규범적 이미지로 만듦으로써 사물들을 잘못된 방법으로 보이게 하고 소쉬르의 실수를 반복한다. 소쉬르의 기호학은 언어체계의 특성에 대한 허약한 일반화에 지나지 않는다. 언어는 원천이 아니라, 이미 『안티오이디푸스』의 첫번째 장에 존재하는 코드화와 흐름의 기호학 효과들 중 하나이다. 개념의 쌍, 흐름, 코드화(코드들은 자르거나 분절시킴으로서 흐름을 방해한다)는 언어의 흐름을 거슬러 올라가는 과정을 묘사하는데, 에너지의 흐름과 그것이 기계들에 의해 그리고 기계들 속에 포획되는 과정보다 더 일반적인 과정을 묘사한다. 거기에는 언어학 대신 다른 기호학이 있고, 문법의 코드들 대신 다른 코드들이 있다. 카오스를 그리는 혼효면들이 모두 의미작용의 면들은 아니다.

두번째 위험은 기표의 제국주의에 있다. 이때 기표는 지층들의 언어적 코드화의 제국주의를 반사적으로 반복한다. 이렇게 기표를 강조하는 것은 우리로 하여금 재현과 해석에 근거한 언어의 개념을 지향하도록 강요하는데, 이는 정신분석학과의 싸움에서 들뢰즈와 가타리가 거부하고자 했던 것이다. 들뢰즈와 가타리는 푸코에게 차용한 감옥의 예로서 기표의 제국주의에 대한 위험을 증명한다.[33] 그들의 주장에 따르면, '감옥이라는 것'la chose-prison은 그것의 이름인 '감옥'이란 단어보다 다른 개

---

33 *Ibid.*, p. 86〔영어판 p. 66〕.

념 즉 '태만'이란 개념과 연결되어 있는데, 그것(단어가 아닌 개념)은 언급된 사물에 표현 형식을 제공한다. '표현 형식'은 들뢰즈와 가타리가 인정하는 몇 안 되는 언어학자 중 한 명인 옐름슬레우Louis Hjelmslev로부터 차용한 문구로서 단어들, 기의들──이 경우 이 문구는 수많은 언표들, 발화들로 구성되어 있다(이를 공식화하는 정확한 단어로는 관련되어 있지 않다)──로 구성될 필요가 없거나 혹은 없다고 믿고 있다. 그것들은 범죄 기계를 위한 적절한 층이 되는 사회적 영역에서 나타난다. 다시 말해 기표들의 집합으로서 언어는 두 방향으로 우회한다. 관련된 요소들은 발화이지 단어가 아니기 때문이다. 그리고 그것들을 포획하는 기계들, 그들이 작동하기 시작하는 배치들은 언어 이상의 것을 포함한다. 제도들, 보는 방법들, 물질적 관습들 등이 그것이다. 이러한 분석은 그 유명한 충격적인 문장으로 끝난다. "On a beau dire ce qu'on voit : ce qu'on voit ne loge jamais dans ce qu'on dit"[우리가 보는 것을 말하는 것는 쓸모없는 일이다: 우리가 보는 것은 결코 우리가 말하는 것에 존재하지 않는다].[34] 따라서 언어 너머에, 그러나 리얼리티처럼 언어로 분절된 똑같은 기계들과 배치들 속에는, 최소한 들뢰즈가 『푸코』에서 '보는 능력'(가시성들visibilities)이라고 부른 것이 있는데, 그는 이 보는 능력을 '가언성들'sayabilities에 대비시킨다. 우리는 문학에 대한 그의 첨예한 관심이 시각예술, 회화(베이컨에 대한 그의 책을 보라), 그리고 영화에 대한 그의 관심과 동등할 것이라고 이해한다.

언어를 그 자리에 놓는 이러한 태도의 결과가 나타나는데, 이는 다음 장의 주된 테마가 될 것이므로 여기서는 잠깐 언급만 할 것이다. 그것은

---

34 Deleuze and Guattari, *Mille plateaux*, p. 87[영어판 p. 67].

언어학에 대한 들뢰즈의 적대감(이 단어는 과장이 아니다)이다. 언어에 대한 들뢰즈의 입장과 그 복잡하고 역설적인 방법이 언어를 배우는 학생에게 최고의 관심사가 되는 이유 중 하나는 그것이 언어 개념의 윤곽을 그린다는 것인데, 그 개념은 지난 수십 년간 언어학을 지배했던 구조주의나 촘스키의 연구 프로젝트와 거의 연관되지 않는다.

따라서 들뢰즈에게는 언어의 중심에서 이탈하려는 명확한 욕망이 있다. 이러한 이동은 들뢰즈의 뿌리 깊은 경험주의와 관련되어 있는데, 언어에서 이탈하는 것은 사유와 감각에 대한 관심을 촉진하기 때문이다. 들뢰즈는 오늘날 사유를 반성적으로 탐구하는 데 명백히 사유를 집중하는 몇 안 되는 철학자 중 한 명이다. 그것은 언어에 의해 배반당한 것이라기보다는, 언어와 구별되는 실재의 한 요소로서 언어를 통해 이해되면서 언어를 넘어서는 것이다. 앞서 보았듯이, 철학자의 과제는 문장에서 개념을 추출하는 것이다.

## 3. 메타포에 대항하여

언어에 대한 들뢰즈의 신중한 태도를 보여 주는 가장 좋은 예는 메타포에 대한 그의 악명 높은 적대감이다. 이것은 들뢰즈 저작의 지속적인 테마로서 우리가 이미 『안티오이디푸스』의 첫번째 문장에서 보았던 강력한 공식화로 나타난다. 여기가 아마 가장 분명하고 가장 잘 알려진 대목일 것이다. 여기에서는 카프카의 작품에서 메타포metaphor(은유)와 메타모르포시스metamorphosis를 대비시키고, 그의 아포리즘 중 하나를 인용한다. "메타포는 나로 하여금 문학에 절망하게 하는 것들 중 하나이다."[35]텍스트는 계속해서 카프카가 어떤 형태의 메타포나 상징, 지시작용도 적극적으로 거부하고 심지어 제거하기까지 (문자 그대로 하자면) 했다고 말하고 있다. 이러한 제거의 도구가 바로 메타모르포시스로서, 메타포에 반대되는 이것은 문자와 형상 사이처럼 단어와 사물 사이의 장벽을 제거하는 두 가지 이익을 갖고 있다. 왜냐하면 이때 단어는 사물이 되고, 사물은 단어와 소리가 탈영토화하는 탈주선의 행로를 추적할 수 있는 강도의 다발이 되기 때문이다. 메타모르포시스는 "언어의 강도 있는 비기호화non-signifying 사용"[36]의 가장 좋은 예이다. 이와 함께 언어는 더 이상 재현적이지 않게 되는데, 즉 분절되는 사물이나 사물의 상태로부터 분리되는 것이다. 그것은 그 한계를 지향하는 경향이 있고 비주체적이 되는데, 왜냐하면 주체들('언표행위의 주체'sujet de l'énonciation와, 즉 '언표의 주체' sujet de l'énoncé 모두)이 언표의 집단적 배치에 의해 대체되기 때문이다.

이 모든 용어들은 아직 수수께끼이다. 이 용어들이 책이 진행되는 과정에서 보다 명백해지기를 희망하는 바이다. 이 장 뒤에 있는 막간극의 시작과 함께. 그때 우리는 메타포에 대한 들뢰즈의 적대감이 그의 언어 개념의 중심에 있고 메타포에서 메타모르포시스로의 일반적인 이동이 극히 명백하다는 것을 알아차리고 만족하게 될 것이다. 그것은 언어의 재현 개념에서 이탈하여 (문자——정확하고 진정한 재현——와 형상——간접적 혹은 허구적 재현——의 부수적인 차이와 함께) 사물들의 세계에 열중하고 그것들에 개입하며 그것들로 기계들을 형성하고 강도들을 포획하여 분배하고 스스로 영토화와 재영토화의 일반적인 활동의 일부가 되는 것이다.

---

35 Deleuze and Guattari, *Kafka*, Paris : Minuit, 1975, p. 40〔영어판 p. 22〕.
36 *Ibid*., p. 41〔영어판 p. 22〕.

이것은 생각하는 것만큼 그렇게 추상적이지 않다. 그리고 이것은 분명 "메타포를 거부하라!"라는 슬로건을 포함하고 있다. 이는 들뢰즈가 『디알로그』에서 윤곽을 그렸던 양식 실험인데 이 책에서 그는 자신의 철학의 대중적 버전을 제시했다. 그것은 보통 때처럼 무뚝뚝한 태도로 '정확한 단어'mot propre[적절한 의미를 지닌 단어]라는 말장난으로 시작된다. 그는 메타포를 이와 반대로 그것을 '더러운 단어'mots sales라고 했다.[37] 그리고 그는 이 깨끗하고 더러운 두 가지 유형의 단어들을 모두 거부하는데, 그 이유는 두 단어 모두 각각 다른 방식으로 참이 되려고 애쓰기 때문이다(메타포 이론은, 종종[항상은 아니다] 메타포의 실현을 위한 어떤 참의 형식을 주장하는 경향이 있는데 최소한 이를 향한 긴장을 주장한다. 결국 메타포는 적절히 구사되거나 아니면 실패한다). 들뢰즈는 우리가 정확하게 사물들을 지시하는 데 있어 항상 정확하지 않은 단어들을 사용한다고 하면서, 우리는 단어를 상투적 습관에서 끌어내고 가장 일상적인 사용을 위해 특별한 단어들을 창조해야 한다고 주장한다. 다시 말해 들뢰즈의 언어 개념을 적절하게 요약하는 메타포 속에서 우리는 **말더듬기** 언어를 만들어야 한다. 이런 점에서 철학자는 시인과 같다. 시인은 모국어를 말하는 중간에 외국어를 말한다.

내가 스스로를 구석으로 몬 것 같다. 나는 메타포의 필연적 거부에 대한 들뢰즈의 이론을 설명하고 있는데, 언어에 대한 그의 총체적 개념을 특징짓는 말더듬기의 중심 메타포는 아직 확인하지 않았다. 그리고 이 메타포의 적이 시인들이 바랄 수 있는 가장 은유적인 경향만큼이나 훌륭하고 생산력 있는 메타포의 창조자 혹은 수입자라는 것도 사실이다. 들뢰즈

---

37 Deleuze and Parnet, *Dialogues*, p. 9[영어판 p. 3].

는 종종 그러듯이 천문학에서 '블랙홀'black hole의 용어를 차용하는데, 그는 이것을 고유의 영역에서 탈영토화하고 철학의 영역으로 재영토화한다. 가타리는 '화이트월'white walls에 대해 생각하고 있다. 이것들을 합하면 얼굴을 갖게 될 것이라고, 들뢰즈는 말한다. 이로부터 'visagéité'(가공할 신조어지만——영어 번역은 '얼굴성'faciality——전적으로 타당한 개념이다)의 개념이 탄생했다.[38] 한 단어가 고유의 영역에서 다른 영역으로 극히 부정확하게 이동하는 것은 물론 메타포의 기본 정의를 재공식화하는 것이다. 그것은 심지어 그 말의 어원에 있어 참이기도 하다['meta-phora'는 강도/자리를 옮긴다는 뜻이다]. 그렇지만 『디알로그』의 같은 페이지에 있는 부정否定은 "nous parlons littéralement"[우리는 문자 그대로 말한다] 문자 그대로 받아들여져야 한다. 구조는 같지만, 언어적 탈영토화는 메타포의 형태가 아니다. 그것은 문자 그대로 받아들여져야 한다. 그리고 그것은 방금 말한 언어의 총체적인 개념을 포함해야 한다. 나의 얼굴에 있는 입을 블랙홀로 부를 수 있다는 것은 메타포를 과도하게 사용한 것이다(그리고 위험하기도 한데, 이 소박한 기관을 보다 끔찍한 천문학적 대상의 성격을 지닌 그 무엇으로 변형시키기 때문이다). 그렇지만 문자 그대로 받아들인다면, 나의 입을 강등(혹은 끔찍한 농담을 용서한다면, 탈구강화de-mouthing)시키는 것은 이러한 명칭의 격렬한 박탈의 적절한 부정확함 속에서 얼굴의 개념, 신체의 개념, 인간으로서의 나 자신에 대한 전혀 새로운 개념을 포함한다. 개념 혹은 문제는 '얼굴성'visagéité라는 새로운 개념의 이름이 된다(그러므로 이 대단한 신조어는 필수적인 것이 된다).

　한마디로 들뢰즈가 메타포에서 문학적 실제라기보다 철학적 개념으

38 Deleuze and Parnet, *Dialogues*, pp. 24~25[영어판 p. 17].

로서 반대하는 것은 (비록 그가 카프카나 베케트같이 이러한 개념이 없는 것을 선호하는 작가를 존경하는 경향이 있지만 말이다) 그 개념과 결부된 재현과 진실의 이중 구조 때문이다.

야콥슨의 상관관계에서 계열축의 치환인 메타포적 치환은 이미지의 충돌을 이용하여 조명을 생산하고 이로 인한 진실의 정서를 생산하게 한다.[39] 이것에 대항하여 들뢰즈는 이동의 계열적·지질학적geological 개념보다는 통사적·지리학적geographical 개념을 방어한다. 그리고 이러한 이동은 문자 그대로 받아들여져야 한다. 즉, 그 탈영토화가 의미의 효과를 생산하는 단어들의 정교한 은닉이 아니라 면 혹은 표면을 지도화하려는 것이다. 이 지도에서 단어와 사물, 사건의 진술과 상태는 이후 원천이나 권위, 혹은 계급 없이 탈주선과 만나게 된다(문자와 형상 사이에서처럼). 여기서 낯선 매력과 관계 가운데서 특이성singularity이 생산된다. 만약 우리가 이 '문자 그대로'literally를 문자 그대로 받아들여야 하는 것으로 간주한다면 우리는 들뢰즈의 형이상학적 테마 중 하나의 한가운데로 뛰어들게 되는 것이다. 주체와 객체, 사고와 물질, 단어와 사물의 분리는 언어의 환상이기 때문이다. 마지막 이분법(『의미의 논리』에서 철저히 해체된)만이 우리에게 직접적인 관심의 대상이 될 것이다. 그러나 처음 두 경우의 해체는 그렇게 기이하지 않다. 들뢰즈를 현상학자라고 단언할 수는 없지만, 그는 명백히 후설을 읽었다.

들뢰즈가 비판하는 메타포의 두번째 개념적 구조는 치환의 구조 자체로서 이는 '재현으로서의 언어' 개념을 내포하고 있다. 문자적 표현은

---

39 내가 옹호하는 메타포 이론은 이것만을 포함하는 것이다. 비록 '진실'(truth)이라는 단어를 신중하게 피했어도 말이다. Jean-Jacques Lecercle, *The Violence of Language*, chap. 4 를 보라.

세계의 정확한 재현이나 세계 일부의 정확한 재현이고, 형상적 표현은 간접적으로만 적절하며 해석적인 방법을 포함하고 있다. 그리고 들뢰즈는 메타포에 대항하며 해석과 재현에도 역시 대항한다. 이 두 테마 사이의 연결, 그리고 들뢰즈가 반대했던 재현의 특성은 이 장 뒤에 이어질 막간극의 테마가 될 것이다.

## 4. 들뢰즈의 '언어적 전회'

지금까지 나는 언어에 대한 들뢰즈의 불신, 대륙 철학의 언어적 전회에 대한 들뢰즈의 수용 거부를 주장해 왔다. 그러나 그의 태도는 이보다 더욱 복잡하다. 모순되어 보이지만, 그 또한 이러한 전회의 능동적인 한 부분을 맡고 있다고 할 수 있기 때문이다. 다음 장을 미리 예상할 수 있는 간단한 스케치는 이것으로 충분할 것이다. 왜냐하면 들뢰즈의 자료를 읽는 것은 실제로 언어가 (2차적 장소에 있어야 하는) 환영의 원천이고, 들뢰즈는 그것에 압도적인 관심을 갖고 항상 그 극단을 취하도록 요구하는 인상을 주기 때문이다. 그리고 가타리와의 공동 작업에서 그는 실용주의라는 대륙의 브랜드를 정교하게 만듦으로써 언어적 전회의 능동적인 역할을 수행했다.

이런 삽화, 즉 언어에 대한 들뢰즈의 또 다른 태도로서 나는 그가 푸코의 지식의 고고학을 언표의 과학science des énoncés으로 간주한다는 것을 예로 들 수 있다. 들뢰즈가 푸코에게서 발견한 언표énoncés의 표준적인 예는 타자기나 컴퓨터 키보드에 있는 글자들의 연속인 'AZERT'이다 (정확하게 이는 프랑스어 키보드이다). 물론 키보드 바깥에서 그러한 글자들의 연속은 순전히 자의적인 우연의 문제이다. 그렇지만 키보드 위에서 그것들은 필연적인 것이 되고, 해당 자연어에서 글자들의 빈도와 타자 치는 인간공학에 의해 결정된다. 더욱이 글자들이 한 번 키보드에 설치되면 그것들은 옐름슬레우와 바르트Roland Barthes가 내포connotation라고 부른 것을 획득하게 된다. 이제 이 글자들의 무리는 예컨대 "나는 프랑스어 키보드의 첫번째 글자 열의 시작이다"라고 주장한다. 그럼으로써 그것들은 과학에 적용되는 기계와 기술을 포함하는 복잡한 배치의 일부가 되는데, 여기에는 또한 제도, 생산관계들 그리고 **힘의 관계**rapports de force가 있다. 다시 말해 그것은 'énoncés'가 되는 것이다. 프랑스어에는 영어단어 발화utterance가 다시 말해 놓친 부분이 있는데, 그래서 '언표된'énunciated 언어의 괴물을 빚어내고픈 유혹을 느끼게 된다. 그것은 과거분사로서 이는 'énoncés'의 사실성을 주장하고, 또 그것이 항상 이미 공식화된 것으로서 가능성과 잠재성의 영역에 속하지 않는다는 것을 주장한다. 이러한 'énoncés'의 실재성은 그것들을 다루는 가장 적절한 방법이 구문론적 혹은 의미론적 분석이 아니라 **화용론**pragmatics의 형식을 통해서라는 것을 의미한다(발화는 어디에서 유래하는가? 어떤 유형의 주체가 그것을 발화하는가? 그것은 똑같은 연접과 그것들을 생산하는 배치들 속에서 다른 발화와 어떤 관계를 맺고 있는가?). 그것은 오스틴과 존 설, 그라이스Herbert Paul Grice의 앵글로-색슨 화용론이 기반하고 있는 방법론적 개인주의를 거부하는 차이의 화용론이다(여기서 의미는 개인적인 것이 아니고, 그 함의의 미적분학은 의도를 재구성하려 하지 않는다). 들뢰즈는 이 새로운 화용론의 입안자로서 푸코를 환영했다. 푸코는 자신의 사유에 대한 발화행위 이론의 영향을 깨닫고 그것을 간접적으로 인정했으며 자신의 철학(혹은 그가 요구하는 철학)이 힘의 화용론이라고 주장했다.[40] 우연히도 같은 대목에서 그는 언어의 중심성에 대한 훔볼트의 과장된 시각(인간과 세계의 관계를 연결하는 유일한 원천)과 공간적 질서 속에서 **지속**dureé(베르그송은 이 유명한 개념으로 시간을 사유했다)의 경험을 배반하는 동결된 것으로서 언어를 평가절하하는 베르그송 둘 다에게 거리를 둔다. 그의 주장에 따르면 앵글로-색슨의 언어철학은 언어가 계시하지도 배반하지도 않는다는 것을 주장한다. "le language, cela se joue"[언어, 그것은 작용하고 있다]. 언어는 작용 중in play이고 지금 작용하고at play 있다(언어게임이 협동 게임인지 제로섬 게임인지는 다른 문제이다).

푸코의 **언표** 이론에 대한 들뢰즈의 주석에는 언어철학이 내포되어 있다. 그것은 명제도 아니고 문장도 아닌 새로운 언어학적 대상으로서 세 개의 공간으로 스스로를 조직화한다(①다른 **언표**들과 함께 조직하는 방계공간. ②화용론 구조의 상호 관련 공간. 장소, 위치와 함께 작동하기 위해 들어간다. ③역사적 연접——정치적 사건들, 제도들 등——의 보조공간. 그 속에서 언어가 나타나고 잔류하거나 혹은 능동적 반복 속에서 재창안된다). 그 이유는 'énoncés'가 형식화(촘스키의 문장처럼)도, 해석(명제들이나 텍스트들처럼)도 허용하지 않기 때문이다. 문서보관자는 결코 자신의 'énoncés'가 하나를 말하고 다른 것을 비밀스럽게 의미한다고 가정하지 않는다. 그리고 언표들은 자신의 의미를 조종하고 그 의도와 이후의 해석을 회복하려는 저자 주체나 권위 있는 주체에 의존하지 않는다. 그 중심 개념은 '의미'나 '의도' 혹은 '해석'이 아니라 '힘'이다. 들뢰즈와 가타리의 슬로건처럼 'énoncés'는 장소로 귀착되고 힘의 관계를 각인시킨다. 우리는 코기토의 언어학적 버전인 'je parler'[나는 말한다]가 아니라 'on parle'[누군가 말한다, 『말과 사물』] 혹은 'il y a du language'[언어가 존재한다, 『지

---

40 Michel Foucault, *Dits et écrit*, vol. 3 : 1976~1979, Paris : Gallimard, 1994, p. 541.

식의 고고학』]를 갖고 있다. 실제로 우리는 완전히 성숙한 언어철학의 한 가운데 아니면 차라리 그 출발점에 있다. 이러한 공식은 기본적인 것으로 라이프니츠의 "왜 무엇인가가 존재하는지……" 혹은 『안티오이디푸스』 의 첫번째 문장과 똑같은 언어의 덫을 사용한다.

나는 들뢰즈의 『푸코』를 예로 들었지만, 들뢰즈의 저작들 중에는 그 러한 예들이 수없이 많다. 언어는 완전히 다른 영역을 원천으로 하는 이 론을 적용하거나 예증하는 특권적인 예로서, 종종 들뢰즈가 앞으로 성숙 한 언어철학을 제공하려 한다는 인상을 받을 수 있다. 예를 들어 『차이와 반복』을 읽고 풍요로운 결실을 맺을 수 있다. 왜냐하면 비밀스런 단어 이 론,[41] 『의미의 논리』에서 전개된 바 있는 언어학적 복합성의 개념[42](언어 는 들뢰즈의 복합성 개념에 적절한 예를 제공한다), 언어적 관념에 대한 견 해가 그것인데, 이는 『의미의 논리』와 『안티오이디푸스』에서 보다 명확 한 언어이론을 제공할 것이다. 자칭 언어의 징벌자인 들뢰즈는 이상하게 도 자신이 불신하는 대상에 매료되어 있는 것이다.

그렇지만 이 분야에서 그의 주요 공헌은 철학에 있어 언어적 전회가 아니라 앞서 잠깐 언급했듯이 모더니즘 혹은 아방가르드 미학의 전개나 보존에 있다. 사실 들뢰즈는 모더니즘 전통의 자발적인 후예로서 그에게 문학은 언어의 연습이다. 들뢰즈에게 있어 언어는 항상 해로운 관습이나 업무로부터 회복될 수 있는 것인데, 그것이 말더듬기를 하게 하여 그 극 한까지 밀어붙이고 언어의 소수자적 사용을 통해 다수자적 사용을 전복 시키는 것처럼 스스로에게 대항하여 작용할 경우에 그러하다. 문학에 있

---

41 Deleuze, *Différence et répétition*, Paris: PUF, 1968, p. 156.
42 *Ibid.*, p. 230.

어 그러한 언어 해방의 자리는 들뢰즈의 사유에서 주요한 위치를 차지하는데, 그의 이론과 실천이 모두 다 해당한다. 이것은 아마 푸코에 대한 또 다른 찬사로 간주될 수 있을 것인데, 푸코의 초기 저작(『말과 사물』, 그리고 『말한 것과 쓴 것』 1권에 모아진 수많은 초고들에서 가장 두드러진다[43])은 문학에 가장 높은 가치를 부여했기 때문이다. 푸코는 『말과 사물』의 두번째 장에서 문학을 연접의 한계와 지배적 에피스테메épistémè의 한계를 초월하려는 열망의 표현으로 정의했다. 그는 이에 대해 두 가지로 설명한다. 하나는 향수nostalgia이다(문학은 현존하지 않는 에피스테메에 의해 유지되는 언어의 관점으로 회귀한다). 다른 하나는 진보적인 것이다. 즉 '문학'은 새로운 '근대적' 에피스테메의 언어 개념을 가장 잘 표현하는 것으로서, 이는 재현에 기반한 고전적 에피스테메를 대체한다. 그것이 풀네임을 향한 언어의 고전적 관점 속에 고유한 경향을 실현하고 있기 때문이다.[44] 다시 말해 푸코에게 문학은 **무의식의 포획**prise d'inconscience의 명칭, 에피스테메의 일시성의 명칭이고, 우리가 사고와 지식, 믿음의 일시성을 경험하는 방법의 명칭이다.

문학에 대한 들뢰즈의 관점(그것들은 6장에서 전개될 것이다)은 조금 다르다. 그리고 들뢰즈의 관점은 푸코의 관점과 많은 특징들을 공유하고 있다. 문학은 고도로 복잡한 언어이다. 그러므로 문학은 진지하게 다루어져야 한다. 그것은 사회적·역사적 연접에 개입하여 힘을 행사한다. 여기에 포함되는 것은 **랑그**langue의 새로운 개념(다수자 언어 대 소수자 언어), 구문의 새로운 개념(구문의 강도-선, 그것은 언어의 문학적 말더듬기에서

---

43 Foucault, *Les Mots et les choses*, Paris : Gallimard, 1966 ; *Dits et écrit*, vol. 1 : 1954~1969, Paris : Gallimard, 1994.

44 내가 주석을 단 페이지는 *Les Mots et les choses*의 pp. 53~54이다.

가장 뛰어나다), 새로운 스타일의 개념, 그리고 궁극적으로는 **언어의 핵심으로서 문학**에 근거한 새로운 언어철학이다(이는 경험적 언어학에 대한 저주가 될 것인데 수십 억 개의 단어 수를 자랑하고 선한 자비와 평등의 정신에서 언어의 모든 영역과 모든 장르를 열렬히 환영한다).

## 5. 가타리

나는 '들뢰즈'란 이름을 개별 작가가 아닌 언표의 집단적 배치를 지시하는 것으로 언급했다. 실제로 내가 사용했던 텍스트들은 때로 들뢰즈 혼자만의 서명으로 된 경우가 있었지만, 종종 들뢰즈와 가타리의 서명이 있었고, 심지어 들뢰즈와 파르네의 서명이 있는 경우도 있었다. 한 작가에게서 배치에 이르는 이 과정은 '들뢰즈'의 정신 속에 있는 철학적 제스처이다. 왜냐하면 그것은 입장과 배제의 이중적 제스처이기 때문이다.

그것은 입장의 제스처이다. 나는 들뢰즈의 작품 전체를 하나의 저작으로 간주하고 그 이질성을 축소시키고자 한다. 그러한 축소는 나의 문제에 의해 부과된다. 모든 책이 언어의 작용이나 언어에 대한 들뢰즈의 개념에 통찰력을 제공하는 것은 아니다. 그래서 나는 현저하게 그가 혼자 쓴 작품들만 포함시키고(『의미의 논리』에서부터 『비판과 진단』에 이르기까지) 다른 것들은 무시했다(스피노자에 대한 논문들, 영화에 관한 책들, 그의 철학에 있어 다른 저작들의 중심에 있는 것들 등).[45] 또한 나는 가타리와 공저인 모든 작품들을 포함시켰다(『안티오이디푸스』에서부터 『철학이란 무

---

45 들뢰즈 철학에 대한 훌륭한 입문서로 John Marks, *Gilles Deleuze*(London : Pluto Press, 1998)를 보라.

엇인가』에 이르기까지). 이러한 사실은 이 책의 제목이 가타리에게는 부당한 것임을 의미한다.

그렇지만 거기에는 배제의 제스처도 있다. 내가 부적절한 것으로 평가한 책들 중에는 들뢰즈의 책들뿐 아니라 가타리의 책들도 포함되어 있다. 이를테면 그의 후기 저작들, 그중에서도 맨 마지막에 쓴 『카오스모스』[46]가 포함되어 있다. 나는 이 책을 고려 대상에서 제외했는데, 그 이유는 내가 이해할 수 없었기 때문이다. 일반적으로 나는 철학책을 이해할 수 없을 때 자비의 원칙의 형식을 적용한다. 만일 그 책이 나의 빈약한 재능에 비해 너무 어렵다면, 이런 재난 상황은 작가의 일관성이 결여되어서라기보다는 나의 무지에 기인하는 것이기 때문이다. 그렇지만 고백하건대 『카오스모스』는 나에게 선의의 긴장감을 부여했다. 그 은어가 의미를 너무 깊숙이 감추고 있을 정도였는데, 최소한 나에게는 그러했다.

그렇지만 나의 배제의 제스처에는 위험이 따랐다. 이것은 또다시 가타리에게 부당한 것이 될 위험이 있는데, 그가 위대한 철학자에 종속된 부차적인 인물로 취급될 수 있기 때문이다. 이는 자연이 보다 생명력 있는 형제에게 기생하도록 만든 샴쌍둥이와 같은 것이다. 나는 이런 태도를 취하고 싶지 않은데, 그것은 다음과 같은 두 가지 이유 때문이다.

첫번째 이유는 들뢰즈 비판을 형성하는 데 있어 그것이 억견doxa으로 나타나기 때문이다. 최소한 프랑스에서는 그렇다. 즉 위대한 철학자는 자신의 친구를 현명하게 선택하지 않았고, 철학자 지킬 박사에 대해 가타리는 비철학적인 하이드 씨의 역할을 수행했다는 것이다. 프랑스 아카데미의 전통에 있어(이것은 그가 생존했을 때에는 별로 알지 못했던 것이다),

---

46 Gattari, *Chaosmos*, Paris : Galilée, 1992.

들뢰즈는 상당한 지위에 있었기 때문에 쉽게 동화되는 인물이었다. 그는 철학 전공자였고, 강의를 했으며(비록 수상한 좌파 대학에서였지만), 프랑스 학위논문의 오래된 망령인 국가박사학위를 받았다(일반적인 논문의 관점에서 읽으면 좀 기이한 글이다). 그는 철학사에 관련된 프랑스 아카데미 전통과 한 번 갱신되었던 경전 텍스트의 탈무드적 주석에 몰두해 있었다(불명예스런 독창성이라는 들뢰즈의 주장에도 불구하고, 한 명의 철학자가 베르그송, 스피노자, 라이프니츠에 대한 책들을 쓴다는 것은 괄목할 만한 업적이다). 그리고 (마찬가지로 그의 주장에도 불구하고) 그는 전문직인 철학자로서 다른 철학자들에 대한 글을 자주 썼다(『차이와 반복』은 일반 대중에게 다가가려는 노력이 조금도 보이지 않는다. 그러한 테제들은 그것을 심사하는 다섯 명의 위원들만 읽을 뿐이다). 만일 이렇게 들뢰즈의 특출한 점에만 초점을 맞춘다면, 우리가 가타리를 배제하고 싶어 하는 것은 당연하다. 가타리는 진지한 철학적 배경도 없는 무소속으로서, 자신의 친구를 직선적이고 좁고 지루한 철학의 골목길로부터 정치와 사회, 미학이 개입된 모호한 큰길로 이끌었기 때문이다.

그 억견의 문제는 (나는 적어도 글에서는 명백히 공식화하기 어려운 경향을 과장해서 말하는 것이다) 거짓이라는 것이다. 들뢰즈에게는 다행히도, 심히 평판이 좋지 않고 따라서 상상적인 부분이 있는데, 그는 미학과 정치학에 개입하게 되는 자극을 거의 원치 않은 것이 분명하다(1968년 5월 사건의 위기가 자연스럽게 도움을 주었다).

나는 그 억견이 거짓이라는 증거로서 들뢰즈의 인터뷰를 수없이 이용할 수 있다. 여기서 들뢰즈는 가타리와의 우정과 공동 작업이 자신에게 얼마나 중요한 것인가를 강조했다. 이것으로는 충분하지 않다. 왜냐하면 그는 바로 어려움에 처한 친구에게 도움을 주었기 때문이다. 그들의 공동 생산물이 그들의 견해적 유사성에 대한 모호하고 일반적인 선언이 아니라는 것은 예외로 치자. 그들은 보통 그보다는 명확한데, 들뢰즈는 종종 공동의 기획에 있어 가타리의 특별한 공헌에 대해 조심스럽게 말했다. 그의 주장에 따르면, 가타리의 공헌은 ①정치적인 것의 경험(가타리는 한동안 프랑스 공산당의 당원이었지만, 들뢰즈는 한 번도 그런 적이 없었다. 가타리는 또한 한동안 여러 좌파 그룹이나 좌파 운동에 밀접하게 연관되어 있었다), ②정신분석학에 대한 강한 적개심(여기에는 역설의 뉘앙스가 있다. 동시대의 다른 모든 진보적인 철학자들과 마찬가지로 들뢰즈도 정신분석학에 첨예한 관심을 보였는데, 이는 그가 가타리와의 만남 이전에 쓴 『의미의 논리』를 '정신분석학 소설'이라 부른 사실에서도 알 수 있다. 가타리가 들뢰즈로 하여금 자기 방식의 잘못을 스스로 깨닫게 하는 데는 숙련된 정신분석학자와 초기의 라캉주의가 필요했다), 그리고 ③내게 가장 흥미로운 것으로서, 언어과학에 대한 비판적 관심과 박식함이다. 이에 대해 들뢰즈는 『대담』[47]의 한 대목에서 매우 명확하게 밝혔다. "그는 자신이 언어학이 근본적인 것이라고 생각하지 않는다고 말했다. 음성학에서 구문론으로, 구문론에서 화용론으로 발전의 궤적을 추적한 사람은 가타리이다. 화용론은 언어학을 변형시키고, 언어학자로 하여금 소설가, 철학자, 그리고 그가 소위 '보컬리스트'라 부르는 소리와 음성 연구를 지도하는 사람들을 만나게 함으로써 이를 흥미로운 분야로 변환시켰다."[48] 롤랑 바르트, 나탈리 사로트, 오스왈드 뒤크로에게는 똑같은 전투이다.

　그렇지만 아마 도입부의 억견에서 거리를 두려는 가장 중요한 이유

---

47 Deleuze, *Pourparlers*, Paris : Minuit, 1990, p. 43(영어판 p. 28).

48 이에 관하여는 Jonathan Rée, *I See a Voice*(London : Flamingo, 2000)를 보라.

는 그들의 공동 작업이 내가 아는 철학적 대화의 유일한 사례이기 때문일 것이다(바디우가 들뢰즈에 관한 자신의 책에서 시도한 들뢰즈와의 사후의 대화는 명백한 실패이다[49]). 그들의 작업은 진정한 네 손의 글쓰기écriture à quatre mains였다. 들뢰즈가 말하기를, 그들이 공동 저술을 할 때 둘 중 한 사람이 한 장을 스케치하면 다른 한 사람이 그 내용을 전개한다고 했다. 이것이 사실인지 전설인지는 여기서 중요하지 않다. 왜냐하면 양쪽의 경우 모두 그들의 공동 작업의 깊이와 진지함을 나타내기 때문이다.

이 모든 것이 여전히 가타리에게 공정하지 않다. 문제는 이것이 같다. 그들이 똑같이 활발한 샴쌍둥이로 인정받았다면, 우리가 어떻게 들뢰즈에 의해 가타리의 특별한 공헌이라고 일반적으로 지시된 것을 넘어 그들을 분리하고 구별할 것인가? 할 수 없을 것 같다. 아무리 『안티오이디푸스』와 『천의 고원』을 자세히 읽는다 해도 그것이 누구에게 속하는지에 대한 모호한 감정과 독단적인 결정에 반대되는 받아들여질 수 있는 증명의 표시를 찾을 수 없을 것이다. 그렇지만 사실 우리는 찾을 수 있다. 『천의 고원』이 출판되기 1년 전, 가타리는 단독 저작으로 『기계적 무의식』[50]이라는 에세이 모음집을 출판했는데, 이 책은 공동 저작의 몇몇 고원과 같은 배경을 지니고 있다. 그러므로 우리는 가타리의 특별한 공헌을 평가하는 입장이 된다. 그리고 그것이 바로 『천의 고원』에 핵심적인 것이다(가타리는 들뢰즈와 대화하던 시기에 이 에세이들을 썼다는 것을 인정했다. 그렇지만 그 에세이들은 가타리 단독 명의로 출판되었다). 심지어 우리는 들뢰즈와 가타리의 차이를 판단할 수 있는데, 이 책의 마지막 부분이 프

---

49  Alain Badiou, *Deleuze*, Paris : Hachette, 1997.
50  Guattari, *L'Inconscient machinique*, Paris : Recherches, 1979.

루스트 읽기로서 들뢰즈와는 아주 다른 강렬한 읽기에 할당되었기 때문이다.[51] 한마디로 그의 특별한 공헌은 네 개의 표제어에 나타나 있다.

첫번째이자 가장 중요한 공헌은 새로운 화용론의 원리가 되는 것으로서, 그 중심에는 배치의 이론이 있다(다시 말해 앞에서 보았듯이 영미식 발화행위 이론의 개인주의 방법론을 피하는 화용론). 그것은 전통 언어학 혹은 주류 언어학에 대한 불만에서 시작되었다(여기서는 촘스키가 주요 타겟이다). 왜냐하면 언어과학은 그 구조 속에서 자연어를 포획하려 하기 때문이다. 다행히도 가타리는 "les langues fuient"[언어가 샌다]라고 말했다.[52] 즉 그릇이 새는 것이며, 언어는 경박하게 과학이 부과한 '법칙들'을 무시한다는 것이다. 그는 나아가 구조주의 언어학의 두 가지 중심 원리를 거부한다. 그것은 랑그와 파롤의 구별이다(그는 언어학의 역사가 이 구별을 대체하는 용어로 크게 서술될 수 있다는 사실에 안심할 것이다. 소쉬르는 랑그에서 구문론을 배제했지만 촘스키에게 구문론은 중심 자산이다).[53] 그리고 존재는 그것이 언어적 보편이 아니더라도, 최소한 언어의 과학적 분석에서 보편적 특질이 된다(보편적 특질은 예를 들어 정신분석학자로 하여금 이언glossolaia으로부터 언어적 연속을 말하게 해준다. 가타리에게 이 둘 사이에 분리란 없다. 오직 전이transition만이 있을 뿐이다).[54]

그 결과, 그가 주창하는 화용론은 의도와 소통의 화용론이 아닌 역능power의 화용론이 된다. 그에게 있어 문법적 표식은 힘의 표식으로서 이러한 분석은 부르디외에 의해 전개되어 괄목할 만한 성공을 거두었다.[55]

---

51 Deleuze, *Proust et les signes*, Paris : PUF, 1964.
52 Guattari, *L'Inconscient machinique*, p. 10.
53 이에 관하여는 나의 책 *The Violence of Language*, 1장을 보라.
54 Guattari, *L'Inconscient machinique*, pp. 25, 131.
55 Bourdieu, *Ce que parler veut dire*.

이것의 자연스러운 결과는 주체인 화자가 그 소통(의도를 반영하는 표현)의 저자가 아니라 기껏해야 언표행위의 집단적 배치agencements collectifs d'énonciation의 작용 효과가 되는 것이다. 가타리의 공헌은 배치 이론을 시작한 것으로서, 그가 처음으로 배치에 대한 정의를 내렸던 것이다. 배치의 주요 특징은 그것이 '사물에 대한 말'이라기보다 '사물들 간의 말', '바로 사물들에게로'à même les choses서의 사실들, 사건의 상태, 그리고 주체적 상태에 있는 것이다.[56] 이러한 물질과 이상의 불순한 결합은, 앞서 보았듯이 들뢰즈 언어철학의 특징이다. 가타리 또한 이러한 배치의 몇몇 예를 제공하는데, 가장 두드러진 것은 **언표행위의 주체**이다. 이는 화자를 생산하는 배치로서, 여기에서 말하는 주체와 심리학적 혹은 정신분석학적 주체는 사회적 힘과 역능의 제도의 영역에서 나타난다(남성적 권위의 제도, 사회적 '얼굴성'의 억압적 형상 등).[57]

**두번째 공헌**은 언어학뿐 아니라 기호학에도 해당한다. 가타리는 계속해서 기호학의 다양성을 제안했는데, 그중에서 (가장 중요한 것은 아니지만) 단 하나만이 의미 있는 기호학이다. 의식적이고 정교한 발화를 지배하는 기호화된 코드보다 더 많은 코드들이 있다. 기계와 그 조종자 사이의 관계, 신호의 목적으로 풀잎을 폭넓게 사용하는 몇몇 새들의 구애 의식 또한 기호의 체제 속에 포획되며, 언어학적 소통과 같은 방식으로 화용론적 표식에 호소한다. 얼핏 보기에 그것은 언어학에서 기호학으로의 단순한 확장, 소쉬르가 이미 요구했던 유형의 확장과 같다. 그렇지 않다면 그것은 **확장**이 아닌데, 확장은 언어를 모든 기호학 과정의 원천이

---

56 Guattari, *L'Inconscient machinique*, p. 12.
57 *Ibid.*, p. 44.

아닌 모델로 삼기 때문이다. 가타리의 목적은 언어를 제자리에 놓는 것, 즉 어떤 특권도 없이 여럿 중 하나의 과정으로 놓는 것이다. 이에 그는 화용론의 주요한 세 영역을 언급하는데, 이는 발화의 배치와 이에 포함되는 기호학의 요소의 견지에서 다음과 같은 상관관계에 따른 것이다.

> **상징** 영역—영토화된 배치—도상들과 색인들
> **기표** 영역—개별화된 배치—기호학적 삼각형
> **다이어그램** 영역—집단적-기계적 배치—소사-기호들

기호학적 삼각형은 단어, 의미, 사물의 익숙한 삼각형이면서 혹은 기표와 기의, 지시대상의 삼각형으로 나타난다. 나는 그의 '소사-기호'particle-signs의 이론으로 나아가지는 않을 것인데 이 기호들은 기계적 배치 속에서 생략된다. 나의 관심은 통시적으로 역사적 진보, 공시적으로 논리 가능한 입장들의 소진으로 간주되는 이러한 상관관계가 화용론 영역의 전개 속에서 역사적이고 논리적인 순간으로서 의미화된 기호를 **제자리에 위치시킨다**고 보기 때문이다. 여기에 가타리의 세번째와 네번째 공헌이 있다.

그의 **세번째 공헌**은 얼굴과 관련되어 있다. 이때 얼굴은 평범한 얼굴이 아니라 기호로서의 얼굴이다. 왜냐하면 얼굴의 기호학, 혹은 얼굴의 문법이기 때문이다(이를 위해 그는 '얼굴성'의 개념을 만들었다). 이러한 생각은 유서 깊은 것이어서, 얼굴의 유형에 대한 17세기 논문들[58]에서부터 19세기의 정열의 표정(나는 물론 다윈을 생각하고 있다[59])에 이르기까지 웃거나 찡그린 다양한 얼굴들의 그림(미친 사람의 얼굴은 자연스럽게 특별한 매력을 야기한다. 프랑스 화가 제리코가 그린 광인들의 얼굴visages de fous 시리즈가 좋은 예이다)과 함께 풍부한 예가 있다. 이는 언젠가 촘스키가 제안한 대로 얼굴의 엄격한 문법이 적절한 문법과 똑같은 근거에서 구성될 수 있다는 것에 따른 것이다. 물론 가타리는 이 제안을 환영했을 것인데, 그 인과관계를 함축하지 않았을 것이다. 왜냐하면 그에게 얼굴의 기호학은 언어의 독립이기 때문이다. 얼굴의 특징과 달리, 일치와 인식을 허용하는 기호는 그 기원이나 유추에 있어 언어적인 것으로서, 얼굴 표현을 수반함으로써 관리되고 지배되고 강화되고 논평되는, 즉 결정되는 목소리를 통한 언어기호의 산물이다. 레이먼드 카버의 단편 「아버지」는 아내와 딸의 눈에 비친 아버지의 비존재nonentity를 다룬다. 이야기는 딸들 중 한 명의 외침으로 클라이막스를 맞이하는데, 그녀는 새로 태어난 아들이 여러 친척들을 닮은 것에 대해 일반적인 방법으로 환호한다(우리는 모두 이 장면을 알고 있다. 여러 가족의 분해된 다양한 얼굴 조각들이 갓난아기의 납작하고 텅 빈 얼굴에 낙관적으로 투사되기 때문이다). "그런데 누가 아빠를 닮았지?" 이에 대한 대답은 없다.[60] 가타리는 이러한 우리의 일상적인 경험들을 의식 이론으로 발전시킨다. 이때 이 이론은 데카르트의 **코기토**와 아무 관련이 없는 것으로서 의식의 두 가지 양상과 대비되는데, 그것은 타자의 얼굴에 대한 영토화된 인식(나의 정체성은 타자의 인식을 통해 다시 나에게 투사된다)과 고통을 야기하는 주관적인 블랙홀(나의 얼굴은 경험의 결여로 인해 내가 인식할 수 없는 유일한 것이다. 나의 목소리도

58 Jean Jacques Courtine and Claudine Haroche, *Histoire du visage*(Paris: Rivages, 1988)를 보라.

59 Charles Darwin, *The Expression of the Emotions in Man and Animals*, Chicago, Ill.: University of Chicago Press, 1965.

60 Raymond Carver, "The Father", *The Stories of Raymond Carver*, London: Picador, 1985, pp. 40~44.

마찬가지이다. 나는 거울 앞에서 나의 전 생애를 보낼 수는 없다)이다.[61] 가타리에게 있어 개성은 이 얼굴화된 의식conscience visagéifiée이라는 역설적인 요소를 둘러싸고 구성된다. 나는 이러한 의식의 물질화를 발견하면서, 나의 무의식은 내 안에 정신 깊숙한 곳에 있는 것이 아니라 나의 몸의 표면이나 타인의 몸에 각인되어 외부에 있다는 생각이 동시에 일어나는 것을 발견했다.

　네번째 공헌은 얼굴의 공간적 기호학과 병행하는 시간적 기호학이다. 이것은 리토르넬로ritornello와 징글jingle의 기호학이다. 이 용어는 육체가 리듬의 형태로 시간을 경험하는 것으로 묘사하고 음악의 박자나 징글로 외연화한다. 이것은 얼굴에 대하여 유사한 기호학의 역할을 하는데, 즉 동일성과 관련되어 있고 집단에 대한 개인의 관계와 이에 따른 영토화(새의 노래에 있어 징글은 집에 도달했다는 신호인 동시에 영토의 표시다. 이 점에서 가타리는 예리한 학생이었다), 그리고 탈영토화/재영토화의 운동과 관련되어 있다. 얼굴과 마찬가지로 징글은 가타리가 집단적인 마이크로 장비micro- équipements colletifs라고 부른 사회화의 도구에 속해 있다. 왜냐하면 그들은 우리의 가장 사적인 시간감각에 리듬을 부여하고, 우리로 하여금 그것을 외연화하고 공공화하게 하기 때문이다. 얼굴과 마찬가지로 징글은 우리의 삶, 생활세계Lebenswelt의 풍경에 대한 관계를 구성하게 한다. 얼굴과 마찬가지로 징글은 잉여redundancy를 허용하는데, 이 용어는 필연적 반복에 대한 특별한 언어적 감각으로 이해되며 이는 소음을 없애고 성공적인 메시지의 전달을 허용한다. 잉여는 모든 기호체계의 주요 특성이고, 리얼리티를 구성하는 주요 도구이다. 왜냐하면 얼굴과 징글은 앞

---

61 Guattari, *L'Inconscient machinique*, p. 82.

서 말한 구성에 있어 언어적 소통만큼이나 (더는 아니더라도) 중요한 것으로서, 이는 질문과 인식을 통해 스스로 동일성을 구성하는 도구가 되기 때문이다.

가타리의 프루스트 해석은 얼굴과 징글의 용어로서 행해진다. 여기서 그는 기호(언어학적 기호, 그렇지만 모든 다른 형태의 기호 또한 포함한다)로서 해석하는 들뢰즈를 보완하는 것이다. 얼굴성과 리토르넬로의 전개는 『천의 고원』의 독자들에게 익숙한 고리일 것이다. 그것은 그들의 공동 작업에서 가타리의 공헌의 중요성 때문에 내가 특히 강조하는 것이다.

## 6. 문제의 개념

이 장의 요점은 두 가지이다. 하나는 들뢰즈에게 있어 언어가 문제가 된다는 것을 밝히는 것이고(그러므로 내가 불신과 매력의 견지에서 설명했다는 역설이 있다), 다른 하나는 언어를 들뢰즈 철학을 총체적으로 관통하는 가이드라인을 제공하는 문제로 수축시키는 것이다. 다시 말해, 들뢰즈가 스피노자나 라이프니츠를 논했듯이 들뢰즈를 논하고 그의 저작에서 언어는 그가 스피노자에게 '표현'이나 라이프니츠에게 '주름'을 설명했던 것과 같음을 말하는 것이다.

첫번째 관점을 세우는 일은 매우 쉽다. 두번째는 엄밀히 말해 보다 문제적인데, 잠시 우회할 필요가 있다. 왜냐하면 '문제'problem는 들뢰즈가 창안한 개념들 중의 하나로서, 나는 문제를 그가 사용한 특별한 의미에서 취하고 싶기 때문이다.

들뢰즈는 자신의 저작 중 출판된 첫번째 책[62]에 대해 분노를 감추지 않고 표출했다. 여기에는 이유가 있었다. 그 책은 들뢰즈가 주요 멤버였던 좌파 서클에서 나온 것으로서 1970년대에 쓰였는데 이때는 그 누구도 (마오 주석을 제외하고) 주인이 될 수 없는 시기였다. 그 책은 들뢰즈의 개념들에 대한 평가를 담고 있을 뿐 아니라, 그의 학문적 입장과 기량에도 주목하고 있다(자비의 정신에서는 아니다). 자신의 「무자비한 평론가들에게 보내는 편지」Letter to a Harsh Critic[63]에서 들뢰즈는 똑같이 충격적인 언어를 적용한다. 그러나 그는 또한 철학책을 쓴다는 것이 무엇인지, 특히 철학사 장르에 속한 듯이 보이는 책을 쓴다는 것이 무엇을 의미하는지에 대해 우리에게 말한다. 대답은 간단하다. 애널섹스다. 철학적 주석가는 "fait un enfant dans le dos à son auteur"[저자의 등 뒤에서 사생아를 낳는다]. 그는 의미에 대한 자신의 의도를 존중하지 않고(무엇 때문에 그 의도가 가치가 있는가), 자신의 저자가 제시하는 제법 상세한 설명의 해답에 만족하지 않는다. 그는 자신이 주석을 단 작품은 **기의 상자**boite de signifiés, 즉 이미 만들어진 의미의 집합으로서 쉽게 설명하기 위해 다시 재배치된 것으로 간주하지 않는다. 그가 하는 일은 텍스트에서 문제를 추출하는 것인데, 그 문제는 텍스트에 폭력을 행사하는 것으로서 이에 대해서는 저자 자신도 주의를 기울이지 않았지만, 우리로 하여금 그 텍스트가 어떻게 작동하는지를 이해하게 한다(왜냐하면 '그것'은 모든 곳에서 작동하고 있으며 철학 텍스트들에서도 작동하고 있기 때문이다). 그는 이것을 "텍스트의 **강도 높은 독서**"라고 한다.

그러므로 철학 책의 초점은 해답을 밝히는 것이 아니라 문제를 추출하는 것이다. 더 중요한 것은 문제에 적합한 하나의 개념 혹은 여러 개의

---

62 Michel Cressole, *Deleuze*, Paris : Editions universitaires, 1973.
63 Deleuze, *Pourparlers*, pp. 11~22(영어판 pp. 3~12).

개념들을 창조하는 것이다. 문제를 찾아라. 들뢰즈는 자신의 책 『들뢰즈 ABC……』에서 말했다. 그러면 당신은 추상을 떠나 구체로 갈 것이다.[64] 이렇게 라이프니츠는 모나드monad의 개념을 창조했다(이상한 창조지만 많은 방법들이 그렇듯이, 개념의 창조에는 어느 정도 광기가 있다). 그리고 그 개념은 문제를 표현하는데, 그 문제는 들뢰즈를 예견할 것이며 새로운 개념의 창조는 명확해지고 펼쳐질 것이다. 그 결과 모나드의 개념이 겨냥하는 문제, 세계의 총체성을 표현하는 주체성의 문제는 바로 세계가 서로 **접혀 있는**folded 사물들의 집합이라는 것이다. 『주름』Le Pli은 라이프니츠의 문제를 펼치려는unfolded 들뢰즈의 시도이다. 이에 철학의 역사는 앞으로 나아가고 문제들의 연속을 겨냥하는 개념들의 연속이 가능하게 된다. 이런 의미에서 문제는 즉시 놀라운 특징을 갖게 된다. 그것은 옳고 그름의 문제라기보다는 흥미로움의 문제이다.

그러면 문제는 정확히 무엇인가? 가장 간단한 대답은 문제는 물음이 아니며 해답은 더더욱 아니라는 것이다.

물음의 문제는 들뢰즈가 『철학이란 무엇인가?』에서 말한 것으로, 여기에는 명제적 속성이 있다.[65] 물음이 일시적으로 보류된 진술로서 그 명제의 창백하고 희미한 두 쌍을 그 대답이라 할 수 있다면, 반대로 문제는 창조적 사고의 장소이자 사고의 창조의 장소로서 결코 명제적이지 않다(그것은 개념으로 공식화된다). 아니면 이번에는 『차이와 반복』에서 대목으로서 물음은 그 물음의 대상, 수신인에게 대답을 강요하는 명령어를 숨

---

64 Deleuze and Parnet, *L'Abécédaire de Gilles Deleuze*, letter H for 'History of philosophy'.

65 Deleuze and Guattari, *Qu'est-ce que la philosophie?*, Paris : Minuit, 1991, p.192〔영어판 p. 204〕.

기고 있다는 것이다.[66] 분명한 것은 들뢰즈는 모든 물음들이 언어학자가 닫힌 물음이라고 부른 것임을 믿었는데, 이 물음들은 대답을 전제로 한다는 것이다(그것은…… 경우가 아닌가?) 여기서 그는 카네티의 유명한 『군중과 권력』[67]의 대목에 동의하고, 텔레비전 시리즈의 흔한 경찰관에 동의한다. "나는 여기서 물음을 찾고 있다." 물론 문제는 언어학자들이 열린 물음이라고 부르는 것으로서 의문의 형식을 취하지 않는 것을 제외하고는, 독자에게 제기되어 그 답을 요구한다(심지어 가장 해가 없는 '열린 물음'인 "몇 시입니까?"조차 화용론 구조의 일부로서 그 장소를 할당하고 이를 통해 역능을 순환하게 한다. 이것이 카네티의 요지로서 그는 『천의 고원』에서 적절하게 언급되었다).

그리고 문제는 해답이 아니다. 문제에 대한 들뢰즈의 이론은 『차이와 반복』에서 가장 명확하게 설명되어 있다.[68] 문제는 세 가지 특징을 갖고 있다. ①문제는 본질적으로 해답과 다르다. ②문제는 그것이 발생시킨 해답을 초월한다. ③문제는 해답 속에 내재되어 있고 결국 그것을 감추거나 대치한다. 이는 해답이 산출되었을 때에도 문제는 사라지지 않는다는 것을 의미한다. 이것이 (『셜록 홈스의 모험』*The Adventures of Sherlock Holmes*에서) 레스트레이드 경감의 입장이다. 그는 용의자이건 아니건 간에 누구든지 체포하고 싶어 한다. 그리고 이는 자신의 친구가 획득한 결과에 환호하는 왓슨의 입장이기도 하다. 그렇지만 이것은 셜록 홈즈 자신의 입장이 아니고, 진정한 천재인 그의 형 마이크로프트의 입장은 더더욱

---

66 Deleuze, *Différence et répétition*, pp. 252~255[영어판 p. 195].

67 Elias Canetti, *Crowds and Power*, Harmondsworth : Penguin, 1973, pp.331~337.

68 Deleuze, *Différence et répétition*. 관련된 페이지는 pp.210~213, 232, 244, 261[영어판 pp. 162, 179, 189, 202].

아니다. 마이크로프트는 문제에 대해 심사숙고하지만 증거를 확보하고 해답에 접근하기 위해 부서진 재의 조각들을 모아 맞추는 일을 결코 하지 않는다. 알다시피 셜록 홈즈 이야기에서 흥미로운 것은 해답이 아니라 (해답은 항상 실망스럽고 텍스트의 죽음을 공표한다) 문제이다. 왜 빨간 머리의 가게 주인은 매일 오후 3시간 동안 브리태니커 백과사전의 필사 작업에 고용되었을까? 대답은——그래야만 악당들이 그의 가게의 벽을 통해 옆집인 은행의 천장으로 갈 수 있는 길을 낼 수 있기 때문이다——시시하고 그다지 흥미롭지 않다. 그렇지만 문제는 재기 넘치고 독창적인 것이다(이 이야기의 가장 훌륭한 부분은 왓슨이 다른 사건들을 두 줄로 일깨우는 순간이다. 이때 그는 연대순으로 기록되지는 않는데, 마치 그 누구도 보지 못한 이상한 벌레가 담겨 있는 성냥갑을 열었을 때 미친 듯이 소리치는 사람과 같다).

문제가 그것이 요구하는 해답들 속에 내재하고insist 존속하는persist 이유는(셜록 홈즈의 모험에서 알 수 있듯이, 문제의 존재는 해답을 추구하는 것에 달려 있다), 그 해답이 특별한 명제인 반면 그 문제는 이상적인 것, 즉 이데아Idea로서 그 어떤 해답도 소진되거나 풀지 못하기 때문이다. 게다가 문학과의 비교는 우리로 하여금 이것이 의미하는 바를 보다 잘 이해하게 한다. 문학 텍스트와 같은 지속적인 텍스트의 특성은 그것이 발생시키고 (그 의미는 '해결한다'로 알려져 있는) 그 안에 내재되어 있는 (이때 독자와 독서가 없는 텍스트는 없다. 그리고 모든 독서는 해석이나 해답이 된다) 해석을 초월한다는 것이다. 그러나 그 어떤 해석이나 해답도 하나가 다른 하나보다 나을 수 있어도, 참은 아니다.[69] 그 어떤 해석도 끝없는 시

---

69 이에 관하여는 나의 *Interpretation as Pragmatics*를 보라.

리즈의 다른 해석들의 출현을 막을 만큼 훌륭하지는 않다. 비록 그 텍스트가 추리 소설이라 그 해석이 미스터리에 대한 해답의 형식으로 작가에 의해 텍스트 안에 주어져 있더라도 말이다. 심지어 아가사 크리스티가 "누가 로저 애크로이드를 죽였는가?"라는 물음에 고압적으로 대답했더라도, 그녀의 해답이 미끼라고 주장하며 다른 것을 제시하는 예리하고 복잡한 독자를 막을 수는 없다. 그 결과 포스트모던 소설이 되거나 아니면 실체 없는 에세이가 되거나 해도 말이다.[70]

흥미로운 대목에서 들뢰즈는 문제의 현전에 대한 언어학적 표시를 찾는다(그는 현전이 필수적이라고 주장하지 않는다. 단지 지시적인 것이라고 한다). 왜냐하면 프랑스 언어학자들이 'NE explétif'[허사]라고 부르는 것은, 그것이 설명할 수 없는 것이기 때문이다("avant que tu ne viennes"[당신이 오기 전에]. 여기에는 그 어떤 부정도 포함되지 않는다). 이 양상적 소사modal particle, 이 언어학자에 대한 '당혹함'[71]은 비존재의 표시이다. 그리고 '비존재'le non être는 단순한 부정과 달리 문제의 본질이다(이것은 들뢰즈 철학의 반反헤겔적 양상인 긍정의 일부이다).

왜 내가 들뢰즈에게서 언어가 그런 의미에서의 문제라고 생각하는지를 밝혀야 한다. 내가 지나가면서 처음 언급할 것은 문제의 개념이 종종 언어의 관점에서 결정되고 예증되는데, 이는 물음들 속에 숨겨진 명령어에서부터 언어학적으로 문제를 표시하는 'ne explétif'에 이른다. 그리고 들뢰즈에게는 언어 문제의 취급에 대한 최소한 네 가지 징후가 있다.

---

70 사실 이것은 Pierre Bayard가 *Qui a tué Roger Ackroyd?*(Paris : Minuit, 1998)에서 했던 것이다.

71 Ferdinand Brunot, *La Pansée et la langue*, Paris : Masson, 3rd edn., 1936, p. 525. 관련된 페이지는 *Différence et répétition*, p. 261[영어판 p. 202].

첫번째 징후는 언어에 대한 들뢰즈의 태도에서 내가 역설이라고 부른 것이다. 진정한 역설의 주요 성격은 그것을 끝내려고 시도하는 것 그리고 이를 지속시키는 것처럼 보이는 것이 해답 속에 있다고 주장하는 것이다. **두번째 징후**는 언어학에 대한 적대감이다. 이는 언어의 문제, 언어에 의해 야기된 문제에 대한 체계적 해답의 과학과 같다. 들뢰즈가 언어학을 비난하는 것은——들뢰즈만 그런 것이 아니다——그것이 언어에 부과하는 꽉 짜인 규율이 자연어의 작용에 빈약하고 혹은 종종 완전히 반대되는 관점을 부여한다는 것이다. 여기에서 시인의 관습을 선호하는 그와 나의 태도가 유래되는데, 그 시인은 언어를 구속하려 하지 않는다는 점에서 언어를 더욱 존중하는 동시에 언어를 그 잠재성의 극단까지 취하고, 때로는 우리가 베케트에게서 보았던 것처럼 철저한 침묵으로 이끈다는 점에서 언어를 덜 존중한다. **세번째 징후**는 문제가 그 해답에 있어 모든 시도들보다 오래 생존한다는 것을 보여 주는 것으로, 들뢰즈의 작품들에서 부분 이론의 생장이다(이것은 다음 장에서 상세하게 고찰할 것이다). 이 이론은 결코 명확하게 전체를 형성하지 않고(이 이론들에서 언어철학의 어떤 형태를 추출하려는 위험한 시도는 나의 것이다), 심지어 일관성조차 없다. 따라서 **네번째 징후**는 부분 이론들의 다양성에 있어 언어 문제의 내재성으로, 이는 그 이론들을 통하고 넘어서서 언어의 일반적인 문제를 포괄적으로 초월하는 것과 결부되어 있다. 이는 최소한 나에게 이 책을 쓰도록 강요한 생각 속에 있는데, 그 생각은 언어 영역에서 들뢰즈의 연구 프로젝트가 있다는 것이고 또 촘스키의 프로그램에 지불하던 막대한 형이상학적 대가를 지불할 필요가 없다는 것이다. 이상 이 책의 나머지 부분에 대한 간략한 스케치를 마친다.

# 기차의 이미지, 이미지의 기차

### 디킨스, 들뢰즈, 재현

## 1. '그의 묘사 속 기차'

그레이엄 스위프트의 『그날 이후』에서 빅토리아 시대의 영웅 매튜 퍼스는 그의 약혼녀와 교구 목사인 그녀의 아버지에게 브리스톨과 엑세터의 철도 개통을 묘사한다.

> 매튜는 배경 화면을 과장하지 않았다. 그러나 그의 목소리는 호기심에 찬 절실한 요구를 배반했다. 그는 청중들의 얼굴에 나타난 놀람과 모호한 공포를 보고 특별한 기쁨을 얻는 자신을 발견했다. 그의 이야기에서 엑세터 역의 군중들이 열광적인 환호로 기차를 맞이할 때 갑작스레 분출된 안도감으로 가득한 그의 마음에 기차의 생각이 지나갔다. 그는 그 것이 미스 헌트의 호소력 있는 연약한 모습과 많은 관련이 있는지에 대해서는 말할 수 없었다.[1]

그가 묘사하는 기차는 보다 복잡한 대상으로 나타났다. 그것은 실제 기차로서 이 지시대상은 묘사를 구성하는 언어학적 기호에 의해 독특하게 포착되었다. 그는 언젠가 엑세터에 도착한 첫번째 기차에 대해 말하고 있는 것이다. 그러나 이것은 또한 신화적 기차이기도 한데, 그 기차에 담긴 수많은 담화와 클리셰를 전달한다. 이 기차는 진보와 계몽의 상징이며, 따라서 매튜 퍼스의 목소리에 나타난 '긴박함'은 청중들에게 '모호한 공포'를 야기시킨다. 이것은 결코 제어되지 않는 격렬함으로써 모더니티의 훌륭한 예가 된다. 이는 (다시, 이미) 감정의 폭발을 위한 메타포로서 끝에 가서 매튜가 "갑작스런 해방감의 분출과 함께" 미스 헌트와 사랑에 빠지는 것은 '증기 폭발'과 유사한 것으로 볼 수 있다. 한마디로 이 기차는 이미, 항상-이미 역사와 이야기 텍스트 사이의 웹과 텍스트 내부의 웹에 포획되어 있는데, 여기서 역사는 소문자 'h'의 개인사history(소설의 20세기 내레이터는 자신의 진짜 아버지가 외교관이 아닌 철도 기사라는 것을 곧 알게 될 것이다)와 대문자 'H'인 정치사History(내레이터는 역사 전공자인 동료의 요구를 거절하는데, 그 동료는 자신만이 매튜 퍼스가 새로 발견한 일기의 편집자가 되는 데 필요한 역사적 지식을 소유하고 있다고 주장한다) 둘 다로 나타난다.

이 대목에서 내게 제일 흥미로운 것은 물론 **미장아빔**[2]으로서 이는 나의 제목의 도치를 정당화해 준다. 그것은 '기차'에서 '생각의 기차'로 은유적으로 흐르는데, 이는 실제로 언어학적 변화의 역사적 흐름에 반대되

---

1 Graham Swift, *Ever After*, London : Picador, 1992, pp. 106~107. 이 막간극의 첫번째 버전은 보르도에서 열린 'European Society for the Study of English'(ESSE) 두번째 대회의 강연이다.
2 Mise en abyme. 심연으로 밀어넣기. 한 작품 안에 다른 하나의 작품을 집어넣는 예술기법.—옮긴이

는 것이다. 왜냐하면 '생각의 기차'라는 문구는 이미 홉스에게 나타났지만, '철로 운송 기차'가 처음 나타난 것은 1830년대이기 때문이다. 더욱 중요한 것은 그것이 '그의 묘사 속 기차'라는 소유격을 포함하고 있다는 것인데, 이는 문맥 바깥에서 주어와 목적어의 해석 사이에서 모호하게 된다. 만일 그 소유격이 주격이라면 그 묘사는 생각, 이미지, 혹은 단어들의 기차이다. 이는 우리에게 언어 사이의 구성 고리를 상기시키는데, 그것이 질서 있는 선적 연속, 그 초기 명칭이 '적절한 연속'propre sequence이었던 단어 '기차'(『옥스포드 영어 사전』에 따르면, 1528년에 처음으로 사용되었다)로 그리고 동시에 '요소들의 질서 있는 계열'로 구현되는 한에서이다(1610년에 처음으로 사용되었다). 만일 그 소유격이 목적어라면(이는 그 문맥에 있어 유일한 실제적 해석이다. 나의 논지는 주어의 해석이 의미에 공명하는 잠재성virtuality으로 존재한다는 것이다), 기차는 발생 대상이다.

소유격 문장의 모호성은 중요하다. 왜냐하면 그것은 보다 넓은 의미를 지닌 언어적 긴장의 장소이기 때문이다. 만일 그 소유격이 목적어라면, 언어를 통해 현존화되고 텍스트의 기호들(이 문구는 지시대상을 독특하게 포착하는데 철학자는 이를 '제한적 서술'이라 부른다)에 의해 재현되는 대상이 있을 것이다. 그리고 또한 대상, 즉 문학적 묘사, 잔잔한 내러티브, 플롯의 지연(여기서 '지연'은 기차의 고대적 의미로서 '꾸물거리다' dawdle를 의미하는 프랑스어 동사 'traîner'에서 유래한다) 주위에는 역동적인 플롯에서 이러한 정체된 순간을 위한 논리적 근거가 있어 서술자로 하여금 사물을 표현하고 재현하게 한다. 그렇지만 만일 소유격이 주어라면(그리고 물론 우리는 그것이 둘 다라고 결정할 수 있다), 만일 그 기차가 묘사이면, 대상은 없고 단어 '와/혹은'and/or 관념들의 연속만이 있을 뿐이다. 그리고 정체도 없고 반사적인 지연의 순간도 없으며 오직 목적론적 전개의 추상적 진보만이 있을 뿐이다. 왜냐하면 질서 있는 계열에서 각각의 요소들은 점점 더 부자연스런 선택의 계열에서 그 선임자를 뒤따르는데 이는 촘스키 이전의 언어학자들의 생각이 제공했던 언어의 모델인 마르코프 체인Markov chain[특정 상태에서 다음 상태로의 변화를 확률적으로 예측하는 것]에서와 같다.

이 막간극의 목적은 이러한 역설을 탐험하고 소유격의 모호성을 어원학적으로 설명하는 것이다. 그것은 그 소유격 혹은 제목 속의 신진대사 작용이 지시하는 길을 따라갈 것이다. 그렇게 함으로써 그것은 수많은 어두운 터널을 통과할 것인데 시속 30마일의 현기증 나는 속도까지 도달할 수 있을 것이다. 그것이 어디로 갈 것인가는 또 다른 문제이다.


## 2. 재현의 역설

소유격 역설의 일반적 명칭은 재현의 역설이다. 만일 반복에서 차이가 필연적이라면, 어떻게 첫번째 표현의 직접성을 포착하는 두번째 표현으로서 재현이 있을 수 있겠는가? 이것은 단지 헤라클레이토스의 생각의 기차가 아니며, 단지 시간의 흐름의 반영이 아니다. 이것은 매체 변화에 대한 물음으로서 재현되는 사물이나 장면 그리고 재현하는 이미지나 기호 사이에서처럼 존재론적 간극이 존재함을 드러내고 그 언어는 '기차'라는 단어에 대한 또 다른 말놀이 속에 각인된다. '기차'는 정연한 계열(이종동형isomorphism)뿐 아니라 철로처럼 서로 평행하게 달리는 하나의 계열의 질서, 고대적 의미에서 속임수, 배신을 의미한다(옥스퍼드 영어사전에 따르면 이것은 고대 프랑스어 'traïne'에서 추출한 다른 단어이고, 그러므로 'trahir'[배신하다]는 이의반복antanaclase의 경우이지 메타포적 표류가 아니다). 이 간극은 19세기 문학의 서술 장르에서 명백하게 절정을 이룬 재현의 이데올로기로서 항상 다리를 놓으려고 시도했다. 그러므로 이 막간극의 목적은 재현의 신화를 문학적으로 분석하려는 시도로서, 그 내적 논리와 그 요소들이 이미 재현의 아포리아 속에 내포되어 있는 다른 유형의 논리 속에 불가피한 용해를 해독하는 것이다. 앞에서 나는 논쟁의 기차를 간략하게 스케치했는데, 이에 따라 앞으로 네 단계 혹은 네 개의 역을 통과할 것이다. 이때 디킨스의 『돔비와 아들』*Dombey and Son* 혹은 루이스 캐럴의 『거울 나라의 앨리스』*Through the Looking-Glass*에서 발췌한 기차에 대한 다양한 텍스트들을 살펴볼 것이다. 앞으로 보겠지만, 나의 텍스트들은 모두 기차에 '대한' 것이지만, 그 재현의 위상은 다른 논리가 등장할 때까지 크게 변화될 것이다. 나는 그 용어를 들뢰즈의 용어에 따라 '배치의 논리'라 부를 것이다.

## 3. '아직 완성되지 않은 철도'

영국 철도 건설의 역사에 관한 테리 콜먼의 『철도 인부』[3]의 두번째 장에는 『돔비와 아들』의 긴 문장이 인용되어 있는데, 이는 런던에서 버밍햄으로 가는 기차가 런던을 떠날 때 캄덴 언덕을 가로지르는 대목에서 나타난다. 이 인용은 삽화 9번의 철도와 관계되어 있는데, 그 설명은 다음과 같다. "1836년 9월 17일 캄덴의 옹벽 건축, 아마 이 장면은 디킨스가 『돔비와 아들』에서 묘사했을 것이다." '아마'probable의 사용으로 폭로되는 약간의 불확실함에도 불구하고(여기서 재현의 아포리아가 저절로 느껴진

---

3 Terry Coleman, *The Railway Navvies*, Harmondsworth : Penguin, 1968, pp. 37~38.

다), 이것은 **장식**vignette으로서 문학적 묘사의 고전적인 예이며, 여기에는 ①지시대상과 그 묘사 사이의 직접적인 연관(이것이 그것이라는 인상, 우리의 눈앞, 혹은 우리의 상상력의 눈앞에 사물 그 자체가 존재하여 바르트가 **실제 효과**effet de réel라고 불렀던), ②단어-묘사와 이미지-묘사, 텍스트와 그림의 상호 번역성, 더 나아가 상호 치환성이 포함된다. 그 텍스트는 우리로 하여금 그림을 인식하게 하고, 또 역으로 그 그림이 문학적 묘사의 적절성을 확인하고 보장한다. 이것이 재현의 논리를 요약한 것이다. 여기서 로티Richard Rorty의 타이틀을 모방하자면, 담화는 자연의 거울이다. 다음은 디킨스의 글이다.

대지진의 첫번째 충격은 바로 그 시기에 모든 이웃들을 그 중심에서 떼어 놓았다는 것이다. 그러한 과정의 궤적은 도처에서 찾아볼 수 있었다. 집들은 뒤집어졌고, 거리는 무너지고 멈춰 버렸다. 땅에는 깊은 구덩이와 도랑이 파였다. 흙과 진흙더미가 분출되었다. 침식되고 흔들리는 건물들을 커다란 나무 들보가 떠받치고 있었다. 여기에는 뒤집어진 마차들이 가파르게 경사진 언덕 기슭에 서로 뒤엉켜 있었다. 저기에는 뒤죽박죽된 철물들이 갑작스레 만들어진 연못에 젖어 녹슬어 있었다. 도처의 다리들은 모두 끊겨 있었다. 도로는 모두 통행 불가능이었다. 바벨탑 굴뚝은 그 높이의 반이 부족했다. 임시 목조 가옥과 담장들은 가장 적합하지 않은 상황에 처해 있었다. 부서진 가옥들의 사체, 미완성된 벽과 아치 조각들, 판자더미, 무수한 벽돌, 거대한 크레인, 무단히 서 있는 삼각대 등이 있었다. 수십만 가지의 불완전한 물체들과 형체들이 있었다. 이들은 위아래로 서로 자리를 뒤바꾸고, 땅에 구멍을 내며, 대기 속에 솟아 있고, 물속에 붕괴되어 있었다. 그것들은 모두 꿈속에서처럼 이해할 수 없는 것이었다. 뜨거운 봄, 성난 분출, 지진에 관련된 보통 사람들이 이 장면의 혼란에 한몫했다. 끓는 물이 쉿쉿거리며 황폐한 벽들 속에서 끓어 올랐다. 그러면서 또한 화염의 불꽃과 포효소리가 생겨났다. 잿더미가 길 오른쪽을 막았다. 그리고 이웃의 법과 관습이 전부 변했다.

한마디로 아직 완성되지도 개통되지도 않은 철도가 진행 중에 있었다. 그리고 이 무시무시한 무질서의 핵심으로부터 문명과 진보의 위대한 과정이 서서히 사라지고 있었다.[4]

이 대목에는 필립 하먼이 고전적 설명이라고 부른 묘사의 모든 특징들을 담겨 있다.[5] 우리는 수많은 탈존적인 문장들을 발견한다("수십만 가지의 형체들이 있었다……"). 이 묘사의 요소들은 순서대로 제시된다("여기에는 뒤집어진 마차들이…… 저기에는 뒤죽박죽된 철물들이…… 녹슬어 있었다. 도처의 다리들은 모두 끊겨 있었다"). 묘사를 장식하는 다양한 문장들은 단순한 병치로서 서로 연결되어 있었다. 하먼은 병렬이 자연스런 묘사의 언어라고 말했는데, 그 이유는 셀 수 있기 때문이다(하나와 하나와 하나). 마지막으로 우리는 그 직접적인 지시대상이 묘사의 객체가 되는 기호인 '판토님'pantonym의 출현이 지연된 것에 주목할 수 있다. 이것은 텍스트 마지막에 세 줄로 요약되어 나타난다(한마디로 아직 완성되지도 개통되지도 않은 철도가 진행 중에 있었다). 그 결과 전체 텍스트가 주는 인상은 ①물품 목록, ②정연한 분류이다. 장면은 혼란스러워도 서술자의 눈은 그 장면을 꼼꼼하게 전달한다. 실제로 이것은 묘사의 힘을 보여 주

---

4 Charles Dickens, *Dombey and Son*, Harmondsworth : Penguin, 1970, pp. 120~121.
5 Philippe Hamon, *Introduction à l'analyse du descriptif*, Paris : Hachette, 1981.

는 가장 훌륭한 예로서 그 속에서 문장들은 지시대상의 카오스에서 벗어나 텍스트의 코스모스를 구성할 수 있다. "수십만 가지의 불완전한 물체들과 형체들이 있었다. 이들은 위아래로 서로 자리를 뒤바꾸고, 땅에 구멍을 내며, 대기 속에 솟아 있고, 물속에서 붕괴되어 있었다. 그것들은 모두 꿈속에서처럼 이해할 수 없는 것이었다." 뒤죽박죽된 무형의 단어들의 강요에도 불구하고 깔끔하고 균형 잡힌 문장의 리듬 속에 포착된 장면은 완벽한 질서를 갖고 있다. 마치 장기의 말이 자신 앞에 펼쳐진 불규칙한 지형에 질서와 형태를 부여하는 것 같았다. 마지막으로 ③전체 텍스트는 정체된 순간의 인상을 주는데, 마치 호기심 많은 구경꾼이 그 장면을 전달하기 위해 발걸음을 멈춘 것 같다. 이는 서술의 진행을 지연시킨다. 텍스트의 창은 플롯의 한가운데서 열려 있는데 이곳은 독자가 호흡을 가다듬고 이후에 전개될 것을 그려 보며 휴식을 취하는 장소가 된다.

그러므로 이 묘사의 일반적 효과는 일종의 직접성immediacy이다. 그렇지만 그 직접성이 신화적이라는 것이 곧 명백해질 것이다. 그 창에는 창살이 있는데, 그것은 반영하는 동시에 형태를 훼손한다. 그 게임의 이름은 직접성이 아니라 도상성iconicity이다. 묘사는 수사적 기법의 연속으로서 실재를 제시하기보다는 이를 흉내 낸다. 하먼에 따르면 묘사는 지시 게임이기에 앞서 상호텍스트의 게임이다. 개별적 묘사는 문제적 실재보다는 텍스트의 모델을 모방하기 때문이다. 심지어 존 마틴의 묵시록적 비전이 운하가 바위를 통과하는 과정에서 폭파되는 장면에 부분적으로 고무된 것일지라도,[6] 철로를 내는 장면에 대한 디킨스의 묘사는 묵시록의 상호텍스트의 기억에 고무된 것이다("대지진의 첫번째 충격은…… 바벨탑 굴뚝은 그 높이의 반이 부족했다……"). 이것은 특히 마지막 단락의 **심연**abyme에서 명백히 나타나는데, 그것은 그 묘사가 단어들의 기차라는

것과 그 속에서 텍스트의 연속적인 질서가 철도 기차의 질서를 재생산한
다는 것을 인정한다.

　묘사의 아포리아는 총체적인 것과 거리가 멀다. 텍스트는 독자에게
비관용 어법의 힘을 행사하고 신화적 효과가 생산되는데, 이는 일종의 현
존이다. 텍스트는 아주 사실적이어서 사회사의 주요 자료가 되고, 디킨스
의 소설을 철도의 역사를 반영하는 것으로 기념하려는 사람에게는 누구
에게나 졸라의 『수인』*Le Bête humaine*으로 가는 길에 있는 것과 같이 화려
한 대목이 된다. 묘사의 신화의 내용은 재-현re-presentation과 같이 다음의
여섯 특징을 갖고 있다. ①텍스트는 리얼리티를 예시하는데 이는 사진
속에서와 똑같이 증대한다. 그러나 그 이상은 아니다. 왜냐하면 리얼리티
는 시점의 선택과 작문의 구성에 의해 걸러지는데, 거기에는 항상 예기치
않은, 바르트적 의미에서의 **푼크툼**punctum의 가능성이 있기 때문이다.[7]
②그렇지만 리얼리티는 텍스트에 의해 **있는 그대로** 현존이다. 왜냐하면
필터가 선택하지만 그래도 전체 형체는 보존되기 때문이다. ③그 결과
텍스트는 그림과 유사한 것이 된다. ④텍스트는 그것이 재현하는 혹은
대체하는 리얼리티를 살리는 속성을 갖고 있다. 이것은 기억을 만드는 재
료이기 때문이다. 우리는 디킨스를 읽으면서 마치 캄덴이 그때 있었지만
지금은 아닌 것으로 '감지한다'. 뿐만 아니라 첫번째 독자에게는 벌써 드
러나지 않는 장면이 제시되는데, 소설의 뒤에서 우리는 그 선이 완성되었
다는 것을 알게 된다. ⑤텍스트는 리얼리티를 공적인 것, 즉 개별적인 문
체의 방식을 통해 인식할 수 있는 것으로 만든다. 묘사는 묘사하는 사람

6 Francis Donald Klingender, *Art and the Industrial Revolution*(London : Paladin, 1972;
　1st edn., 1947)을 보라.

7 Roland Barthes, *La Chambre claire*, Paris : Gallimard/Seuil, 1980.

에게 현상에 대한 지배 능력을 부과하는데, 이는 일종의 확장된 존재론적 메타포와 같다. ⑥묘사와 존재론적 메타포와의 비교는 순수하지 않다. 묘사의 필터는 선택할 뿐 아니라 단순화하고 추상화한다. 이것이 캄덴 철로를 건설하는 것이다. 이것은 또한 1830년대 건설된 철로 계급에서 추출한 요소로서 모든 철로 건설에는 똑같은 (혹은 최소한 비슷한) 묘사가 허용되고, 따라서 '아마' 철도 9번의 전설에도 그럴 것이다. 만일 날짜가 적힌 도로 표지판이 거기에 있지 않다면(그럴 리는 없지만), 결코 확신할 수 없을 것이다. 판토님의 현존은 그 자체가 존재론적 메타포로서 이를 보증한다.

이 여섯 가지 특징들은 모두 제각각이다. 반영으로서 재현의 일반적 효과가 산출되지만 묘사의 일반화는 추상적 상징주의로의 표현이 파괴될 것을 위협한다. 그 이유는 그것이 더 이상 장면이 아니라 원형原形이기 때문이다.


## 4. 징벌

그는 비명소리를 들었다──그리고 또──복수심의 격정에서 창백한 병색과 공포로 얼굴이 변하는 것을 보았다──땅이 흔들리는 것을 느꼈다──순식간에 돌풍이 왔다는 것을 알았다──날카로운 비명을 질렀다──주위를 둘러보았다──한낮의 햇빛에 흐릿하고 불투명한 빨간 눈동자가 그에게 가까이 오는 것을 보았다──그는 넘어지고 말려들고 물레방아 속에 소용돌이쳤다. 그것은 그를 빙빙 돌리며 갈기갈기 찢었고 타는 듯한 열기로 그의 빛줄기를 핥으며 그의 잘린 사지를 공기 중에 내던졌다.

이를 목격했던 여행객이 기절에서 깨어났을 때, 그는 멀리서 무겁고 움직이지 않은 것이 쌓여 놓여 있는 판자를 네 남자가 들고 오는 것을 보았다. 그리고 다른 사람들이 길에서 쿵쿵거리는 개들을 쫓아내고, 재의 열차가 그의 피를 흡수하는 것을 보았다.[8]

이 유명한 텍스트는 악당 카커의 죽음을 묘사하고 있다. 내가 아는한, 이것은 궁여지책으로서의 징벌의 순간에 질주하는 기관차가 악당의 처형 도구로 사용되는 첫번째 예이다. 첫번째지만 마지막은 아닌데, 특히 영화에서 그렇다.

텍스트는 하먼적 의미에서의 묘사처럼 읽히지는 않는다. 오히려 이는 수수께끼와 같다. 우선 이것은 한 사건을 도식적으로 환기시킨다. 플롯은 액션을 지연시키는 정체의 순간이 아닌 클라이맥스를 향해 전속력으로 돌진한다. 비록 우리가 본래의 묘사에서 그런 것처럼 하나 혹은 두 개의 시점으로 된 장면을 갖고 있다면, 첫 단락에서는 카커 자신, 두번째 단락에서는 돔비의 시점인데, 후자는 독자와 함께 잔혹한 디테일을 공유하기 위해 적절한 시기에 기절한 것이다. 두번째, 이것이야말로 이 묘사의 결정적인 특징인데, 텍스트의 핵심이 감각적 인상을 주는 기호로 구성되어 있다는 것이다. 즉, 카커는 '듣고', '느끼고', '보는' 것이다. 세번째, 마지막 문장을 제외하고는 판토님이 없다는 것이다. 마지막 문장에서 판토님은 '기차'의 오래된 의미 아래 숨겨져 있다. 즉, 카커의 피가 '재의 열차'로 흡수되는 것이다. 이것은 실로 수수께끼이며, 지시대상이 숨어 있고 판토님이 수축되어 있는 묘사이다. 그 효과는 카커가 알지 못하는 한 환

---

8 Dickens, *Dombey and Son*, p. 875.

영을 받는데, 그는 자신에게 무슨 일이 벌어지는지 알지 못한다.

그러나 텍스트는 본래의 묘사에서 훨씬 더 멀어진다. 그것은 신화로 이동한다. 이것은 카커를 죽인 그 기차, 런던으로 향하는 단순한 기차가 아니다. 그것은 신화적인 물체이며 원형이다. 왜냐하면 그 기차는 심지어 묘사되지도 않았기 때문이다. 우리는 행위와 감정의 테두리를 갖고 있지만, 이러한 감정들의 테두리의 원천은 갖고 있지 않다. 이는 마치 기차가 도착하고 떠나는 것이 너무 빨라서 이를 볼 수 없는 것과 같다. 이것은 은유와 환유를 통해 부재를 묘사하는 것이다(예를 들어 '빨간 눈동자'의 은유와 제유). 그러한 수사의 전도가 이해를 방해하지 않는 이유는 간단하다. 수사들은 심히 상호텍스트적이고, 부재하는 대상의 틀은 우리의 백과사전에 의해 정보가 제공된다. 독자는 기차가 악마의 은유(그 빨간 눈동자!)이며 미신의 현대적 버전이라는 것을 언제나-이미 알고 있다. 증기 마차는 희생자를 끌어들여 사지를 찢고, 글자 그대로 바퀴 밑에 넣는다. 이것은 실로 처형에 다름 아니다. 그리고 우리는 허스키슨의 운명을 알고 그 역사를 충분히 기억하고 있다. 그는 1830년 9월 어느 날 기차에 치였는데 이 날은 리버풀에서 맨체스터로 가는 철도가 개통되던 날이었다. 그는 카커와 똑같이 죽었다. 그는 뱀처럼 꿈틀거리며 자신을 향해 달려오는 기차를 보고 멍하니 얼어붙었다고 한다. 마지막으로 선로 위의 피냄새를 맡은 개들은 카커를 악마의 왕 아합(에이허브)의 현대적 버전으로 변화시킨다. 아합의 운명은 「열왕기 상」 22장 38절 속에 나와 있다.

묘사에서 신화로의 이행은 반영에서 굴절로의 이행이다. 묘사의 언어적 기호와 묘사되는 대상 사이에 재현이라 불리는 환상적이고 직접적인 관계 대신, 우리는 굴절이 작동하는 매개적인 관계를 갖게 되는데, 이것은 꿈의 작용이라 불린다. 볼로쉬노프는 논문 「단어의 사회적 기능」The

Word and its Social Function에서 '기호의 내적 변증법'에 대해 다음과 같이 설명한다.

> 모든 리얼리티, 자연과 인간의 총체적인 존재는 기호에 반영될 뿐 아니라 그 속에서 굴절된다. 그리고 이데올로기 기호 안에서 이러한 존재의 굴절은 서로 다른 사회적 관심들이 교차함으로써 결정되는데 이는 집단적 기호의 변수 속에서, 즉 계급투쟁 속에서 일어난다.[9]

나는 이 마지막 대목의 명백한 마르크스주의를, 시작에서 말한 반영의 고전적 마르크스주의 개념을 대체하는 보완적 징후로 간주했다. 문학에서 기차는 반영의 대상이 아니라 모티프, 굴절된 기호, 상호 충돌하는 다양한 담화, 서로 다른 방향의 사회적 관심의 구현체이다. 이것의 또 다른 예로서 우리는 다음과 같은 텍스트를 읽을 수 있다. 다음은 콜먼의 책에서 발췌한 인부의 묘비명이다.

영혼의 철도

그리스도는 하늘나라로 가는 노선을 만들었다.
하늘의 진리와 함께 철도가 놓여 있다.
땅에서 하늘까지 철로가 뻗어 있다.
그것이 끝나는 곳에 영원의 삶이 있다.

---

9 Ann Shukman(ed.), *Bakhtin School Papers*, Russian Poetics in Translation, no.10, Oxford, 1983, p.147.

다음 역은 회개의 역이다.
여기서 승객들이 탄다.
그들은 탑승요금을 내지 않는다.
예수 자신이 길이기 때문이다.

신의 말씀이 첫번째 기사이다.
그것은 하늘로 가는 길을 명확하게 가리킨다.
여기 어둡고 황량한 터널을 지나
그것은 영광의 말씀을 향해 방향을 잡는다.

신의 사랑은 불이고 신의 진리는 증기다
이것이 엔진과 기차를 운전한다.
영광을 향한 기차를 타는 사람은 모두
그리스도에게로 가서 그 안에 머물러야 한다.

일등석, 이등석, 삼등석에는
회개, 믿음, 성령이 있다.
당신은 영광으로 가는 길을 얻을 것이다.
아니면 당신은 그리스도와 함께하지 못할 것이다.
불쌍한 죄인이여, 오라, 때가 되었다.

노선에 있는 어느 역이나
만일 당신이 회개하고 죄에서 벗어났다면
기차는 멈춰서 당신을 태울 것이다.[10]

날짜는 1845년, 『돔비와 아들』이 쓰이기 3년 전이다. 당시 철도에 대한 논의는 이미 사회적 이해관계의 충돌이자 해결 장소가 되었는데, 그 이유는 볼로쉬노프에게는 미안한 말이지만, 만일 계급투쟁이 텍스트에 직접적으로 존재하지 않는다면(우리가 이를 일등석, 이등석, 삼등석에 대한 암시로 읽지 않는다면 말이다. 만일 그렇다면 나는 내 주머니 속의 삼등석 티켓과 함께 죽겠다), 우리가 그 안에서 종교라는 오래된 가치와 산업과 과학의 발전이라는 새로운 가치 사이의 사회적 대립의 울림을 들을 수 있기 때문이다. 우리는 또한 이 텍스트를 신앙심이 없고 난폭한 술주정뱅이 철도 인부에 의해 재현되는 사회적 위험에 대한 반대의 시도, 지배층에 대한 테러로 간주할 수 있다.

묘비명은 굴절이 메타포를 통해 작동된다는 것을 보여 준다. 이 텍스트의 골자는 레이코프와 존슨의 용어로 하면 메타포의 구조인데, 그것은 "철로는 길"a RAILWAY is a WAY이라는 언어적 반복에서 "철로는 영광으로 가는 통로"the RAILWAY is the PATH to GLORY라는 종교적 메타포로 이동하는 것이다.[11] 물론 그 카커에서와 같이 "파멸로 가는 통로"a PATH to PERDITION는 예외이다. 『천로역정』*The Pilgrim's Progress*은 현대적이 되어야 한다. 기독교인은 철도를 통해 자신의 목표에 도달하고, 합류점이 교차점을 대체하기 때문이다. 이 묘비명이 그 솔직하고 정연한 문체로 우리에게 말하는 것은, 굴절은 유추도 전체론도 아닌 숫자라는 것이다. 그것은 평행한 계열의 발전을 통해 실행된다. 그것은 또한 일반화와 추상화를

10 Coleman, *The Railway Navvies*, p. 175.
11 너대니얼 호손의 단편 「천국으로 가는 철도」(The Celestial Railroad)는 이러한 메타포에 대한 아이러니한 실례를 제공한다. Nathaniel Hawthorne, *Tales*(New York : Norton, 1987), pp. 131~143을 보라.

통해 작용한다. 영광으로 가는 철도라는 메타포가 구체(기차)에서 추상으로 진행되기 때문이다. 실제로 그것은 항상 그리고 이미 추상적인 것이다. 이는 마치 기차가 단지 가장 오래된 추상적 도식 중 하나의 가장 최신 버전인 것과 같다. 하늘나라로 가는 길은 **가장 훌륭한**par excellence 길이기 때문이다.

## 5. 모방적 조화 : 리밍턴 온천으로 가는 길에서

반영에서 굴절로의 이동은 직접에서 매개로, 구체에서 추상으로, 특수에서 보편과 원형으로 이동하는 것과 같다. 그렇지만 우리는 아직 재현의 논리 안에 있다. 만약 우리가 『돔비와 아들』의 몇몇 대목을 더 읽는다면 한 걸음 더 나아갈 것이다.

    20장에서 미스터 돔비는 기차를 탄다. 2장에서 건설 중인 것을 보았던 리밍턴 온천행 기차다. 그는 역에서 미스터 투들이라는 새로운 철도 프롤레타리아를 만난다. 그는 기관차 화부이다. 미스터 돔비는 미스터 투들이 자신의 아들 폴 돔비에 대한 애도의 표시로 검은 비단 옷을 입기를 꺼린다는 것을 알고 자부심에 상처를 입은 채, 기차가 떠날 때 우울한 생각에 잠긴다. 그는 여행이 결코 즐겁지 않았다. 온통 죽음만 생각하고 있었던 것이다.

    그는 여행에서 어떤 기쁨이나 안도감을 찾지 못했다. 그는 이런 생각으로 괴로워하면서 풍경을 달리고 급하게 곤두박질치며 풍요롭고 다채로운 시골이 아닌 메마른 평원과 고통스런 질투의 황무지를 지나며 단조로움을 느꼈다. 기차가 달리는 바로 그 속도가 정해진 운명을 향해 아주 천천히 아주 냉정하게 질주하는 젊은 인생의 빠른 행로를 비웃는 것이었다. 모든 장애의 심장을 뚫고 계급과 나이, 신분 등 모든 낙오된 생물체를 끌고서, 크고 작은 길에 도전하여 ──고유한── 철로를 만들었던 힘은 바로 일종의 승리의 괴물, 즉 죽음이었던 것이다.

멀리 비명소리, 포효소리, 그리고 덜컹대는 소리와 함께 마을에서 사람들의 거주지에 구멍을 파고 거리를 활기차게 하고, 순간적으로 잔디에 불을 밝히고, 축축한 땅에 갱도를 파고, 어둡고 무거운 공기를 진동시키고, 아주 밝고 넓게 화창한 날을 또다시 진동시킨다. 멀리 비명소리, 포효소리, 그리고 덜컹대는 소리와 함께 들판을 지나, 나무를 지나, 옥수수를 지나, 건초를 지나, 백묵 표시를 지나, 대지를 지나, 진흙을 지나, 바위를 지나, 손에 잡힐 듯이 가까이 있는 사물들 속에서 언제나 여행객들로부터 날아왔고 그의 내부에서 천천히 움직이는 눈속임 거리에 있었다. 마치 죽음이라는 무자비한 괴물의 궤도 안에 있는 것 같았다.

분지를 지나 언덕 위의 황무지 옆에, 과수원 옆에, 공원 옆에, 정원 옆에, 운하 너머, 강을 건너, 양들이 풀을 뜯고 있는 곳, 물레방아가 돌아가는 곳, 나룻배가 떠다니는 곳, 죽은 자들이 누워 있는 곳, 공장이 연기를 내뿜는 곳, 증기가 날아가는 곳, 마을이 밀집한 곳, 대성당이 우뚝 솟아 있는 곳, 적막한 황야가 있고, 산들바람이 변덕스럽게 고요하게 물결치는 곳이 있다. 멀리 비명소리, 포효소리, 그리고 덜컹대는 소리와 함께 증기와 먼지 외에는 아무런 흔적도 남아 있지 않다. 마치 죽음이라는 무자비한 괴물의 궤도 안에 있는 것 같았다![12]

---

12 Dickens, *Dombey and Son*, p. 354.

여기서 알 수 있는 것은, 텍스트의 첫번째 단락이 묘비명과 같은 종류의 구조적 메타포로 전개된다는 것이다. 인생의 과정이 기차 여행에 비교되는 것이다. 사실 은유라기보다는 직유라 할 수 있는데, 그 이유는 텍스트에서 비교되는 요소들이 명백하게 나타나기 때문이다. 기차의 엔진은 카커의 죽음을 예시하는 극적이고 아이러니한 터치로서 "죽음이라는 일종의 승리의 괴물"로 명확하게 그려진다.

그렇지만 이어지는 두 단락은 또 다르다. 왜냐하면 이는 모방적 조화라는 화려한 대목으로서, 여기에는 기차의 이미지가 없고 심지어 이미지들의 기차도 없기 때문이다. 그 대신 생각과 느낌의 기차가 있는데 이는 돔비의 느낌이다. 그는 기차나 풍경에 대해 생각하는 것이 아니라 그의 신체가 무의식적으로 여행의 리듬을 기록하는 것이다. 이러한 일어남은 그림도 묘사도 아니다. 사실, 기차 터널과 굴착수로가 언급되고 단락 말미에서 기차가 두 나라 간의 대립의 메타포, 즉 그냥 지나치거나 연결에 실패한 소통의 수단으로 사용된다. 그럼에도 불구하고 도처에 주안점은 존재한다. 아이러니하게도 기차가 현존하는 이 시각이 물리적으로 존재하는데 바로 그 순간에 묘사가 사라지는 것이다. 그것은 비전보다는 다른 감각들을 통해 현존하는데, 대부분 청각을 통한 것으로 문장의 리듬과 두운의 반복 그리고 모방의 조화를 장식하는 모든 기법 속에 존재한다. 우리는 다시 다음 항의 형식을 갖게 되었는데, 앞부분에서 텍스트의 목소리는 다수의 상호텍스트적 목소리에 의해 되풀이되었다. 여기서 목소리는 둘이다. 그 하나는 기의의 목소리로서, 라이프니츠처럼 말하자면 미스터 돔비의 '미세지각들'의 내용이 우리에게 전달되는 것이다. 다른 하나는 기표의 목소리로서, 기의와 분리될 수 없지만 여전히 그 독립적인 가락을 표시한다. 이 두 단락은 재현의 논리의 절정을 구가한다(마치 그 대상이 결국에는 시각적 이미지를 통해서가 아니라 자신 속에 현존하는 것 같다). 이 두 단락은 또한 그것의 붕괴이다. 전례 없이 존재하는 기차가 또한 텍스트에서 전적으로 부재하게 된 것이다. 그러나 이러한 부재는 바로 그 중심성으로 인한 시각적 환영이기도 하다. 이 모든 분사구문과 전치사절에서 부재하는 주체의 지시대상은 무엇인가? 여행객인가, 돔비인가, 아니면 기차인가? 이 물음에 대한 유일한 대답은 문법적이고 수사적인 것이다. 언어의 시적 기능이 전치사의 병렬 양식으로 계승된다. 이러한 양식은 아나페스트anapaest[약약강격弱弱强格]("비명소리, 포효소리, 그리고 덜컹대는 소리와 함께 마을에서……")에 극도의 관심이 있는데, 이는 자연스런 도약의 리듬으로서 이에 대한 쿨리지의 유명한 정의는 다음과 같다. "빠른 아나페스트는 도약과 약진으로 가득 차 있다" 물론 그 결과는 음악 텍스트, 힘든 곡예인데, 이는 오네게르Arthur Honegger의 「퍼시픽 231」Pacific 231에서 그 언어적 등가물을 찾을 수 있다.

이것이 바로 재현의 논리가 그 절정과 소멸을 이 텍스트에서 찾는 이유이다. 한편으로 기차는 소리 내어 텍스트를 읽는 목소리 속에 물리적으로 구현된다. 기차의 속도와 소음이 직접적으로 느껴지는 것은 오네게르에게서와 같다. 일어남은 감각의 번역이기 때문이다. 그러나 다른 한편, 기차는 완전히 추상적이 된다. 그것은 박자의 리듬의 연속적인 선으로 축소되는데, 이는 당신이 한밤중에 잠자리에서 깨어났을 때 감지할 수 있는 것이다. 그리고 이제 이 상징적 축소가 아나페스트적 전치사구의 연속으로 상징화되는데, 이는 마치 수많은 객차들을 병렬로 연결한 것과 같다. 이러한 상징화와 추상화의 과정은 실제로 아주 철저해서 우리가 아는 것이 기차의 본질, 철도 기차의 공통적인 요소, 사고의 기차, 단어의 연속, 음악적 리듬의 박자인 것 같다. 옥스퍼드 영어사전, 즉 칸트의 도식에서

'기차'라는 단어의 의미를 은유적으로 조직하는 상위어hyperonym는 마크 존슨이 『정신 속의 육체』에서 묘사했던 추상적이고 원형적인 선험적 도식의 하나이기 때문이다.[13]

나는 우리가 도달했던 중간 단계(추상과 구상의 중간, 칸트의 선험적 도식에서 이해와 직관의 중간처럼)의 추상적 양상을 **승화**sublimation라고 부를 것을 제안한다. 행로의 선험적 도식은 구상의 감각적 에너지를 추상적 음악이나 시간의 순수한 직선화로서 언어적 연속의 **심연**으로 승화시킨다. 나의 제목에서 도치는 구상과 승화의 잠재적 대조를 부지중에 예증한다. 기차의 이미지는 또한 이미지의 기차이다. 기차에 대한 생각은 생각의 기차이다. 진행의 '승화'라는 단어의 선택은 프로이트의 유비를 끌어들인다. 프로이트에게 있어 성적인 리비도는, 그것이 성적인 동시에 비-성적인 문화적 대상으로 변형된다. 여기서 구상의 감각적인 힘은 **미장아빔**을 통해 비-감각적·추상적·기호적 패턴으로 변형되고 번역된다. 혹은 재현의 미메시스적 힘(기표는 이미지로서 시각적 혹은 청각적이다)은 메타포의 승화를 통해 기의의 의미적 패턴으로 변형되는데, 이때 기의는 비재현적이다. 우리는 모방의 조화에서 언어적 연속으로, 이미지의 기차에서 단어의 대열로 나아간다.

---

13 Mark Johnson, *The Body in the Mind*, III., Chicago : University of Chicago Press, 1987.

## 6. '앨리스는 여왕의 셋째 칸을 지나'(기차를 타고)

이 역은 재현의 노선의 종착역이 되는데, 이 노선은 구상과 승화의 대조 속에 용해된다. 다음 질문은 이것이다. 기차의 기준을 바꿔서라도 우리가 도달할 수 있는 또 다른 역이 있는가? 그 대답은 '있다'이다.

그렇다면 우리의 다음 역은 루이스 캐럴의 『거울 나라의 앨리스』의 3장에서 가져온 것이다.[14] 체스 게임 중에서 텍스트에 대한 예비 텍스트를 제공하는 이 장은 앨리스의 첫번째 이동에 해당한다. "앨리스는 여왕의 셋째 칸을 지나 (기차를 타고) 여왕의 넷째 칸(트위들덤과 트위들디 형제)으로 갔다."

캐럴에게 기차의 이미지는 디킨스가 주는 이미지와는 아주 다르다. 앨리스의 여행은 명백히 **혼란**confusion과 **혼합**mixture이라는 두 기호하에 진행되는 것이 분명하다. 혼란은 실제로 최상을 지배한다. 우리는 장면의 사실성(기차는 종종 시냇물을 넘지 못한다), 사건의 연속 논리(보초가 앨리스를 보는데 처음에는 망원경, 다음에는 현미경, 그다음에는 오페라 안경을 통해서이다)에 대해 심각한 의문을 제기한다. 그리고 우리는 우리의 현실에서 구성하고 있는 차이에 대해 의문을 제기한다. 그러므로 무한히 큰 것이 무한히 작은 것과 혼재되어 나타난다. 그러므로 앨리스는 '적게, 조심스럽게'로 분류되고, 인간과 광물 사이의 차이는 희미해진다. 혹은 앨리스는 전보처럼 취급되고, 이에 모든 존재론적 차이가 희미해진다. 그러한 혼란은 불순한 혼합 상태에 기인한 것인데, 이러한 상태에서 우리의 현실이, 분리한 것이 혼재된다. 티켓과 티켓 소지자는 크기가 같고, 아

---

14 Lewis Carroll, *The Annotated Alice*, Harmondsworth : Penguin, 1965, pp. 217~219.

마도 똑같은 존재론적 수준에 있는 것 같다(『이상한 나라의 앨리스』*Alice's Adventures in Wonderland*의 카드놀이에서도 똑같은 현상이 벌어진다). '단어들은 더 이상 관념과 구별되지 않는다, 등등.' 이러한 혼란의 중심은 은유적 흐름으로서 '기차'라는 단어 혹은 '소통'의 다양한 의미에 대한 도입부의 말놀이이다. 기차는 소통의 수단이고, 관념의 교환인 소통은 앨리스와 그 동료 여행객들에게는 어려운 문제인 것 같다.

이것은 더 이상 기차의 이미지가 아니다. 공간이 바뀌었고, 그것은 더 이상 우리의 일반적인 그림들, 시각적 혹은 언어적 그림을 구성하는 직관의 형식이 아니다. 예를 들어 그것은 늘어날 수 있는 듯하다("이 철도 객차에는 얼마나 많은 사람들이 있는가", 앨리스는 생각한다). 이것은 더 이상 반영, 굴절, 혹은 심지어 선험적 도식의 논리의 작용이 아닌 새로운 논리로서, 그 속에서 구상과 승화의 대조가 해결되는 것이다. 한마디로, 이것은 불순한 혼합이라는 들뢰즈의 논리로서 '대신'INSTEAD OF이 아닌 '그리고'AND의 논리이다('대신'은 재현의 모토이다). 그런 것이 바로 '리얼리티의 재현'에 대립되는 '언표의 배치'라는 들뢰즈의 논리이다. 이러한 예의 규범은 『천의 고원』에서 찾을 수 있는데,[15] 이 책은 언표의 집단적 배치로서, 이는 다양한 존재론적 지역, 성城, 기사와 말, 토지 소유법, 궁정의 사랑의 시 등이 동등한 수준으로 속해 있는 항목들의 연쇄이다.[16] 여기서 우리는 다시 불순한 혼합의 감각을 갖게 된다. 똑같은 생각 속에 그러한 다양한 요소들을 파악하는 것은 어렵지 않다. 그러나 그것은 들뢰즈와 가

---

15 Deleuze and Guattari, *Mille plateaux*, pp.112~113〔영어판 pp.89~90〕.
16 들뢰즈의 제자 중 한 명인 장-클레 마르탱(Jean-Clet Martin)은 이러한 배치, 즉 로마네스크 배치에 대해 그의 책 『납골당』(*Ossuaires*, Paris : Payot, 1995)에서 체계적인 설명을 시도했다. 이 책은 들뢰즈가 지도한 박사논문에서 나온 것이다.

타리가 뜻한 바는 아니었다. 왜냐하면 우리는 그들의 물질적 연접을 직시해야 하기 때문이다. 그리고 이것은 특히 캐럴에게서 일어나는데, 여기에서 우리는 '실제' 기차가 아니라 캐럴식 언표의 배치의 이미지, 기계적 결합의 계열을 찾는데, 여기에는 엔진과 철도, 티켓과 티켓 소지자, 승객과 브래드쇼의 안내원이 모두 같은 존재론적 수준에서 언표의 전통적 형식의 리듬과 함께 포함되어 있다. 우리가 소유한 것은 어떤 의미에서든 더 이상 이미지가 아니고 더 이상 기차의 재현이 아니다. 그것은 이질적 차량들의 기차로서, 그 전체가 일종의 잘 짜여진 기계로 구성되어 이를 통해 배치가 작용하는 것이다.

여태까지 윤곽을 그린 과정은 다음과 같이 요약될 수 있다. 첫째, 기차, 구체적 대상, 견고한 현실성의 일부가 있다. 그렇다면 이 기차는 그 이미지를 부여하는 묘사 속에 반영되는데, 이는 시점의 선택으로 인한 소소한 위치 이동을 수반한다. 의미 있는 디테일들이 우세하고, 전체적인 형태가 강조되는 것이다. 뒤에 가서 기차는 상징으로 굴절되는데, 그것은 용龍에서 철도 엔진에 이르기까지, 신화적 대상들의 전통 속에 신화적 대상이 된다. 더 뒤로 가면 그것은 선험적 도식으로 구상되고 승화되는데, 이는 언어적이고 운율적인 연속에 의해 상징적으로 재현되는 행로의 도식이다. 마지막으로 캐럴의 텍스트에서 기차는 배치로 형태 변이가 되는데, 여기서 대상, 관념, 직관, 개인은 자유롭게 혼합되고, 여기서 우리는 더 이상 두 개의 분리된 이종동형異種同形의 계열을 갖지 않고, 여기서 메타포는 메타모르포시스(형태변이)가 된다. 이것은 논리적 혹은 연대기적 진화가 아니고 오히려 순환에 가깝다. 사실적 대상으로서 기차는 언표의 집단적 배치의 산물이라고 주장할 수 있다. 재현의 논리는 플라톤학파의 기차를 신봉한다. 왜냐하면 그것은 실제 사물에서 도상(혹은 진정한 재현)을 향해, 그다음에는 우상(거짓된, 혹은 미학적 재현)을 향해 직선으로 나아가기 때문이다. 배치의 논리는 순환적이다. 왜냐하면 기차의 이미지가 이미지의 기차의 산물일 뿐 아니라, 기차 자체가 언표에 의해 생산되고, 마찬가지로 기차가 담화를 유발하기 때문이다.

캐럴의 단계에서 기차는 더 이상 은유나 상징이 아니다. 그것은 문자 그대로 해석되기도 하고 (이 기차는 그 무엇도 재현하지 않는다. 심지어 기차들의 계급도 재현하지 않는다. 그것은 단지 기차일 뿐이다) 형태가 변형되기도 한다. 이 기차는 생각 속에 있을 뿐 아니라(이야기는 꿈이다), 생각의 것으로서 생각에 의해 만들어지고, 생각의 불확실한 공간에서 배회하며, 그것이 더 이상 현실성의 원칙과 존재의 판단을 따르지 않는다는 것을 기뻐한다. 그것은 욕망의 기차로서 그곳에서 중년의 신사가 어린 소녀를 만나고 소녀에게서 키스를 훔치기 때문이다. 내부세계와 외부세계, 정신과 물체, 관념과 지시대상, 재현하는 것과 재현되는 것의 구분은 희미해지고, 그 결과 꿈과 유사한 변형이 생겨난다. 다음은 그 단락의 한 대목이다.

또 다른 순간 그녀는 객차가 허공을 향해 곧장 올라서는 것을 느꼈다. 그리고 놀랍게도 그녀는 손에서 가장 가까이 있는 물건을 잡았다. 그것은 염소의 수염이었다.

……

……

……

그러나 그 수염은 그녀가 건드리자마자 녹아 없어지는 것 같았다. 그녀는 자신이 나무 밑에 조용히 앉아 있다는 것을 알았다. 그러나 염소는 …… 그녀 머리 위의 작은 가지 위에서 균형을 잡고 있었다.[17]

이 순간까지 보이지 않았던 염소는 이제 닭처럼 작아졌다. 이 발화의 배치에 대한 문학적 명칭은 난센스(무의미)가 될 것이다. 이것이 바로 난센스 텍스트가 꿈의 서술에 자주 등장하는 이유이다.

## 7. 상호관계

이상은 텍스트와 그 대상(기차의 묘사와 그것이 묘사되는 기차)을 포함하는 관계의 양상과 문학 장르 혹은 하위 장르(〈도표1〉을 보라) 간의 상호관계에 대한 들뢰즈적 형식이라고 요약될 수 있다. 두 개의 하위 계열은 두 개의 상위 계열을 발전시킬 뿐 거의 설명을 필요로 하지 않는데, 아마 메타포의 모방('도상성'의 경우를 설명하기 위해 '구문론적 메타포'를 말할 수도 있다)과 추상의 결합에 대한 언급은 예외가 될 것이다. 레이코프와 존슨의 '지향적 메타포'orientational metaphor는 화자의 신체적 측면에서 세계를 은유화하는 것으로서 도상적이라 할 수 있다. 그들의 '존재론적 메타포'ontological metaphor는 우리가 추상이라고 부르는 것의 또 다른 이름일 뿐이다.[18] 그리고 메타포가 만들어 내는 효과는 현존이나 추상이 아닌 번역이다. 왜냐하면 구상은 또 다른 매체로 변형되고(시각적인 것은 청각적인 것으로, 청각적인 것은 언어적인 것으로), 승화는 그것이 포함하는 효과의 성질 속에서의 자리바꿈이다.

---

17 Carroll, *The Annotated Alice*, p. 221.
18 Lakoff and Johnson, *Metaphors We Live By*, III.

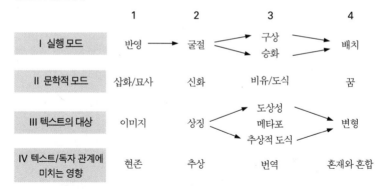

**〈도표1〉 상호관계**

| | 1 | 2 | 3 | 4 |
|---|---|---|---|---|
| I 실행 모드 | 반영 → | 굴절 | 구상<br>승화 | 배치 |
| II 문학적 모드 | 삽화/묘사 | 신화 | 비유/도식 | 꿈 |
| III 텍스트의 대상 | 이미지 | 상징 | 도상성<br>메타포<br>추상적 도식 | 변형 |
| IV 텍스트/독자 관계에<br>미치는 영향 | 현존 | 추상 | 번역 | 혼재와 혼합 |

## 8. 재현의 논리

이제 작용 중인 두 논리에 대해 보다 일반적인 설명을 하고 일반적인 재현의 문제를 다루어야 할 때이다. 이제 들뢰즈와, 재현에 대한 그의 악명 높은 적대감으로 되돌아가야 할 때이다.

재현이라는 개념은 본질적으로 모호한 것이다. 이 용어의 첫번째 의미, 즉 재현은 또 다른 현존이고 새로운 발생으로 동일자의 회귀라는 것과 두번째 의미, 즉 재현은 대체이고 거기서 x는 y의 부재 속에 y를 재현한다는 것 사이에는 은유적 흐름이 있다. 이러한 의미는 반복이나 동일성이 아닌 차이에 초점을 맞추고 있다.

여기에서 우리는 (이것이 계약의 시작이다) 재현의 다섯 가지 특징을 도출할 수 있다. 첫번째는 **차이**difference, 즉 재현하는 것과 재현되는 것 사이의 차이이다. 이는 존재의 똑같은 질서에 속하지 않는다(다시 말해 두번째 의미는 첫번째 의미를 기각한다. 왜냐하면 반복으로서 재현은 동일성을 지향하지만 결코 도달할 수 없기 때문이다). 두번째는 **분리**separation

이다. 재현하는 것과 재현되는 것 사이에 지속 혹은 연속은 없다. 반대로 극단 혹은 간극이 있다. 세번째는 대체replacement이다. 재현하는 것은 재현되는 것의 부재 속에 존재하고, 그 부재로 인해 완화된다. 네번째는 위계질서hierarchy, 재현하는 것과 재현되는 것 사이의 서열이다. 이들은 단지 다르거나 분리된 것이 아니다. 이들은 또한 다르게 평가된다. 지배적인 서열의 방향이 변화하는데, 재현되는 것이 항상 재현하는 것보다 우월하게 여겨지는 것은 아니며, 이와 정반대로 나타난다. 다섯번째는 일반화generalization 혹은 추상화abstraction인데, 재현하는 것이 재현되는 것으로부터 추출된 것이기 때문이다.

우리는 이미지를 재현의 원형으로 상정함으로써 이 다섯 가지 특징을 예증할 수 있다. 이미지는 그것이 종이에 쓰여 있든지 아니면 마음속에 있든지, 그것이 재현하는 대상과 실제로 차이가 있다(기차의 이미지는 기차가 아니다. 마그리트의 파이프는 파이프가 아니다). 이미지는 또한 명백히 대상으로부터 분리되어 있다(우리는 환각의 기차를 기차에 첨가할 수 있다. 그러나 이들은 분리된 채 남게 될 것이다. 우리의 상상 속의 객차는 현실의 엔진에 연결할 수 없다). 이미지는 사진, 그림, 묘사 혹은 기억의 가면을 쓰고 사물을 대체하는데, 이는 마치 『돔비와 아들』에서 발췌한 우리의 첫번째 텍스트가 소멸한 캄덴을 대체한 것과 같다. 사물은 이미지보다 더욱 사실적이고, 이번에는 이미지가 사물보다 더욱 지속적이다. 왜냐하면 서열의 의미가 어떠하든지 간에 사물과 이미지는 같은 사다리의 계단이 아니기 때문이다. 마지막으로 이미지는 항상 도상이 될 위험에 처해 있다. 회화에서처럼 사진에서도 관습이 있는데 (예를 들면 구성의 관계) 이것은 이미지를 현상적인 사물에서 추상화하고 일반화하는 경향이 있다.

재현과 관계된 영역에서 이 다섯 가지 특징들의 쇠퇴가 일어나는 것이 가능하다. 지시대상의 재현으로서 단어, 문자 의미의 재현으로서 메타포가 갖는 의미, 프로이트적 사물Ding을 재현하는 상징과 징후, 혹은 심지어 민주적 (혹은 비민주적) 재현의 정치 체제가 그것이다. 그러면 이 특징들이 때로 외피의 결에 거슬러서 획득된다는 것을 알 수 있다. 예를 들어 민주적 대표 체제에서 대표자와 피대표자 사이의 차이는 없고, 모든 시민은 선출 자격이 있으며, 의회의 구성원은 원래부터 여러 시민들 중에서 한 사람만 뽑는다고 반박할 수도 있다. 그러므로 나의 첫번째 특징은 적용되지 않는 것 같다. 그렇지만 잘 알려져 있듯이 이것은 단지 겉모습만 그럴 뿐이다. 변화의 과정은 선거에서 성공적으로 경쟁할 수 있기 전에 진행되어야 한다. 우선 정당 기구에 의해 선출되어야 한다(무소속 후보가 당선될 확률은 극히 적다). 선출한 사람만이 선출될 수 있는 것이다. 그리고 한번 선출되면 의원 MP은 더 이상 평범한 시민이 아니다. 그는 법적인 특권을 향유하고, 그와 유권자의 차이는 '선거구민에 대한 MP의 독립'이라는 정치적 사고 속에 구체화된다.

나는 당신과 완전한 쇠퇴를 공유하고 그 대신 재현의 논리의 최고봉이자 다른 논리를 허락하는 지점으로서 메타포에 집중할 것이다. 첫번째 특징이 적용되는 것은 단어의 변이 속에 존재하는 메타포로서 이는 역으로 이미지의 변이를 발생시킨다. 변환은 단어-재현 간의 연결고리를 만들고, 그것은 역으로 사물-재현의 연결고리를 재현한다. 이것은 메타포가 기호의 종種에 속한다는 것을 말한다. 두번째 특징인 분리 역시 문자적 관계가 참으로 정의되고 메타포적 관계가 명백히 거짓인 곳에 존재한다. 즉 리처드는 분명 사자가 아니고 샐리는 얼음 상자가 아니다. 메타포는 그 지시대상을 포착하는 참인 문자 기호에서 분리된 거짓 기호이다. 세번째 특징인 부재로 인한 대체 또한 메타포와 관련되어 있다. 메타포로 인해 발생된 행로(리처드는 문자 그대로 사자가 아니다)는 이중으로 부재한다. 그것은 참인 기호에 의해 대체되거나replace 혹은 거짓 기호에 의해 교체된다displace. 메타포는 전형적으로 사물 속에서 찾을 수 있도록 기호화 과정의 출발점을 완전히 삭제하기 때문에 문자 도상에 있어 우상이 된다. 네번째 특징은 보통 우리는 문자 그대로의 의미가 메타포적 의미보다 중요하고 이에 선행한다고 말하도록 고무되기 때문에 서열이 항상 메타포 이론에 중심이라는 것이다. 이렇게 메타포에 적대적인 전통은 (예를 들어 로크나 홉스에게서 찾을 수 있는) 문자 그대로의 의미나 그 역사적 선조에 대한 메타포의 우월이라는 (비코나 루소가 금방 떠오른다) 반대되는 전통을 갖고 있다. 마지막으로 메타포는 존재론적이고 방향적이며 구조적인 것으로서 추상화하고 일반화하는 것이다. 개념이란 바로 완전히 일반화된 메타포에 다름 아닌 것이다.

우리는 메타포에 대한 들뢰즈의 적대감을 이해할 수 있다(예를 들어 그는 내가 방금 제시한 개념의 특성을 화를 내며 부정할 수 있다). 그가 거부한 것은 재현의 논리로서 그것은 메타포에 대한 일반적 개념의 기저에 있는 것이다. 그것은 왜 그가 메타포 대신 메타모르포시스를 주창했는지를 설명해 준다. 각각의 다섯 가지 특징은 모두 대조되어 나타난다. 첫째, 메타모르포시스에서 단어와 문자 그대로 혹은 은유적으로 선택된다 하더라도 그 지시대상 사이의 연결고리와 평행한 것은 없다. 단어와 사물은 똑같은 존재론적 수준에 있는 것으로 간주되고, 기호 과정의 지름길이 되는 단어-사물의 직접적인 연결도 가능해지기 때문이다. 단어는 더 이상 사물들을 재현하지 않는데, 그 이유는 단어가 곧 사물이기 때문이다(그것은 물질적 형태를 갖고 있고 힘을 행사하며 다른 사물과 뒤섞인다).[19] 둘째, 명백한 거짓을 통한 분리는 없다. 캐럴의 기차의 세계에서 리처드는 사자이다(필시 철도 객차에서 앨리스의 맞은편에 앉아 있는 사자일 것이다). 이런 관점에서 메타포는 단어의 역동적인 잠재력, 사물로서 사물들 사이에 개입하는 능력을 수축시키는 시도로 간주된다. 우리가 좋아하는 공포영화의 늑대인간처럼, 갑자기 리처드는 분노로 포효하고, 발톱으로 자신의 적들을 찢어 놓는다. 셋째, 바퀴의 행로가 대체되지 않는다는 것이다. 꿈에서 그런 것처럼 메타모르포시스에서는 체스판이 실제로 철도나 기차로 변하는데, 마음속의 이미지가 아닌 것이다. 변형의 어떤 요소도 다른 것들을 표상하도록 허락하지 않는다. 메타모르포시스는 그 혁명적 아우라에도 불구하고 메타포가 안전한 거리에서 주의 깊게 분리되고 있는 것을 연결한다. 넷째, 그 어떤 차이도 없고 대체도 가능하지 않기 때문에, 메타모르포시스 속에 포함된 용어에는 서열이 없다. 우리는 어떤 방향으로든 서열화된 나무가 아니라 무정부주의적 리좀을 갖고 있다. 메타모르포시스의 작동에 기반한 발화의 배치는 심각하게 분열된 질서이다. 이것이 바로 그러한 배치가 난센스 텍스트에 쉽게 각인되는 이유이다. 마지막으로 메타모르포시스는 추상화와 일반화에 실패했는데, 그 이유는 이제 명백해졌다. 그리고 발화의 배치는 추상이 아닌 특이성으로 구성되어 있다.

배치의 논리는 꿈의 작용에서 심리적 등가물을 갖고, 난센스에서 문학적 제명을 갖는다. 나는 표면적인 꿈-생각을 잠재적인 생각의 재현으로 설명하는 것을 피할 수 있는 꿈의 작용을 분석하기를 제안한다. 나는 우리가 꿈을 재현의 논리에 따라 의미나 에니그마의 용어로 생각하는 것이 아니라, 크리스테바가 플라톤에 이어 **코라**chôra라고 불렀던 무질서한

---

19 『의미의 논리』에서 계열이론은 중간적인 것(half-way house)을 제공한다. 즉 단어와 사물이라는 두 개의 계열이 있는데, 이들은 그 사이에서 순환하는 역설적 혹은 난센스적 요소에 의해 결합되어 있다. 이 책의 3장을 보라.

기호적 요소들의 도가니로 생각할 것을 제안한다.[20] 실제로 꿈속에서는 그것이 생각이건 대상이건 단어이건 간에 모든 요소들이 똑같이 동등하게 다루어진다. 꿈에서는 모든 것이 문자처럼 취급된다. 꿈에서는 '타자'의 재현이 없다. 꿈, 최소한 캐럴의 텍스트의 문학적 꿈에는 모방적으로 양립할 수 없는 요소들(시냇물, 체스판, 기차, 조크)이 똑같은 언어적·문학적·심리적 공간에 모여 있다. 혼란과 혼합을 통해 작용하면서 꿈의 작용은 재현하는 것이 아니라 규정하는 것이다. 그것은 행동하고 양립할 수 없는 요소들을 함께 배치한다. 아마 나의 제안은 블랑쇼의 『문학의 공간』에 나온 것과 같은 비프로이트적인 꿈의 이론일 것이다. 블랑쇼에 따르면 꿈은 밤과 낮의 차이를 희미하게 하고, 개인의 정체성을 혼란스럽게 하는 것이다. 그것은 재현이 아닌 유비에 근거한다. "꿈은 순수한 유비의 영역에 속해 있다. 꿈속의 모든 것은 외양이고, 모든 요소는 각각 다른 요소이다. 그 요소는 그것, 혹은 다른 것과 유사한데, 심지어 그 다른 요소가 역으로 또 다른 요소와 유사하기도 하다. 당신은 근원을 찾을 수도 있고 모델을 찾을 수도 있다. 당신은 출발점, 최초의 계시를 언급하고 싶어 하지만, 그런 것은 없다. 꿈은 끝없이 유비를 언급하는 유비에 불과하기 때문이다."[21]

그러므로 꿈과 난센스는 세속적인 관행과 문학 장르처럼 배치의 논리와 자연스런 연결고리를 갖고 있다. 그리고 우리는 지금 꿈과 난센스의 동반 묘사에 대한 관심을 이해하는 데 보다 나은 위치에 있는데, 그 이유는 난센스가 배치의 논리가 지닌 문학적 설명이라면 꿈은 배치의 논리

---

20 Julia Kristeva, *Polylogue*, Paris : Seuil, 1977.
21 Maurice Blanchot, *L'Espace Littéraire*, Paris : Gallimard, 1955, pp. 365~366(르클레르의 번역).

의 구현이기 때문이다. 이것이 바로 난센스가 꿈을 통해 혹은 꿈과 같이 전개되는 이유이다. 이야기는 다음과 같이 진행된다. 재현의 논리는 우리의 현실을 구성하는 것이다(그것은 언어를 기호 체계로 간주한다. 그것은 언어의 기능을 소통, 표현, 지시로 간주한다). 한마디로 그것은 우리가 살고 있는 이 세계를 건축하는 구조 과정이다. 그 결과는 그것을 바꾸는 안정된 주체와 안정된 의미의 생산으로 나타난다. 의미의 부재로서qua 난센스는 이 안정된 통일체의 생산을 동요하게 한다. 그것은 의미를 거부함으로써 의미의 다양성이 아닌 현상 자체를 폭로한다. 그것의 기능은 세계와 단어의 간극에 다리를 놓는 것이다. 극단적인 난센스의 본질은 바로 여기에 있다. 즉 배치의 야만적 실제와 그 충격적인 비일관성으로서 이상적으로 재현되는 우리의 현실을 동요하게 하는 것이다. 그 결과는 위험하다. 우리가 알고 있는 현실은 환영이며, 적절한 재현을 통한 질서의 환각에 지나지 않는다는 것이다. 꿈과 그 명백한 비일관성만이 유일한 현실인 것이다. 난센스 텍스트가 그렇게 아찔한 높이를 유지하는 것이 어려운 것은 당연한 일이다. 빅토리아 시대의 난센스는 그 속에서 임시로 드러나는 언어가 곧 다시 봉합될 것임을 확신하게 하는 하나의 장르이다.

## 9. 또 다른 논리

나는 철도의 이미지에서 이미지 그리고 철도로 정신없이 옮겨 다녔다. 그러한 혼합이 존재하는 장소는 발화의 배치이다. 캐럴의 텍스트는 좋은 예가 된다. 그것이 유일한 것은 아니다. 기차는 다양한 배치 속에 기능할 수 있는데, 그것은 항상 텍스트, 상징, 행동 양식, 제도와 사물 등을 포함하고 있다. 기차를 중심으로 하는 발화의 동시대적 배치의 논리는 일상적인 행위를 지배하는데 이는 카디프로 가는 기차를 타는 것, 유로스타나 영국 해협의 터널 같은 폭넓은 정치적-경제적 이해관계, 브리티시 기차에 목숨을 거는 것, 그리고 빌라 로보스Heitor Villa Lobos의 두번째 「브라질풍의 바흐」Bachiana Brasileira의 토카타에서부터 라스 폰 트리에 감독의 독창적인 영화 「유로파」Europa에 이르기까지 다양한 신화와 미학적 산물에 적용된다. 그리고 배치는 그들을 서로 구분하지 않고 재현이 하는 것처럼 위계질서를 구축하지 않는다. 인과관계의 고리는 사물에서 기호뿐 아니라 모든 방향으로 진행된다. "J'écrirai mon idée sur le sol"[나는 나의 사상을 흙에 새길 것이다]. 은행가 페레이르Pereire는 프랑스의 첫번째 철도인 파리-생제르맹 철도에 대해 이렇게 썼다. 그리고 그는 이를 실행했다.

'대신의 논리'이기보다는 '그리고의 논리'인 배치의 논리는 언어가 실제로 작용하는 길을 연결할 수 있다. 예를 들어, 종속에 대한 반대로서 병렬이 그것이다. 혹은 비유는 액식어법zeugma[하나의 형용사나 동사로 다른 두 개 이상의 명사를 수식 또는 재배치하는 방법]과 같은 수사가 있는데, 이는 라일의 '범주 오류'category mistake 개념의 중심에 놓여 있는 것이다. 라일은 『마음의 개념』에서 데카르트의 이원론의 구성을 축소할 수 있는 것이라고 주장했다(어떤 면에서 이 막간극은 데카르트의 이원론, 즉 영혼이 육체를 재현할 수 있다는 사상을 거부하는 것에 대한 비-라일적 반항에 불과할 것이다).[22] 언어는 여러 다른 유형에 속해 있는 용어들을 연결하게 하는데, 여기에는 "그녀는 눈물의 홍수 속에 비단 가마를 타고 집으로 왔다"에서처럼 범주 오류의 원인이 되는 것도 있다. 사실 여기서 연접은 단어들 가운데 하나이다. 발화의 배치의 논리는 그것이 또한 단어와 지시대

---

22 Gilbert Ryle, *The Concept of Mind*, Harmondsworth : Penguin, 1963.

상을 연결한다는 것이다(지시대상은 행위의 언어의 단어이고, 단어는 물질적 존재를 갖고 사물처럼 물리적 힘을 행사한다). 문학(난센스는 이러한 가능성을 그 극단까지 취하는 것일 뿐이다)은 특히 이러한 언어의 잠재력을 사용할 수 있게 하고, 그것을 문자 그대로 취하게 한다. 문학의 진정한 기능은 만일 불순한 단어의 사용을 허락한다면, 재현의 논리에 저항하고 배치의 논리를 드러내는 것이다. 즉 세계를 재현하거나 대체하는 것이 아니라, 그와 함께 섞임으로써 세계 속에서 작용하는 것이다. 지금까지 철학자들은 세계를 해석하는 것에 만족해 왔다. 이제 문학의 과제는 세계를 변형시키는 것이다.

이런 식으로 문학은 비재현적일 뿐 아니라 예언적이 될 것이다. 내가 언급하고자 하는 마지막 텍스트는 브루노 슐츠의 것이다. 그것은 그의 단편 「모래시계 기호 아래 요양소에서」At the Sanatorium Under the Sign of the Hourglass의 첫번째 페이지인데, 이 작품은 베르너 하스Werner Haas에 의해 영화화되었다.[23] 우리에게 승차를 요청하는 기차는 캐럴의 기차보다는 덜 불안하지만 불길함은 더 크다. 그것은 명백히 생각의 기차로서 '명상에 심취'된 듯하다. 내가 예언적 명상의 주제를 제안하는데, 그것은 슐츠의 소설에서 실제로 일어나는 것과 같은 낯선 정신병자 수용소에서 내레이터의 아버지와의 만남이 아닌 발화의 또 다른 배치로서, 묵시록적 운명을 향한 보다 혼잡하고 보다 공포스런 기차 여행의 예감이다. 여기에는 보통 짐과 동물을 싣는 칸, 엄청난 관료주의적 계획, 다양한 의학적 실험, 화학 재료들, 수많은 기관총, 채찍질과 교수형이 포함된다. 그리고 배

---

23 Bruno Schulz, *The Fictions of Bruno Schultz*, London : Picador, 1988. 기차의 묘사는 pp.237~238.

제의 신화 또한 최소한으로 포함되는데, 그 핵심은 극악한 육체적·문화적 특성을 지닌 모든 인간을 재현하는 것이다. 이것이 바로 발화의 집단 배치가 무엇인지, 그리고 어떻게 실행되는지의 예가 된다. 슐츠의 이야기는 2차대전 이전에 쓰였다. 그것은 어떤 의미에서도 나치의 죽음의 수용소를 '재현'할 수 없다. 그러나 소설은 이를 예상하고, 미리 혼합하였다. 그것은 발화의 배치에 대한 문학적 개입으로서 그 시각에 구체화되지 않는데, 영화 「쇼아」Shoah에서 느리고 조용한 기차가 같은 배치 속에서 회상에 개입할 때도 그렇다. 폴란드계 유태인이었던 브루노 슐츠 자신은 그런 기차를 타고 트레블린카로 보내진 적이 없었다. 그는 1943년 자신이 살던 작은 폴란드 마을에서 게슈타포에 의해 살해되었다. 나는 이 막간극을 그에게 헌정한다.

# 2장

# '언어학은 많은 해를 끼쳤다'

## 1. 'La lingustique a fait beaucoup de mal'[언어학은 많은 해를 끼쳤다]

들뢰즈가 사망한 지 2년 후인 1997년 몽파르나스 출판사는 『들뢰즈
ABC……』를 발행했다.[1] 이것은 클레르 파르네(들뢰즈는 그와 함께 『디알
로그』를 공동 집필했다)가 들뢰즈를 A("Amitié[우정]의 A" 등)부터 Z의 형
식으로 여덟 시간 동안 인터뷰한 내용을 세 개의 비디오테이프에 담은 것
이다. 테이프는 1990년경에 녹음되었는데, 이때 들뢰즈는 『철학이란 무
엇인가?』를 집필하고 있었다. 들뢰즈는 자신이 죽기 전에는 이 테이프를
공개하지 말 것을 주장했다.

　이 비디오를 보는 것은 특별한 경험이다. 우리는 익명인 저자의 목소
리를 멀리서 듣는 것이 아니라 화자의 거의 물리적인 존재와 함께하고 있
는 것이다. 이것은 책이 아니라 강의록 모음인데, 들뢰즈가 항상 우리의

---

1 Deleuze and Parnet, *L'Abécédaire de Gilles Deleuze*(three videocassettes).

얼굴을 마주보고 이야기하고 있기 때문에(클레르 파르네의 목소리가 꺼져 있어서 그의 조심스런 존재가 때로 들뢰즈 뒤의 거울에 비치는 것처럼 희미해지기도 한다), 그것은 사적인 강의록 모음이 되기도 한다. 즉, 이 위대한 철학자가 나 한 사람에게 강의하고 있는 것이다.

이 경험은 세 가지 중요한 양상이 있다. 첫번째는 얼굴과 목소리이다. 얼굴의 기호학('얼굴성')과 소리의 기호학('징글')에 대한 가타리의 주장의 적절함이 명백해진다. 비록 이것이 인터뷰이긴 하지만 여기서 언어는 더 이상 유일한 표현 방법이 아니다. 들뢰즈의 의미를 구성함에 있어 우리는 오리지널 발화자의 불가피한 사라짐을 슬퍼하는 모호한 단어들의 대열에 더 이상 의존하지 않는다. 그것은 제스처, 미소, 끄덕임, 그 밖에 모든 얼굴 표정 등을 이용할 수 있다. 그 목소리는 어떻고, 또 그 얼굴은 어떤가! 분명 위대한 강사였고, 당연하고도 감동적으로 그것에 긍지를 가졌던 이 위대한 철학자는 (인터뷰 도중 그는 자신이 일생 동안 강의의 테크닉에 애착을 가졌음을 강조했다) 또한 모든 연설의 기술을 쉽게 구사하는 위대한 선동가였다. 비디오를 보는 사람은 마치 위대한 소설이나 영화에 매료되는 것처럼 그에게 매료되고 그가 이를 좋아하게 된다는 것을 알게 된다. 우리는 들뢰즈의 뱅센 강의에 왜 그렇게 많은 사람들이 열광하는지를 알게 된다. 우리는 또한 그가 왜 가장 다채롭고 가장 기이한 사람들을 끌어당기는지 알게 된다. 역설적인 것은 물론 그 테이프가 소통을 통해 사람들을 매료시키려는 포괄적인 계획으로 확장된 언어의 예이지만, 그 특별한 목소리는 **음성**뿐 아니라 **로고스**까지 생산한다는 것이다. 들뢰즈 철학의 주된 테마가 여기서 설명되는데, 이로써 이 테이프는 들뢰즈의 모든 자료에 대한 가치 있는 부록이 된다.

따라서 경험은 두번째 양상을 갖는다. 라캉의 『세미나』*Seminars*가 때로 명료한 프랑스어로 라캉을 말했다면,『들뢰즈 ABC……』는 우리에게 이국적인 들뢰즈를 선사한다. 우리 모두 알다시피 들뢰즈는 난해한 작가이다.『차이와 반복』의 처음 부분을 읽고 있으면 이 책에 대한 흥미가 거의 소진될 것이다.『의미의 논리』를 이해하는 데 30년이 걸린 나같이 우둔한 독자한테는 말이다. 그러나『들뢰즈 ABC……』는 그렇지 않다. 비디오를 보는 사람은 아주 유능한 교사의 손 안에서 있는 듯이 쉽게 이해하고 심지어 자신이 지성적이라는 만족스런 느낌을 받게 된다. 요점은 순차적으로 정리되어 있고, 주장은 요약이 잘 되어 있으며, 여기에는 필요한 여백이 있다. 모호한 원리는 신중하게 피해 갔다. 왜냐하면 TV 시청자는 말을 들을 수는 있어도 할 수는 없기 때문이다. 들뢰즈의 대중매체와 엘리트주의에 대한 경멸은『들뢰즈 ABC……』속에서 자유롭게 부유한다. 그러나 들뢰즈는 말로 제압하지 않으면서 우리와 이야기할 수 있다는 것을 보여 준다. 따라서 우리는 사건의 발생을 목격하는 특별한 느낌을 받게 된다. 왜냐하면 생각은 진행 중이고 이때 그 생각은 단어와 문장 속에서 드러나고 분출되기 때문이다. 물론 이것은 우리가 그의 다른 저작들을 읽었고 모든 명제의 텍스트의 출처를 깨달았을 때는 제외된다.

경험의 세번째 양상은 들뢰즈가 조성한 조건에 따른 것으로, 자신이 죽은 다음에 테이프를 공개하라는 것이다. 무덤에서 하는 이야기는 그에게 전적으로 표현의 자유를 부여한다. 그는 많은 나이뿐 아니라 죽음이라는 특권으로 인해 마음껏 무례해질 수 있는데, '얼간이'Imbéciles라는 단어를 적어도 한 번 이상 들을 수 있다. 예의나 타협은 더 이상 필요하지 않다. 그것은 강사로서 복수인데, 그는 일생 동안 교육의 의무를 이행하면서 지속적으로 욕구 불만을 가졌던 것이다("당신의 반대는 아주 흥미롭고 중요하기까지 합니다……"라는 말은 알다시피, "이 바보야. 너는 내가 말한 것을 한마디도 이해하지 못했잖아!"라는 뜻이다). 들뢰즈는 이 모든 것을 이용하여 공정하지 못한 정도에 이르렀다. 그래서 들뢰즈에게 에코는 박식한 체하고 비트겐슈타인은 철학의 암살자이며 기자들은 바보이고 현대 문화는 재앙인 것이다(이렇게 공언하는 데는 쓸모없는 늙은이의 웅얼거림 이상이 있다. 왜냐하면 나이 든 사람들은 다가오는 죽음에 항복하기 때문이다). 들뢰즈에게는 당연하지만 자신이 사랑하는 주제(철학, 교육, 예술, 우정)에 대한 그의 열광은 전혀 손상되지 않았다.

그의 솔직하고 명료한 언급 중에서 우리는 언어학에 대한 판단을 찾을 수 있는데, 그것은 다음과 같은 말로 바꾸어 쓸 수 있다.

문체를 이해하기 위해서 당신은 언어학을 알 필요가 없다. 언어학은 많은 해를 끼쳤다. 왜 이런 상황이 벌어지는가? 왜냐하면 언어학과 문학 사이에는 대립되는 것이 있는데 이 대립은 조화되지 않기 때문이다. 언어학에 따르면 랑그는 평형 상태 속의 체계인데, 이것은 과학의 대상도 될 수 있다. 나머지 모든 것, 변이되는 모든 것은 랑그가 아닌 파롤에 속하는 것으로서 무시된다. 그러나 작가는 언어가 그 본성상 평형과는 거리가 먼 체계, 지속적인 불균형 상태 속의 체계로서 랑그의 수준과 파롤의 수준 사이에 별다른 차이가 없다는 것을 알고 있다. 언어는 모든 종류의 이질적인 흐름들로 구성된 것으로서 이는 다양한 불균형의 상태 속에 있는 것이다.

이것은 S 섹션('Style'[문체]의 S)에서 추출한 것이다. 그런데 『들뢰즈 ABC……』에서 L이 'Language[언어]의 L'이 아니고 D가 'Discourse[담화]의 D'가 아닌 것은 의미심장한 일이다('Literature[문학]의 L'이고

'Desire[욕망]의 D'이다). 그리고 언어학에 대한 거부가 가장 철저하다는 것은 명백한 사실이다. '랑그'가 소쉬르 체계의 표식 이전에는 자연어를 의미하는 것이었다면(프랑스어), 이런 프랑스어의 특징인 모호함을 이용하여 들뢰즈는 소쉬르가 구조주의 언어학, 구조주의적인 과학적 언어학을 구축한 이분법을 부정한다. 이것은 의도적인 퇴행을 고수하는 것처럼 보이는데, 이는 놀랍게도 들뢰즈가 '문체'란 용어를 고수할 때 더욱 그렇다. 왜냐하면 그것은 프랑스 문화에서 '시대에 뒤떨어진' 것으로 느껴지기 때문이다. 따라서 이러한 전략적 목적은 구조주의 언어학이 구축되기 이전으로 되돌아가자는 것이다. 이는 언어의 중심성이 부정되고, 따라서 과학적 모델로서 언어학의 역할이 부정될 수 있는 유리한 지점이기 때문이다.

이러한 분출의 또 다른 흥미로운 양상은 언어학이 문학과 독립적으로 간주되지 않는다는 것으로서, 이는 심지어 그들이 첨예하게 분리되어 있을 때도 그러하다. 다시 말해 여기에 근본적인 입장이 있는데, 그것은 그들 각각의 중요성과 관련되어 있다. 문학은 경험적 언어학자가 광고나 요리와 같이 그 예들을 민주적으로 선택할 수 있는 텍스트를 제공하는 영역들 중 하나가 아니다. 그것은 심지어 종종 시어라 불리는 특별한 언어 영역도 아니고 문체론stylistics이라 불리는 언어학의 특별한 하위 범주의 대상도 아니다. 여기서 문학은 언어학의 반대편에 있는 또 다른 언어학으로 간주되는데, 그것은 언어학을 제자리에 위치시킨다(그것은 자리가 전혀 없다). 이는 문학이 언어학에서 분리되는 것, 언어학에 반대하는 것은 불가능하다는 것, 문학은 언어학의 지배하에 있다는 것을 의미한다(이것은 구조주의 문학 이론의 전체적인 추세에 역행하는 것으로서 바르트의 첫 번째 양식에서 예시되었다). 이것은 또한 관례대로 문학이 언어학과 동등한 것이며, 철학적 흥미라는 점에서는 보다 우월하기까지 할 수 있다는 것을 의미한다(언어학은 진정 과학인가? 언어의 영역에서 경험적인 과학은 철학에 있어 문제가 되는가? 그것은 철학자, 즉 우리 모두가 필요로 하는 언어에 대한 지식을 제공하는가? 그렇지 않다고 강하게 부정한다). 따라서 실제로 문학과 언어학 사이에 선택의 여지가 있지만, 그것은 배타적인 선택이다. 문학과 언어학의 두 길은 교차하지 않으며, 의심의 여지없이 우리는 하나의 길을 가야 한다. 실제로 연습의 목표는 소쉬르의 랑그 개념의 적절성을 부정하고, 그것을 철학자의 요구에 적합한 개념으로 대체하는 것이다. 이는 언어가 관련되어 있는 문체의 개념, 언어와 문학의 관념을 하나의 문제로 하는 개념 등이다. 보통 그러한 구성은 상관관계의 형식을 취하는데, 그것은 다음과 같이 재생될 수 있다.

| 1 | 2 | 3 | 4 | 5 | 6 |
|---|---|---|---|---|---|
| 언어학 | 체계 | 동질성 | 평형 | 랑그 | 과학 |
| 문학 | 변이 | 이질성 | 불균형 | 문체 | 철학(예술) |

1열(위의 '언어학'과 '문학')은 상관관계의 이름만을 제공한다. 2열은 소쉬르의 혁명의 핵심, 언어학의 과학적 토대, 혹은 패러다임의 변화에 대해 질문한다. 왜냐하면 소쉬르 이후 언어학에 있어 언어에 대한 우리의 태도는 우리가 무한히 다양한 현상들로부터 체계적인 대상을 추출할 때면 언제나 과학적이기 때문이다. 이의 규범적인 예는 음성 묘사를 허용하는 무한히 다양한 소리들로서, 이는 언어를 규정하는 한정된 음소 체계에 대립되는 것이다. 이때 음소는 독립적인 의미를 갖고 있지 않으며, 시간과 공간, 화자라는 독립된 체계의 일부로서 독특한 가치를 갖는다(이것은

그러한 체계의 공시적 결속이다). 따라서 우리는 들뢰즈가 여전히 '체계' system라는 단어를 사용하는 것에 주목한다. 왜냐하면 그는 현상의 무한한 **다양성**variety을 찬양하는 것이 아니라, 공시성의 결속이나 단일성에 대항하는 **변이들**variations의 다양성을 강조하기 때문이다. 그 대상인 언어는 합리적으로 묘사될 수 있는데, 그렇지만 그것은 다양한 이질적인 흐름들로서 각각 고유한 '속도'나 일시성을 갖고 있으며 각각 고유한 탈주선을 따라가는 것이다. 우리는 또한 랑그의 공시적 체계가 '나머지'rest라 불리는 것을 배제한 것에 주목하는데, 이는 내가 다른 곳에서 '잔여'remainder라는 개념으로 설명하려 했던 것이다.[2] 따라서 이 어려움은 '과학적' 언어학에 대한 두 가지 반대의 단계라 할 수 있다. 첫번째는 이제 친숙하다. 왜냐하면 배제의 제거는 과학의 기초로서 반쿠의 유령Banquo's ghost처럼 과학적 언어학자를 사로잡는 나머지를 고려하지 않기 때문이다. 언어학의 역사는 그 유령을 매장하고자 하지만 결코 성공할 수 없는 시도의 역사이다. 두번째는 체계**로서의 랑그**langue qua가 언어 속에 있는 것을 무시하는 것이 과정의 속성이라는 것이다. 왜냐하면 그것은 통시성(연구할 가치가 있는 분야지만, 공시성이라는 중심 영역에서 조심스럽게 분리해야 한다)의 명목하에 언어의 '생성'becoming를 배제하는 경향이 있기 때문이다. 그리고 그것은 변주의 연구를 주변으로 귀속시키거나 배제하는 경향이 있다. 들뢰즈에게 있어 후자는 더욱 중요하다. 왜냐하면 언어는 다른 모든 사물과 마찬가지로 역사적 변화에 종속되기 때문이다. 그러나 그것은 또한 본질적이기 때문에 부단한 흐름의 상태에 있다고 말할 수 있다. 따라서 그 결과로 판단한다면 되기는 기나긴 시간의 과정 끝에 유리한 지점의 효과

---

2 Lecercle, *The Violence of Language*.

가 아니라 삶 자체, 언어의 속성 자체이다. 그러므로 그러한 변주는 모든 언어 연구의 중심이고 이에 들뢰즈의 텍스트에서 '체계'라는 용어의 지속이 도출된다. 왜냐하면 언어는 우연히 변하는 것이 아니라 도표화할 수 있는 탈주선을 따라 변화하는데 이는 주의 깊게 묘사해야 하는 탈영토화와 재영토화의 운동을 통해 이루어진다.

3열은 이 공시적 **랑그**와 들뢰즈의 언어의 이러한 차이에서 오는 자연스러운 결과를 나타낸다. 공시적 체계는 동질적이다. 왜냐하면 그것은 동등한 가치를 갖고 똑같이 취급되는 요소들, 즉 음소와 같은 요소들의 조합과 상호 작용에 기반하고 있기 때문이다. 이러한 요소들은 서로 다른 수준들 사이를 식별할 수 있는데, 예를 들어 그것은 이중 분절에 포함된 두 수준들과 같은 것이다. 그러나 그러한 수준들 사이의 관계는 고정되어 있다(따라서 음소들은 그다음 수준인 형태소의 단위로 조합된다). 들뢰즈의 언어는 그렇지 않다. 그 언어는 고정된 입장이 없는 요소들로 이루어져 있고 항상 진행 중인 변주들, '잠세성의 차이들'(전기의 메타포)의 지점에 몰두하고, 단일한 점들의 일시적 외형을 생산하는 이질적인 흐름들 (또 다른 전격적인 메타포) 속에서 포착된다. 들뢰즈에게 이러한 그림은 단지 언어에만 관계된 것이 아니라 세계와 사고의 총체성과 관계된 것이다. 카오스는 모든 것의 시초로서 잠세성으로 구성되어 있으며, 그 잠세성으로부터 세계나 사고, 언어를 구성하는 특이성들이 발생하기 때문이다.[3]

4열은 이러한 결과를 발전시킨다. 공시적 **원천**coupe d'essence(**본질적 단면**, 이 말은 알튀세르에게서 차용했다[4])은 평형의 상태를 규정하는데 그 것은 관찰——어원학적으로 이론은 관조이다——, 실험과 예견을 위해 필

---

3 Deleuze, *L'Abécédaire*, 'Z is for Zorro'를 보라.

요한 고요와 안정의 상태이다. 효소 용액 한 방울을 슬라이드 위에 얹려 놓고 박테리아 혹은 음소의 수를 세어 보자. 지금과 같은 컴퓨터 시대에도 우리는 방언 혹은 음역을 등록하기 위한 시간이 필요하다. 그러나 시간은 없다. 언어학자가 후대를 위해 사진을 찍기 전에 언어는 죽어 버리고, 음역은 자신의 기록이 출판되기 전에 변하기 때문이다. 그러한 지연과 실패는 우연이 아니다. 언어는 동질적인 것이 아니므로 랑그는 언어에 힘을 가하는 추상이며 인공성의 대가로서 그 불변성에 도달하기 때문이다. 그것은 항상 언어를 체계 속에서 동결시키는 문법 너머에서 움직인다. 이것이 바로 들뢰즈와 가타리가 '언어들이 샌다'라고 주장하는 것의 의미이다. 오직 개별적인 문체, 오직 문학만이 그것이 발생하는 속도로 변화를 포착할 수 있는데 이는 그들이 소통에 개입하고 그들이 속도의 반영이 아니라 그 동인agents이기 때문이다. 오직 문학만이, 언어학이 아닌 문학만이 언어의 불균형을 정당하게 할 수 있다.

이것이 바로 5열에서 랑그의 반대가 파롤이 아니고 스타일이 되는 이유이다. 오래된 이분법은 배제를 구체화하는데, 이는 사실의 반영이 아니라 약정, 즉 이론적 결정의 강요인 것이다. 이 촘스키적 버전에서 언어학자는 그 결정을 받아들이고 그것을 마음과 머릿속에 위치시킴으로써 이 배제를 숨기려 한다. 이것(내적 사상의 모든 철학 장비와 낡은 마음의 철학)의 형이상학적 비용은 높다. 물론 들뢰즈는 그 반대를 단호하게 부정한다. 그는 문학을 파롤의 한 형태로 찬양하기를 원치 않기 때문이다(언

---

4 공시성과 통시성의 개념에 대한 알튀세르의 비판은 Louis Althusser et al., *Lire le Capital*, vol. 2, Paris : Maspero, 1965; *Reading Capital*, trans. Louis Althusser and Étienne Balibar, London : New Left Books, 1970의 '자본론의 대상'(L'objet du capital)에서 찾을 수 있다. 이에 대한 주석은 나의 책 *The Violence of Language*, pp. 201~205를 보라.

어의 제국주의 냄새가 풍기는 전략이다. 스타일이라는 수상한 과학은 순수 언어학의 '가난한 부모'parent pauvre로서 이때 그러한 병리를 다루는 것으로 승격된다). 그는 그러한 구별을 의미 없는 영역으로 받아들인다. 우리는 다시 들뢰즈가 체계의 가능성, 랑그 형식을 띤 사고의 가능성을 부정하지 않았다는 것에 주목한다. 그가 부정하는 것은 존재론적 위계질서, 그리고 파롤로부터의 분리이다. 그 질서에는 체계가 있을 수 있지만 그것은 체계 적인 언어학자도 인식하지 못하는 체계이다. 거기에는 문법의 압박이 있 지만, 그래도 그것은 법칙이 아니라 취소 가능한 격률 같은 것이다. 이는 부분적인 경우에만 일반화가 가능하다. 언어의 형이상학적 보편은 없다. 우리는 체계를 묘사할 수 있지만, 그것은 기이하게 나타난다. 그것은 본 질적으로 불균형하고 이질적이며 특이성들의 역설적인 체계로서 단일한 과학의 대상이다. 들뢰즈에게 스타일이 바로 그런 것이다.

6열은 내가 덧붙인 것으로 일시적 목적과의 상관관계를 초래한다 (알다시피 상관관계는 리좀적이며, 그들의 행렬은 증가하고 번식하는 경향 이 있다). 이 행의 마지막 열을 위해 내가 택한 용어는 어느 정도 자의적인 것이다('예술'art은 위험한 단어로서 과장을 위협한다. 비록 들뢰즈가 기꺼 이 이러한 위험을 무시하고 그것을 포괄적으로 사용하지만 말이다). 그것은 언어의 영역에서 주류로 알려진 과학적 형식의 포기를 나타낸다. 언어 혹 은 문체는 실천으로서qua practice 예술의 영역에 속하고 개념의 반사적 창 조로서는 철학의 영역에 속한다. 그러한 영역들 안에서만 언어의 복잡성, 그 생명성이 보존된다.

이 모든 것은 자연스럽게 수많은 질문을 야기시킨다. 만일 우리가 마 지못해 정중하고 밋밋한 태도로 "언어학은 그것에 기대되는 선행을 하지 않았다"라는 것을 받아들인다면, 우리는 아직도 스스로를 고아라 생각하고 있는 것이다. 정말 문학이 언어학을 대체할 수 있을까? 우리는 가공할 의심을 표현하도록 허락을 받는다. 그러나 들뢰즈는 결코 대답과 인사말에서 부족한 경우가 없다. 그래서 여기서 또 다른 제안을 하는데, 그것은 왜 '스타일'이란 용어를 택했는가를 설명하는 방향으로 나아간다. 우리의 과제는 언어로부터 동질적인 체계를 추론하는 것이 아니라 언어의 개념을 생산하는 것이다. 그리고 그것을 실행하는 방법 중의 하나가 계보학을 통하는 것이다. 그것은 결정되지 않는 곳에 오랫동안 방치되었던 언어의 기원에 대한 낡은 연구가 아니라, 언어의 발생에 대한 문제이다. (3장에서) 앞으로 살펴보겠지만, 『의미의 논리』는 이에 대해 충분한 이론을 제공한다. 다음은 이와 유사한 『안티오이디푸스』에서 한 대목이다.

> 기호는 욕망의 위치이다. 그러나 첫번째 기호는 영토의 기호로서 그 깃발을 몸속에 꽂고 있다. 그리고 만일 누군가 노출된 살에 각인된 이것을 '글쓰기'라고 부르고 싶다면, 말하기는 사실 글쓰기를 전제로 하는 것이며, 인간으로 하여금 언어 능력을 갖게 하고 말해진 단어들을 기억하게 하는 것은 각인된 기호의 잔혹한 체계라는 것이다.[5]

이것은 최선의 상태에서 (혹은 최악의 상태에서) 특징적인 들뢰즈와 가타리의 경박함과 독단성을 보여 준다. 그것은 태초에 기호가 있었음을 주장한다. 그러나 그것은 소쉬르적 기호가 아니다. 왜냐하면 그들이 뜻하는 기호는 동물행동학ethology의 용어로서 그 서명자가 사람이든 짐승이든 증상처럼 몸에 각인되는 자연 기호거나 혹은 영역을 표시하는 근본적

---

5 Deleuze and Guattari, *L'Anti-OEdipe*, p. 170〔영어판 p. 145〕.

인 비자연 기호이기 때문이다. 그리고 어떤 정신분석학자(세르주 르클레르[6]라고 생각된다)의 제스처 회상에서 대지의 몸이나 주체의 몸에 각인된 기호는 원시글쓰기Ur-writing의 형식으로서 인간의 언어나 말해진 단어의 기원을 가정한다. 우리는 랑그/파롤의 이분법이 글쓰기/말하기의 대립으로 대체되었고, 이 대목에서 완전히 적용된 듯한 '글쓰기'라는 개념이 문학의 에크리튀르écriture와 그다지 다르지 않다는 것에 주목할 수 있다. 왜냐하면 '스타일'이란 용어의 선택이 포함하는 그러한 근접성과 거리는 들뢰즈의 후기 에세이 모음집 『비판과 진단』의 중심 테마가 되기 때문이다. 『대담』에 수록된 한 인터뷰에서 들뢰즈는 문학에 대한 자신의 입장을 명백히 하려 했는데, 인터뷰어는 그것이 '(그의) 작품 도처에 존재한다'고 기록했다. 그리고 그는 그것을 비판과 진단의 연접이란 용어로 그리고 기호란 용어로 실행했다.

> 그것은 단지 진단의 문제가 아니다. 기호는 삶의 방식, 존재의 가능성을 함축한다. 그것은 분출되거나 끌어올리는 삶의 징후이다. 당신은 당신의 자아, 당신의 기억, 당신의 병에 대해 글을 쓰지 않는다. 글쓰기 행위에는 삶을 개인적인 것 이상으로 만들고 구속으로부터 자유롭게 하려는 시도가 담겨 있다. …… 당신은 아직 언어를 알지 못하는 태어나지 않은 사람의 관점에서 글을 쓴다. 창조는 소통이 아니라 저항이다. 기호, 사건, 삶, 생기론 사이에는 깊은 연결고리가 있다. 그것이 묘사하는 선, 글쓰기의 선, 음악의 선에서 찾을 수 있는 것은 비유기적인 삶의 힘이기 때문이다.[7]

---

6 Serge Leclaire, *Psychanalyser*, Paris: Seuil, 1968.

내가 현재 우리의 이론적 문제에 대한 해답으로 이 인용문을 제시하는 것은 아니다. 그것은 해답을 제시하는 것보다 더 많은 질문을 불러일으키는데, 특히 베르그송의 용어인 생기론vitalism의 등장이 그렇다. 그러나 우리의 질문은 이제 시작이다. 이 인용문으로 알 수 있는 것은 언어, 자연 기호, 신체, 글쓰기와 문체 사이의 연결고리가 들뢰즈에게 우연한 것이 아니라는 것이다. 그것은 더 이상 철학적 제스처가 아니라 응집하기 시작하는 개념들의 덩어리이다.

## 2. 언어학에서 잘못된 것은 무엇인가?: 들뢰즈 비판의 전개

언어학에 대한 들뢰즈의 비판에는 세 가지 양상이 있다. 전체적으로 그것은 과학이 되고자 했던 언어학의 실패한 야망에 대한 비판이다. 가타리와 공동으로 저작한 텍스트들에서 이러한 비판은 그러한 과학적 시도 속에 내재된 억압적 정치학의 형태를 취하고 있다. 그러나 단독 저술한 텍스트들에서 우리는 공언된 과학에 기초한 철학에 대한 비판을 볼 수 있다. 이러한 비판이 가장 광범위하고 명확하게 나타난 곳은 『천의 고원』에서 네 번째 고원인데, 이는 다음에 살펴볼 것이다. 여기서 나는 세 가지 양상을 전개할 것인데, 우선 『푸코』의 한 대목에서 시작하자. 들뢰즈에 따르면 푸코의 고고학은 문서고archive가 지금까지 사용해 왔던 중요한 두 가지 기술을 피하고 있다. 그 두 가지는 형식화와 해석이다. 해석에 있어 해석자는 언표의 의미를 명백한 수준에서 다른 수준으로 이동시키는데, 그는 이것을 형식화와 은밀하게 연관된 것으로 간주한다. 왜냐하면 "이런 방식

---

7 Deleuze, *Pourparlers*, p. 24〔영어판 p. 15〕.

으로 첫번째 각인은 두번째 각인에 의해 배가되기 때문이다".[8] 한편 고고학자는 해석하지 않는데, 그 이유는 그가 언표[9]에서 격리시킨 요소들은 말해진 것과 같은 수준에 있기 때문이다. 그는 형식화의 깊은 구조와 이보다 더 깊은 해석학의 의미 둘 다를 모두 회피하고 있다.

따라서 과학으로서 언어학에 대한 비판은 형식화에 대한 비판으로 시작된다. 언뜻 보기에 이것은 메타언어(라캉의 가장 유명한 선언 중 하나의 대상)라는 개념에 대한 비판으로 간주될 수 있다. 메타언어에는 그와 같이 잘못된 것은 하나도 없다. 우리는 명백히 이를 원한다. 기술적 용어에 의지하지 않고는 언어에 대해 이야기할 수 없다. 결국 메타언어학의 용어가 아니라면 철학적 개념이 된다. 언어의 영역에서 아리스토텔레스의 개념은 오늘날 우리에게 문법의 상식으로 간주되기 때문이다. 사실 '과학적' 언어학에서 기술적 은어technical jargon의 발달은 매우 중대한 문제이다. 그리고 이것은 언어학자들 각각의 은어를 향한 경향을 능가할 것인데, 그 이유는 그들이 과학성을 주장하기 때문이다. 이러한 증식은 메타-언어가 문제적이고, 언어는 그것을 포착하고 공식화하려는 모든 시도에 능동적으로 저항한다는 것을 시사한다. 이러한 역설은 친숙한 것으로서 우리를 묶어 둘 필요가 없다. 자신의 분야에서 실제적인 공식화를 산출하려는 보다 수학적인 성향의 언어학자들의 용감한 시도에도 불구하고 언어에 대한 기술적 언어는 여전히 언어의 한 부분이다. 그렇지만 들뢰즈의 비판의 칼날은 다른 곳에 있다. 그는 은어를 두려워하지 않고 은

---

8 Deleuze, *Foucault*, p. 24[영어판 p. 15].
9 푸코 번역자의 선택에 따라 들뢰즈의 『푸코』의 번역자는 '언표'(énoncé)를 '진술'(statement)로 번역했다. 그가 기존의 예를 따랐다는 것은 정당하다. 그렇지만 나는 원본 번역에서 유감스러운 것을 발견한다. 진술은 화자(speaker)가 하는 것이기 때문이다. '언표', 발화는 텍스트일 뿐으로 그 속에는 누군가(on)의 익명의 웅얼거림이 들린다.

어를 상상의 메타포로 바꾸는 경향이 있다. 그의 목적은 메타언어나 형식화에의 의지가 의미하는 계층화이다. 그가 진정으로 반대하는 것은 과학적 언어학의 **지질학**geology으로서, 여기서 문장은 특수한 상징들의 보다 깊은 형식화된 조건의 표면 궤적일 뿐이다. 들뢰즈의 질문은 이것이다. 누가 주인인가? 언어학자는 언어를 형식화하여 번역하고 해석하는 사람인가? (형식화와 해석 사이에는 깊은 연계가 있는데, 동족관계라고 할 수도 있다. 왜냐하면 형식화가 산출하는 것은 언어의 구조가 아니라 해석인데, 이는 명확성이라는 이익과 독단적인 부담이라는 일반적인 위험을 수반한다.) 아니면 언어는 해석을 무시하고 해석에 저항하는가, 그리고 문장가는 이에 복종하는 것인가?

들뢰즈에게 언어학적 형식화는 두 가지 결점이 있는데, 그것은 추상화abstraction(혹은 추상의 잘못된 수준. 그것은 현상을 배반하지 않을 만큼 추상적이지만 추상 기계의 도해 수준에 도달할 만큼 추상적이지는 않다)와 **보편화**universalisation이다. 칸트의 용어를 빌리자면 언어학적 판단들은 **반성적**reflective이기를 요구한다. 그것은 현상에서 시작하여 현상을 추상화하고 보편화할 것을 주장한다. 일반적인 주장은 촘스키에 의해 명백해졌는데, 예를 들면 문법은 자연 언어의 이론처럼 언어 안에 허용되는 모든 발화들을 발생시키고 또 그 발화들만을 발생시키는 것을 목표로 한다. 그러면 실제 현상에 보다 접근할 수 있을까? 그렇다는 주장에도 불구하고 (여기에 고전적인 구조주의 언어학자들은 충실하지 못하다), 언어학적 판단들은 그 반대로 **규정적**determinative 판단들이 되는 경향이 있다. 칸트는 이것을 추상과 보편의 범주에서 시작하여 그 아래 다양한 현상들을 포괄하는 판단이라고 정의했다. 촘스키류의 언어학자들 사이에서 초기의 물음표(수용할 수 없거나 모호한 발화들을 각각 표시하는)와 별표의 정치학을 연구하는 것도 재미있을 것이다. 그것들이 권력의 표식이며, 이는 그 이론이 명시를 주장하는 보편적 법칙에 현상이 적용되기를 강요하도록 고안되었다는 것을 곧 깨닫게 되기 때문이다. 따라서 들뢰즈 비판의 주된 표적은 언어학의 지식체계로서 여기서 보다 깊은 층들이 언어의 표면을 해석하고 형식화하는데, 그것이 의미하는 수준의 위계질서 또한 표적이 된다(깊다는 것에 의미가 있다). 이에 반대하여 들뢰즈는 다른 영역에서와 마찬가지로 언어의 영역에서도 더 오래되고 명백히 더 세세한 지도제작법cartography을 끊임없이 제창한다. 지도를 그릴 때 언어는 하나의 면으로 취급되는데, 그것은 내재면과 혼효면이다. 그것은 언어의 이질성과 다양성을 존중한다. 그것은 구조 되기의 흐름을 동결시키지 않고, 그 탈주선을 위계질서의 해협으로 밀어 넣지 않는다. 무엇보다도 그것은 '과학적' 언어학이 기초하고 있는 배제를 실행하지 않는다. 배제는 기껏해야 부르디외가 내적 언어학이라고 부른 언어의 연구로 제한하거나 최악의 경우 언어의 과정에서 가장 생기 있고 창조적인 것이 은신처를 찾는 곳에서 나머지를 생략한다. 1장의 '보컬리스트'vocalists에 관한 언급에서 알 수 있듯이 들뢰즈는 언어의 모든 다양성뿐 아니라 그 변이에도 매료되어 있다. 이것은 '과학적' 언어학자의 태도와는 확연히 다른 것인데, 그러한 언어학자의 유일한 관심사는 조용히 만들고 해부하기 쉽게 언어의 날개를 자르는 것이기 때문이다. 그리고 들뢰즈 측에서 보면, 이것은 언어의 시적 가치를 찬양하는 신낭만주의적 제스처에 불과한 것이 아니라 이것이 바로 언어의 철학이며 형이상학적 관점의 통합적 부분으로서, 그 속에서 언어는 매력적이기는 하지만 지엽적인 관심만을 갖게 된다. 나의 주장인 바, 비록 그것이 들뢰즈의 특별한 문제라 할지라도 말이다.

일반적으로 상관관계 속에서 그 반대가 될 수 있다. 행렬의 수는 거의 불확실하다. 다음과 같은 임의의 선택이 있다.

| 1 | 2 | 3 |
|---|---|---|
| 과학적 언어학과 논리 철학 | 형식주의 지도제작 | 깊이 대 표면 구조 내재면과 혼효면 |

| 4 | 5 | 6 |
|---|---|---|
| 자료의 민주주의 언어의 가장 높은 권력의 표명으로서 문학 텍스트 | 구조 기계 | 해석 의미의 효과와 탈주선 |

들뢰즈는 논리학의 철학적 중심성에 관해 『철학이란 무엇인가?』에서 강한 의심을 표현했다. 4열은 고도의 모더니스트인 들뢰즈의 엘리트주의를 가장 잘 표현하고 있다. 왜냐하면 그에게 있어 텍스트들 간의 평형성이란 존재하지 않으며, 프루스트가 우리에게 말하는 것은 TV 저널리스트의 일상이라기보다는 언어의 작용이기 때문이다. 나는 이에 동의한다. 5열은 오래전부터 사랑받는 것으로서 언어의 역동적인 측면을 강조하는데, 구조의 관념성에 반대되는 물질성 같은 것이다. 상관관계의 흔적은 『안티오이디푸스』의 다음과 같은 대목에서 찾아볼 수 있다.

언어학자와 논리학자들이 처음으로 의미를 제거한 정도를 제외하고는 그 누구도 언어의 문제를 제기할 수 없었다. 언어의 가장 위대한 힘은 작동이 일정한 결과를 산출하고 특정한 사용을 위해 수정 가능한 기계로 간주될 때만 발견될 수 있다. 말콤 로리는 자신의 저서에서 다음과 같이 말했다. 그것은 당신이 원하는 그 무엇이다. 그것이 기계를 작동하게 하는 말이다. "나를 믿으라, 내가 찾았을 때 그것은 또한 작동한다." 그것은 당신이 바라는 그 무엇이다. 그러나 의미가 사용에 다름 아닐 때, 그것이 원칙이 되는 것은 우리가 우리의 배치에서 합법적인 사용을 결정할 수 있는 내재적 범주를 가질 수 있을 때뿐인데, 그것은 가설의 의미 대신 사용을 결부시키고 새로운 종류의 초월을 재구축하는 불법적인 것에 반대되는 것이다.[10]

'언어의 문제'라는 문구의 존재를 충분히 환영하면서, 우리는 들뢰즈와 가타리의 전략이 지금까지 내가 주장한 것보다 훨씬 복잡하다는 것을 알게 된다. 왜냐하면 언어학자와 논리학자는 해석학, 혹은 초월적 의미를 강제로 추구하는 것에 반대하는 잠재적 동맹자로 불리기 때문이다. 들뢰즈에게 내재성은 구조주의 언어학자들에게 보다 훨씬 더 넓은 의미로 받아들여진다('내재성의 원칙'은 언어학을 '내적인' 규율로 만든 것이다). 그렇지만 들뢰즈와 가타리는 새로운 화용론을 옹호하면서 그 접근법에 있어서는 단호하게 '외적'이다. 언어는 세계의 것이면서 세계 속에 있는 것이기 때문이다. 그들은 마치 엄격한 분포주의자distributionalist인 미국의 구조주의 언어학자들과 동맹을 맺은 것 같다. 미국 구조주의 언어학자들의 언어의 구조 묘사는 단호한 의미에서의 배제에 근거한다. 그러므로 보다 유연한 유럽적 변주에 대항한 형식주의와의 동맹은 항상 해석학으로의 회귀로 의심받는데, 이는 에밀 벵베니스트의 언표 이론으로 재현될 수 있다. 그렇지만 그러한 동맹은 순전히 전술적인 것이다. 그것은 들뢰즈속에 있는 '구조주의자'의 혈관을 찌르는 것인데 이것이 가장 잘 나타난

---

10 Deleuze and Guattari, *L'Anti-Œdipe*, p. 130(영어판 p. 109).

것이 『의미의 논리』이다. 어쨌든 그는 뛰어난 교육적 에세이 「구조주의를 어떻게 이해할 것인가?」[11]의 저자가 아니던가? 마지막으로 우리는 아이러니한 기쁨을 갖고 그 대목의 후반부에서 의미를 다시 소개하는데, 우리의 상관관계가 추론하는 것에 따르면 문학 텍스트를 필요로 할 뿐 아니라, 그것의 사용을 통해 정의되는 비트겐슈타인적 의미를 함축한 것에 주목한다.

'과학적' 언어학은 배제, 서열의 강요, 형식주의와 해석의 이중적 잘못, 추상화와 일반화의 잘못된 수준에 대한 비판이다. 이러한 입장은 '권력의 표식'이라는 문구에서 알 수 있듯이 순수하게 이론적이기만 한 것이 아니며, 따라서 비판은 **정치적** 전회를 취하게 된다. 여기서는 최소한의 힌트만으로 만족할 것인데 들뢰즈와 가타리에 특징적인 이러한 비판은 다음 장에서 전개될 것이다. 선택된 노선은 우연이 아니다. 구조주의에 대항하는 논쟁의 고전적인 움직임 속에서 역사는 그림으로 다시 소개된다. 그것은 과학적 언어학의 구조주의적 버전에 의해 두 번 부정되는데, 이는 공시성(나는 이미 알튀세르가 '본질적 단면'이라고 부른 것에 의해 생겨난 문제들을 상기시켰다)과 통시성, 즉 역사가 현존하되 언어의 역사로서만 현존하는 것을 통해 이루어진다. 이에 대한 들뢰즈와 가타리의 입장은 **언어 단독**의 역사는 존재할 수 없다는 것이다. 따라서 역사는 복수vengeance로서 귀환한다. 언어학의 반역사적 입장은 역사화된다. 여기서 알 수 있는 것은 지식체계론이 정리의 형식에 특권을 부여한다는 것, 그 서열 구조가 문법적 표식을 권력의 표식으로 만든다는 것, 배제(변형이 아니면 변

---

11 Deleuze, "A quoi reconnaît-on le structuralisme?", ed. François Chatelet, *Histoire de la philosophie*, vol. 8 : Le XXe siècle, Paris : Hachette, 2000(1st edn., 1973), pp. 299~335.

주)의 실행은 우리로 하여금 계급투쟁 같은 것이 있다는 것을 부정함으로써 계급투쟁을 실행하는 사람들을 강하게 상기시킨다는 것이다. 따라서 언어학은 상아탑을 맹렬히 추격한다. 그것은 낡은 이단 마르크스주의에서처럼 직접적인 '부르주아 과학'이 아니라면, 최소한 자본주의의 이데올로기 구조의 일부가 된다. 그것이 구성하는 보편적이고 추상적인 **랑그**는 자본주의가 요구하는 언어의 관점이며, '기표의 제국주의'라는 문구는 과장이 아니기 때문이다. 흥미로운 것은(그리고 그것은 스스로 흥미롭게 전개될 수 있다), 이러한 입장 자체가 역사의 일부라는 것이다. 그것은 1968년 이후 정치적 위기의 분위기로서 들뢰즈는 이를 일상의 좌파le gauchisme ordinaire라고 불렀다.[12]

그러나 들뢰즈에게는 또한 보다 중심적이고 보다 지속적인 언어 비판이 있는데, 그것은 **철학적** 비판이다. 그것은 다음과 같은 테제에 의거한다. ① 모든 '과학적' 언어학의 다양함 뒤에는 내적이건 외적이건 언어의 철학이 있다(이런 관점에서 촘스키의 연구 프로젝트는 상당한 이익을 제공하는데 그 이유는 그것의 철학적 토대는 전적으로 외적이기 때문이다). ② '과학적' 언어학을 지지하는 언어의 철학은 모두 **재현의 논리**에 관여하고 있다. 우리는 첫번째 막간극에서 재현의 다섯 가지 특징과 들뢰즈에게 있어 메타포에서 메타모르포시스로의 이행이 중요하다는 것을 기억한다. 들뢰즈의 언어학의 철학적 비판은 그의 재현의 비판에서, 이미 존재

---

12 물론 언어학에 대한 정치적 비판은 결코 들뢰즈와 가타리에 국한되지 않는다. 부르디외의 '외적'(external) 언어학(Pierre Bourdieu, *Ce que parler veut dire*, Paris : Fayard, 1982)은 차치하더라도 우리는 그것은 크레스와 호지(Gunther Kress and Robert Hodge, *Language as Ideology*, London : Routledge, 1979), 페어클러프(Norman Fairclough, *Language, as Power*, London : Longman, 1989), 앤더슨(Roger Andersen, *The Power of the Word*, London : Paladin, 1988)에게서 찾을 수 있다.

하는 곳에서 거의 명백하게 나타난다.

　보다 쉬운 설명을 위해 언어 기호의 느슨한 등가물로서 '단어'를 택하여 언어학의 그 이론을 공식화해 보자. 우리는 재현의 다섯 가지 특징이 이에 전적으로 적용된다는 것을 쉽게 보여 줄 수 있다. 단어는 재현체와 피재현체 간의 차이를 구체화한다. 왜냐하면 단어는 사물이 아니기 때문이다. 언어 기호는 이전의 기호의 개념을 발전시키는데, 이는 **분리**를 배가함으로써, 그리고 지시designation(단어는 사물과 분리되지만 직접 사물을 지목하고 있다)에서 외연denotation(단어 내에서, 기표와 기의 사이에서 발생한다. 반면 지시대상인 사물은 외부의 어둠으로 추방된다)으로 나아감으로써 행해진다. 들뢰즈의 배치의 논리는 바로 이러한 차이와 분리에 내포된 접속과 연속의 결여에 대한 저항이다. 단어는 그것이 재현하는 것을 대체한다. 따라서 여기에는 또한 **교체**가 일어난다. 라퓨타Laputa(진공관)의 비극적 상태에서 알 수 있듯이 그러한 교체는 좋은 것이다. 우리가 모든 지시대상을 등에 지고 갈 수는 없기 때문이다(비록 개념들이 최소한 그렇게 무겁지는 않더라도 말이다). 형식주의는 이 교체를 극단으로 취하는데, 이때 상징은 교체될 뿐 아니라 일반화된다. 한편 들뢰즈의 언어철학은 부정한 혼합을 좋아하는 경향이 있는데, 여기서 단어는 그 지시대상과 행복하게 결합하고 그것을 직접 교체하지 않는다. 그 **위계질서**는 언어 기호가 이미 명백한 곳에 존재한다. 즉각적인 요소들의 구조는 통사적 수형도syntagmatic tree의 하나이기 때문이다. 여기서 선거가 대표자와 피대표자 사이에서 이루어지는 것이 아닌 것처럼 국회의원은 그들의 확언에도 불구하고 유권자들보다 높은 위치에 있다. 언어에서 부재하는 것은 종종 부재로서 누락시킬 뿐 아니라 누락되는데, 이때 기호들 사이에서 신비적 우월감이 동반된다. 이 기호들은 그것이 계급적으로 서열화되었을 때만 가능하다. 물론 들뢰즈의 리좀은 그렇지 않다. 마지막으로 (잘못된 종류의) **추상화**가 그 추악한 머리를 든다. '이름'은 존재론적 메타포로서 현상들을 다루기 위해 동결시킴으로써 현상을 배반한다. 그리고 과학적 언어학이 그 레고 구조를 건축하기 위해 작용했던 상징들은 언어를 구성하는 변주의 과정을 배반한다. 앞으로 3장에서 보겠지만 이에 반대하여 『의미의 논리』는 언어의 발생 이론을 제공하는데, 그것은 이탈하는 계열들의 분절점과 의미의 순환에 기반하고 있다. 구조주의의 적용은 **순환 논리**에 기반하는 것이지 재현 논리에 기반하는 것이 아니기 때문이다. 그리고 두 권의 『자본주의와 분열증』(『안티오이디푸스』와 『천의 고원』)은 **배치의 논리**를 발전시키는데 들뢰즈는 이를 '대신'이라기보다는 '그리고'의 논리라고 부른다. 여기서 비판가는 권한을 부여받는데, 들뢰즈가 IS의 논리에 대항한 AND의 논리(동음이의어 ET/EST의 말놀이)[13]를 끊임없이 상기시켰기 때문이다. 이는 역사적으로 철학을 괴롭혔던 본유주의의 특징이다. 따라서 만일 (잘못된 종류의) 추상화가 결점으로 남아 있다면 그것이 유사가 아닌 관계 체계의 조직화로 간주되는 한 차이와 분리의 동맹이 형성될 수 있을 것이다. 구조주의에 대한 들뢰즈의 태도는 실로 이중적이다. 다음 글은 그 대표적인 예로서 이는 언어 기호보다는 고다르의 영화들에 관련된 것으로 간주된다.

요점은 고다르가 AND를 사용하는 방식이다. 이것은 중요한데, 우리의

---

13 들뢰즈에 따르면 철학의 과제는 진리를 추구하는 것이 아니라 흥미를 배양함으로써 세계를 의미화하는 것이다. 이로부터 사실과 판단 사이의 적합성을 인식하는 '이다'(EST/IS)의 논리보다 연관 고리를 찾는 '그리고'(ET/AND)의 논리의 중요성이 강조된다. 이러한 관계 속에서 힘들 사이에 창조되는 차이들을 밝히는 것이 바로 철학자의 과제인 것이다.—옮긴이

모든 생각들이 다소간 '이다, 있다'to be를 의미하는 동사 IS를 어느 정도 모델화하고 있기 때문이다. 철학은 한정적 판단(하늘을 푸르다)과 존재적 판단(신은 있다), 그리고 이것을 다른 것으로 축소시키는 가능성과 불가능성 등에 대한 토론의 무게로 스스로 가라앉는다. …… 심지어 접속사조차 'to be' 동사의 관점에서 다루어진다. 삼단논법을 보라. 영국인과 미국인은 관계를 생각함으로써 접속사에서 자유로워진 유일한 사람들이다.[14]

배치의 논리를 칭하는 접속사 AND는 재현의 직접적인 관계가 배치들의 혼합과 이에 따른 언어의 말더듬기에 양보한다는 표시이다. 언어는 정연한 질서나 안정되고 고요한 추상에 따라 작동하지 않는다. 그것은 결코 직선이지 않은 능동적이고 창조적인 탈주선을 따라 말더듬기를 한다. 재현의 INSTEAD OF나 본질의 IS는 모두 언어를 구성하는 강도 있는 다양성을 다룰 수 있다. 그러한 용어들은 아직도 모호하다. 조속한 시일 내에 그것들이 명백해지기를 기원하자.

한편 주류 언어학의 대가인 소쉬르와 촘스키에 대한 들뢰즈의 언급이 비판적인 것은 놀라운 일이 아니다.

『차이와 반복』의 한 대목은 들뢰즈의 '언어학적 이데아'(겉모양과 달리 이 용어는 플라톤적으로 해석되어서는 안 된다. 왜냐하면 이는 그 어떤 초월성도 포함하지 않고 언어의 이데아가 구조이기 때문이다)라고 부른 것을 고찰한다.[15] 들뢰즈는 구조를 정의함에 있어 관계의 중요성을 긍정적으로 설명하는데, 그 구조는 요소들의 변별성differentiality의 구조와 그 관계

---

14 Deleuze, *Pourparlers*, p. 65〔영어판 p. 44〕.

들의 구조이다. 그러나 그는 그러한 차이의 다양성을 대립이라는 부정적인 관점에서 설명한 것에 대해 소쉬르를 비판한다. 소쉬르의 추상과 가치가 부정성으로 해석될 때(이때 'b'라는 음소는 다른 음소들과의 차이뿐 아니라 그 대립 속에서 정의된다. 'b'는 '모음이 아니고' 'p'가 '아니며' 't'도 '아니다' 등), 그가 '언어학의 주사위 던지기'라고 불렀던 언어의 자유로운 유희(이는 다시 문학적으로 말라르메의 주사위 던지기coup de dé에 대한 언급이다. 그러나 들뢰즈에게 이 구절이 지칭하는 개념은 구조주의에 특징적인 것이다)는 모호하다. 그는 소쉬르의 부정성에 대항하여 프랑스 언어학자 귀스타브 기욤Gustave Guillaume의 연속 과정과 언어의 문턱을 넘는 불연속 단위들 간의 대립의 대립으로서 명령의 긍정성positivity을 환기시켰다.

소쉬르의 언어 개념에서 부정성에 대한 비판은 『안티오이디푸스』에서 다시 행해지는데, 여기서는 기의의 초월성transcendence과 관계된다.[16] 소쉬르적 가치를 창조하는 대립의 체계는 그 요소들을 제자리에 동결시키고, 변이에 대한 면역이 생기도록 한다. 이렇게 창조된 내재면은 기표의 초월성에 종속된다. 기표는 체계를 작동시키는 궁극적인 담보로서 기의는 기표에 종속되고 비유는 기표에 의존하며 언어 전체는 유희의 메타포를 통해 설명될 수 있기 때문이다. 그러한 '기표의 언어학'에 대하여 들뢰즈와 가타리는 '흐름과 코드'의 언어학을 옹호하는데(그것은 『안티오이디푸스』의 도입부에서 간결하게in nuce 발표되었다), 그들은 그것을 덴마크 언어학자 옐름슬레우의 공헌이라고 생각한다. 옐름슬레우의 저작에서 기표와 기의는 동등한 중요성을 갖고 그 어떤 초월성도 포함하지 않기 때

---

15 Deleuze, *Différence et répétition*, p. 265(영어판 p. 204).
16 Deleuze and Guattari, *L'Anti-Œdipe*, p. 287(영어판 pp. 241~242).

문이다. 비록 초월성의 책무가 들뢰즈가 끊임없이 신봉하는 내재성의 철학과 일치하여 소쉬르가 정의한 언어의 기표와 관련이 있는가, 라고 우리가 생각할 수 있지만 말이다.

소쉬르에 대한 들뢰즈의 비판의 세번째 테마는 언어학자의 추상적기계 속에서 잘못된 추상 수준과 관계된다. 어떤 면에서 언어 체계는 지나치게 추상적이어서 현상의 일부를 배제하는데, 그 현상을 고려하기를 거부하는 것이다(예를 들어 언어의 영역이 화용론에 의해 다루어진다). 다른 면에서 그것은 충분히 추상적이지 않다. 그것은 일정 수준(언어를 유기적인 것으로 설명하고 그것이 발생된 신체 내에서 다시 통합하는 **오르가논** organon을 넘어서는)으로 추상화하고 일반화하는 것에 실패했는데, 그 수준에서 아주 추상적인 기호 체제(들뢰즈와 가타리는 이 추상의 수준을 도해 수준이라고 부른다)는 다른 체계들 사이에서 생산된다. 그것은 얼굴과 징글, 흐름과 장애, 언어를 작동하게 하는 기계와 코드 같은 것들이다.[17]

부정성, 초월성, 잘못된 추상 수준. 이러한 비판들 중 몇몇은 촘스키와 관련되어 있다. 그렇지만 촘스키의 경우, 그가 언어이론뿐 아니라 명백히 언어철학 또한 생산했기 때문에 그 공격은 보다 포괄적인 것이 되고, **사유의 이미지**의 생산으로서 촘스키의 입장과 관련된다(이것이 바로 비판의 주된 칼날이 정치적인 것이고, 구문론의 표식이 권력의 표식이라고 말하는 이유가 된다). 들뢰즈에게 사고의 이미지는 푸코의 **에피스테메** 개념에 대략적으로 상응한다. 촘스키가 생산한 사고의 이미지는 때로는 국가적 (유목적과 반대되는——이것은 『안티오이디푸스』의 방언이다) 사유의 이미지, 때로는 독단적 사유의 이미지(이것은 보다 초기 『차이와 반복』의

---

17 Deleuze and Parnet, *Dialogues*, p. 137[영어판 p. 115].

방언이다)로 불린다. 『디알로그』에서 국가의 사유의 이미지는 촘스키의 권력의 표식에 대한 명백한 언급과 함께 보편성(플라톤의 이데아 혹은 인간의 본성), 질문과 대답(플라톤의 산파술, 그리고 대화로서의 철학적 물음), 판단(철학적 명제의 자연스런 형식), 인식(이미 존재하는 본질, 혹은 진실의 드러내기), 그리고 단순한 생각들(발명이 아닌 타당성이 중요한 미덕이다)의 용어로 묘사된다.[18] 『차이와 반복』에서 독단론적 사유의 이미지에 대한 설명은 보다 광범위하고 구체적이다. 왜냐하면 그것은 여덟 개의 '공준'postulate(철학자의 선한 의지, 상식과 **능력들의 일치**concordia facultatum, 인식, 재현 등)을 포함하고,[19] 그것은 재현의 논리의 무게 아래 창조적 사고의 모호하고 억압적인 침묵 속에서 실행되기 때문이다.

따라서 촘스키는 쿤Thomas Kuhn의 과학적 혁명으로 간주되는 패러다임의 변화 속에서 주요 인물과는 거리가 먼, 사유의 지배적인 이미지의 잔물결에 불과하다. 우리는 그가 왜 명백한 언어철학을 구성했는지, 그런 철학이 왜 그토록 퇴보적인지, 왜 그의 언어 연구 프로그램에 참을 수 없이 무거운 짐이 부과되었는지 그 이유를 알 수 있다.

촘스키뿐 아니라 모든 구조주의 언어학자에게 중요하기 때문에 특별한 비판이 요구되는 사고의 이미지의 하나가 **이항대립**이다. 이항 구조(문장의 마디는 두 개의 가지를 갖는 경향이 있고, 또한 오직 두 개만을 갖는다. 음성학적 특징은 이중적인데, 플러스 혹은 마이너스, 예스 혹은 노의 기관을 갖는다)는 리얼리티의 특징처럼 자연스럽게 나타나는 경향이 있는데, 이는 컴퓨터과학에 의해 상당히 고무된 경향이다. 그러나 언어(혹은 언어

---

18 Deleuze and Parnet, *Dialogues*, p. 20〔영어판 p. 13〕.
19 Deleuze, *Différence et répétition*, pp. 210~217〔영어판 pp. 162~167〕.

전체)가 이항 원칙에 따라 조직되어야 할 필요는 없다. 구문에는 비이항적 모델 같은 다른 모델들이 제시되는데, 언어학의 언표의 영역이나 이항 대립이 더 이상 적용되지 않는 화용론은 말할 것도 없다. 따라서 이항대립은 이데올로기적 혹은 폭넓은 정치적 부담으로 나타난다. 그것은 언어의 주된 기능이 정보 전달이라는 개념과 연관되어 있다(여느 때처럼 들뢰즈는 날카롭고, 어느 정도 불친절하다. "정보는 신화다. 그리고 언어는 근본적으로 정보적이지 않다"[20]). 그리고 이항 구문론의 주요 특징은 촘스키의 본유주의의 깔끔한 도치 속에서 자연적 질서의 일부를 구성하는 것이 아니라 그것이 명령의 형태로 쉽게 가르칠 수 있는 구조를 구성한다는 것이다. 왜냐하면 그 가지가 아닌 이 가지를 따르기 때문이다. 구문론은 자연적인 대상과는 거리가 먼 것으로서 권력의 건축이다.

이항대립 비판의 결과는 언어의 구조를 설명하기 위한 메타포의 변화이다. 뿌리와 가지가 있는, 다시 말해 서열 구조의 나무가 아니라 리좀, 즉 뿌리나 근본에 명확히 귀착되지 않는 문자 그대로 무질서한 성장, 그 전개가 지각할 수 있는 면을 따르는 것이 아니라 자신의 고유한 탈주선을 따르는 것같이 보이는 것이다. 언어는 침엽수림이 아니라 감자밭이다. 그리고 리좀은, 물론 내가 방금 이야기하긴 했지만, 메타포가 아닌 문자 그대로 받아들여져야 한다. 그것은 개념이기 때문이다. 들뢰즈의 모든 개념과 마찬가지로 그것은 내재면을 따라 전개되고 다양한 특성들을 제공한다. 리좀 이론은 『천의 고원』의 시작 부분에 소개되어 있다(그것은 『리좀』 *Rhizome*이란 제목의 소책자 형태로 단독 출판되었다[21]). 리좀은 수많은 '원칙들'과 관계들, 이질성, 다양성, 탈기표화된 균열("리좀은 주어진 지점에

---

20 Deleuze and Parnet, *Dialogues*, p. 30〔영어판 p. 22〕.

서 깨지고 부서질 수 있다. 그러나 그것은 이전의 선에서 혹은 새로운 선에서 다시 튀어오를 것이다"[22]), 지도제작과 데칼코마니(리좀은 발생론적 축이나 깊은 구조를 갖지 않는다. 그것은 지도로서 추적이나 재생산의 논리에 면역이 되어 있다)이다. 리좀 이론은 이미 날개를 단 반-소쉬르적이고 반-촘스키적인 언어철학으로서 리좀적 기관은 보다 넓은 영역과 관련되어 있다. 비판은 모든 것을 포용한다. 왜냐하면 나무와 유사한 구조는 질서의 구조인 동시에 주관화의 구조로서, 주체와 화자로서 그의 개별적인 위치에 부과되기 때문이다. 이와 반대로 리좀 이론은 탈-중심화된 단어들의 사회(들뢰즈와 가타리는 이 문구를 기호학자 로젠스틸Pierre Rosenstiehl과 프티토Jean Petitot에게서 차용했다[23])로서 언어 표현의 가능성을 환기시킨다. 우리는 '언표의 배치'의 두 가지 성격을 이해할 수 있는데, 그것들은 들뢰즈와 가타리의 언어 연구에 적절한 단위들이다. 그것들은 집단적이고, 푸코의 의미에서 발화들('진술들'statements)을 생산한다. 즉 발화들은 그 어떤 초월성에 의해서도 보증되지 않으며, 그 어떤 해석도 필요로 하지 않는데, 그 이유는 그것들이 깊은 구조를 갖고 있지 않고 그 어떤 암호화된 의미도 산출하지 않기 때문이다.

## 3. 기표의 제국주의

앞에서 보았듯이 소쉬르에 대한 들뢰즈 비판의 핵심은 기표와 관련되어 있다. 그렇지만 그 비판은 어느 정도 모호하고 오도되었는데, 그것이 주

---

21 Deleuze and Guattari, *Rhizome*, Paris : Minuit, 1976.
22 Deleuze and Guattari, *Mille plateaux*, p. 13 ff(영어판 p. 7 ff).
23 *Ibid.*, p. 27(영어판 p. 18).

로 두 권의 책 『자본주의와 분열증』에서 언급되었고 적절한 언어 기표보다는 라캉의 기표와 관련된 듯이 보이기 때문이다(이는 초월적인 것으로 묘사될 수 있고 그렇게 묘사되어 왔다).[24] 오늘날 악명 높듯 소쉬르의 기표에 대한 라캉의 기표의 관계는 유래 중 하나이다. 그들은 이름을 공유하지만 다른 것은 거의 공유하지 않는다. 한 사람은 다른 사람의 후계자임을 주장하지만, 부계를 구축하는 적절한 텍스트에는 통과하지 못했다.[25] 따라서 우리는 소쉬르로 돌아가서 기표 개념의 투영에 직면하게 되는데, 그 개념은 언어의 기표와 거의 관련되어 있지 않다. 여기에는 자기 비판적 요소가 있는데 『의미의 논리』가 구조주의적 톤으로 언어의 발생과 의미의 이론을 제공하기 때문이다. 1장에서 보았듯 기표의 제국주의에 대한 비판은 공동 작업에 대한 가타리의 특별한 공헌이라 할 수 있다.

이제 대중적인 들뢰즈에서 시작해 보자. 『디알로그』에서 기표는 '더럽고 작은 비밀', 근원, 해석 과정의 중심과 원인으로 묘사된다.[26] 라캉식의 도치에서 기표는 더 이상 설명되어야 할 그 무엇이나 언어 분석이 산출하는 궁극적인 요소가 아니라, 오히려 우리를 해석하는 것이다(이미 인용된 기표에 대한 라캉의 정의를 기억하라). 그리고 해석의 문제 — 최소한 이런 종류의 해석 — 는 질문이 항상 먼저 주어진다는 것이다. 들뢰즈의 주장에 따르면 기표는 항상 우리를 엄마 아빠에게 이끄는데, 이는 어린 한스의 예로 나타난다. 그러므로 들뢰즈의 모토는 항상 실험하되 결코 해석하지 말라는 것이다.

---

24 François Dosse, *Histoire du structuralisme*, vol. 1, Paris : Hachette, 1998, p. 290(1st edition, Paris : Découverte, 1992)을 보라.

25 Michel Arrivé, *Linguistique et psychanalyse*, Paris : Klincksieck, 1985를 보라.

26 Deleuze and Parnet, *Dialogues*, p. 58(영어판 p. 46).

이것은 언어학자에게 적절하지 않은데 그 이유는 명백히 언어학자와 관계되어 있지 않기 때문이다. 그런데 비판은 한걸음 더 나아간다. 들뢰즈가 거부하는 것은 **기표의 우선성**, 즉 기표의 과학인 기호학semiology이 언어학의 확장과 일반화이고 언어 기호(기표 대 기의)가 모든 기호들에 대한 모델이라는 소쉬르이다. 그러나 가타리가 '기호학'semiotics이라고 부른 기호들의 체제는 헤아릴 수 없이 많은데, 이론적인 명령만이 그 체제들을 언어와 그 기호학으로 축소시킬 수 있다. 그러한 추정은 언어학의 과학적 프로젝트의 중심에 있으며, 얼굴성과 징글의 존재가 두드러짐을 설명하는데 그들이 『천의 고원』에서 언어 기호학과 다른 기호학인 한에서 그러하다.

이것이 기표의 제국주의 비판이 궁극적으로 도달하는 곳이며, 이는 잘 알려진 들뢰즈와 가타리의 정신분석학에 대한 단순한 적대감의 반향이 아니다. 비판은 세 단계로 진행되고, 우리는 상관관계의 윤곽을 잡게된다. 언어 기표는 그 복사본인 라캉의 기표와 마찬가지로 초월성을 통해 작용한다. 반면 언어는 내재면에서 펼쳐지는 것이다. 개념으로서 기표는 역사화되어야 하고, 영토적 기호에 반대되는 전제적 기호로 나타난다. 그리고 기표의 이항대립, 기의에 대한 이중-단성bi-univocal 관계(이는 더 이상 라캉의 기표에는 적용되지 않는다)는 모호성, 언어의 진정한 특징인 다성적 증식polyvocal proliferation을 억압한다.

그러므로 언어 기표는 또한 초월성의 형태를 포함한다. 여기서 들뢰즈와 가타리의 전략은 라캉의 기표가 소쉬르와 그 후계자에게 충실한 것을 당연하게 여기는 것이다(방금 보았듯이 후기 비판가들은 강하게 의심했다). 정신분석학에서 대상인 전제적 기표는 연속적 기호화에서 분리된 것으로 탈기호화된, 분리될 수 있는 요소들로 구성된다. 이렇게 분리된 기표는 의미가 결여된 사슬 전체에 의미를 부여하고 그 요소들을 삼각형으로 응집시킨다(들뢰즈와 가타리는 이러한 지도제작 메타포를 좋아한다). 남근은 그렇게 분리된 기표로서 대상의 리비도 부분의 사슬을 삼각형으로 만든다.[27] 그 표면에서 언어 사슬의 상태는 매우 다르다. 그 어떤 하나의 분리된 기표도 의미를 귀착시키거나 전체 사슬을 따라 그 의미를 동결시키지 않기 때문이다. 그러나 사슬의 조직은 이중적이다. 그것은 공시적(야콥슨이 통합축이라고 불렀던)인 동시에 통시적(선택축)이다. 따라서 사슬 속의 그 어떤 단일한 지점에서도 잠재적 패러다임은 **사라진 것**in absentia, 부재의 존재로서 다시 소개되는데, 이는 전체 체계가 초월적 존재로서 대립의 부정을 통해 모든 기표들의 실제적 연속을 향한다는 것을 의미한다. 체계 속에서 초월성의 역할은 평범한 것이다. 그것은 라캉의 싸개단추달기(혹은 누빔점)처럼 모든 요소들을 사슬 속에서 삼각형으로 응집시키고, 의미에 도달한다는 것, 소쉬르적 의미에서 모든 변화 가능한, 혹은 단어의 가치가 결정된다는 것을 보장하기 때문이다.

따라서 비판의 두번째 양상은 기표가 영토 기호에 대립되는 전제적 기호라는 것이다. 여기서 기표는 『안티오이디푸스』의 유사 마르크스주의적 시기 구분 속에서 명백하게 포착된다. 그것의 출현은 국가의 출현, 그리고 그들이 제국, 혹은 전제적 기계라고 부르는 것의 출현과 연관되어 있다. 그리고 이러한 출현 과정은 추상의 하나로서 그 안에서 기호의 본성은 변화한다. 왜냐하면 기호는 더 이상 영토, 즉 구체적인 소속의 표식이 아니기 때문이다(징글, 리토르넬로는 영토기호학의 특징이다. 그것은 주체의 영토를 표시한다). 그것은 탈영토화를 통해 추상화된 것으로, 더 이

---

27 Deleuze and Guattari, *L'Anti-Œdipe*, p. 87〔영어판 p. 73〕.

상 직접적 기호가 아닌 '기호의 기호', '단순히 탈영토화된 기호 그 자체', 경고나 징후가 아닌 글자로서의 기호이다. 그것은 사실 기표의 초월성의 근원이며, 오래전에 사라진 전제 군주와 근본적으로 연결되어 있다. 유명한 말이 있다. "스위스인이 이야기하건 미국인이 이야기하건 언어학자는 동양의 전제군주의 그림자를 조작한다."[28]

비판의 세번째 단계는 처음 두 단계와 전적으로 일관된 것으로서 기표의 '이중-단성성'bi-univocality과 관계가 있다. 다음 대목이 대표적이다.

이중-단성성의 관계가 없는 언어 영역은 없다. 그것이 표의문자와 음성적 가치 사이가 되었건, 아니면 다른 수준의 분절들 사이, 기호소monemes와 음소phonemes 사이가 되었건 그것은 결국 탈영토화된 기호들의 직선성과 독립성을 보장한다. 그러나 그러한 영역은 초월성에 의해 규정되는데, 이는 이러한 초월성을 부재 혹은 수적인 접힘과 고르게 하기, 그리고 종속시키기를 실행하는 빈 곳으로 간주할 때조차 그렇다. 여기서 초월성은 그 체계 전체를 통해 분절되지 않고 물질적 흐름을 초래하는데, 그 속에서 이 초월성이 작용하고 대립하고 선택하고 결합한다. 그 기호를.[29]

언어 기호의 이중-단성성과 언어학 분석의 이항주의 효과는 현상의 다성성을 억압한다는 것이다. 언어학은 항상 동음이의와 모호성의 물음을 문제로 경험하는데, 그것은 창조적 의미가 있는 것은 아니다. 마치 즉

---

28 Deleuze and Guattari, *L'Anti-Œdipe*, p. 244〔영어판 pp. 206~207〕.
29 *Ibid.*, p. 245〔영어판 p. 207〕.

각적인 이원적 해결로서 잊으려 하는 것과 같다. 보다 다른 오래된 기호학이 포획하려고 했던 다성성은 기표의 기호학에 의해 축소되고 억압되고 강제된다. 이때 기표는 화자에게 의미와 주관화를 부여하는 권력의 배치에 연루된다.[30] 기표의 제국주의가 잘못된 것이 무엇인지 이제 분명해졌다. 그것은 화자에게 주관적 구조를 부과한다는 것이다. 즉 그것은 화자가 자신의 발화-행위 속에서 언어를 유용함으로써 스스로 자신을 자유롭게 표현했다고 믿는 그 순간 그 장소에서 화자에게 해명을 요구한다. 그리고 이것은 기표에 대한 소쉬르의 정의(기호는 객관을 주관으로 재현한다)는 물론 라캉의 정의(기표는 주관을 다른 기표로 재현한다)와도 관련되어 있다.[31] 기표는 힘force의 담지자이자 권력power의 도구로서 주체화의 과정에서 주요 행위자이다.

『천의 고원』에서 들뢰즈와 가타리는 기표에 대한 자신들의 비판을 요약한다. 그리고 이제 그것이 과학적 시도로서 모든 언어학이 기반하고 있다. 이는 〈도표2〉에 나타나 있듯이[32] 기호 개념의 포괄적 비판이라는 것이 분명해졌다. 명백한 것은 그것이 언어 기표뿐 아니라 다른 요소들 또한 포함하고 있다는 것이다. 얼굴들, 정치적·종교적 국가기관, 희생 의식 등이 그것이다. 들뢰즈와 가타리에게 언어는 그것이 말해지는 세계와 결코 분리되지 않고 분리될 수도 없는 것이다. 언어는 그러한 세계를 구성하는 것이 아니고, 단순히 세계를 말로 표현하거나 재현하는 것도 아니다. 그것은 세계 안에서 이해되는 것이고, 힘의 배치 속의 한 요소로서

---

30 Deleuze and Guattari, *Mille plateaux*, p. 221〔영어판 p. 180〕을 보라.

31 공리에 대한 해석은 나의 『화용론으로서의 해석』(*Interpretation as Pragmatics*) pp. 79~80 을 보라.

32 Deleuze and Guattari, *Mille plateaux*, p. 169〔영어판 p. 135〕.

<도표 2> 기호화의 기호학

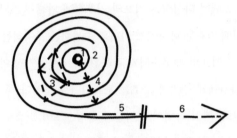

① 중심 또는 기표(신 또는 독재자의 얼굴성). ② 사제들과 관료들이 있는 신전 또는 궁전.
③ 원 형태의 조직화. 같은 원 위에서 또는 한 원에서 다른 원으로 다른 기호를 지시하는 기호.
④ 기표를 다시 부여하기 위한 기표에서 기의로의 해석적 전개. ⑤ 희생양(탈주선의 봉쇄).
⑥ 속죄양 또는 탈주선에 대한 부정적 기호.


기계의 톱니바퀴처럼 세계 속에 개입하는 것이다. 그리고 이것들은 역사
적인 구성이기 때문에 언어가 기표의 제국주의적 형태로 중요한 역할을
수행한다고 주장하는 기호학의 유형은 여러 개 중에서 오직 하나뿐이다.
그 용어들은 변주된다. 『천의 고원』에서 기호학의 네 가지 유형은 전前기
호화, 기호화, 역逆기호화, 후後기호화라고 불린다. 나는 여기에 극적인 아
이러니의 요소가 있지 않을까 걱정이 된다. 다른 세 가지를 특징짓기 위
해 접두어를 사용함으로써 기호화의 기호학은 증식이 부정하려 했던 중
심성을 회복하기 때문이다. 이것은 또한 이 책이 근거하고 있는 역설의
또 다른 예가 되는데, 그것은 언어가 들뢰즈에게 실질적인 문제라는 것
이다.

## 4. 기호의 또 다른 이론

들뢰즈 자신이 여러 인터뷰에서 주장했듯이, 그는 가타리를 통해 언어학을 발견했다(그는 언어학을 좋아하지는 않았다). 그러므로 작용 중인 기호에 대한 그의 전前언어적 개념을 알아보기 위해 그의 초기 작품들로 거슬러 가는 것도 흥미로운 일이다. 그러나 너무 멀리 갈 필요는 없다. 그는 무엇보다 프루스트를 열렬히 통독한 『프루스트와 기호들』[33]의 저자이기 때문이다. 이 책에서 사용된 기호의 개념은 프루스트에게서 직접 유래한 것이며 소쉬르의 기호와는 아무 관련이 없다고 주장한다. 들뢰즈는 프루스트를 대할 때 철학자처럼 대하기 때문이다. 즉, 그는 프루스트의 작품들 속에서 문제를 추출하고 그 문제를 개념으로 공식화하는 것이다. 이렇게 산출된 기호의 개념은 **일반화된** 기호의 개념으로서 엄격한 언어 기호에 대립된다. 기호에는 엄격한 언어적 다양성보다 더한 것이 있다는 사실이 퍼스Charles Sanders Peirce를 읽은 사람에게는 명백한데, 들뢰즈는 자신의 후기 이론인 기호의 16변이들을 퍼스에게 의지하고 있다. 이는 영화에 대한 책들에서 상세히 설명된다. 여기서 프루스트에 의해 직접 고무된 전개는 보다 특이하게 나타나는데, 기호-유형들의 다양성을 향한 태도가 같다고 해도 말이다.

　예상할 수 있듯 들뢰즈는 프루스트의 독서를 기억의 문제로 시작한다. 그러나 거기에는 즉각적이고 예상치 못한 비틀기가 있다. 기억은 모두 기호에 관한 것이기 때문이다. 프루스트의 인물은 기호의 세계 안에

---

33 Deleuze, *Proust et les signes* (2nd edn., 1970). 나는 두번째 편집본을 사용할 텐데 그것이 보다 상세하기 때문이다.

살면서 의식이 없는 이집트학자같이 행동하도록 강요된다. 프루스트의 세계는 해독과 해석이 우선적으로 중요한 요소인 세계로서 이는 진보를 위해서뿐 아니라 단순한 생존을 위해서도 가장 유용한 기술이기 때문이다. 몇몇 기호들은 언어적이다. 회화를 하고, 단어들을 주고받는다. 그러나 그것이 가장 중요한 것은 아니다. 명확한 것에 집중하는 것, 단어가 실제로 사물을 지시한다는 환상에 빠지는 것은 진짜 기호들을 놓치는 것인데, 이 기호들이야말로 학습을 요하고 능숙한 해설자를 요구한다. 그러면 어디서 그런 기호들을 찾을 수 있을까? 그런 기호들로 충만한 세계의 네 영역이 있다. 그것은 첫째 프루스트가 상상하는 사회적 삶, 즉 사회 전체가 아니라 단지 좋은 사회, 즉 귀족이나 부르주아의 살롱에서 그 세속성mondanités을 시험하는 사회이다. 둘째, 사랑(특히 사랑에 빠진 자가 사랑을 고백하기 전에 아직 불확실한 순간에 있다면 그는 기호의 억지 해석자가 된다). 셋째, 인상과 양식 있는 성질(유명한 마들렌 과자는 원형 기호이다). 마지막으로 비물질적 기호의 영역인 예술(뱅퇴유의 '리틀 프레이즈'little phrase가 좋은 예가 된다)이다. 수많은 범주가 제공되고, 그것은 우리로 하여금 기호를 이해할 수 있게 해준다. 기호가 차용한 물질이기 때문이다. 이는 방출 유형, 그것의 수신자에 대한 효과, 기호와 그 의미의 관계(이는 단순한 반영이나 재현의 문제가 아니다. 예를 들어 사랑의 기호들은 종종 거짓으로 나타난다), 기호를 해석하는 데 필요한 능력과 기억 혹은 지능, 기호에 적용되는 시간 구조가 있고, 마지막으로 기호들의 등급에서 기호의 위치가 있는데, 그 정점에는 본질을 밝힐 수 있는 능력을 지닌 예술기호가 자리잡고 있다(이것이 너무 진부한 예술의 정의인지 아닌지는 당신 판단에 맡긴다).[34] 그리고 기호들은 그 특징들을 통해서뿐 아니라 그 작동 양식에 의해서도 정의되는데, 이것은 복잡화, 그리고 암시와 해명을 동시에 포함한다. 여기에는 의미에 대한 초기 이론이 있는데, 이는 『의미의 논리』로의 보다 영광스런 발전이 예정되어 있다.

그러나 책 속에는 또한 문학의 이론이 있고 이는 결코 사소한 문제가 아니다. 프루스트의 세계에 대한 비전은 기호에 집중되어 있는데, 오직 문학만이 그 기호들을 해석할 수 있다. 그 이유는 프루스트가 철학자도 아니고 과학자도 아니기 때문이라고 추측할 수 있다. 철학은 직접적이고 명확한 명제를 요구하는데 이는 진리를 추구하려는 정신에서 생겨난다. 자연과학은 객관적이고 명료한 문제를 전제로 하고, 정신은 리얼리티의 사실적인 압박을 알아차린다. 문학정신은 그렇지 않다. 그것은 사실을 믿지 않고 오직 기호만을 믿는다. 그것은 진리도 믿지 않고 오직 해석의 복수성만을 믿는다. 작가나 독자와 같은 문학적 주체는 형이상학자도 물리학자도 아니며, 앞에서 보았듯이 이집트학자이다. 따라서 문학은 기호들의 명백한 경험과 의식의 장소이며 그들의 해석 원칙들을 공식화하는 장소이다. 이렇게 문학은 철학이나 과학만큼 중요한데, 그 이유는 기호들과 그 기호들과의 만남이 우리를 생각 속으로 밀어 넣기 때문이다. 그리고 생각하는 것은 해석이다.

나는 『화용론으로서의 해석』이라는 책의 저자로서 해석에 대한 좋은 뉴스에 기뻐했다. 이것은 들뢰즈 형이상학의 영광스런 새벽으로서 정신분석학과 만나기 이전이다. 이때 해석은 생각의 원형적인 형태와 거리가 먼 상태로, 작고 더러운 비밀의 사소한 폭로가 될 것인데, 이는 항상 똑같은, 항상 아빠 엄마인 사고의 해방이 아니라 기존의 생각prêt-à-penser 속으로 사고를 동결시키게 될 것이다. 그런 가운데 언어의 비-중심성, 그리고

---

34 Deleuze, *Proust et les signes*, pp. 104~108〔영어판 pp. 84~88〕.

기호의 비언어적 성격이 각인되는데, 우리가 프루스트의 상호관계라고 부르는 이 책의 두번째 부분의 시작에서 문학적 정신(여기서는 프루스트)이 철학자와 대비된다.[35]

| 1 | 2 | 3 | 4 | 5 | 6 | 7 |
|---|---|---|---|---|---|---|
| 철학 | 관찰 | 철학 | 반영 | 외재적 기호화 | 대화 | 단어 |
| 프루스트 | 감수성 | 사유 | 번역 | 내재적 기호들 | 침묵의 해석 | 이름 |

물론 상호관계는 프루스트와 프루스트에 대한 들뢰즈의 해석과 관련되어 있다. 그럼에도 불구하고 그것은 기호의 세계와 들뢰즈가 '로고스의 세계'라고 불렀던 철학자의 세계를 명백히 대비시킨다. 용어들이 조금 바뀌었고(책의 두번째 부분은 나중에 덧붙인 것이다), 나의 요점에 적절한 해석은 이제 침묵하고 있다. 우리는 이 책의 시작에서 후기 베케트의 언어의 포기에 대한 들뢰즈의 일관된 태도를 이해할 수 있다. 7열에서 알 수 있듯이 우리는 프루스트에게서 이름들의 언어의 전조를 발견한다. 그리고 들뢰즈의 일반화된 기호들은 언어학적 기호들과 매우 다르다. 그것들은 분절되지 않았고 대립을 통해 작용하지 않으며, 그 결과 그것들은 가치보다는 의미를 부여받고 에피파니적 계시의 방향타가 되며, 지속적이고 불분명한 해독의 대상으로서 그것들을 재현적이기보다는 암호화된다. 들뢰즈는 분명 소통과 정보의 방향타로서의 기호가 아닌 경이로 간주되는 미스터리로서의 기호라는 옛 이론의 신봉자이다.

---

35 Deleuze, *Proust et les signes*, pp. 128~129〔영어판 p. 105〕.

## 5. 언어학의 공준

지금까지 언어학에 대한 들뢰즈의 비판을 지나가면서 인도했는데 이는 세부적인 원리와 관련된 우연한 방식으로 진행되었다. 한편 네번째 『천의 고원』은 저자들이 '언어학의 네 가지 공준'라고 부른 체계적인 비판을 포함한다.

그들이 말하는 '언어학의 공준'은 무엇을 뜻하는가? 유사한 공준의 긍정적인 설명을 위해 우리는 장-클로드 밀네의 『언어의 사랑』을 통해 우회해 볼 수 있다.[36] 라캉주의 언어학자에게 있어 랑그는 **실재**(우리가 살고 있는 구성적 리얼리티와 대립되는)와 관련된 그 무엇인데 그 경계가 일종의 불가능(실재의 전형적 표식)에 의해 규정되는 한에서 그러하다. 단어들의 연속이 랑그에 속해 있는지, 즉 체계를 지배하는 법칙에 남아 있는 것이 허용되는지 알기 위해서 우리가 반드시 해야만 하는 모든 일은 판단을 통과시키는 일이다. '이것은 (영어로) 말해질 수 있다/없다.' 랑그는 '말해질 수 없는' 발화의 쌍을 역으로 조직함으로써 부정적으로 규정된다. 언어학자는 이렇게 실재에 근접하는 것이 언어학을 구별하게 한다고 오만한 태도로 주장하는데, 그 언어학은 상상의 영역에 거주하고, 그 대상을 구성하는 사회학과 같은 다른 사회과학으로부터 항상 떨어져 존재한다(파니니pāṇini의 산스크리트 문법에서 알 수 있듯이).

여기서 공준이 대두된다(밀네는 물론 이를 공리axiom라 불렀다). 랑그의 실재는 미적분학의 주제가 될 수 있다. 이러한 공리의 수용(다른 모든

---

36 Jean-Claude Milner, *L'Amour de la langue,* Paris : Seuil, 1978(trans. Ann Banfield, *For the Love of Language,* London : Palgrave Macmillan, 1989).

공리와 마찬가지로 이것은 거부될 수 있다)이 아마추어와 과학적 언어학자를 구별하게 한다. 여기서 우리는 네 가지 격률maxim(그것들은 명령의 형태로 표현된다)을 추출할 수 있는데, 이로부터 모든 과학적 언어학이 추론될 수 있다. 그것들은 미적분학의 작용을 판독하기 때문이다.

격률 1. 랑그는 실재로서 구성되어야 한다. 이것은 실재이면서 자기원인causa sui이다. 여기서 기호의 독단적 성격이 나오는데, 그것은 이런저런 기호가 이 특별한 대상을 지시해야 할 필요가 없기 때문이다. 같은 맥락에서 수용 가능한 언표들이 주어지고, 우리는 그것들을 그대로 받아들여야 한다. 왜냐하면 화자로서 우리는 있는 그대로 그것들을 인식하는 것 이외에 개입의 가능성을 갖고 있지 않기 때문이다.

격률 2. 랑그는 공식화의 대상으로서 구성되어야 한다. 그것은 논리와 수학이 실행하는 상징적 글쓰기의 형식을 위한 대상이다. 이런 가능성을 실현하게 하는 것은 소쉬르의 기호 개념이다. 랑그는 이중 기호(기표/기의)의 체계로서 수용 가능한 발화는 그러한 기호들의 올바른 결합이기 때문이다.

격률 3. 랑그는 화자를 미적분의 담지자가 되기 위해 필요한 것으로 변형시켜야 한다. 즉 단순한 발신인, 혹은 기호의 방사체로서 다른 특징들(신체, 무의식, 사회 분야나 역사적 결합의 장소)을 갖고 있지 않다. 랑그는 오직 천사만을 필요로 하고 인식한다.

격률 4. 랑그는 화자의 공동체를 미적분에 필요한 것으로 축소시켜야 한다. 발신인과 수신인, 발송인과 수취인 간의 메시지 교환은 우리가 '소통상태'라고 부르는 것으로 이는 야콥슨의 소통의 도식에 나타나 있다(1장의 주 18을 보라).

이 네 가지 개념(기호의 독단적 성격, 기호 그 자체, 화자, 소통)으로부터 언어학의 모든 가능한 형태를 추론할 수 있다. 우리의 언어학자이자 또한 라캉주의자(시의 애호가로서 그는 작시법의 저자이기도 하다[37])로서, 자연스럽게 그는 랑그가 언어 전체라거나 과학적 개념이 시인의 작품을 설명할 수 있다고 주장하지 않는다. 그의 책의 실질적 대상인 라캉주의자의 **라랑그**는 랑그가 도달할 수 없는 언어의 부분을 설명해 주기 때문이다.[38] 랑그는 갈릴레이의 과학이 언어를 구성하는 혼잡한 현상들로부터 이를 칸트적 의미에서의 진정한 현상으로 변화시키는 미적분으로 다룰 수 있는 배제와 분리의 과정을 통해 추출한 것이다. 여기에는 대가代價가 있다. 이는 언어의 문제에 있어 랑그는 결코 마지막 단어를 갖지 못한다는 것이다. 그러나 거기에는 또한 명료함, 명쾌함 그리고 지식의 누적에 대한 약속이 일반적으로 획득된다.

그들이 결코 밀네를 언급하지 않는 이유는 명백하지만(그들이 책을 쓸 당시 밀네도 똑같이 책을 쓰고 있었다), 들뢰즈와 가타리는 언어학에 대해 똑같은 접근법을 택하는데, 이는 네 가지 공준을 고립시키고 그러한 공준들을 무효로 하는 차이를 받아들이는 것이다.

네 가지 공준은 다음과 같이 공식화된다.

**공준 1.** "le language serait infor matif……"[언어는 정보적이고 의사소통적이다].[39] 불행히도 이 번역은 프랑스어가 사용할 수 있는 조건 형식을 상실하게 하는데 이는 공준을 공식화하는 동시에 이에 대한 의문을 제기

---

37 Jean-Claude Milner and François Regnault, *Dire le vers*, Paris : Seuil, 1987.
38 밀녀의 이러한 양상에 대한 설명은 Lecercle, *Philosophy Through the Looking-Glass*, London : Hutchinson, 1985, pp. 81~82. ; *The Violence of Language*, pp. 32~42를 보라.
39 Deleuze and Guattari, *Mille plateaux*, p. 95〔영어판 p. 75〕.

한다. 이러한 공준은 대략 밀네의 네번째 격률에 상응한다. 왜냐하면 언어는 소통 상태의 가장 추상적인 형식으로 축소되는데, 여기서 정보는 가장 중립적인 양식으로 교환되며 화자의 측면에서 감응, 필요 혹은 열망에 대해 언급하지 않는다.

공준 2. "그 어떤 '외적인' 요소에도 호소하지 않는 추상적 언어 기계가 있다."[40] 이것은 밀네의 첫번째 격률에 상응한다. 랑그는 구조주의의 '내재성의 원칙'을 따른다. 그것은 인과이며, 그것이 세계와 맺고 있는 모든 관계들은 단지 우연적인 것이다. 아니라면 그것은 언어학의 범위가 아닌 다른 이차 과학의 범위에 떨어진다. 언어학은 상아탑에 거주하고, 랑그는 세계적 영향력에 면역이 되어 있다. 그러한 구성적 분리의 이익은 언어가 '정보적이고 의사소통적'이 될 수 있다는 것이다.

공준 3. "언어를 동일한 체계로 정의할 수 있게 하는 언어의 불변성과 보편성이 있다."[41] 이것이 밀네의 격률들 중 하나에 상응한다고 말할 수 있을지 확신할 수는 없다. 이때 두번째 격률에 간접적으로 상응하는 것은 제외되는데, 여기에서 기호는 반드시 동일해야 하는 (즉 기호의 개념을 구성하는 것 자체로 동일하게 되는 것이다) 체계의 블록을 건설하는 것으로 정의된다. 그러나 언어의 보편성을 추구하는 것은 언어학만큼이나 낡은 것이다. 그것은 촘스키의 연구 프로젝트를 고무시켰다고 말할 수 있고, 갈릴레오의 과학의 정의 자체가 불변성을 추구하게 만든 것으로 체계를 동일한 것으로 정의할 수 있게 한다.

공준 4. "언어는 표준어나 다수자 언어의 조건하에서만 과학적으로

---

40 Deleuze and Guattari, *Mille plateaux*, p. 109〔영어판 p. 85〕.
41 *Ibid.*, p. 116〔영어판 p. 92〕.

연구될 수 있다."[42] 이것은 과학적 계획 전체를 간결하게 묘사하는 것으로서 밀네의 격률 3과 격률 4의 직접적인 결과라 할 수 있다. 화자를 천사로 변형시키는 것, 그리고 소통의 상황을 하늘나라 천사들 간의 우아한 대화로 변형시키는 것은 반드시 랑그를 '표준'이라 부르는 정상적 언어 형태로 변화시킨다. 천사는 방언을 할 수 없고, 사회적·지역적 억양이나 어휘를 갖고 있지 않기 때문이다. 그리고 하늘나라가 말할 수 없이 지루한 곳이고 이곳을 재미있게 만들기 위해서 뱀이 필요할 정도여서 천사들은 리라를 갖고 있어도 시인이 될 수 없다.

이러한 공준들에 대한 들뢰즈와 가타리의 입장은 예상치 못한 일도 아니지만, 그러한 구성이 언어의 실제 작용을 설명하지 못하고, 그들이 배제하려는 부분들이 프로이트의 억압처럼 호되게 되돌아온다는 것이다. 따라서 밀네에 대한 그들의 반대는 더욱 심해진다. 그들은 랑그를 실재에 속한 것으로 간주하기를 거부하기 때문이다. 그렇지만 그래도 그들이 라캉주의자가 아니라는 것은 명백하다. 그들에게 말할 수 있는 것과 말할 수 없는 것 사이의 분리는 주어진 것이 아니라(이것이 우리가 그에 대해 할 것이 없는 이유이다), 명령어mot d'ordre 속에 부과된 공식화된 권력이다. "이것을 말하라! 저것은 말하지 말라!" 그들은 그러한 명령들이 역사의 과정에서 변화하는 것(밀네의 격률들은 공시적인 **본질적 단면**을 전제로 한다), 그 명령들이 화자 대중의 다양한 부분들에 다양하게 부과되어 있다는 것 등을 어렵지 않게 보여 준다. 그러므로 네번째 전제에서 '다수자'major라는 단어의 존재는 이미 그 자체로서 랑그의 과학적 개념에

---

42 *Ibid.*, p. 127〔영어판 p. 100〕.

대한 비판이 되는데, 이는 다수자 이디엄과 함께 다수자의 존재를 가정하는 것으로서, 밀네의 **라랑그**lalangue와 '시의 효과'로 축소되지 않는 것이다. 이제 정리해 보자.

첫번째 가정의 비판은 화용론의 재도입에 근거하는데, 이는 언어학 실습 분야로서 다른 것만큼이나 연구할 가치가 있는 과학적 랑그로부터 자연스럽게 배제된다. 물론 이것은 언어에 대한 우리의 개념을 깊이 바꾸어 놓는데, 화용론의 관점에서 발화는 의사소통적이지만 직접적으로 정보를 전달하지 않기 때문이다(의미 전달은 간접적이고, 그라이스Herbert Paul Grice의 함의 혹은 전제조건의 미적분을 요구한다). 그리고 보다 중요한 것은 발화는 단순히 메시지를 전달하는 것이 결코 아니며 항상 힘을 행사한다는 것이다. 메시지뿐 아니라 충격도 '소통된다'(프랑스어는 '소통'에 대한 이러한 유희를 허용하는데, 데리다는 자신의 유명한 에세이 「기호 사건 문맥」에서 이를 이용한다[43]). 그러나 들뢰즈와 가타리는 이 방향에서 오스틴과 설보다 한 발 더 나아간다. 발화는 단지 **발화행위**(예를 들어 약속)의 장소가 아니라, **사회적** 행위, 명령어, 슬로건의 장소이기 때문이다. 이들과 함께 화용론은 합법적인 모델(다이애나는 자신을 찰스의 아내로 만드는 법적 구속력이 있는 단어들을 정말 옳게 말했을까?)에서 정치적인 모델로 이동한다. 발화의 규범적 형식은 선언적이거나 주장이 아니라 명령적이다. 표어의 원천은 개인이나 명령을 내리는 주인이 아니라 사회적인 것이다. 슬로건의 원천은 언표의 집단적 배치 속에 있는데, 이는 신체들, 도구들, 제도들, 발화들이 혼합된 것으로서 화자가 말하는 것이다. 그러므

---

43 Jacques Derrida, "Signature événement contexte", *Marges de la philosophie*, Paris : Minuit, 1972, pp. 365~393.

로 모든 언어는 간접적 방식으로 말해진다는 잘 알려진 주장이 나오는 것이다. 그리고 우리는 왜 문장의 표식이 권력의 표식인지를 이해한다.

두번째 공준의 비판은 언어의 물질성을 주장한다. 과학적 언어학은 언어를 분리된 랑그로 이상화한다. 그러나 언표의 배치는 결코 그것만이 아니다. 그것은 또한 항상 신체들의 기계적 배치이기 때문이다. 따라서 랑그는 인과가 될 수 없는데, 이는 발화가 자신이 표현하고 자신이 말해지는 세계에 침잠할 뿐 아니라 이보다 더 깊은 이유가 있기 때문이다. 발화는 세계를 구성하는 배치의 존재론적 통합 부분이고 이는 우리의 세계가 되는 내재면 혹은 혼효면의 탈주선을 따라간다. 이미 깨달을 수 있는 많은 기회를 가졌듯이, 들뢰즈와 가타리의 존재론은 분리나 추상이 아닌 혼합에 근거하는 것이다. 이러한 공준은 우연히도 언어학 분야에서 마르크스주의 비판을 또한 포함하고 있는데, 이는 의사-스탈린pseudo-Stalin에 의해 공식화된 것이다.[44] 우리가 스탈린처럼 언어를 중립적인 도구로 간주하건 아니면 그가 비판했던 소비에트 언어학자 니콜라이 마르Nikolai Marr처럼 상부구조의 일부로 간주하건 간에, 우리는 여전히 물질적 기반과 상부구조 사이의 분리를 공준한다. 들뢰즈와 가타리의 존재론은 개인적 화자(여기서 단어와 비명소리의 구별은 공격을 받는다)와 존재론적으로 복잡한 기계의 일부인 집단적 발화의 수준에서 이러한 분리를 모두 거부한다. 따라서 언어의 독립은 있을 수 없다.

세번째 공준의 비판은 보다 친숙한 것인데, 이는 마치 소쉬르의 랑그와 파롤 사이의 분리를 부정하는 것이 친숙한 전략인 것과 같다. 그러나

---

44 Joseph Stalin, *Marxism and Linguistics*, New York : International Publishers, 1951. 이 팸플릿의 진짜 저자는 소비에트 학자 비노그라도프(Viktor Vladimirovich Vinogradov)라는 주장이 계속 제기된다.

그것은 보통 파롤을 희생시켜 랑그를 확장하는 형식을 취하는데, 이는 궁극적으로 파롤이 랑그로 환원될 것이라는 과학적 희망에 의해 추동된 것이다. 이것은 밀네의 입장이 아니다. 밀네에게 그러한 축소는 원칙적으로 불가능한 것이며, 과학은 결코 모든 언어 현상을 포착하지 못하기 때문이다. 나는 '잔여'의 개념으로서 그러한 불가능성을 명료하게 하기를 시도했다.[45] 그러나 들뢰즈와 가타리는 여기서 더 나아간다. 그들에게 있어 특징은 모두 사라지고, 언어는 연속적 변이, 이질적 흐름, 스타일의 특이성의 장소이므로 비문법성은 배제의 대상도 잔여의 대상도 아닌 언어의 통합적 부분이 된다. 자연의 법과 달리 언어 '법칙들'은 부분적이고 일시적인 공리들일 뿐으로, 즉 언어에 어떤 질서를 부과하려고 시도하는데, 이때 언어는 그러한 부과에 관심을 갖지 않고, 언어의 말더듬기는 끊임없이 그 법칙들을 전복한다. 이것은 또한 왜 공시적인 **본질적 단면**이 무의미한지를 설명해 준다. 우리가 할 수 있는 모든 일은 변주의 지도를 그리고, 언어의 이질적 흐름들을 도표화하는 것이다.

네번째 공준의 비판은 이러한 동질성의 결핍을 심각하게 다룬다. 화자는 천사가 아니기 때문에, 방언, 음역, 은어를 끝없이 변주시키며 말한다. 이것이 바로 과학적 **랑그**가 **힘의 관계**를 가장 명백하게 창조하고 권력의 표식을 부과하는 곳이 되는 이유이다. 이전의 식민지 언어를 연구하는 언어학자들은 지배하는 언어와 지배되는 언어, 식민화하는 언어와 식민화되는 언어 간의 투쟁을 설명하는 것으로서 언어 제국주의와 '언어식증'glottophagy이라는 두 개념을 만들어 냈다.[46] 그러나 이것은 단지 언어

---

45 나의 책 *The Violence of Language, passim*을 보라.
46 Louis-Jean Calvet, *Linguistique et colonialisme*, Paris : Payot, 1974를 보라.

들 간의 충돌의 문제나 서로 대립하여 결국 말소(이런 상황은 영어와 콘월어 사이에 존재하고, 영어와 웨일스어 경우에는 여전히 위협적이다)되는 문제가 아니다. 비슷한 관계가 언어 내부에 있기 때문인데, 그 속에서 주요 방언(예를 들어 와스프WASP 화자의 방언)은 "그것을 '소수자' 언어로 전치시키는 연속적 변이에 의해 영향을 받는다".[47] 들뢰즈와 가타리는 다음과 같은 결론을 내린다. "두 종류의 언어가 있는 것이 아니라 하나의 언어를 다루는 두 가지 가능성이 있는 것이다."[48] 언어 투쟁의 내면화의 이익은 그것이 화자에게 약간의 희망을 준다는 것이다. 만일 화자가 집단적 배치에 의해 발화되는 언어의 권력의 표식에 종속된다면, 표현의 가능성들은 엄격하게 제한되기 때문이다. 들뢰즈와 가타리의 것과 같은 유비를 사용하기 위해서 화자는 말할 때 투표할 때 만큼이나 자유로워야 한다(화자는 제도 혹은 미국의 대통령이 승인한 후보라면 원하는 사람에게 표를 던질 자유가 있다). 그렇지만 만일 소수자 언어가 다수자 언어 속에서 혹은 이에 대립하여 끊임없이 '작용'한다면, 그 탈주선을 따라가고, 언어의 말더듬기를 만드는 것이 가능하게 되며, 소위 '시적으로 언어를 거주하게 하기'가 가능해진다. 이때 들뢰즈와 가타리가 스타일이라고 부르는 그러한 거주가 시인에게 준비되지 않았을 경우는 제외되는데, 비록 시인이 대다수 인류보다 그것에 더 능숙하고 그들이 말더듬기의 명수일지라도 말이다.

이제 우리는 비판의 영역을 떠나 언어 분석의 긍정적 재건을 향해 이동할 것이다. 들뢰즈는 이것의 주요 특징을 한 인터뷰에서 다음과 같이 공식화했다.

---

47 Deleuze and Guattari, *Mille plateaux*, p. 130〔영어판 p. 102〕. 여기서 'affected'는 프랑스어 'travaillé'를 번역한 것인데, 보다 넓은 함의를 지니고 있다.
48 *Ibid.*, p. 130〔영어판 p. 103〕.

나는 언어학에 대해 단언할 만큼 우리가 특별히 능력이 있다고 생각하지 않는다. 그러나 능력은 그 자체가 언어학에서 보다 불명확한 개념이다. 우리는 방금 스스로 근본적이라고 생각하는 수많은 사항들을 언급했다. 첫째, 언어에서 규칙에 따라 역할을 하는 부분, 둘째, 간접 담화의 중요성(그리고 메타포에 대해 문제를 혼란시키는 전혀 중요하지 않은 것으로 인식하는 것), 셋째, 언어의 불변, 더 나아가 언어의 변이들에 대한 비판, 이는 연속적 변이의 범위를 강조한다.[49]

우리는 진지하게 시작된 인용문에 대하여 온당한 거부를 할 필요가 없다. 그것은 촘스키에 대한 또 다른 공격을 위한 전초전에 불과하기 때문이다. 그렇지만 이 장의 나머지 부분은 대륙적 풍미를 강하게 풍기는 새로운 형식의 화용론을 스케치할 것이다.

## 6. 또 다른 언어 개념을 향하여

들뢰즈의 언어학 비판은 최소한 이해가 가능하다는 장점이 있다. 그것은 크게는 우리의 세계관, 특히 철학의 관점의 중심 위치에서 언어를 강등시킴으로써 시작된다. 그것은 모델로서의 역할, 사회과학에서 중심 위치로부터 언어학을 강등시킴으로써 나아간다. 그리고 그것은 과학적 규율 속에서 그 지위를 부정함으로써 더욱더 나아간다. 그렇지만 바디우와 달리 들뢰즈는 다른 철학자들을 비난하기 위해 이러한 입장을 사용하지 않

---

49 Deleuze, *Pourparlers*, p. 44(영어판 pp. 28~29). 여기서 'precept'는 'mots d'ordre'를 번역한 것이다. 역자의 주석은 브라이언 마수미(Brian Massumi)가 신조어(orderword)를 '문구의 일상적 반향 없음'으로 시사했다(*Ibid.*, p. 189).

는데, 그 다른 철학자들은 소피스트로서 언어의 매력에 빠져 있는 철학자들을 말한다(바디우에게 비트겐슈타인은 소피스트의 수장이고, 리오타르도 뒤지지 않는다).[50] 앞서 보았듯이 언어에 대해 들뢰즈의 저작에서 주장하는 것은 다음과 같다. 즉, 언어는 개념의 대상일 수도 있고 개념들의 연속일 수도 있다. 언어학의 비판 자체도 벌써 풍요로운 작물을 수확했는데(의미, 화용론, 문체, 소수자 언어, 말더듬기), 이는 다음 장에서 살펴볼 것이다.

언어학자에게 들뢰즈의 언어학 비판은 친근한 것으로 나타난다. 개략적인 진술이 결여되어 있지 않기 때문이다. 그러나 때로 부당하고 때로 잘못된 방향인 것은, 그것이 결코 무지하지 않다는 것이다. 들뢰즈(아마 들뢰즈-가타리라고 해야 할 것 같다)는 실제로 언어학 저작들을 읽었다. 그러나 그는 이를 선택했다. 그가 맹목적으로 문학적 규범을 옹호할 때조차도 그는 언어학적 취향을 갖고 있었다. 그의 규범은 종종 기이하게 보일 정도로 특이하게 나타난다(프랑스 언어학자 앙리 고바르의 '네 개의 언어'tetraglossia 개념은 지금은 거의 잊혀졌다). 그러나 그것은 또한 규율 발전 과정에서 의심할 여지없이 중요성을 갖고 있는 언어학자들에게 호소한다. 여기 세 가지 예가 있는데 중요한 순서대로 나열하면 다음과 같다. 들뢰즈는 주요 구조주의자인 옐름슬레우를 상당히 많이 이용한다. 그는 외부 언어학을 실행하는 언어학자들을 인식하는데, 윌리엄 라보프와 같은 이가 그 예가 된다. 때로 언어에 대한 그의 시각은 프랑스학파인 '언표행위 언어학'enunciation linguistics에 가까워 보이는데, 이 학파의 대표자는 에밀 벵베니스트이다.

---

50 Badiou, *Conditions*, Paris : Seuil, 1992, p. 60.

얼핏 보기에 들뢰즈가 옐름슬레우에게 매료된 것은 이상해 보인다. 그리고 우리는 처음부터 용어상의 오해를 피해야 한다. 들뢰즈는 내재성의 철학자이고, 그에게 있어 언어는 내재면에서 펼쳐진다(그가 기표의 초월로 감지하는 것은 단호하게 거부된다). 그러나 이것이 그로 하여금 물질 세계 내에 언어를 위치시키는 외부 언어학을 지지하고 또 어느 정도 실행하는 것을 가로막는다. 따라서 그는 구조주의 언어학의 중심인 '내재성의 원칙'과 이에 대한 옐름슬레우의 버전 언어를 그 자신이 아닌 다른 것으로부터 완전히 분리하는 것을 공식화하는 원칙에 찬성하지 않는 것처럼 보인다.[51] 그럼에도 불구하고 들뢰즈는 옐름슬레우의 전문용어를 사용하고 끊임없이 그와 소쉬르를 비교한다. 그리고 그는 옐름슬레우의 '내재성'이란 용어 사용에 있어 자신이 반대하는 분리뿐 아니라 모든 초월성에 대한 거부를 알 수 있다고 생각했다. 사실 그에게 면과 층의 개념을 선사한 사람은 바로 옐름슬레우이다. 옐름슬레우는 표현과 내용(그것은 모든 형태의 초월성을 철저하게 봉쇄한다)의 두 면 사이에서 상호 전제적 관계를 주장한다. 그리고 그는 네 가지 용어의 관계를 도입함으로써 소쉬르의 기호의 이중성을 복잡하게 했는데, 형식 대 질료의 대비는 표현 대 내용의 대비와 교차된다(따라서 내용의 형식, 형태소의 구조가 있는데, 이는 내용의 실체, 사고의 연속적 흐름이 제공된다). 옐름슬레우는 물질의 개념을 도입함으로써 들뢰즈로 하여금 언어를 흐름과 장애의 기계적 유기체로 간주하게 했다. 이때 물질은 형성되도록 정해졌지만 아직 실체가 되지 않은 것으로서, 즉 들뢰즈가 말하는 카오스의 의미에 가까운 것이다. 마지

---

51 예를 들어 Jean-Pierre Corneille, *La Linguistique structurale* (Paris : Larousse, 1976)을 보라.

막으로 옐름슬레우는 들뢰즈에게 올바른 추상의 수준, 대략적인 수준을 제공하는데, 그의 랑그 개념은 아주 광범위해서 하부 유형에 불과한 자연 언어뿐 아니라 유사한 구조를 소유하는 광범위하고 다양한 실재 또한 포함한다. 이 구조는 형식이 물질로부터 추출한 것을 실체에 부과한다(이때 들뢰즈와 가타리가 사용하는 단어 '코드화'는 옐름슬레우와 강한 연관을 갖고 있다).『안티오이디푸스』의 한 페이지에서 이러한 대비가 명확해지는데, 그것은 다음과 같은 상호 관계의 형식으로 나타난다.[52]

| 1 | 2 | 3 | 4 | 5 |
|---|---|---|---|---|
| 소쉬르 | 기표의 언어학 | 기표의 초월성 | 기표가 기의를 지배하다 | 기호의 이중성 |
| 옐름슬레우 | 흐름의 언어학 | 대수학적 내재면 | 상호 전제 | 서로 교차하는 두 개의 대비 |

마지막 열은『천의 고원』에 다시 등장한다. 여기서 옐름슬레우는 스피노자적 언어학자로 환영을 받는데, 그 이유는 그가 기표/기의의 낡은 대립관계와 단절하고 (실체에 대립되는) 형식과 (내용에 대입되는) 표현의 개념을 도입함으로써 이를 보다 복잡하게 했기 때문이다. 언어학자들의 이중 분절은 배가되고 보다 추상적인 체제의 개념과 비기호화된 기호학이라는 다른 개념의 가능성이 허용된다.[53]

들뢰즈가 읽고 인용하는 두번째 언어학자는 윌리엄 라보프이다. 그는 외적 언어학의 화신으로 간주되는데, 그 이유는 그가 보통 '사회언어학'이라 불리는 것을 실행하기 때문이다. 옐름슬레우가 소쉬르의 보다 명

---

52 Deleuze and Guattari, *L'Anti-Œdipe*, p. 287〔영어판 pp. 241~242〕.
53 Deleuze and Guattari, *Mille plateaux*, p. 58〔영어판 p. 43〕.

확한 측면이라면, 라보프는 촘스키의 수용적인 측면이다. 들뢰즈는 라보프에게서 촘스키적 반응력의 부동성으로부터 탈출하는 길을 발견했다(기억할 것은 촘스키는 비수용적인 극단으로 나아가는데, 그 이유는 이러한 극단을 종의 특징으로 만들고 이를 머릿속에 각인시킴으로써 이식하려 했기 때문이다). 이러한 출구는 '연속적 변이' 혹은 '내속적inherent 변이'의 개념을 통해 진행된다. 그러한 개념은 들뢰즈로 하여금 체계를 이해할 수 있게 하는데, 단 그것은 불균형 상태에 있다. 들뢰즈가 단순히 과학에 적대적인 것은 아니다. 오히려 그는 촘스키에게서 찾을 수 있는 과학의 긍정적인 버전에 적대적인 것이다. 그는 자연적 반응을 거부하고, 변주의 체계를 묘사하는 것을 환영한다. 그리고 실제로 라보프는 수집가에 불과한 언어학자에게 선택되기 위하여 단순히 자유로운 (음성적인) 변주의 견지에서 흑인영어Black English를 묘사한 것이 아니다. 그가 묘사하려고 했던 것은 단순한 변주들의 체계가 아니라 그 테마에 대한 거의 모든 음악적 의미의 변주 체계이다. 그리고 그는 서로 다른 두 체계(표준 혹은 다수자 영어 대 소수자 방언)의 혼합이나 충돌을 묘사한다. 그는 흐름 상태의 체계를 묘사했는데, 이는 대비나 보편이 아닌 변이의 특성을 지니고 있다.[54]

언표행위 언어학의 경우는 더욱 복잡하다. 이것은 프랑스의 이론으로서 프랑스어권 국가들 밖에서는 거의 영향력이 없다. 이는 언어학자로 하여금 결과로서의 발화, 즉 구조주의 언어학자들이 분할하고 분류하거나 혹은 발생시키려 했던 일련의 요소들로부터 과정으로서의 발화로 그 주의를 이동하게 한다(프랑스어에서는 언표행위énonciation와 언표énoncé가 대비된다). 그러므로 발화자로서 화자와 언어적 표식(변환 장치, 지시어,

---

54 예를 들어 Deleuze and Guattari, *Mille plateaux*, p. 118(영어판 p. 93)을 보라.

시제와 양식의 표상)에 주의를 집중하게 되는데, 이러한 표식을 통해 화자는 자신의 존재를 느끼고 결과로서의 언표 속에 과정으로서의 발화를 각인시킨다. 이 이론에 대한 앵글로-색슨적 버전은 발화행위 이론과 언어화용론, 혹은 보다 설득력 있는 것은 랭가커와 같은 의미론적 문법semantic grammars에서 찾을 수 있다.[55] 프랑스의 언표행위 언어학의 대표적 인물은 기욤, 에밀 벵베니스트, 그리고 퀼리올리이다.[56] 들뢰즈는 처음 두 명만 언급하지만, 퀼리올리도 세 사람 중에서 중요성이 적지 않은데, 훨씬 뒤에 언급된다.

들뢰즈는 벵베니스트의 대명사이론을 보다 관습적으로 사용했다(앞서 보았듯이 벵베니스트에게 있어 3인칭대명사는 비인칭대명사인데, 그 이유는 언표행위 언어학이 도표를 만들고자 하는 대화의 상황에서 부재하거나 침묵하는 사람을 언급하기 때문이다). 그러므로 『천의 고원』에서 벵베니스트는 들뢰즈와 가타리가 정사, 고유명사, 관사, 대명사 등의 언어학적 표식으로 혼효면의 기호학을 설명할 때 등장한다. 이러한 것은 héccéité=thisness(이-것)의 개념을 정의하고자 하는 대목에서 일어나는데, 그것은 주체도 아니고 사물도 아닌 개별화의 양식이다(그들에 따르면 계절, 날짜 혹은 하이쿠[일본의 전통 단시短詩]는 개별성의 좋은 예가 된다). 혼효면은 십자형으로 교차하는 선들의 리좀적 개별성들로 구성되어 있

55 Ronald Langacker, *Foundations of Cognitive Grammar*, 2 vols, Stanford : Stanford University Press, 1987, 1991.

56 Gustave Guillaume, *Language et science du langage*, Paris : Nizet, 1984(3rd edn.) ; Émile Benveniste, *Problèmes de linguistique générale*, vol. 1, Paris : Gallimard, 1966(vol. 2, 1974)〔영어판 vol. 1, *Problems of General Linguistics*, Miami : Miami University Press, 1971〕; Antoine Culioli, *Cognition and Representation in Linguistic Theory*, Amsterdam : John Benjamins, 1995 ; *Pour une linguistique de l'énonciation*, vol. 1, Gap : Ophrys, 1990(vols. 2 and 3, 1999).

다. 그러므로 혼효면이 개별성을 담지하고 있는 한 그것은 고유한 기호학을 갖고 있는데, 그것은 선들이 교차하는 곳에서 특이점들을 사물이나 주체로 동결시키지 않으면서 개별화하는 표식을 갖고 있다. 부정사, 고유명사, 부정관사들은 불확실과는 거리가 멀지만 주체를 묻지도 않는다(우리는 **누군가**on라는 익명의 위치에 남아 있게 된다). "**부정관사+고유명사+부정사는 표현의 기본 고리를 구성하는데, 이는 형식적인 의미와 개인적 주관화 모두에서 자유로운 기호학의 관점에서 볼 때 최소한 형식화된 내용과 연관되어 있다.**"[57] 들뢰즈가 중요한 이유 중 하나는 실제로 그가 우리에게 비인칭적, 전前개체적, 탈주체적 철학을 제공했다는 것, 주체의 개념이 만일 어떤 부분을 맡고 있다면, 부차적인 부분을 담당하는 철학을 우리에게 제공했다는 것이다. 그러나 우리는 그가 언표행위 언어학에 의존하는 것에 당황했음을 고백해야 하는데, 벵베니스트가 특히 주체에 집중했기 때문이다. 그의 이론은 더 이상 랑그의 언어학이 아니라 담화의 언어학이며, 담화는 말하는 주체에 의한 언어의 '전유'專有 장소이기 때문이다. 들뢰즈와 가타리가 담화를 위한 비주체, 인간도 아니고 짐승도 아닌 개별성을 정의하는 과정에서 벵베니스트를 이용하는 것은 텍스트의 결을 거스르는 것임이 분명하다. 『천의 고원』의 또 다른 대목에서 알튀세르와 그의 호명interpellation 개념에 대한 언급(드물지만)이 벵베니스트의 대명사이론에 대한 언급과 결합되는데, 그 결론은 언어에는 주어가 없고 언표의 집단적 배치만이 있을 뿐이라는 것이다(이제 우리는 문장 속에서 명백히 야만적인 용어와 후자의 출처를 알고 있다). **주체화**는 다른 것들 사이에서 기호들의 제도에 불과한 것으로서 언어가 작동하는 일반적 조건보

---

57 Deleuze and Guattari, *Mille plateaux*, p. 322〔영어판 p. 263〕.

다 특별한 배치를 언급하고 있다.[58] 벵베니스트는 자신이 좋아하는 개념들이 그렇게 유린당하고 오인되는 데 결코 동의할 수 없었다.

따라서 언표행위 언어학에 대한 언급(주로 벵베니스트에 대한 것. 귀스타프 기욤에 대해서 드물게 언급하는데 이는 덜 논쟁적이다. 기욤은 때로 터무니없는 그의 메타언어적 은어에 의해 보호된다)은 정중한 차용이라기보다는 창조적 오독의 질서에 대한 연구에 가깝다. 비인칭(벵베니스트) 혹은 선(기욤)의 개념은 **완곡한**détournés 것으로서, 예기치 않은 방향으로 길을 잃은 단어 속에서 새로운 목초지를 통해 취해진 것이다. 그러나 들뢰즈는 그러한 개념의 표절(탈영토화)에 있어 숙련된 기술자이다.

나는 그러한 언어학 읽기의 예를 들겠는데, 여기서 비판적인 것은 구성적인 것과 결합하고 창조적인 것이 과도한 것이라는, 즉 마르코프 체인의 개념과 결합한다. 마르코프 체인은 이상적인 계산 기계의 산물로서 유한한 자동화 상태로 알려진 것이다. 기계는 수많은 상태를 지나면서 각각의 상태에서 상징을 생산한다. 그것은 통합적 기계로서 선택(수직의 계열)과 장소(수평의 통합)의 두 축을 결합하고 문장의 표면 구조, 선을 이곳에서 저곳으로 이동하면서 발생시킨다. 만일 우리가 각각의 상징의 출현 가능성의 정도를 덧붙인다면, 우리에게 있는 문법의 모델은 실행의 모델이 될 것이다.[59] 그것은 우리에게 화자가 어떻게 문장을 생산하고 그 표면 구조를 조직하는지 말해 주기 때문이다. 명백한 이해를 위한 한 예가 있다. 내가 문장을 말할 때, 첫번째 단어의 선택은 전적으로 자유롭다(기계의 모든 '상태'는 단어를 발생시킨다). 두번째 단어는 첫번째 단어에 의해 한정되고, 이런 식으로 마지막 단어에 이르게 된다. 마지막 단어

---

58 *Ibid.*, pp. 162~163(영어판 p. 130).

는 최대한 제한되는데, 이는 구문론적·의미론적으로 모두 그렇다. "Pride comes before a……"[교만한 자는 곧……]이라고 일련의 단어들을 나열할 때, 그 문장이 어떻게 끝날지는 거의 의심의 여지가 없다.

촘스키는 그 경력의 초기 단계에서 이러한 문법 유형에 대한 비판을 했는데, 그것은 파괴적인 것으로 간주되었다. 그가 주창하는 명제는 간단하다. "영어는 정형 상태의 언어가 아니다."[60] 이 논점의 요지는 영어 구문의 특정한 성격은 정형 상태의 문법과 양립할 수 없고, 그 결과 수많은 영어 문장이 마르코프 체인이 아니라는 것이다. 예를 들어 문법적 연속의 선적인 질서가 다른 것을 받아들이기 위해 잠정적으로 중단되는 곳에서 구문론적 각인에 의지하는 모든 문장들은 연속을 각인시킨다. 아주 기본적인 문장, 즉 "S2가 오늘 도착할 것이라고 말한 남자"(여기서 S2는 당신이 원하는 어떤 문장이다)는 정형 상태의 문법에 의해 발생될 수 없는데, 이것은 S2를 교차시키는 종속을 수용할 수 없다.

들뢰즈는 마르코프 체인에 대해 수많은 암시를 했고 그것들은 항상 긍정적이었다. 다음은 그 전형적인 대목이다. 들뢰즈와 가타리는 언어에 대해서가 아니라 DNA와 정보에 대해 말한다.

인간과 문화와 생명체의 공통적인 특징이 '마르코프 체인'이라고 주장하는 것이 가능하다. 왜냐하면 그것은 부분적으로 의존하는 우연적 현상이기 때문이다. 사회적 코드에서처럼 유전적 코드에서도 기호 연쇄라 불리는 것은 언어보다는 은어로서 비기호적 요소들로 구성되어 있다.

---

59 이에 관하여는 Nicolas Ruwet, *Introduction à la grammaire générative*, Paris: Plon, 1967, p.93을 보라.

60 Noam Chomsky, *Syntactic Structure*, Hague: Mouton, 1957, p.21.

그러한 요소들은 커다란 집합체 속에서만 의미작용의 효과와 의미를 갖는다. 그러한 집합체는 연결된 요소들의 끌어당기기, 부분적 의존, 그리고 교체자의 겹침을 통해 이루어진다.[61]

(드물게 있는) 각주는 독자에게 마르코프 체인의 문제에 있어 생물학 철학자인 레이몽 뤼예Raymond Ruyer와 그의 책 『생명 형태들의 발생』 *La Genèse des formes vivantes*을 연구하게 한다. 우리도 알고 있듯이 우리 저자들의 관심사는 촘스키의 관심사와는 전적으로 다르다. 그들은 보다 넓은 범위의 기호학에 집중하고 있는데, 여기서 '언어'는 본보기나 메타포이다. 그리고 그들이 왜 마르코프 체인에 매료되었는가를 이해하는 것은 쉬운 일이다. 일련의 상징들이 선을 따라 발전하고 (거기에는 숨겨진 구조도 없고 의미의 초월적 보증도 없고, 단지 표면 조직만 있을 뿐이다) 선적인 발전이 부분적으로 우연적이고 부분적으로 의존적이기 때문에 그것은 '탈주선'의 좋은 예를 제공한다. 나의 예를 다시 사용하자면 만일 내가 마르코프 체인을 "교만한 자는 곧……"을 '망하다'fall라는 단어로 끝맺고자 하는 강한 충동을 느꼈다면, 다음과 같이 예견되는 단어를 다른 단어로 바꿈으로써 속담을 창조적으로 개척하려는 나의 의도를 막을 것은 실로 아무것도 없다. "Pride comes before a vote of impeachment"[교만한 자는 곧 탄핵을 받게 된다]. 나는 닉슨에 대해 언제나 이렇게 말해 왔다. 그리고 인용문에서 '은어'jargon란 단어는 긍정적으로 받아들여진다. 들뢰즈와 가타리가 말한 은어와 언어의 차이는 은어가 열린 결말과 다음성 체인polyvocal chains을 생산한다면, '언어'의 체인은 폐쇄성과 의미론적 고정

---

61 Deleuze and Guattari, *L'Anti-Œdipe*, p. 343〔영어판 p. 289〕.

성으로 특징적이기 때문이다(여기서 명백한 것은 '언어'는 '논리적 언어'와 같은 종류의 그 무엇을 의미한다는 것이다).[62] 라캉을 패러디하면서(라캉은 '무의식 코드'의 넓은 영역을 발견한 것으로 간주된다), 우리는 들뢰즈와 가타리에게 있어 무의식은 "언어와 같이 구조화된 것"이 아니라 "은어와 같이 기계화된 것"이라고 말할 수 있다. 들뢰즈는 『푸코』에서 다이어그램(추상의 정당한 수준)과 사고와 우연thought and chance의 관계의 특성을 밝히기 위해 마르코프 체인을 다시 언급한다.

힘들 사이의 관계는 푸코가 이해한 바와 같이 사람들뿐 아니라 요소들, 알파벳 글자들과 관련이 있는데 그 그룹은 특정 언어의 명령을 받는 인력과 빈도의 법칙에 따른 것이다. 우연은 첫번째 경우에만 작용한다. 한편 두번째 경우는 첫번째 경우에 의해 부분적으로 결정되는 조건하에 움직일 것인데, 이는 부분적인 재연결의 연속을 갖고 있는 마르코프 체인과 같다. 이것은 외부이다. 임의의 사건들을 지속적으로 연결하는 선은 우연과 의존의 혼합이기 때문이다.[63]

이 대목은 마르코프 체인의 세 가지 특성을 아주 명확하게 표현하고 있다. 그것은 **선적이고**(반면에 촘스키의 심도 있는 구조들은 고착되고 계급적이다), 그것은 **우연적이며**(반면에 촘스키의 구조들은 필연적이다. 그들은 법칙에 지배되는 창조성의 형식으로 생산된다. 들뢰즈는 당연하게도 법칙을 깨뜨리는 창조성에 관심이 있다), 그들은 **부분적 의존상태이다**(앞에서 보았

---

62 Deleuze and Guattari, *L'Anti-Œdipe*, p. 46〔영어판 p. 38〕.
63 Deleuze, *Foucault*, pp. 92, 125〔영어판 pp. 86, 117〕. 인용된 페이지는 p. 125〔영어판 p. 117〕.

듯이 들뢰즈는 언어에서 '무엇이든 좋은' 형식을 주창하지 않는다. 그가 묘사하고자 하는 체제는 부분적 의존의 특징을 지닌 변이의 체제, 가이드라인으로 사용되고, 비웃음을 의미하는 격률들이지 자연의 법칙과 매우 유사하게 보이는 규칙이 아니다). 따라서 비문법성은 더 이상 실패한 체계가 아니라 창조적 발전, 문법적 격률의 열대 탐험으로서 (잘못은 별도로 치고) e. e.커밍스의 'he danced his did'는 'the man hit the ball'보다 시의 애호가나 언어를 공부하는 학생 모두에게 보다 흥미로운 것이다(『천의 고원』에서 들뢰즈와 가타리는 훨씬 더 나아가 "문법성 정도의 평가는 정치적 문제다"[64]라고 말한다).

우리가 의미 구성의 잠정적 이론을 제기하기 위해 들뢰즈의 마르코프적 직관을 추적할 수 있을까? 나는 할 수 있다고 생각한다. 다만 달갑지 않은 의미론적 폐쇄를 도입해야 하는 대가를 치러야 한다. 내가 예로 든 "교만한 자는 곧 탄핵을 받게 된다"에서는 의미가 마르코프 체인에 따라 차례로 구성되는데, 이는 여전히 마지막 단어(나는 닉슨에 대해 언제나 이렇게 말해 왔다)의 의미론적 폐쇄에 의존하고 있다. 이것은 라캉이 '싸개 단추달기' 혹은 '누빔점'이라는 문구로 정교하게 포착하는 움직임 속에서 독립적으로 떠다니는 기표와 기의의 체인들이 의미를 생산하기 위해 함께 바느질되는 순간이다. 들뢰즈에게 그러한 폐쇄성은 의미론적 탈주선을 막는 작은 조각이 되는데, 이는 그의 도표에 예증된 의미의 기호학에 특징적인 것이다. 그러나 물론 이것은 의미를 획득하기 위해 지불해야 하는 대가이다. 비록 우리가 『의미의 논리』에서 보다 만족스런 뜻 혹은 더 나아가 의미의 이론을 찾을 수 있지만 말이다.

---

64 Deleuze and Guattari, *Mille plateaux*, p. 174(영어판 p. 140).

그렇지만 들뢰즈가 마르코프 체인이나 선의 정형 상태 과정에 관심을 갖는 것은 언어가 사실 촘스키가 말한 것처럼 그렇게 작동하지는 않는다는 것을 보여 준다. 특히 부분적 우연과 부분적 의존 과정으로서 마르코프 체인을 찬양하는 것은 촘스키가 옹호하는 법칙(혹은 문법)의 실증주의적 혹은 자연주의적 개념을 전복시킨다. 그리고 슬픈, 아니 오히려 유쾌한 진실은 언어가 촘스키나 혹은 다른 어느 누구의 문법 규칙도 유념하지 않는다는 것, 구문론적 '법칙들'rules이 폐기 가능한 것으로서 비웃음과 개척을 의미한다는 것이다.[65] 재귀대명사의 외양을 지배하는 '법칙'을 예로 들어보자. 재귀대명사는 반드시 (법조동사modal auxiliary에 주의하라) 같은 절에서 선행사를 가져야 한다. 필연성은 심도 있는 구조의 수준에서 작용하는데, 이때 구조는 표면 문장에서 명백히 반대되는 수많은 예들을 설명할 것이다. 교차하는 절의 경계에서 일정량의 범위가 허용되기까지 하는데, 그래서 "이 책은 들뢰즈와 나 자신에 의해 쓰였다"(물론 가타리가 말하는 것이다)라는 문장 유형은 발화행위를 하는 초좌표supreordinate 절을 강조할 필요성에 대한 논거로 간주된다("I state that this article was written by Deleuze and myself"[나는 이 논문은 들뢰즈와 나 자신에 의해 쓰였다고 말한다]. 재귀대명사의 종속은 that-절의 경계를 점유한다). 그러나 체계 속에서 그 어떤 범위도 탐정 소설에서 발췌한 다음과 같은 문장을 설명하지 못할 것이다. 여기서 역장은 부자 승객을 진정시키려고 애를 쓰는데, 그 승객은 짐꾼이 자신을 모욕했다고 주장하며 화를 내는 것이다. "If you've got a bad heart, I should calm yourself, sir"[기분이 나쁘시다면 제가 사과드리겠습니다].[66] 여기서 'yourself'는 가정절에서 '너'를 언급하

---

65 나는 이 명제를 *The Violence of Language*에서 옹호했다.

는 것이다(이것은 당신이 건너도록 법칙이 허용하는 경계의 일종이 아니라, 주절에 의해 위계적으로 지배되는 if-절이다). 그리고 이 문장은 최소한 이 것은 영어로 말하는 나의 동료들이 말하는 것인데, 아주 표준적이다. 그 것은 심지어 농담도 수식도 아니다. 이 문장은 영어 문법에서 대명사의 '반강세적'semi-emphatic 사용이라 불리는 예를 제공한다(여기서 그것은 일 종의 경어처럼 작용한다. 역장은 예절 법칙을 준수하고 문법 질서가 아닌 사 회 질서를 존중하기 때문이다). 따라서 언어는 보편적 문법의 법칙에 조금 도 유념하지 않고, 마르코프 체인의 탈주선을 따라 복잡한 의미가 증식되 도록 그 법칙을 기꺼이 깨뜨린다. 촘스키의 문법은 문장이 단순히 비문법 적이라는 것(그렇지 않다는 것)을 예언한다. 만일 우리가 이것을 마르코 프 체인처럼 취급한다면, 결과는 보다 흥미로울 것이다. 그 문장은 심도 있고 표면적인 수준의 위계적 구성(주절은 if-절에 구조적으로 선행하는 데, if-절이 지배적이다)에서 마르코프 체인에 따른 선적 구성으로 바꾸는 데, 여기서 'you' 뒤에 오는 'yourself'를 선적인 연계 속에서 언급할 수 있다. 이 문장에서 나무는 리좀이 된다.

언어학에 대한 들뢰즈의 적대감의 핵심, 즉 왜 그가 언어학이 많은 해를 끼쳤다고 생각하는지 그 이유는 이제 명백하다. 이것은 그가 언어과 학을 철학적으로 재구성하면서 밀네의 주된 신조를 거절하는 것에서 가 장 잘 표현된다. 랑그의 실재가 있고, 이 실재는 미적분학의 대상이 된다 는 것이다. 이것은 들뢰즈가 특히 거부했던 것으로서, 다음 테제들은 그 의 비판과 비판의 기초가 된다,

---

66 Richard Hull, *Excellent Intentions*, Harmondsworth: Penguin, 1949(1st edn., 1938), p. 15.

1. 언어는 언어학에서 유래하기 위하여 취해지는 기호학의 모든 유형을 위한 모델이 아니라 보다 넓은 범위의 기호학적 현상의 하나의 양상이다.

2. 그 결과 언어학은 다른 분야들 사이에서 그 어떤 특권도 갖지 않는다. 더 나아가 우리는 그것이 구성하는 대상인 랑그가 올바른 대상이라는 것을 거부할 수 있다. 들뢰즈가 주장하는 것은 '언어'로 회귀하는 것이다. 확실한 것은 일종의 경험주의적인 단순한 묘사로 회귀하는 것이 아니라(앞에서 보았듯이 그는 체계의 개념에 적대적이지 않다), 존재론적으로 이질적이면서 또한, 비록 내재성의 형식을 부여하긴 했지만, 그것이 개재된 물질 세계로부터 분리되지 않는 대상으로 회귀하는 것이다.

3. 그러므로 언어는 신체의 행동의 한 양상으로서, 그것은 잘못된 종류의 추상화를 통해 신체로부터 이상화될 수 없다. 제도 역시 마찬가지이다. 그러한 존재론적 혼합——신체, 제도, 발화——은 언표의 집단적 배치의 특징이다. 들뢰즈(와 가타리)에게 있어 그것들은 언어 연구에 적절한 대상들인데, 언어는 결코 언어만 따로 연구될 수 없기 때문이다.

4. 그러나 올바른 종류의 추상이 있고, 언어는 추상적 기계의 개념하에 포획되는 기호학의 하위 세트이다. 그리고 모든 것의 가장 일반적 과정에서 모든 역할을 담당하는데, 그것은 질서의 형식을 부여하기 위해 카오스에 면을 그리는 과정이다. 그리고 이 과정이야말로 세계를 구성하는 것으로서 언어는 세계 속에서 돌이킬 수 없이 포획되고 그 세계의 통합적인 부분이 되는 것이다.

# 3장

# 사건, 의미 그리고 언어의 기원

## 1. 서문

『의미의 논리』는 들뢰즈의 저술 중 유일하게 '언어에 관한' 것이라고 주장될 수 있다는 점에서 나의 주요 관심사이다. 우리는 그 책 속에서 '언어에 관해'라는 제목이 붙은 장(계열 26)을 발견하지 않는가? 그 책의 결말, 즉 '역설들의 마지막 계열'은 우리에게 언어의 기원에 관한 본격적인 이론을 제시하고 있지 않은가? 표면적 주제는 '의미'에 관한 이론이지만 텍스트의 내용은 무의미를 언어로 뒤덮은 문학가 루이스 캐럴의 작품 읽기라 해도 되지 않을까? 어쩌면 언어의 작용에 대한 직관이 주를 이룬다고 말할 수조차 있지 않을까?[1]

하지만 우리는 즉각 하나의 문제와 직면한다. 영역본이 늦게 나왔을 뿐, 『의미의 논리』는 비교적 오래전에 출간된 책이다. 『차이와 반복』이 출

---

1 Jean-Jacques Lecercle, *Philosophy of Nonsense*, London : Routledge, 1994.

판된 지 일 년 후인 1969년에 출간된 그 저서는 구조주의 시기에 속한다 (우리가 곧 알게 되겠지만 실상 그 책의 원본은 「구조주의를 어떻게 이해할 것인가?」라는 제목의 논문이다). 때문에 들뢰즈 연구자들 사이에는 들뢰즈 자신도 나중에 그 책을 "지나치게 구조주의적"이라는 이유로 인정하지 않았다는 웅성거림이 끊이질 않는다. 확실히 이후의 전집에서는 그 책의 흔적이 거의 남아 있지 않고 인터뷰에서도 거의 언급되지 않는 것 같다. 그 저서의 주된 개념인 '의미'는 그와 밀접히 연관되어 있었으나 그의 후기 저작들에서도 여전히 등장하는 '사건'이라는 개념에 비해 생산적이지 않았던 것처럼 보인다. 들뢰즈에게 중심이 되었던 개념들은 빠져 있거나 ('배치'의 개념을 말한다), 이해할 수 있을 만큼만 있다 하더라도 그저 씨앗 ('기관 없는 신체'라는 개념)이 아니면 가면('표면'의 개념과 '면'의 개념 사이에는 연결점이 있으며 그것은 들뢰즈와 가타리의 철학적 지리학에 결정적인 것이 되었다. 그 둘 사이에는 중요한 차이가 있기도 하다)으로 존재한다.

『의미의 논리』에서 중요한 역할을 하는 환각phantasm이라는 개념은 흔적도 없이 사라져 버렸다. 그다지 놀랄 일은 아니다. 그 개념의 기원을 정신분석학에서 찾을 수 있기 때문이다. 환각이라는 개념은 의식적인 환상fantasies(백일몽과 같은)[2]을 환자의 정신계를 구성하는 무의식적인 환상phantasies과 대비시키는 멜라니 클라인으로부터 빌려 온 것이다.[3] 따라서

---

2 멜라니 클라인(Melanie Klein, 1982~1960). 영국의 정신분석학자. 대상관계이론(Object Relation Theory)의 창시자. 프로이트(Sigmund Freud) 이후 현대 정신분석에 누구보다 많은 영향을 끼친 학자로 인정받고 있다. 프로이트가 성적 관심의 억압이 무의식적 환상을 의식하지 못하게 하여 증상이 나타난다고 했다면, 클라인은 정신치료에 놀이를 도입하여 아이들 각각의 불안과 갈등 및 상반되는 충동에서 무의식적 환상이 발생한다고 주장했다.― 옮긴이
3 클라인학파(Kleinian)의 이론에서 '환상'은 의식적 무의식적으로 이야기처럼 전개되는 정신작용을 일컫는 용어로서, 머리글자 'f'와 'ph'의 사용에 따라 백일몽과 같은 '의식적 환상'(fantasy)과 의식 표면에 출현하지 않는 '무의식적 환상'(phantasy)이 구분된다.― 옮긴이

들뢰즈가 여전히 정신분석학과 그 개념들에 의지하고 있는 『의미의 논리』는 가타리가 들뢰즈에게 가져다준 것, 즉 언어학에 대한 비판적 관심과 정신분석학에 대한 분명한 적개심이 결여되어 있는 (이것이 장점인지 단점인지는 모르겠지만) 전前가타리적 저서이다. 결과적으로 들뢰즈의 이 '언어에 관한 책'은 언어과학에 의해 전적으로 오염되지 않는 상태에서 언어의 기원에 관한 이론에 확실한 정신분석학적 향미를 더해 준다. 들뢰즈 자신은 이 책을 '정신분석학적 소설'이라 부른다.

그런 이유에서 그 저서는 "지나치게 구조주의적"인 만큼 "지나치게 정신분석학적"이라고도 말할 수 있다. 그럼에도 그러한 결합에는 몇몇 이점들도 있다. 광범위하게 말해 구조적인 특수한 의미 이론에 있어서뿐만 아니라 클라인이나 라캉류의 정신분석학으로부터 상당한 영향을 받은 언어철학적 의미에서 언어가 그 책의 중심을 차지한다는 사실이 적어도 그러하다. 그리고 그 속에서 들뢰즈의 최종적 언어철학은 두 가지 측면에서 초기의 공식을 발견한다. (a) 『의미의 논리』는 언어를 신체에 근거짓는 이론(클라인적 실행과 구별되면서도 유사한 시도)과 (b) 문학작품의 독서를 통해 한 이론에 도달했다는 점에서 언어의 시적 실천이 중심이 되는 언어이론을 우리에게 가져다준다. 결론적으로 우리는 이러한 초기의 언어철학이 또한 몇몇 지점들에서 후기의 언어철학과 양립할 수 없음을 보게 될 것이다.


## 2. 첫머리

들뢰즈가 가정한 철학자의 이미지는 예술가의 그것이다. 철학자는 공동체의 복지에 필수적인 특별한 테크네techné[기술], 그것을 실천하려면 특수한 도구를 사용하도록 요구되는 테크네를 가지고 있을 뿐만 아니라 그 자신의 도구를 만들기도 한다. 즉 개념들의 체계가 도구상자인 것이다. 들뢰즈는 이러한 생각을 진지하게 받아들인다. 각각의 새로운 책은 새로운 한 세트의 도구 내지 개념들을 요구하며, 그 도구들은 그 책의 대상이 되는 문제를 이끌어 내는 데 필요하다. 『의미의 논리』의 경우 들뢰즈가 루이스 캐럴의 저작들로부터 끄집어 내려는 문제는 이중적이다. (a)그 것은 의미의 문제, 즉 무의미의 형태로부터 출현하는 의미, 의미와 무의미 사이에 깊이 자리잡은 공모의 문제이다(다시 말해 그는 루이스 캐럴에 대한 통상적인 해석을 거꾸로à rebours 뒤집는다. 무의미는 의미를 사멸시키는 조건이 아니라 가능하게 하는 조건이다). (b)이러한 공모는 의미와 사건 사이의 연결을 통해 잘 드러난다. 즉, 사건은 완전히 새로운 것의 급작스런 출현이라기보다는 의미의 순환이다. 캐럴에게서 끄집어 낸 문제에는 그것을 추출하기 위해 창조된 두 개념들의 이름, 즉 의미와 사건이라는 이름이 붙여진다. 여기서 '창조하다'라는 용어는 신중하게 사용된다. 들뢰즈에게 철학자의 과제가 창조하기, 새로운 개념들을 발명하기 때문만이 아니라, 그 두 개념들이 비록 일상용어에 속해 있다가 섬세한 철학적 정교화의 대상이 된 말들로 공식화되었을지라도 사실상 새롭기 때문이다. 들뢰즈가 그 용어들에 부과한 의미는 그가 비록 어떤 전통의 일부로서 그것들을 제시하고 있다 하더라도 (사건이라는 개념은 스토아학파로 거슬러 올라간다) 특이하다. 사건에 관한 들뢰즈적 문제는 심지어 재귀reflexivity의 기색마저 내비친다. 『의미의 논리』에서는 사건이 문제지만, 그것은 들뢰즈에 의해 개념화된 전반적인 문제들이 사건들이라는 점에서 그러하다. 따라서 그가 이 책에서 다루고 있는 것은 **문제의 문제**이다. 비록 저자는 그후 분명 잊어버렸겠지만 여기에 『의미의 논리』가 지닌 중요성이 있다.

그 저서의 개괄을 위한 최선의 방법은 서문의 첫 두 단락을 읽는 일이다.

루이스 캐럴의 저작은 현대 독자를 즐겁게 하기 위해 요구되는 모든 것을 가지고 있다. 그것은 아이들의 책, 아니 그보다는 어린 소녀들의 책이며 엄청나게 기괴하면서도 비밀스러운 언어들, 격자들, 약호와 해독, 그림과 사진들, 심오한 정신분석적 내용, 그리고 전형적인 논리학적·언어학적 형식주의를 지닌다. 하지만 그러한 직접적인 즐거움 너머에 그 밖의 무엇, 즉 의미와 무의미, 혼돈과 조화의 한판 놀이가 있다. 하지만 언어와 무의식의 결혼은 이미 너무도 다양한 방식으로 성사되고 축복받아 왔으므로 이러한 결합의 정확한 본성을 캐럴의 저작에서 검토할 필요가 있다. 이 결혼은 그 밖의 어떤 것과 연결되어 있으며 이 결혼이 캐럴 덕택에 축복하고 있는 것은 무엇인가?

우리는 여기에 의미의 이론을 구성하는 일련의 역설들을 제시한다. 이 이론이 왜 역설과 불가분인지를 설명하기란 쉽다. 의미는 비존재적 실체로서 사실상 무의미와 매우 특수한 관계를 유지한다. 루이스 캐럴에게 배정된 특별석은 그가 최초의 위대한 해명, 의미의 역설에 대한 최초의 미장센을 제공한 데 기인한다. 그것도 때로는 한데 모으고 때로는 갱신하며 또 때로는 발명하고 준비하면서 말이다. 스토아학파에게는 소크라테스 이전 학파, 소크라테스 철학, 그리고 플라톤주의와 단절한 철학자의 새로운 이미지를 최초로 만들어 냈다는 데서 특전이 부여된다. 이처럼 새로운 이미지는 이미 의미의 논리의 역설적 구성과 밀접하게 연관되어 있다. 그리하여 각각의 계열에 역사적일 뿐만 아니라 위상학적이고 논리적인 형상들이 상응한다. 순수한 표면 위에서 한 계열의 한 형상이 지니는 지점들은 다른 형상의 지점들을 가리킨다. 그리하여 각각에 상응하는 주사위 던지기, 이야기, 장소, 복잡한 공간 등을 지닌 화려한 하나의 무리, 한 편의 '뒤엉킨 이야기'가 출현한다. 이 책은 논리적이고 심리적인 소설을 발전시키려는 하나의 시도이다.[4]

적절한 몇 가지 논평이 있다.

우선 주목해야 할 점은 『의미의 논리』의 서문이 정신분석학에 대한 언급을 회피하지 않는다는 것이다. 캐럴의 저작들은 '심오한 정신분석학적 내용'을 담고 있으며 '언어와 무의식의 결혼'을 축복하는 무수한 범주의 텍스트에 속해 있다. 따라서 번역자가 위 인용구의 마지막 부분인 'un essai de roman logique et psychanalytic'을 '논리적이고 심리적인 소설을 발전시키려는 하나의 시도'로 번역하기로 결정했다는 것은 더욱 놀랍다(내가 발견할 수 있는 유일한 설명은 『의미의 논리』가 『안티오이디푸스』가 번역된 지 꼭 7년 만에 뒤늦게 영역된 탓에 악명 높은 정신분석 비판가를 정신분석학적 소설의 저자로 제시하기가 어렵다는 점이다).[5]

두번째로 주목해야 할 점은 단순한 암시로 환원되기는 하지만, 암시에는 최초의 단초들에 관한 철학 혹은 철학의 단초들에 관한 부분이 있다는 것이다. 우리가 캐럴에게 가지는 관심은 단지 유치한 언어와의 놀이를 훨씬 넘어서서 의미와 무의미, '혼돈-조화'의 진지한 놀이를 향한다. 캐

---

4 Deleuze, *Logique du sens*, p. 7〔영어판 pp. xiii~xiv〕.
5 같은 문장이 다른 오류를 품고 있다. 들뢰즈의 'une histoire embrouillée'는 역콤마(inverted commas)가 보여 주듯이 캐럴의 제목인 'A Tangled Tale'을 인용한 것이다. '뒤얽힌 이야기'(a convoluted story)는 이런 암시를 놓치고 있다.

럴의 저작은 혼돈에서 조화를 창조하는 일을 다루며 플라톤적인 코라의 형상, 그 어두운 원초적 자리에 위치한다. 그곳에서 존재(카오스라는 이름의)가 하나의 세계로 만들어지며 후에 이 세계는 조이스의 말을 빌리자면 '카오스모스'(가타리의 마지막 저서의 제목)라 불린다. 예술작품의 과업은 카오스 위에 (내재의, 연속의) 면을 그림으로써 세계가 구성되는 과정을 요약하는 일이며 그 대목에서 철학에 대해 지니는 예술작품의 결정적 중요성이 설명된다. 『의미의 논리』에서 사건들과 의미가 순환되는 표면은 적절히 말해 아직 하나의 면은 아니다. 하지만 문학이 사유의 형태라는 사실은 진작에 강조되어 있었다. 그리고 우리는 '무의미'가 단순히 질서의 전복이 아닌 이유를 이해하게 된다. 반대로 '무의미'는 카오스에 질서를 부여하는 과정이다.

따라서 여기서 상세히 설명되는 의미에 관한 이론이 ─── 이것이 주목해야 할 세번째 지점인데 ─── 무의미에 관한 이론이어야 함은 당연하다. 즉 의미란 '역설의 계열들'series of paradoxes(들뢰즈가 장chapter들에 대신해 부여한 이상한 명칭인)을 통해 결정되어야 한다. 여기서 '계열'이라는 용어는 두 가지 흥미로운 철학적인 함의를 지닌다. 첫째, 만약 카오스에서 코스모스로의 이동이 일정한 형태의 일관성이나 질서를 구성하는 데 놓여 있다면, 그 계열은 연속적으로 질서지어지고 다양성의 종합(세가지 형태의 종합에 관한 이론이 『의미의 논리』 24장에 충분히 제시되어 있다[6])을 허용한다는 점에서 일관성의 기초적 형태이다. 둘째, '계열'이라는 개념은 구조적인, 심지어는 구조주의적인 용어로 인식된다. 원형적 계열은 언어적 연쇄 내지 연속으로서 세 가지 특징을 지닌다. ①언제나 두 계

---

6 Deleuze, *Logique du sens*, pp. 203~205〔영어판 pp. 174~175〕.

열 — 가령 시니피앙과 시니피에 — 이 있다. ②하나의 계열 — 가령 시니피앙의 계열 — 은 언제나 또 다른 계열의 과잉이며 두 계열은 계층적 불균형 속에 놓여 있다. ③당연히 서로 다른 두 계열의 융합, 하나에서 다른 하나로의 이동은 마치 지퍼처럼 두 계열들 사이를 순환하면서 한데 결합시켜 주는 역설적 요소에 의해 작동된다. 그것은 그 자체로는 가치를 지니지 않으면서 순환하는 중에 두 계열 요소들에 가치를 부여하는 '빈칸'case vide이다.[7] 이러한 '역설적 요인'에서 '역설'이라는 단어는 기술적 의미이지만 더 폭넓은 철학적 함의를 지니고 있기도 하다. 즉 진리와 의견이 아닐지라도 적어도 창조적 사고와 상식을 나누어 주는 작용을 하는 것이다. 역설은 무의미로서의 의미가 상식으로부터 출현하는 요소이다.

네번째로 주목해야 할 점은 『의미의 논리』가 서양철학사에 대한 들뢰즈식 버전이라는 점이다. 그 저작은 결코 독창적이지 않은 철학적 몸짓으로 플라톤에 대항하는 스토아학파를 연기함으로써 플라톤주의를 극복하려는 자신만의 버전을 제시한다. 내재(이 개념이 『의미의 논리』에 나타나지는 않지만)의 철학자는 반反 플라톤주의자로 가정될 수 있다. 의미의 철학은 초월적 원인에 대한 철학이 아닌 표면적 결과와 유사 원인들에 대한 철학이다. 들뢰즈에게 스토아학파는 새로운 '철학자의 이미지'를 보여 준다. 그 말 속에서 우리는 『차이와 반복』에서 발전되는 '사유의 의미지'라는 개념에 대한 암시를 읽어 볼 수도 있다. 스토아학파, 루이스 캐럴, 앙토냉 아르토를 이어 주는 전복적인 전통은 플라톤이라는 이름에서 연상되는, 지배적이거나 '독단적인' 사유의 이미지가 지닌 어두운 측면이다.

만약 서문(이 점이 다섯번째로 주목해야 할 부분인데)이 플라톤적 사

---

7 Deleuze, *Logique du sens*, p. 54〔영어판 pp. 39~40〕.

유의 이미지로부터 멀어지려는 움직임을 공언한 것이라면 우리는 수직적 은유 체계(표면과 높이의 관점에서 묘사되는 외양과 실재 사이의 대립, 즉 플라톤주의적 사상은 저 높은 곳, 그 자신만의 천국에 있다)를 수평적 은유 체계(내재면)와 맞바꾸도록 기대할 수 있다. 하지만 그 표면들은 아직 혼돈을 넘어 이끌어 낸 면이 아니거나 그 면에만 그치지 않는다. 정신분석학에 대한 언급은 여전히 (언어가 머무는 곳인) 표면과 심층 (본능적 충동의 어두운 영역) 사이의 대조와 관련된다. 이러한 대조는 후에 정신분석학과 더불어 폐기된다. 다시 말해 『의미의 논리』와 더불어 우리는 높이가 강등되면서 깊이는 여전히 존재하는 역전 단계에 있게 되며, 모든 것이 하나의 면에 각인되는 취소의 단계가 그다음으로 온다. 따라서 표면들은 계열이 각인되는 장소이며 계열은 하나의 표면에 각인되는 특이성의 연쇄이다. 특이성, 들뢰즈에게 중요한 개념이다. 내재의 철학자로서 보편성에 반대되는 특이성의 철학자이기 때문이다. 그는 표면 위의 한 점이다. 그 개념의 특징은 독특하다unique('singular'의 첫번째 뜻)라기보다는 특별하다peculiar('singular'의 두번째 뜻)는 데 있다. 특이점이 두드러지면서 자신의 주변에 지리적 의미에서만큼이나 수학적 의미에서 '이웃'을 조직한다. 그리하여 세 개의 특이한 꼭짓점들에 의해 삼각형 모양이 만들어진다. 우리는 『의미의 논리』에 언급된 '형상들'이 역사적일 뿐 아니라 '위상학적'인 이유를 안다. 또한 같은 문장에서 우리는 말라르메의 문구인 "주사위 던지기"의 현존을 보게 된다. 그것은 데모크리토스의 클리나멘clinamen, 즉 원자의 합을 통과해 혼돈으로부터 형상을 취한 우연적 원소의 들뢰즈식 버전에 이름을 붙여 주며, 우리의 사유를 일깨워 수많은 생각들을 하나의 문제로 통합시켜 주는 자의적 결단의 필요성에 주목한다. 주사위 던지기 사건coup de dés(결단의 형태는 사건이라 불릴 수 있다), 문제

(사유가 지닌 최고의 과업은 문제의 구성과 그것들을 공식화하는 개념들의 창조이다), 이 저서의 대상인 의미 사이의 연관성이 여기서 간략하게 그려진다.

　그러므로 문제의 서문은 『의미의 논리』라는 저작을 '논리적이면서 정신분석적인 소설을 쓰려는 하나의 시론'으로 특징지으면서 마무리된다. 이 두 용어들 중 전자는 다소 이상하다. 논리학에 대한 들뢰즈의 불신(『철학이란 무엇인가?』에 매우 강하게 표현되었듯)은 악명 높은데, 그것이 논리학적이나 논리주의적인 철학 형태인 한, 분석철학에 대해서도 마찬가지의 적개심을 보이기 때문이다. 앞선 '위상학적이고 논리적인'이라는 말의 병치가 하나의 답을 준다. 의미의 구성에 관한 이론은 구조의 내적 일관성에 의해 귀납되는 공시적·위상학적·논리적 이론일 것이다. 그 이론은 또한 의미의 출현과 언어의 기원에 대한 통시적 이론이 될 것이다. 그것은 로망스(프로이트적인 '가족로망스'는 프랑스어로 'roman familial'로 불린다)라 해도 무방한 언어의 출현에 관한 신화이지만, 치환된 진리를 담고 있는 정신분석적 소설을 통해 구성된다. 문학 이론에 관심이 있는 나로서는 이 철학 저서가 표면적으로 문학 텍스트 읽기를 주제로 삼고 있기 때문에, 소설의 가장 흥미로운 형식은 철학적 논쟁이며 가장 철학적인 논쟁들은 비록 엉켜 있긴 하지만 하나의 이야기로 구현된다고 주장할 것이다. 즉 논리의 은혜를 거의 입지 않은 하나의 공식화 속에서 철학은 문학에 대해, 문학은 철학에 대해 자연스러운 메타언어가 된다.

## 3. 구조주의자 들뢰즈

『의미의 논리』는 구조주의적 저서이다. 『안티오이디푸스』의 주축이 되었던 기계의 개념이 빠진 대신 구조의 개념이 만연해 있다. 8장('구조에 대하여')은 서문에서 개략적으로 언급된 내용들을 발전시키면서 보다 명확해진 용어로 구조의 조건들을 또박또박 열거한다.

①적어도 두 개의 이질적인 계열들이 분명 존재한다. 그중 하나는 '의미하는'signifying 것으로 결정될 것이고 다른 하나는 '의미되는'signified 것으로 결정될 것이다(하나의 계열로는 결코 충분히 구조를 형성하지 못한다). ②이들 관계, 아니 차라리 이 관계들의 가치와 매우 특수한 사건들, 즉 그 구조 안에 지정할 수 있는 특이성은 일치한다. …… 하나의 구조는 기본 계열과 상응하는 특이한 점들이 두 개로 분할되는 것이다. 이러한 이유로 인해 구조와 사건을 대립시키는 일은 엄밀하지 않은 일이다. 말하자면 구조는 관념적 사건들의 기록, 즉 그 기록에 내재한 전체 역사를 포함한다. ③두 이질적인 계열들은 그들의 '차생자'differentiator인 하나의 역설적 요소를 향해 통합된다. 이것이 특이성이 발산되는 원칙이다. 이 요소는 어떤 계열에도 속해 있지 않으며 동시에 두 계열들에 속해 있으면서 그것들 전체를 결코 멈추지 않고 순환한다.[8]

이는 구조의 개념에 대한 엄격하게 구조주의적 접근법이다. 들뢰즈의 저서에 명백히 언급되어 있듯 그에 대한 모범적 사례는 표현의 언어학

---

8 Deleuze, *Logique du sens*, p. 65~66〔영어판 pp. 50~51〕.

적 차원을 구성하는 음소 체계이다. 음소는 그 자체로 아무런 가치를 지니지 않으며 오로지 구조 속에서 하나의 음소를 다른 모든 음소들로 대치시키는 맥락 속에서만 가치를 지닌다. 따라서 이러한 가치는 순전히 차이적이며 표면에 드러나기 위해서는 하나의 '차생자'를 필요로 한다. 차생자는 음소의 계열을 따라 순환하면서 체계의 가상성을 표현의 실재성으로 변화시켜 그 계열 속의 모든 특이점, 즉 모든 음소를 차지한다. 그 차생자——음소 그 자체가 아니라 음소들을 음소들로 기능하게 하는——는 빈칸이므로 순전히 객관적인 실체로서 가치를 위한 순수한 장소이다. 그리하여 음소 /b/는 내재적으로 그 이름이 암시하는 바가 아니다. 그것은 결합으로서 체계 내에 그것이 놓인 장소가 '/p/가 아닌', '/g/가 아닌', '모음이 아닌' 등의 빈칸을 차지할 때 획득된다.

이러한 구조주의적 해설은 또한 구조주의를 향해 가해진 고전적 비판, 즉 구조주의는 역사를 무시하거나 적극적으로 부인한다는 비판을 회피하려 애쓴다. 똑같이 고전적인 행보로 들뢰즈는 역사를 구조 속에 재각인시켜 구조의 특이성과 연관된 사건들의 계열로 만든다. 우리에게 이것이 지니는 이점은 들뢰즈적 사건 개념에 대한 우선적인 접근법을 제시한다는 것이다. 사건은 어떤 구조의 가상성이 실재로 변했을 때 (랑그의 체계가 파롤의 발생으로 현실화될 때와 마찬가지로) 발생한다. 결과적으로 하나의 사건은 본질적으로 이중적이며 두 개의 얼굴을 지니지만, 둘 다 현실적이다(베르그송을 이어받아 들뢰즈는 '가능성 대 현실성'을 '가상성 대 실재성'의 대조와 혼동하지 않으려 주의를 기울인다).[9] 그것은 구조 내에

---

9 이에 관하여는 Deleuze, *Le Bergsonisme*, Paris : PUF, 1966, pp. 99~101[영어판 pp. 96~98]을 보라.

서 특이성이라는 외양을 띤 실재화된 얼굴로서 그 특이성들은 실질적인 의미를 지니며 표현되는 가치를 생산할 것이다. 하나의 사건은 또한 가상성으로서 구조 내에 들어 있는 이상적인 (그럼에도 불구하고 현실적인) 얼굴이다.

이러한 해석에는 여전히 삐걱거리는 부분이 있다. 그것은 음성체계라는 모범적 예에 기반을 두고 있지만 음소의 경우 두 계열이 관련되어 있는지는 분명하지 않다: 확실히 두번째 계열 ── 만약 그것이 있다면 ── 은 소쉬르적 기호에서 시니피앙과 시니피에의 대립과 같은 의미에서 '의미되는' 계열은 아니다. 기껏해야 두번째 계열은 물리적 소리로 구성되어 있으며 그 속에서 개별 음소는 단일 음소의 실현으로 여겨질 소리들을 선택함으로써 일련의 '이웃들'을 조성한다. 하지만 여기에서 묘사되는 양면적 사건들이 음소 구조가 **파롤**, 즉 구체적 발화로 실현되는 일에 해당되는지의 여부, 또는 가상적-이상적 사건에서 실재적 사건으로의 이행이 저작이 암시하는 것처럼 **구조 그 자체** 내에서 발생하는가의 여부는 분명치 않다.

그러한 난국을 타개하려는 희망에서 들뢰즈의 구조주의론인 「구조주의를 어떻게 이해할 것인가?」로 되돌아가 보자.[10] 그 논문은 학생들을 위해 쓰인 8권의 철학사 책에서 모습을 드러내었다. 들뢰즈는 흄에 대한 장을 다른 책에서 쓰기도 했다.[11] 들뢰즈가 『차이와 반복』과 『의미의 논리』를 출간하기 전인 1967년에 쓰인 그 글은 놀라우리만치 명확하고 방

---

10 Deleuze, "A quoi reconnaît-on le structuralisme?", eds. François Châtelet, *Histoire de la philosophie*, vol. 8 : Le XXe siècle, Paris : Hachette, 1973(2nd edn., 2000), pp. 299~335.

11 Deleuze, "Hume", *Ibid.*, vol. 4, Paris : Hachette, 1972(2nd edn., 1999).

법론적이며, 교육자로서 들뢰즈의 재능을 입증해 주는 산 증인인 셈이다.

예상치 못한 바는 아니지만 출발점은 구조를 발견하는 곳에서 구조주의를 발견한다는 것이다. 그리고 언어가 연관되어 있기만 하다면 우리는 구조를 발견한다. 구조적 묘사는 우선적으로, 그리고 오로지 언어와 관련된다. 하지만 그 명제proposition는 우리의 가장 초보적인 직관과 상반되므로, 구어를 넘어서는 다른 언어들의 경우에도 적용될 수 있을 만큼 언어의 개념이 확장되어야 한다. 비구어적 언어가 여기에 해당한다(몸짓언어와 같은 증상, 인류학자들이 연구하는 친족끼리의 사회적 언어 등). 나는이를 언어에 대한 들뢰즈의 양면성을 최초로 공식화한 것으로 간주한다. 여기서 그는 그가 후에 부인했던 것——인간 언어를 분절시키는 구조주의적 입장이 모든 '언어'의 모델이라는 주장——을 옹호하는 동시에 언어는 이중적 분절과 시니피앙과 시니피에의 대립 이상이라는 생각을 주장하고 있다.

그렇다면 우리는 어떻게 구조주의를 알아볼 수 있을까? 대략 7개의 척도가 있다. 속屬(언어)을 정의하고 나면 종과 그 구체적 차이들에 도달하게 되는데, 그 차이의 목록은 다음과 같다. 첫번째가 **상징성**이다. 구조주의는 자신을 위치시키는 그 장소에 세번째 영역인 상징계를 들임으로써 실재계와 상상계 사이의 관습적 대립을 피한다. 실재계는 진실에 있어서 독특하다(오로지 하나의 진실만 있다). 우리는 분신double(이미지, 환상등)을 보자마자 상상계에 있게 된다. 하나를 더하면 세번째에 도달한다. 다시 말해 시니피앙, 시니피에, 그리고 지시대상의 삼각형을 지닌 상징계에 있게 되는 것이다. 이러한 삼각 구조는 어떤 구조가 존재한다는 표시이며 그것은 의미의 어떤 미끄러짐, 순환에 의해 규정된다. 두번째 척도는 **위치**의 문제이다. 구조의 요소들은 내적 의미를 지니지 않은 채 오로지

상대적 가치만을 부여받는다. 두번째 계열의 존재가 명확하지 않음에도 불구하고 음소 체계가 구조의 예로 선호되는 이유가 여기에 있다. 그처럼 무의미한 요소들이 마찬가지로 무의미한 다른 요소들과 결합함으로써 의미를 획득하게 되므로, 두번째 시니피에 계열은 각 위치가 결합해서 의미 연쇄를 형성할 때 나타난다.

세번째 척도는 **차이적**differential이고 특이하다는 것이다. 가치의 차이성(언어학자가 '최소 짝'——가령 'pig'와 'fig'——이라 부르는 것 속에 있듯이)은 그들의 이웃과 더불어 특이한 점들을 생성한다. 그 결과 혀짤배기 화자가 내는 소리가 중설음 /s/ 소리로 향하게 되면 그 소리는 음소를 실현한 것으로서 's'로 여겨지게 될 것이다. 다시 말해 그 소리는 's'로 해석될 것이다. 이러한 척도는 구조의 세 가지 특징을 알려 준다. ①구조는 상징적 요소들로 구성되어 있다. ②그 요소들은 차이적 관계로 돌입한다. ③그러한 관계들은 특이한 점들 내지 특이성을 규정한다. 네번째 척도인 **분화**differenciation의 현존은 세번째 척도에 담긴 자연스러운 결론을 도출한다. 즉 구조 그 자체는 잠재적인, 차이적 관계(뒤 단어의 't'를 주목하라)의 네트워크이다. 그것은 분화 과정(앞 단어의 'c'를 보라)을 통해 실재 형상으로 실현된다(입증된 친족 체계인 파롤, 구체적 증상 등). 들뢰즈의 differen *t/c* iation가 주목하는 차이는 잠재와 실재 사이의 대조를 표현하는 동시에 최소 짝(내용에서의 대조를 생성하는 표현상의 최소의 대조)의 원형적 상징 관계를 예시해 준다.

다섯번째와 여섯번째 척도는 이제 친숙하다. 전자는 두 **계열**(척도 5번)과 하나의 역설적 요소, 또는 **빈칸**의 현존이다. 두 계열은 문제들의 영역을 규정하며 그들의 조건은 지속적인 변이와 대치(누빔점의 우연한 출현이 요구되는 시니피앙의 사슬과 시니피에의 사슬 사이의 저 유명한 미끄러짐)의 지배 아래 놓여 있는 관계를 통해 서로 연관된다. 그 빈칸은 두 계열을 서로 결합시켜, 지속적인 변이로 인해 서로 어긋나도록 장려되는 곳에서 그 둘을 한데 모아 준다. 들뢰즈는 거기에 차이를 구성하는 '대상=X'라는 칸트식 이름을 부여하는데, 그것은 너무 적으며 (그것은 '자신의 자리에 나타나지 않는다') 동시에 너무 많다(그것은 또한 언제나 '정해진 수 이상이다'). 주어진 예들은 캐럴에게서 심원한 단어들, 더 명확하게는 제로 음소zero phoneme의 개념이다. 한 요소의 부재가 종종 제로 음소로서 하나의 요소로 여겨진다는 것은 구조주의가 지닌 뚜렷한 특징들 중 하나이다. 이를테면 영어는 정관사와 부정관사와 동일한 차원으로 제로-관사zero-article를 이용한다. 마지막 척도는 **주체**와 관련된다. 그것이 맨 마지막에 와야 한다는 것은 전적으로 타당한데, 구조주의는 고전적이고 현상학적인 주체를 중심 지위로부터 강등시키기 때문이다. 구조는 오로지 장소들만을 안다. 그 장소들은 그레마스의 행위자들[12]처럼 상징적 요소들에 의한 가상적 상태로 채워져 있다. 실현화 과정에서 이 장소들은 행위자들, 즉 주체로 변화하는 개인들을 포획할 것이다. 그 결과 주체는 구조의 결과물로서 주변적이다. 우리는 라캉과 알튀세르가 레비스트로스나 옐름슬레우만큼이나 구조주의자인 이유를 이 대목에서 이해하게 된다. 주체를 이런 식으로 다루는 것은 중요한데, 그것이야말로 『의미의 논리』에서 전前개체적이고 비인칭적인 현상들(특이성은 결코 주관적이지 않은 것으로서, 전개체적이고 비인칭적이지만 종국에는 주체들을 포획한다)과 개별성에 대한 그의 주장을 나타내 주기 때문이다.

아는 바와 같이 『의미의 논리』의 주요 주제는 서문에서 알 수 있는

---

12 행위자(actants). 특정인물이 아니라 이야기를 구성하는 기능을 하는 구조적 단위.—옮긴이

것처럼 두 중심 개념인 '사건'과 '의미'가 상당 부분 빠져 있긴 하나 이미 원시텍스트Ur-text에 드러나 있다. 그것들을 순서대로 보도록 하자.

## 4. 사건의 두 유형

우리의 주인공이 이웃 마을로 가는 길에 신을 만난다. 그의 삶과 우리의 삶은 그 조우에 의해 되돌이키기 어려울 만큼 변화된다. 이것은 하나의 사건이다. 하지만 다음과 같은 일도 하나의 사건이 된다. 우리의 주인공이 미친 듯이 도망을 가고 있지만 그는 자신이 도망치고 있는지 싸움터로 뛰어들고 있는지 더 이상 알지 못한다. 그는 다만 주변에서 큰 전투가 벌어지고 있다는 것만 알고 있을 뿐이다. 하지만 그는 전투 그 자체, 작은 충돌에 불과한 개인의 행위, 경험의 단편들을 경험하거나 완전히 이해할 수 없다. 왜냐하면 전장 위를 맴도는 전투는 어디에나 있지만 또한 어디에서도 보이거나 포착될 수 없기 때문이다.

스티븐 크레인Stephen Crane의 『붉은 무공 훈장』*The Red Badge of Courage*에 등장하는 세인트 폴과 무명의 주인공은 둘 다 서로 다른 유형의 사건들에 연루되어 있다. 다마스커스로 가는 길에서 접한 사건은 확립된 세계로의 광포한 침입 내지는 개입이다. 화산 폭발과도 같은 위력을 지닌 이러한 침입은 중단이기도 하다. 그러한 중단은 현 상황의 시간을 취소하고 새로운 시간의 기초를 알린다. 그러한 시간을 적절하게 설명하는 유일한 이름은 '혁명'이다. 전투라는 사건은 그렇지 않다. 그것은 화산 폭발이라기보다는 연무나 안개 같은 것으로서 연루된 행위자들의 행위를 이해하지 못하거나 그들의 행위에 무심한 채(아니면 적어도 중립적인 채), 손아귀를 벗어나 전장 위를 떠다닌다. 그럼에도 불구하고 그 사건을 소급해 보면 행위들에 의미를 가져다줌을 알 수 있다(즉, 그 사건은 역설적 요소처럼 순환한다. 그 사건은 의미의 순환이다). 그리고 그것은 연대기적 시간(사건은 날짜를 가지고 있다)과 시간의 바깥, 일종의 영원성 (전투는 키츠의 「그리스 유골 항아리에 부치는 송가」Ode on a Grecian Urn에 새겨진 장면처럼 생동감 있지만 움직일 수 없다) 둘 다에 관련된다.

여기서 나는 두 유형의 사건들, 그 사건들이 현대 이론에 영감을 주었던 사건에 관한 두 개념들을 대비시켜 보려 한다. 나는 그 둘을 간단히 바디우적 사건과 들뢰즈적 사건으로 부르고자 한다. 나의 우선적 관심사는 들뢰즈적 사건에 있지만, 대비시켜야 하는 까닭에 바디우적 사건을 통해 먼저 짤막하게 우회하고자 한다.

바디우의 사건에 관한 이론은 그의 대표작인『존재와 사건』[13]에 상술되어 있으며 그 저서는 뒤따른 여러 권의 저서들 중 특히『윤리학』[14]에 영향을 준다. 사건이라는 개념은 개념들의 체계의 일부로 출현하지만 그것은 이 작품에서 그 극치(바디우는 철학적 지식체계론의 느낌을 강하게 풍긴다. 그는 체계의 수립자인데, 이제 그런 일을 하는 철학자는 거의 없다)를 이룬다. 그것은 **상황**(내가 조금 전 '확립된 세계' 또는 '현 상황'이라 칭했던), 언어, 백과사전(그러한 세계를 살 만하게 만드는 지식의 요인들과 신념 세트들)과 더불어 시작한다. 상황은 우리가 스스로를 발견하는 곳이다. 그것은 중첩, 또 중첩되어 있다. (프랑스혁명이 발발했던 상황은 계급, 경제 관계, 궁정, 철학자 무리 등 바스티유를 잊지 않는 무한한 중첩으로 이루어

---

13 Alain Badiou, *L'Être et l'événement*, Paris : Seuil, 1988. 바디우에 관하여는 Lecercle, "Cantor, Lacan, Mao, Beckett, Même Comabt : the Philosophy of Alain Badiou", *Radical Philosophy*, 93, January/February 1999, pp. 6~13.

14 Badiou, *L'Éthique*, Paris : Hatier, 1993 ; trans. A. Badiou, *Ethics*, London : Verso, 2001.

져 있다. 그 상황은 바스티유의 함락이라는 하나의 사건에 의해 구멍이 뚫린 다.) 사건은 상황 속에 위치하며, 그 안에 자리를 가지고 있지만 **상황에** 관한 것이 아니며 상황에 속해 있거나 그것을 보완하지도 않는다. 그것은 빛 속에서 명멸한다(그것은 어떤 적절한 지속성도 지니고 있지 않다. 그 순간성은 사건 후에 소급되는 순간성이다. 우리가 보았듯 그것은 중단하고 수립한다). 하지만 그것은 흔적, 즉 상황의 요소들과 **우연한 만남**을 허락하는 흔적을 남긴다. 그러한 만남은 신념 아니면 전환의 과정을 거친다. 그러한 요소들은 사건의 전사戰士가 되어 **진리**의 과정을 촉발시켰다. 그 사건은 하나의 진리a truth를 생산하는 장소(여기서 부정관사 a가 중요하다. 바디우는 진리라는 개념은 공허하지만 특정 분야의 사건들은 여러 개의 진리를 생산한다고 주장한다)이다. 그렇다고 그것이 깨달음은 아니다. 사건의 실재성, 진리를 생산하는 잠재력을 확신하기 위해 일련의 심문inquests(분명히 마오쩌둥으로부터 빌려 온 개념이다)이 필요하다. 일단 확인이 된 진리는 그 전사들을 충성심의 상태에 놓아 둠으로써 이 사건의 전사로 만든다. 사건과 마주한 전사에게 상황은 급격하고도 분명하게 변한다. 그녀는 충실함 속에서 **주체**——개별 주체나 심리학적 주체가 아니라 진리 과정의 담지자——가 된다. 그래서 진리로 가득한 사랑의 만남을 갖는 주체는 한 사람의 연인이 아니라 둘 다가 된다. 그 주체는 인간이라는 동물이 자신의 동물성으로부터 벗어나게 해주며 영원함을 알게 한다.

바디우에 의하면 사건이 발생하고 진리가 생성되는 네 개의 분야가 있는데, 과학·예술·정치·사랑이 그것이다. 또는 다시 말하면 정치와 과학에는 혁명이 있고 예술에는 돌파구가 있다. 마치 첫눈에 반한 사랑이 그러하듯이 (바디우는 사건을 가리키는 좋은 이름인 '번쩍함'coup de foudre 에 관한 최초의, 그리고 유일한 철학자이다) 말이다. 물론 나의 설명에는 종교 분야라는 이름 붙여지지 않는 분야가 관련되어 있음이 암시되어 있다. 바디우의 개념들은 '충실함'faithfulness이 '신앙'faith으로 읽히는 등 손쉽게 기독교적 용어로 번역될 수 있기 때문이다. 또한 다마스커스로 가는 길의 경우처럼 사건의 결과는 개종의 결과이다(여기에 뜻하지 않는 장애물이 있는데 바디우는 자칭 무신론자이며, 그의 신학이론——만약 그렇게 불릴 수 있다면——에 신, 회개, 삶의 의미를 위한 장소는 없기 때문이다. 그의 사건 개념이 지닌 뚜렷한 특징은 사실상 주어진 상황의 언어로 이름 지을 수 없는 사건은 의미를 지니지 않는다는 것이다).

우리가 살펴보았듯 바디우적 사건은 구체적인 순간성의 형태를 가진다. 그것은 눈 깜짝할 사이에 발생하여 그 상황의 시간을 중단시킨다. 그러나 그 사건은 또한 또 다른 시간인 심문의 시간, 진리와 충실함의 과정이라는 시간을 수립한다. 여기서 사건이 잘못 흐를 수 있으며, 악이 개입한다(악에 관한 이론은 『윤리학』에서 찾아볼 수 있다). 악에게는 진실을 파괴하고/파괴하거나 사건을 폐지시킬 수 있는 세 가지 방법이 있다. 첫번째는 예전 상황이 지닌 요소를 사건의 시뮬라크르simulacrum로 조립하는 일이다. 틀린 예언자가 있듯이 틀린 사건들이 있다. 국가 사회주의 '혁명'은 10월 혁명과 달리 사건으로 받아들이고자 했던 사건이 아니었다. 두번째는 배반이다. 사건에 의해 급격히 삶이 변해 버린 전사는 그러한 엄청난 변화가 요구하는 용기와 인내심을 늘 지니고 있지는 않다. 그는 진실에서 손을 뗀 채 사건을 포기하고 적극적으로 그것을 거부할 수 있다. 역사는 그러한 옷 바꿔 입기 또는 변절로 가득 차 있다. 마지막으로 그 투사는 예외적인 것뿐만 아니라 사건의 무의미한 본성마저도 잊어버릴 수 있다. 그는 사건이 의미를 가지게 하고 사건 전체에 그 사건의 특이성을 강요하며 상황의 요소들이 외부의 이상한 요소들과 억지로 일치하게 만든다. 이것이 공포의 악으로서 바디우에게 그러한 악의 역사적 원형은 스탈린적 공포이다. 그때 진정한 사건인 레닌의 혁명이 구 러시아 제국에 강제로 부가되었다. 우리는 그 결과를 너무 잘 알고 있지 않은가.

이는 사건에 대한 매우 강력한 이론으로 적용이 되어 우리가 문학작품을 이해하는 데 도움을 줄 수 있다. 어디선가 나는 바디우의 이론이 '영원성'(빅터에게 찾아든 생각이 세상을 파괴하는 사건이 아니라면 달리 무엇이란 말인가?)과 배반(괴물의 생기 없는 육체가 생명을 얻은 그 승리의 순간에 빅터를 사로잡은 자신의 피조물에 대한 기이한 혐오감이 광포한 배반의 형식이 아니라면 달리 무엇이란 말인가?)의 관점에서 메리 셸리의 『프랑켄슈타인』에 대한 믿을 만한 독법을 제시할 수 있다는 점을 보여 주려 시도한 바가 있다.[15] 극도의 자비에서 공포의 악으로 변한 괴물이 바디우적 사건의 흔적, 그 환생이 아니라면 달리 무엇이란 말인가?

라캉은 바디우가 인정하는 몇 안 되는 거장들 중의 한 사람이며 그의 사건 이론은 다소간 라캉적 분위기를 풍긴다. 비교의 지점으로서 여기에 사건에 대한 지젝의 말이 있다.

> 사건 자체The Event는 구조, 공시적인 상징 질서의 불가능한 실재이며 법적 질서를 유발하는 격렬한 몸짓을 낳는다. 법적 질서는 이 몸짓을 결코 완전하게 인정-상징-공언될 수 없는 그 무엇이라는 공허한 억압의 상태로 강등시킴으로써 소급적으로 '불법적'이게 만든다. 간단히 말해 공시적인 구조적 질서는 신비롭고 공허한 내러티브로 위장을 해야지만 인식될 수 있는 근원적 사건Event에 대한 일종의 방어기제인 것이다.[16]

---

15 나의 논문 *Radical Philosophy, op. cit.*

사건에 대한 이와 같은 해석은 바디우의 그것과 분명히 유사하며 곧장 라캉적 경로를 뒤따른다. 여기에 제시된 사건은 '구조'라 불리는, 리얼리티로 상징화할 수 없는 라캉적 실재의 개입이다. 사건이 낡은 구조를 파괴하고 무효화하며 새로운 구조 내지 새로운 법적 질서를 수립하는 이중적 효과를 지닐 수 있다. 그리고 우리는 이러한 사건의 역설적 본성에 주목해야 한다. 사건이 생성시키는 것(통시적으로)은 공시적 구조(여기서 사건에 대한 접근은 언제나 소급적인 것으로서, 언제나-이미, '사후'의 형태를 띤다)이다. 그리고 그러한 사건이 '격렬한 몸짓'이어야 함은 놀랄 만한 일이 아니다. 그 사건은 새로운 법적 질서를 수립하지만 거기에 속해 있지 않으며, 그 자체로는 불법적이다. 그 사건과 그것이 파괴하거나 수립하는 질서 사이에는 어떠한 공존성이나 인접성도 없다. 때문에 그것의 생존 양식은——기억이든 억압된 것의 회귀이든——흔적의 양식일 뿐이다. 그 사건은 오직 유령의 형식으로만 우리에게 다가온다. 유령이므로, 즉 실재계에 속하므로 그것이 상징질서 바깥에 존재하고 언어 속으로 들어올 수 없는 이유를 이해한다. 그것은 '인정'되거나 풀이되거나, '상징화되거나', 재현되거나 '고백되거나', 또는 축복될 수 없다.

그렇지만 사건에 대한 이러한 강력한 개념은 두 가지 논점에서 비판을 받는다. 무신론이라는 바디우의 고백에도 불구하고 거기에는 초월성의 위험이 있다. 사건이란 신의 영원한 의도의 일부가 아니라 자의적이기 때문에 목적론과는 상관이 없다. 하지만 그 사건은 여전히 그것이 파괴하는 세계의 외부 또는 저 너머에서 오며 소급적인 목적론, 즉 진리와 충실함 속에 내재되어 있는 목적론을 만들어 낸다. 이것이 『철학이란 무엇인

---

16 Slavoj Žižek, *The Fragile Absolute*, London : Verso, 2000, p. 92.

가?』에서 들뢰즈가 바디우에게 가하는 비판이다. 바디우적인 사건은 그것이 발생하는 장소인 상황 속에서 공허의 형식으로, 철학에 귀속되어 있는 역할('더 고상한 철학'이라는 전통적 인식)을 통해 초월을 재생산한다. 여기서 철학은 "그 발생론적 조건의 총체성을 기능들(과학·시·정치·사랑)에서 발견하는 조건화되지 않은 개념과도 같이 텅 빈 초월 안에서 떠다니는 것처럼 보인다".[17]

두번째 비판은 문학 텍스트를 해석하는 데 사건 개념을 사용하는 것과 연관된다. 바디우적 사건은 텍스트 내에서 환대받을지도 모르겠다(재현되지는 않을지라도). 다만 그러한 '환대하기'가 불가피하게 재현의 한 형식이 될 것이라는 점만 제외한다면 말이다. 가령 『프랑켄슈타인』은 사건의 중단을 그려 냄으로써 이러한 중단을 강력한 신화로 변형시킨다. 그래 봤자 기껏해야 사건을 인정하고 상징화하며 고백하려는 간접적인 시도일 뿐인데 말이다. 상황의 언어로 표현할 수 없는 사건은 오로지 그 내부에서 표현될 수 있을 뿐이다. 달리 **표현 가능한 언어가 없기 때문이다**. 이는 이 책이 출발하는 지점으로서 새로운 역설의 형식이며 유창함으로 윤색한 언어 혐오자의 형식이다. 언어학적으로 가장 파괴적인 전위적 시인들이라 하더라도, 일상 언어로 자신을 표현하지 않는 극도의 문자주의적(상형, 의성어 따위를 시에 쓰기를 주장하는 전위 문학가) 시인이라 하더라도 **텍스트** 내에서, 언어 내에서 사건을 환대할 수밖에 없을 것이다. 그 개념은 **텍스트의 사건**이 아니라 텍스트 자체를 사건으로 받아들인다.

이것은 물론 바디우와 지젝에게는 부당한 일인데, 이와 같은 역설은 고상한 모더니즘의 보증서들 중 하나이기 때문이다. 블랑쇼의 『문학의

---

17 Deleuze and Guattari, *Qu'est-ce que la philosophie?*, p. 144〔영어판 p. 152〕.

공간』에 나오는 다음과 같은 구절을 보자.

> 예술이라는 사건은 하나의 독특한 사건이 눈부시게 등장하는 표식이다.
> 이해력 있는 정신이라면 자신의 출발점으로 그 사건을 붙잡으려 할 것
> 이지만 그러한 일은 사건을 벗어나는 한에서 가능할 뿐이다. 사건이란
> 부정성을 빙자할 수밖에 없는 영역에서 발생하므로 이해 불가능하기 때
> 문이다.[18]

대체로 여기서 사용된 사건의 개념은 바디우나 지젝이 말하는 라캉
적 사건과 매우 유사하다. 우리는 일종의 부정적 신학, 실재계의 질서가
지닌 그 무엇, 단순한 이해이자 그것을 벗어나는 그 무엇을 통해 눈부신
등장과 소급적 이해를 가진다. 그리고 예술의 기능은 이러한 표현할 수
없는 사건을 표현하는 것이다. 우리는 블랑쇼에게서 왜 시어가 언제나 그
극한으로서 침묵을 갈구하는지를 이해한다. 하지만 또한 거기에는 중요
한 차이가 있다. 여기서 사건은 **예술 작품 그 자체**이다. 사건은 텍스트가
재현하거나 심지어 반기는 그 무엇은 아니다. 즉 예술이 사건이다. 왜냐
하면 사건은 언어로 포획되지 않으면서도 언어 안에서만 존재할 수 있기
때문이다.

그 자신이 소설가이자 극작가이며 설득력 있는 문학작품 해석가인
바디우[19]는 이에 대해 아무런 이견이 없을 것이다(모든 진정한 시가 예술
적 혁명은 아니라 하더라도 사건들이 사실상 예술의 영역에서 발생하기 때

---

18 Blanchot, *L'espace Litteraire*, p.299[르클레르의 번역].
19 그의 *Beckett : l'increvable désir*, Paris : Hachett, 1995, 그리고 그의 *Petit manuel d'insthétique*, Paris : Seuil, 1998을 보라.

문이다). 그럼에도 불구하고 우리는 이와 관련해 보다 즉각적으로 믿을 만한 해설을 사건에 대한 들뢰즈적 개념 안에서 발견하게 될 것이며, 이미 본 바와 같이 둘 사이에는 상당한 차이가 있다. 이러한 차이를 분명히 하기 위해서는 하나의 사건에 대한 두 가지 다른 예들을 제시하기만 하면 된다. 들뢰즈가 직접 제시한 예로 고양이 없는 미소(『이상한 나라의 앨리스』에서 체셔고양이가 사라진 데 대한 인유)와 나의 죽음이 있다. 두번째 예 또한 그 엄연한 불가피성으로 인해 바디우적 사건의 예로 간주될 것인데(이는 두 개념이 정반대가 아니라는 뜻이다. 여기서 나는 그들의 차이를 주장하거나 혹은 과장하고 있는 것이다), 실재계가 마침내 고통스럽게 구축된 나의 리얼리티를 부수는 순간의 예처럼 말이다. 하지만 첫번째 예시는 하나의 바디우적 사건으로 여겨질 수 없으며 우리를 완전히 다른 길로 이끈다.

들뢰즈에게서 사건의 개념은 스토아학파로 거슬러 올라간다. 『디알로그』의 한 구절[20]에서 그는 자신이 스토아학파의 범물체론pan-somatism에 빚지고 있다고 밝히면서, 그들에 의하면 만물은 하나의 신체이거나 신체들의 혼합(예컨대 칼과 그것이 자르는 살의 혼합)이며 세상은 거대한 **접촉**corps-à-corps의 장소이다. 그러나 그와 같은 혼합물의 행위와 열정은 비물질적인 효과를 가진다. 그것은 언어가 원형동사(그 자체로 존재하며 시제도 주어도 필요로 하지 않는)로 위장함으로써만 포착할 수 있는, 신체와 상황의 표면 위를 중립적이면서도 움직임 없이 떠다니는 안개이다. 그러한 것이 사건들의 안개이다. 스토아학파는 자신들의 철학적 경향을 신체와 정신 사이에서 이끌어 내거나 지각되는 것과 식별할 수 있는 것 사이

---

20 Deleuze and Parnet, *Dialogues*, pp. 77~80〔영어판 pp. 62~64〕.

에서 이끌어 내는 것이 아니라 (칼이 살을 뚫듯이) 물리적 심층과 (상처를 입히는 사건이 거주하는) 형이상학적 표면 사이에서 이끌어 낸다. 따라서 철학적 절단선은 사건과 사물들 사이에서 움직인다. 여기에 사건의 역설적 본성이 있다. 다시 말해 사건은 신체가 혼합된 결과로서 그러한 혼합에 의해 생성되긴 하나 신체 바깥에, 행위와 열정 바깥에, 그리고 그것들이 펼쳐지는 시간 바깥에 존재하면서 다른 질서를 따른다. 그러면 전투는 어디에? 모든 곳에 있으면서 어느 곳에도 있지 않다. 전투는 전투원의 행동과 열정 속에 있지 않고 그것들을 안개처럼 감싸며 애무하듯 스쳐 지나간다. 그것은 언제나 존재하고, 또 언제나 달아나며 물리적으로나 정신적으로 파악할 수 없는 것이다. 여러분은 아마도 이러한 처지가 아래가 잘 바라보이는 언덕 위에서 작전을 지시하는 장군의 그것이 아니라 한창 전투에 참가하고 있는 병사의 그것이라고 말할지 모른다. 하지만 이 그림은 정확히 하나의 그림으로서 전투를 재현한 것이다. 그것은 사건이 일어난 직후 자신의 주제를 정확히 알기 위해 초월을 재도입하는 화가의 현실성 없는 조감도이다. 사건 그 자체는 그러한 초월을 알지 못한다. 사건은 내재성의 면에서, 표면에서 발생한다. 그것은 경계면의 위가 아니라 접점에서 말과 사물, 과거와 현재, 물질적인 것과 이상적인 것 사이에서 발생한다. 이중성과 역설은 사건의 이름이다. 하나의 사건은 상황들에 **귀속**되며 명제들로 **표현**된다. 전투라는 사건은 전장에서의 혼돈스러운 상황들에 귀속되며 부정사인 'to-do-battle'[전투를 하다]로 표현된다. 왜 부정사일까? 부정사는 과정 중인 동사이기 때문이며 (사건에는 어떤 분명한 역동적 자질이 있다) 주어(서술적 동사 형태와 상반되는 것으로서)를 필요로 하지 않기 때문이다. 사건은 **주어를 가지지 않으며** 비인칭이다. 그래서 들뢰즈는 사건의 '그것'에 관해 말한다. 사건은 시제를 갖지 않으며 무한한 (전투라는 절대적으로 우연한 발생은 일단 그것이 발생한 이후에는 영원한 소급적 필연성을 획득한다. 그래서 사건은 무한할 뿐 아니라 초시간적이다) 동시에 과거와 현재를 배분한다(만약 죽음이 하나의 사건이라면 그 자체로는 어떠한 시간도 갖지 않는다. 죽음의 순간은 아무런 지속성도 지니지 않지만 '죽기로 되어 있는'과 '죽은', 즉 사건적 상황 그 자체와는 다르지만 거기에 의존하는 두 상황들 사이의 경로에 영향을 준다).

후기에 이르면 강력한 생존 본능을 지닌 개념인 들뢰즈의 사건은 다음과 같이 정의된다.

이것이 소위 사건, 또는 벌어지는 모든 일 속에서 자신이 실현되기를 회피하는 부분이다. 사건은 상황이 아니다. 그것은 상황, 신체, 경험 속에서 실현되지만 지속적으로 그 실현으로부터 모자라거나 더해지는 은밀하고 비밀스러운 부분을 지닌다. 상황과는 반대로 사건은 시작하지도 끝나지도 않은 채, 자신이 일관성을 가져다주는 무한한 움직임을 획득하고 유지할 뿐이다.[21]

이 중 어떤 부분은 충분히 친숙하다. 사건은 상황 속에서 실현되지만 상황과는 다르다. 사건은 방금 전술한 역설적 순간성을 즐긴다. 하지만 거기에는 중요한 차이가 있다. 우리의 사건은 정관사와 첫글자를 대문자로 가질 만한 가치가 있다. 즉 event가 아니라 'the Event'로서 이념성, 아니 차라리 잠재성의 영역인 사건은 **벌어지는 모든 일** 속에서 실현되기를

---

21 Deleuze and Guattari, *Qu'est-ce que la philosophie?*, pp. 146~147.〔영어판 p. 156.〕(나는 번역을 조금 부드럽게 하였다).

회피한다. 아마도 이 대목에서 바디우적 사건과 가장 현저한 차이가 발생한다. 사물들의 기존 질서를 해체하는 바디우적 사건들은 그 수가 매우 적으며 그 사이의 거리도 멀다. 반면에 들뢰즈적 사건은 모든 곳에 있으며 발생하는 모든 일들, 즉 나의 죽음(무관심한 발발이 아닌), 전투(비록 워털루 전투는 아니라 하더라도 사소한 발발은 아닌), 체셔고양이의 웃음 또는 지금 이 글을 쓰면서 내게 생겨나는 두통 속에 존재한다.

그럼에도 불구하고 사건이 지켜 온 유일한 것은 그 이중성duality이다. 발생하는 모든 것 속에서 실제적인 사고(신체의 혼합)는 잠재적인 상태로 남아 있는 발생의 이면인 사건과 구별되어야 한다. 우리는 그때의 사건이라는 단어가 왜 특수화되어야 하는지를 이해한다. 잠재성은 자신의 리얼리티를 갖고 자신만의 영역을 형성한다. 즉 모든 사건들은 운명의 또 다른 이름인 하나의 거대한 형이상학적 사건에 속한다. 베르그송에게서 빌려 온 잠재성 개념은 들뢰즈의 형이상학에서 지속적으로 다루는 중요한 개념들 중의 하나이다. 베르그송에 관한 책에서 들뢰즈는 두 개의 대립물인 현실적인 것 대 가능한 것, 실재적인 것 대 잠재적인 것 사이의 대립을 발전시킨다.[22] 이 대비는 현격해서 잠재는 현실만큼이나 실재적이지만 둘은 서로 상반된다. 가능과 현실 사이의 관계가 유사성의 관계이고 잠재와 현실 사이의 관계는 차이성의 관계라는 점에서 그러하다. 현실적인 것은 가능한 것의 이미지인 반면 실재적인 것은 그것이 구현하는 잠재성과는 닮아 있지 않다. 현실화는 차이이며 창조이다(그리하여 다마스커스로 가는 일 위에서 조우, 또는 죽음 또한 들뢰즈에게는 사건들이라는 사실). 그 전투 사건의 새로운 버전이 『철학이란 무엇인가?』에 들어 있다.

---

22 Deleuze, *Le Bergsonisme*, pp. 98~101〔영어판 pp. 95~98〕.

한 주체가 살아갈 수 있는 모든 것으로부터, 그 자신의 신체로부터, 그와는 별개의 다른 신체나 대상들로부터, 그리고 상황들이나 그것들을 결정하는 물리-수학의 영역으로부터, 사건은 상황과 닮아 있지 않은 안개를 내뿜는다. 그것은 전장, 전투, 한판 싸움을 당시의 상황과 관련된 것에 대한 암시만 남아 있을 뿐인, 어떤 순수한 사건의 구성소 내지 변이로 여기게 된다. 상황 속으로 어쩔 수 없이 끼워 넣어질 때마다 사건이 실재화되고 효력을 발생한다. 하지만 그 개념을 분리해 내기 위해 상황으로부터 추상화되는 순간 반대의 결과가 발생한다counter-effectuated.[23]

반효과화 또는 아모르파티[24](이 용어는 아마도 프로이트의 반anti카덱시스[25]에서 따온 듯하다)는 비인칭적 사건에 의해 호명된 주어가 최소한의 자유를 누릴 수 있게 해주는 것이다. 이는 사건이라는 안개 속에서 길을 잃은 배우가 아우스테를리츠 위로 떠오르는 햇살 한 줄기를 움켜 잡고 결정을 내리는 (그리하여 『붉은 무공 훈장』의 주인공의 비겁한 도망이 영웅적 용맹으로 바뀌게 된다) 순간이다.

따라서 들뢰즈적 사건은 라캉적 형태의 사건과는 대조적으로 세 가지 뚜렷한 특징을 지닌다. 그것은 비물질적(사건이 감싸는 상황과 분리할 수 없지만 존재론적으로 그와는 구별되는)이고, 비인칭적(방금 언급한 '호

---

23 Deleuze and Guattari, *Qu'est-ce que la philosophie?*, p. 150(영어판 p. 159).

24 아모르파티(amor-fati). '인생을 사랑하라'는 프리드리히 니체의 인생관을 표현하는 말. 흔히 운명애로 번역된다.—옮긴이

25 '카덱시스'(cathexis). 독일어 'Besetzung'를 영어로 번역한 것으로 '대상에 쏟는 심리적 에너지'를 의미한다. 무의식적 정신활동의 상대적인 강도를 나타내는 용어로서 '에너지 집중' 혹은 '집중적 에너지'의 동의어로 이해된다. 프로이트는 인간의 모든 정신활동이 카덱시스와 '반카덱시스'(anticathexis)에 의해 결정되는 것으로 간주했다.—옮긴이

명'이라는 용어는 사건이 에피파니라는 인상을 준다. 이를테면 신이 나를 부르고 있는데, 배우들이 그것의 영향을 받더라도 들뢰즈적 사건은 신경쓰지 않는다)이며 무한하다(주어가 없고 모든 시간에 존재한다). 그리하여 들뢰즈는 개인의 죽음이라는 사건은 개인적인 그 어떤 것도 가지고 있지 않다고 주장한다. 죽음은 그것이 나를 파괴시키는 바로 그 순간 한 인간으로서의 나를 완전히 벗어나는 것이다. 그것은 어떤 의미에서 내가 관련될 수 없는 내 생애의 한순간이다. 죽음은 내 신체의 상태를 급격하게 변화시키지만 그것은 하나의 신체도, 신체의 혼합 그 자체도 아니다. 죽음은 실재적인 상황을 묘사하는 명제의 현재시제로 표현될 수 없다. 전적으로 발설할 수 없는, "나는 죽었다"라는 문장을 말하려면 환상적 이야기에 나오는 포의 발데마르 씨가 필요하다.

『의미의 논리』(우리가 지금 '정신분석적 소설'을 읽고 있는 중임을 기억하시길)에서 사건의 그러한 특징들은 '사건'의 동의어가 되는 또 다른 개념, 즉 환상이라는 개념에서도 찾아볼 수 있다.[26] 30장은 환상과 그 개념의 세 가지 특징들을 다루고 있다. ①환상은 하나의 사건으로서 신체의 행위와 열정을 재현하는 것이 아니라 순수한 사건과 마찬가지로 행위와 여정으로부터 온다. ②환상은 자아가 용해되거나 사라지게 하며 환상들은 '무無우주적', 전前개체적, 비인칭적 특이성들, 에너지의 중립적 형태, 즉 프로이트의 유명한 분석인 슈레버 판사의 명제과 그 명제들 사이의 문법적 변형 사이에서 순환하는 에너지를 생성한다. ③환상은 순수

---

26 *Logique du sens*의 영어본에서 프랑스어 'phantasme'는 영어 'phantasm'으로 번역되었다. 나는 이 선택이 옳은 것인지 확신할 수 없는데, 그 이유는 이 용어의 기원이 fantasy(의식)와 phantasy(무의식)을 대비시킨 클라인학파라는 것을 은폐하기 때문이다[phantasme & phantasm: 프랑스어 'phantasme'가 정신분석과 관련하여 무의식적 환영을 의미한다면, 영어 'phantasm'은 환영을 뜻하는 명사로서 프랑스어 'fantasme'에 가까운 것이다].

한 사건을 특징짓는 중립적인 원형동사에 의해 표현된다. 여기서 들뢰즈는 「환상과 동사에 관해」[27]라는, 라캉의 영향을 받던 시기에 이리가레가 쓴 초기 논문을 그 글에서 이용한다. 주체와 대상 사이의 구별이 이루어지기 전의 순수한 관계를 특징짓는 원형동사의 관점에서 환상을 분석하고 있다. 이 대목에서 어떤 고집이 보인다. 점점 더 많은 특징들을 획득하게 되면서 들뢰즈적 사건은 점점 더 언어와의 연관성이 깊어지지만, 이때 언어는 주체성이 없는 '4인칭 단수'──퍼링게티[28]로부터 빌려 온 구절인데──라는 비개인적 언어이다.[29] 들뢰즈의 비주체적 철학에서 주체의 개념은 특이성의 개념들로, 나중에는 개별성으로 대체된다.

하지만 어떻게 사건에서 언어로 갈 것인가? 들뢰즈적 사건의 상관관계는 다음의 표로 요약되는바, 어떤 경로를 따라야 할지를 우리에게 알려 줄 것이다.

| 상황에 귀속됨 | | 명제로 표현됨 |
|---|---|---|
| | 사건(Event) | |
| 환상(Phantasy) | | 의미(Sense) |

사건은 환상이자 의미이다. 그것이 상황의 부속물인 한 프로이트나 클라인적인 환상뿐만 아니라 신체의 혼성물 위를 떠도는 유령이나 환영의 특징도 지닌다. 그것이 명제들로 표현되는 것인 한, 그것을 표현하는 단어들, 그 명제가 구성되는 사고들──그러한 양상에 이름을 붙인 것이

27 Luce Irigaray, "Du fantasme et du verbe", *Parler n'est jamais neutre*, Paris : Minuit, 1985, pp. 69~80.
28 로런스 퍼링게티(Lawrence Ferlinghetti). 비트 문화의 대표적 시인.──옮긴이
29 Deleuze, *Logique du sens*, p. 125[영어판 p. 103].

의미이다——과 분리될 수 없다.

그러므로 이제는 언어로 옮겨 가자. 사건의 순간성이 지닌 역설적 이
중성을 통해 우회함으로써 이 일이 더 쉬워질 것이다. 우리가 살펴보았듯
이, 여기에는 두 개의 시간이 관련되어 있다. 하나는 사고accident의 시간
으로서 들뢰즈가 크로노스Chronos라 부르는 연대기적 시간이며 사고가
일어난 시간이다. 그 시간은 시간의 화살을 따라 미끄러지는 언제나 현존
하는 현재이며 신체의 혼성물이 지닌 물리적 시간이다. 다른 하나는 사
건의 시간으로서 들뢰즈가 아이온Aion이라 부르는 부정사의 시간이다.
그것은 끊임없이 과거와 미래로 나뉘어지는 현재이며 따라서 시간의 화
살 바깥에 존재하는 현재로서, 알 수 없는 중립적인 시간이다. 전자는 출
현, 붕괴, 혁명의 시간이고, 후자는 어떠한 일도 일어나지 않는 움직임 없
는 표면의 시간이다. 그런데 이 모든 것이 ——비록 약간 흥미로울지는 몰
라도—— 언어와 무슨 상관인가? 들뢰즈가 들려 준 대답은 언어를 필요로
하고 그것을 가능케 하는 일이 사건의 순간성이라는 것이다. 우리가 순수
한 사건인 전투에 다가가는 유일한 길은 그것을 표현하고, 그 사건이 상
황에 귀속되도록 하는 명제를 통해서이다. 사건에 관한 우리의 이론은 의
미의 이론에 의존한다.

그곳으로 가기 위해 남은 마지막 한 가지. 우리는 이제 문학과 관련
되어 바디우와 들뢰즈의 사건 개념 사이의 차이를 알게 되었다. 바디우적
사건이 문학에서 환영받고/환영받거나 재현될지도 모른다. 하지만 그에
게서 텍스트 자체는 아무런 사건도 아닌 채 그저 사건의 출현이 입증되는
수단에 불과하다. 반면 들뢰즈적 사건은 우리를 순수한 사건에 접근하게
하고 그 사건을 환영하게 한다. 하지만 문학 텍스트가 그 자체로 하나의
사건, 아니 차라리 그것이 재현하지 않고 반효과화하는 사건과 분리될 수

없는 부분인 한 그러하다. 낮은 언덕에 서 있는 장군은 자신이 전투를 지휘하고 있다고 믿을지도 모른다. 하지만 전투는 아래쪽 전장에서 보병들이 죽어 나가는 수만큼 장군의 지휘를 벗어나 있다. 소설가들——톨스토이, 스탕달, 스티븐 크레인——만이 텍스트 안에서 반효과화함으로써 전투라는 사건을 완전히 이해할 수 있다. 텍스트라는 영속적이고 움직이지 않는 표면에서만이, 그 정지된 시간 속에서만이 그 전투에 마침내 다가갈 수 있는 것이다. 들뢰즈적 사건의 유일한 장소는 그리스의 유골 항아리이다. 그것은 실재하는 항아리가 아니라 사건의 반효과화, 즉 사고의 실재성으로부터 순수한 사건의 영원한 가상성으로 거슬러 올라가는 길이 찾아지는 송가ode이다. 우리는 왜 들뢰즈가 고도의 모더니스트인지를 알게 된다. 사건은 의미를 만드는 것이 아니라 그것이 의미이기 때문에 시야말로 진정한 사건의 장소이다.

## 5. 의미에 관한 이론

2장의 끝부분에서 나는 마르코프 체인과 **누빔점**의 관점에서 의미에 관한 잠정적인 이론을 제시했다. 마르코프 체인 혹은 의미의 연속적 구성은 시니피앙과 시니피에라는 두 계열을 고정시킬 수 없다는 점에서 의미에 이르지 못한다. 그것이 두번째 분지分枝(이는 촘스키의 비판으로서 마르코프 체인은 문법적인 정위定位)와 일치할 수 없기 때문이든, 아니면 그 연쇄에 내재된 목적과 무관하게 의미가 언제나 그것을 벗어날 수 있기 때문이든 말이다. 그리하여 결국 그 계열들을 고정시켜 의미를 확정짓는 누빔점이 필요하게 된다. 그러한 지점들의 규칙적인 고정이 없다면 두 개의 서로 다른 계열들이 의미를 향해 통합될 수 없기 때문이다. 여기서 말하는 누빔점은 초기 라캉, 즉 『에크리』의 라캉 이론이다. 이후의 발전을 통해 그 개념에 더 폭넓고 놀라운 의미가 덧붙여졌다. 고정이 더 이상 문장과 관련된 것이 아니라 주체 그 자신과 관련되어 있는 것이기 때문이다(정신이상은 고정점, 또는 환자의 정신계에 있는 '매듭 증상'knot symtoms[지젝의 말]의 부재에 기인한다). 하지만 라캉 이론가들은 문자 그대로의 의미와 텍스트의 의미 사이에는 상당한 차이가 있음을 여전히 주장하고 있다.[30] 그런 점에서 누빔점은 이제──항상 그랬듯이──주인 시니피앙이 되고, 그 점은 의미가 형성되고 욕망의 선이 가로채며 시니피앙의 연쇄가 소급적으로 응집하는 지점이다. 이 부분에 대한 들뢰즈적 비판을 이해하기란 쉽다. 누빔점은 또 다른 면, 즉 내재적 사슬 속의 초월의 형태, 또는 언어의 수평적 면을 재도입한다. 그리고 그는 아마도 여전히 이것이 기표의 제국주의에 대한 또 다른 예라고 부언할 것인데, 왜냐하면 주인 시니피앙은 초월의 지위에 있기 때문이다. 그 점은 오스왈드 뒤크로라는 프랑스의 실용주의 언어학자에 대한 지젝의 다음과 같은 언급에서도 보인다.

오스왈드 뒤크로는 우리 언어에서 모든 술어는 궁극적으로 확실하게 구체화된 논쟁 절차들이다. 최종적으로 우리는 어떤 현실이나 내용을 가리키기 위해 언어를 사용하는 것이 아니라 타자를 속이고 논쟁에서 이기고 유혹하거나 협박하고 우리의 진정한 욕망을 감추기 위해 언어를 사용한다. 일상 언어에서 진리는 결코 완전히 확정되지 않으며 언제나 찬성과 반대만이 있다. 각각의 주장에 대해서 반대의 주장이 있으며 모

---

30 Jacques-Alain Milner, "Language : Much Ado about What?", eds. Ellie Ragland-Sullivan and Mark Bracher, *Lacan and the Subject of Language*, London : Routledge, 1991, pp. 21~35를 보라.

든 지점에는 '또 다른 측면'이 있다. 모든 진술은 부정될 수 있고 미결정 성은 모든 것을 감싼다. 이러한 끝없는 동요는 일찌감치 어떤 누빔점(주 인 시니피앙)의 개입에 의해 중단된다.[31]

그리하여 적절히 대문자화된 누빔점 내지 시니피앙은 이제 언어와 거의 무관하며 보다 높은 차원에서 작동하도록 요구된다. 들뢰즈의 언어 학적 지리학은 훨씬 표면 아래에 위치한다. 그의 관심사는 어떻게 하면 두 개의 분산된 계열을 통합시키는가에 있다. 즉 그 계열들을 통합시켜 주는 역설적 요소를 어떻게 정의하고 묘사할지가 관건이다. 말에도 사물 에도 거주하지 않는 그러한 요소, 상태이자 명제이며 동시에 그것들을 불 가분으로 만드는 그 요소에 이제 새로운 이름이 붙여진다. 말과 사물 사 이의 경계 위를 순환하는 의미, 언어와 관련된 한 언어를 발전시키고 필 요하게 만들어 주는 사건이다. 그것은 언어학적 의미와는 구별되어야 하 는데 이는 프랑스어보다 영어에서 더욱 손쉽게 달성된다. 프랑스어에서 'sens'[의미]가 두 가지 뜻을 다 갖고 있기 때문이다(하지만 이러한 애매성 은 물론 철학적 자산으로서 들뢰즈적 의미의 마치 수증기와도 같이 포착하 기 어려운 성격을 특징짓기도 한다). 프랑스어의 sens는 '양식'bon sens과 '상 식'sens commun으로 대조됨으로써 애매성에서 벗어난다.

늘 그렇듯이 처음으로 되돌아가자. 상식적 접근법이라면 나의 사유 를 생각하고 표현하기 위해 세 가지가 필요하다고 알려 줄 것이다. **자아** Ego(주체, 화자, **코기토**), **세계**world(인식과 담론의 대상으로서), **신**God(내가 데카르트의 '나쁜 정령'malin génie의 희생자가 되지 않은 데 대해, 내 명제가

---

31 Žižek, *The Fragile Absolute*, p. 139.

정확히 구성되었고 나의 문장이 잘 구성되었다는 데 대한 보증으로서)이 그 것이다. 그 세 요소들을 가지고 나는 사물이나 상황들과 구분되면서도 그 것들과 관계가 있는 명제를 만들어 낼 수 있다. 그 결과 명제들을 새겨 넣는 문장들 속에서 의미가 형성된다. 명제의 구조는 겉보기에는 이분법적이지만(주어-술어), 실제로는 삼각형이다(주어-신-술어). 신은 주어와 술어를 연결하는 붙임표나 연결부 안에 있다('나는 인간이다').

우리는 여기서 명제 속의 의미에 관한 하나의 이론, 즉 내가 (때때로) 말하는 것이 '의미가 통한다'는 상식적 사실을 설명하게 될 이론을 이끌어 낼 수 있다. 들뢰즈는 거기에 다음의 상관관계(의미의 유형들과 그것들을 문장 안에 새기는 품사 사이의)로 요약될 수 있는 하나의 형식을 부여한다.

| | 1 | 2 | 3 |
|---|---|---|---|
| I | 현시 | 외연 | 의미작용 |
| II | '나' (이동자) | '이것' (대상지시어) | '그러므로' (연결사와 통사론) |

'현시'는 명제 속의 주어, 문장 속의 화자의 현존을 나타낸다. '의미가 통하기' 위해서 명제는 그 책임을 지는 자아에 속하는 것으로 여겨져야 한다. 언어학자들이 때때로 풀이하듯, 명제는 단언되어야 한다. 하지만 하나의 명제가 텅 비어 있을 수는 없다. 그것은 내용을 가지며 어떤 대상을 가리킨다. 이것이 '외연' 내지는 '지시'의 순간이다. 그리고 그것은 잘 구성되어 뒤크로가 말하는 논쟁들에 참여할 수 있어야 하며, 일관성이 있어야 하고 일관된 주장의 사슬 속에서 자발적인 요소여야 한다. 이것이 '의미작용'이다. 그리고 우리는 그 명제가 하나의 문장이 될 때 그 세 순간

들이 이동자, 대상지시어, 연결사(연결사나 전치사와 같은 개별적 단어들, 아리스토텔레스의 언어론에서 '공의적'syncategorematic 요소들로부터, 그것이 구문구조를 갖는 한 전체 문장에 이르기까지)로 구체화되는 이유를 이해한다.[32]

전체 상관관계가 지닌 일관성은 『의미(지각)의 논리』 후반부에 세번째 부분을 도입함으로써 가능해진다. 그 요소들은 의미를 구성하고 의미에 의해 표현된다.

|  | 1 | 2 | 3 |
|---|---|---|---|
| III | 자아 | 세계 | 신 |

다음이 그와 관련된 구절이다.

만약 자아self가 명제와 관련된 현시의 원리라면, 세계는 외연의 원리이고 의미작용은 신의 원리이다. 하지만 하나의 사건에서 표현되는 의미는 완전히 다른 성격을 지닌다. 그것은 언제나 전치되는 역설적 경우와 영원히 해체된 중심을 벗어난 중심에서만큼이나 무의미로부터 나온다.[33]

나의 세 가지 개념들은 분명히 지각sense이 아니라 의미에 관한 이론을 규정하며, 이 의미가 역설적 지각과 반대되는 (이 '탈중심화된 중심 밖의 중심'decentered ex-centric center에서 예시되듯) 억견의 의미이다. 그러한

---

32 '현시'(manifestation), '지시'(designation), '의미작용'(signification)의 개념에 대하여는 Deleuze, *Logique du sens*, pp. 22~24[영어판 pp. 13~15].
33 *Ibid.*, p. 206[영어판 p. 176].

의미는 고정되거나 받아들여지거나 확립되거나 결과되는 의미로서 상식의 영역에 속한다. 그리하여 들뢰즈가 양식과 상식 사이를 구별지어 놓은 곳에 새로운 부분이 하나 추가된다. 이 네번째 부분은 억견의 두 가지 변형태와 관련된다.

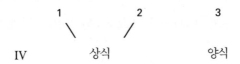

현시와 외연은 의미작용이 양식을 명제 속에 새겨 넣듯이 상식을 명제 속에 새겨 넣는다. '양식'은 '의미'와 '방향'이라는 의미를 모두 지닌 프랑스어 'sens'에 대한 말놀이이다. 양식(분별력)은 따라서 옳은 방향이다(그것은 또한 일방통행로이기도 하다). 그것은 올바른 생각의 방향이며(왼쪽으로 가지 말지어다!), 왼쪽에서 오른쪽으로 가는 시간의 화살이 지닌 불가피성의 방향이다. 그리고 들뢰즈는 다소간의 거친 개념적 비약을 결코 거부하지 않기 때문에 인클로저라는 역사적 실천에 책임을 진다(이는 매우 유쾌하게 거칠지만 전적으로 무관하지는 않다. 들뢰즈의 개념 저변에는 언제나 지리학이 있는데 양식은 방향을 지어 주고 영토의 경계를 확실히 표시해 준다). 반면 상식은 방향이 아니라 하나의 기능이자 기관이다. 여기서 들뢰즈는 아리스토텔레스 이후부터 상식에 대한 유서 깊은 개념의 역사를 이끌어 낸다. 상식은 내가 세상을 전 지구적으로 인식하는 다섯 개의 감각에 통일성을 보장해 주는 여섯번째 감각이다(우리는 그것이 자아와 세계를 통합하는 이유, 양식이 인류에게 준 신의 선물인 이유를 이해한다). 상식의 기능은 정체성, 동일성, 인식을 제공하는 것이다. 그것은 개별 주체 내지 인간 속의 인식과 다양한 의식 상태를 통합시키고 세계에 대한 나의 인식 대상에 일관성을 가져다준다. 억견의 두 형태는 상보적으로, 신, 세계, 인간 사이에 동맹의 전치사 방주方舟를 형성한다. 상식은 사람을 구성하고 신의 선물이자 도구인 양식은 언어를 형성한다.

더 깊이 들어갈 필요가 있을까? 구조는 일관되고 안정적인 것처럼 보인다. 하지만 우리 중 몇몇은 무신론자들이며 구조란 사실상 불안정하다. 그것은 아래쪽과 앞쪽으로부터 위협을 받는다. 그렇게 하여 명제에서 획득한 의미는 신체 깊은 곳에 자리한 욕동과 기본적 현상들의 혼돈에 의해 언제나 위협받는 표면 의미이기 때문이다(우리가 지금 정신분석학적 소설을 다루고 있으며 언어의 기원에 대한 해설을 제공해야 한다는 점을 기억하라). 신이 수립한 법칙과 일치하는 세상에 이름을 붙일 때, 신과 나의 아담식 대화는 신체의 심연에서 분출되는 무시무시한 비명의 위협을 받게 된다. 왜냐하면 억압된 악마의 소리가 들릴 것이기 때문이다. 그 결과 루이스 캐럴과 어린 소녀와의 정중한 대화는 미친 시인 아르토(캐럴이 죽은 지 몇십 년 후에 자신을 표절했다는 이유로 캐럴을 기소한)의 광기 어린 비명 속에서 진리의 순간에 도달하게 될지도 모른다. 여기서 우리는 무의미의 첫번째 형식과 만난다. 빅토리아 시대 이야기꾼의 표피적 무의미가 아니라 광인의 고통에서 나온 무시무시한 무의미 말이다. 하지만 거기에도 표면적 무의미 또는 지각이 있으며 억견적 의미는 아래쪽에서가 아니라 앞쪽에서 위협받는다. 이 대목에서 문제는 현시, 외연, 의미작용의 순환성 혹은 상호 함축성이다. 들뢰즈가 『의미의 논리』 3장에서 상세히 설명하고 있듯이 다른 둘을 전제하지 않고서 셋 중의 하나를 가정하기란 불가능하다. 각각은 차례로 기원의 지위를 차지하다가 결국에는 다음에 찾아오는 몹쓸 악당에 의해 강등된다. 자아, 세계, 신은 적어도 **언어의 각인과 관련되는 한** (들뢰즈는 랑그와 파롤 사이의 대비를 언어에서 일정한 형식의 초월을 수립하려는 필사적 시도로 본다) 서로를 전제하는 상태에 놓여 있다.

그렇다고 우리 자신을 그러한 순환성에 내던질 필요는 없다. 출구는 네번째 요소 내지는 순간, 정확히는 다른 셋의 순환성을 설명하는 요소로 들어가는 것이다. 지각의 요소는 시간적으로 (진리와 허위에 관련되어 있지 않은) 외연, (비개인적인) 현시와 (의미화의 양식과는 반대로 동시에 두 방향으로 가는, 그 요소가 역설이 아니라 억견인) 의미작용에 선행한다. 통상적인 삼위일체에 앞서고 삼위일체를 원천과 의미의 장소로서 그것이 지닌 위치로부터 몰아내는 네번째 요소는 수많은 특징들을 지니고 있는데, 이는 들뢰즈가 4장에서 특히 상세히 설명하고 있다.

명제에 의해 표현되고 상황에 귀속되며 사건의 한 가지 버전이거나 양상인 지각은 비물질적이며 사물들의 표면을 순환한다. 의미는 계열들의 의미를 통하게 하는 역설적 경우 속에 구체화되므로 수많은 역설로 특징지어진다. 네 가지 역설들(소급-프레게의 역설, 무효한 구분-스토아학파의 역설, 중립성-중세 철학자의 역설인 **엄밀한 모순은 동일한 의미를** 지닌다, 부조리, 불가능한 대상들-마이농의 역설)은 5장에 충분히 나열되어 있다. 명제의 용어도, 상황의 용어도, 그것을 표현하는 주체의 경험도 아닌 의미는 단어도 신체도 아니며 감각도 개념도 아닌 **중립적인** 어떤 것이다. 그것은 탈존하는exist 것이 아니라 실존하며subsist 내속한다insist. 그리고 일상적인 이분법(개인적/비개인적, 특수/일반 등)과는 무관하다. 문장에서 의미의 문법적 표식은 변형사도, 대상지시어도, 공의적인 단어도 아니다. 그것은 과정의 표식으로서 동사 그 자체이며 순수한 사건을 새겨 넣는다. 의미는 캐럴이 자신의 이야기와 역설들에서 포착하는 표면의 무의미와 구별되지 않는다. 그것은 두 계열들을 한데 결합시키는 역설적 요소의 순환에 의해 생성되는 효과(원리와 목표, 시작과 끝이 없는 양방향적인 과정 속에 의미의 목적을 재도입하므로 위험한 은유)이다. 마지막으로 사건과 마찬가지로 그것의 순간성은 시간의 화살(마르코프 체인과 의미의 구성이 지닌 순간성)이 지닌 순간성이 아니라 영속적인 동시에 양방향을 향하는, 크로노스가 아닌 아이온의 순간성이다.

이 모든 것이 도달하는 것은 특성들의 계열, 의미의 계열, 수많은 용어들이 문자 그대로 의미를 갖기 위해 —— 의미-무의미-사건-전前개체적-비인칭적 특이성들-반효과화-아이온-표면들 —— 존재하는 개념의 독특한 탈주선이다. 이 계열들에서 하이픈(-)은 신과 기표의 하이픈이 아닌 AND의 하이픈, 그것을 통해 계열이 구성되는 일관성의 작용의 하이픈이다. 표면에서 발전하는 이 계열은 일정한 허약함을 지닌다. 그것은 신체 깊숙한 곳에 가려진 분신을 지니고 있는데, 거기에 또 다른 형태의 무의미가 잠복해서 일어나려고 위협한다. 모든 사건들이 들뢰즈적이진 않다. 재앙의 모습을 띤 라캉적 실재와 바디우적 사건은 아마도 의미가 카오스에 대해 만들어 내는 질서(전통 세계가 아니라 조이스의 카오스모스, 즉 이상한 혼합물인 질서) 속으로 무질서의 요소를 도입할 것이다.


## 6. 예시, 의미의 최종적 상관관계

의미의 작용에 대한 들뢰즈 자신의 해설로부터 출발하자. 맥락은 캐럴의 『이상한 나라의 앨리스』이다. 3장 「코커스 경주와 긴 이야기」에는 앨리스를 위시하여 눈물의 웅덩이에 흠뻑 젖은 동물들이 등장한다. 이 대목에서 쥐는 자신이 알고 있는 가장 건조한 이야기를 들려 줌으로써 젖은 몸을 말리려 한다.[34] 예상할 수 있듯 그 방법이 특별히 성공적이진 않지만 쥐가 들려 주는 이야기는 역사 입문서에서 따온 것으로, 정말이지 아주 건조하다. 그것은 다음의 반쪽짜리 문장을 담고 있다. "캔터베리의 애국심 넘치는 대주교 스티그넌드조차 그것이 적절하다는 것을 알았다……." 쥐의 이 말에 오리가 끼어들어 '그것'이 외연적으로 지시하는 바가 무엇인지 묻는다(그의 주장에 의하면, 내가 어떤 것을 의미할 때 그것은 대개 개구리이거나 벌레이다. 그래서 이 '그것'은 무엇을 의미하는가?). 이 '그것'은 문법적 버팀목에 불과하기 때문에(그것은 여전히 '타당하다'는 말 뒤에 따라 나오는 표현되지 않은 부정사절을 기대한다), 아무런 지시대상을 지니지 않는다. 그래서 쥐는 매우 당황하여 언어적 테러리즘에 호소하고 이야기는 결코 다시 시작되지 않는다. 언어학자에게 이 '그것'은 언어에 대한 캐럴의 직관이 지닌 자질을 입증한다. 왜냐하면 촘스키의 변형이론——이 경우 외치extraposition——속에서 믿을 만한 해석을 얻기까지 100년을 기다려야 했기 때문이다.[35] 하지만 들뢰즈는 이 부분을 달리 해석한다.

상식을 대표하는 오리에게 '그것'이 외연의 담지자(이는 들뢰즈가 '그것'it을 대상지시어인 'ceci'로 번역한 데서도 알 수 있다)여야 한다는 점은 분명하다. 하지만 쥐는 비록 그가 촘스키의 변형생성 문법의 복잡함을 인식하지 못한다 하더라도 이 '그것'의 기능이 외연을 나타내지 않는다는 점과 지시대상을 가지지 않는다는 점은 알고 있다. 아니 오히려 '그것'의 유일한 지시대상이 먹을 수 있는 대상이 아니라 명제에 의해 표현되고 동사에 의해 형태가 부여되며, 당분간은 부재하지만 이후에 찾아올 사건이

---

34 Lewis Carroll, *The Annotated Alice*, ed. Martin Gardner, Harmondsworth : Penguin, 1965, p. 47.

35 상세한 분석은 나의 저작인 *The Violence of Language*, pp. 14~18을 보라. 루이스 캐럴의 언어적 직관에 대하여는 나의 저작인 *Philosophy of Nonsense*를 보라.

라는 점은 알고 있다. 그 점은 쥐가 이야기는 아니라 할지라도 적어도 이 문장만은 끝내기를 주장한다는 점에서 그러하다. 즉 그 쥐는 이 질문을 알아차리지 못한 채 서둘러 다음과 같이 말을 이어갔다. "에드가 에슬링과 윌리엄을 만나러 가서 그에게 왕관을 주는 것이 바람직하다는 것을 알았다."[36] 그 결과 사건은 부정사의 형태로 표현되며 '그것'은 외연과 표현이라는 두 계열이 역설적으로 분산되면서 (표현은 있지만 외연은 없다) 한데 모이는 (오리가 인식하는바 '그것'은 외연의 가능성을 암시하거나 유지한다) 모호한 용어이다. 그러므로 즉시 다음과 같이 의미를 정의한다.

> 의미는 결코 사물과 명제, 명사와 동사, 외연과 표현을 대비시키는 이중성의 두 용어들 중의 하나가 아니다. 그것은 경계이며 첨단 또는 두 용어들 사이의 차이를 만들어 내는 것이기도 하다.[37]

문제는 물론 이것이다. 이 독특한 (유일하고 특이한) 예로부터 일반화하는 것이 가능할까? 우리는 가장 악의 없고, 평범하며 흔해빠진 말 속에서 의미가 드러나게 할 수 있을까? 단일 명제를 담고 있는 다음 문장은 통사론적 복잡성도 문학적 탁월함도 주장하지 않는다.

( i ) This blackboard is black.

이것은 참으로 잘 구성된 주어-술어 명제로서 'is' 안에는 신(의미화)

---

36 Carroll, *The Annotated Alice*, p. 47.
37 Deleuze, *Logique du sens*, p. 41[영어판 p. 28].

이 충분히 존재한다. 그 명제에는 진정한 가치가 부여되어 있으므로 외연이다(나의 '이것'은 어떤 대상을 가리키거나 혹은 가리키지 못하며 문제의 칠판은 검거나 검지 않다). 그리고 그 명제에는 명시화가 부여된다. 나는 문법적으로 내 문장을 지배하고 주어를 재도입하여 "I assert that this blackboard is black"이라는 내재적 문장을 쉽게 복원시킬 수 있다. 이는 일인칭 직시어('this country'를 'that country'와 대비시켜 보라)가 외연만을 나타내지 않는 것처럼 원래의 문장 속에 현시의 표식이 있기 때문이다. 따라서 내 명제는 양식과 상식으로 가득하다. 그것은 주장에 확고한 근거를 제공하며 문답게임에서는 완벽히 뛰어난 한 수이다.

의미meaning의 두터운 층 저변과 그에 앞서 의미가 통하게 하기 위해서는 난폭한 강제coup de force가 요구된다. 우리는 굳어 버린 견고한 상식과 양식의 고정된 지위로부터 떼어놓기 위해 그것들에 폭력을 가할 필요가 있다. 양식에 앞서 우리는 의미의 유동성을 요구하며, 상식의 저변과 그 너머에서 언어의 질서를 위협하는 착란을 필요로 할지도 모른다. 통제된 광기의 요소를 우리의 명제에 한 번 도입해 보자.

(ii) This blackboard is and isn't black.

비모순의 원리에 대한 노골적인 조롱이지만 언어학적 비용을 거의 요구하지 않는 이 문장은 우리를 진리-가치와 외연 너머로 데려다 준다. 칠판은 이제 불가능한 대상으로서 그 명제는 부조리이며, 화자는 천치이다. 내 발에 의지하여 그 절대적 오류를 필연적 진리로 바꾸기 위해서 내가 해야만 하는 모든 것은 위 문장의 'and'를 'or'로 바꾸는 일이다. 이것은 의미가 그 속에 존재하는 일종의 무의미에 대한 좋은 본보기가 된다.

우리는 들뢰즈가 의미를 중립적이고 양방향적이라고 말할 때 그 말이 뜻하는 바를 이해한다. 의미의 관점에서 보면 모순은 동등하다. 바보를 연기하기 시작했으므로 문자 그대로 바보가 되어서 이렇게 말해 보자.

(iii) This black board is black.

(i)과 (ii) 사이에는 억양만이 변할 뿐이다. 하지만 우리의 최초 명제가 이 새로운 버전 때문에 다소 곤란을 겪는다. 이 새로운 명제는 'blackboard'라는 고정된 단어 속에 감춰진 오래된 언어의 층을 다시 등장시킨다. 이 '칠판'은 '판자'인가? 사실상 아니다. 그렇다면 왜 그렇게 불리는가? 왜냐하면Because 원래originallity …… 등등etc. (iii)에 등장하는 것은 (i)에 흔적으로서만 존재하는 의미의 요소이다.

거기서부터 의미가 가상적인 것의 영역에 속한다는 생각이 나온다. '의미'는 명제가 의존하며 부분적으로만 현실화하는 가상성들의 계열이다. 지시작용, 현시작용, 기표작용은 언어 바깥에 놓인 것(자아, 세계, 신) 위에 명제의 닻을 내리고자 한다. 의미는 언어 내부에, 언어 표면에 남아 있다. 더욱이 그것은 언어를 **규정하며** 가능하게 한다.

가상성을 더 깊이 탐색해 들어가 두 개의 명제를 더 만들어 보자.

(iv) The blackbird is black.
(v) The black bird is black.

나는 지금 언어의 음성학적 자원을 이용하여 말장난을 하고 있는 중이다. 나는 장난을 치고 있거나 혹은 시적이어서 화자로서의 지배력을 포기한 채 의미에 자유를 주고 있는 것이다. 비유의 저장고나 보고는 아니더라도 내가 만약 다음과 같은 그릇된 모순을 제시할 때 드러나는 의미를 위해서 말이다.

(vi) The blackboard is green.

양식이나 상식 면에서 아무런 모순이 존재하지 않는다. 대학에서 흑판이라는 이름으로 내가 사용하는 것은 그 인위적 성격을 의심할 수 없다는 것 외에는 뭐라고 규명할 수 없는 어떤 물질의 초록색 넓은 면이다. 하지만 흑판blackboard은 검어야 하고, 딸기strawberries는 지푸라기 위에서 자라야 하고 무당벌레ladybirds는 깃털 달린 날개가 있어야 한다고 언어가 나에게 속삭이는 것에는 어떤 의미는 있다. 상식은 시인이나 대륙의 철학자들에게 어울리는 그런 어리석은 게임을 무시한다. 언어 혹은 의미는 이를테면 장난스러운 풍자로 가득한 그런 문장 안의 문장들 속에서 놀이를 할 것이다("오, 재스퍼님 내게 키스하지 마세요"라는 노래를 보자. 마지막 단어를 제외하고 그 노래를 반복할 때마다 저항하는 처녀는 마침내 지주의 유혹에 넘어갈 것이다). 그리고 광기(거기에 혼합된 상당한 방법)가 발동하기 시작했다면, 왜 여기서 멈추는가?

(vii) Vis belle as qu'à bord hisse belle laque.

이 문장은 루이 당탱 판 루텐의 「어린이 중의 어린이/시장에서 놀라다」Un petit d'un petit/S'étonne aux halle에 버금가는 전음transphonation의 예가 나오는 부분이다.[38] 그것은 아마도 뜻meaning을 희생하는 대가로 의미

sense를 품고 있음이 분명하다. 하지만 그 뜻을 내게 묻지는 말기 바란다. 나는 단지 작가, 즉 언어의 대변인일 뿐이니.

그래서 의미는 중립적이고 비유적이며 유쾌한 시적 방식으로 다소 광적이다. 그것은 지치지 않는 의미의 탐색가인 루이스 캐럴의 작품에 스며든다. e. e. 커밍스의 시는 의미와 뜻이 지닌 전통적인 위치의 체계적인 전도에 시가 근거해 있음을 보여 주고 있다. 습관적으로 불쑥 나타나는 뜻은 단순하지만 신중하게 숨겨져 있다. 텍스트의 표면 위에서 독자에게 명시적으로 제시되는 것은 의미의 복잡성과 장난스러움이다. 그리하여 커밍스로 잘 알려져 있는 명백한 '비문법성'이 생성된다.

| | 1 | 2 | 3 | 4 | 5 | 6 |
|---|---|---|---|---|---|---|
| I | 의미 | 역설 | 사건 | 동사 | 표현 | 아이온 |
| II | 양식과 상식 | 억견 | 사태 | 말의 다른 부분들 | '지시' | 크로노스 |

4열과 5열에 관해서는 더 깊이 이야기를 해보자. 4열은 의미-사건을 새겨 넣거나 의미의 구성에 종사하는 말의 부분들을 나열한다. 그 대비는 이중적이다. 한편으로 의미를 만드는 동사는 현시작용의 변형사, 지시작용의 대상지시어, 기표작용의 통사적 표식에 반대된다. 다른 한편으로 동사는 순전한 사건을 과정으로 특징지으면서 사물과 상황을 가리키는 명사와 형용사와 대조된다. 5열은 들뢰즈의 용어로 '명제가 표현된 것'으로

---

38 Luis d'Antin Van Rooten, *Mots d'Heures: Gousses*, Rames, London: Angus & Robertson, 1968. 이 모호하지만 유동적인 선은 프랑스 아방가르드 시학파의 작품이 분명한데, 이는 다음과 같이 해석할 수 있다. "당신은 판지 위에 좋은 화물을 들어올릴 수 있는 아름다운 추진기[일종의 크레인]를 갖고 있다." 피에르 로티와 빅터 세시갈렌, 아니면 폴 고갱의 유령이 튀어나온 것이 분명하다.

서의 의미와 외연에 의해 재현되는 의미의 일반적 구성을 대비시킨다. 이 때 외연은 지시와 재현의 직접적 관계로 명제를 상황과 결합시키려고 노력한다.

의미의 이론을 노출시키는 과정에서 또 다른 상관관계가 나타났다. 그것은 처음 것만큼 체계적이지 않으며 신체의 심층으로부터 등장하는 표면 의미를 기술한다. 그것은 다음과 같이 공식화할 수 있다.

| | 1 | 2 | 3 | 4 |
|---|---|---|---|---|
| I | 표면 무의미로서의 의미 | 표면 | 연결된 언어 | 두번째 현상들 |
| II | 신체의 깊숙한 의미 | 깊이 | 비명/호흡 | 첫번째 현상들 |

4열이 보여 주듯이 상관관계는 정신분석학적인 암시가 있다. 그것은 언어의 기원, 신체에 의해 생성된 소음으로부터 나오는 유기적으로 연결된 언어를 묘사하는데, 그 우선적인 질서는 카오스의 첫번째 주문으로서 표면에서 복잡하게 얽힌다.


## 7. 언어의 기원

들뢰즈적 사건(바디우적 사건이 아니라)과 언어 사이에는 깊은 연관성이 있다. 사건들은 언어를 매개로 하여 전개되며 그다음에는 사건들이 언어를 가능하게 한다.

(의미)는 정확히 명제와 사물 사이의 경계선이다. …… 이런 의미에서 그것은 '사건'이다. 상황 속에서의 시공간적 실현과 사건이 혼돈되지만

않는다면 …… 사건은 본질적으로 언어에 속해 있다. 그것은 언어와 중요한 관계를 가진다.[39]

다시 말해 아이온에 대해 상세히 설명하고 있는 23장의 한 구절에서 사건이 거주하는 곳은 '시간의 순수한 공허'이다.

언어를 가능하게 만드는 것은 비물질적인 효과 내지 표면의 이러한 새로운 세계이다. 물질적 행위와 수동이라는 단순한 상태로부터 소리를 끌어내는 것도 이 세계이다. 언어를 구분하여 신체의 음향 효과와 혼돈하지 않게 하고 구두-항문적 결정으로부터 언어를 추상해 내는 것도 이 세계이다. 단순한 사건들은 우리를 기다리는 만큼 언어를 기다리기 때문에 언어의 근거가 되며, 언어 안에서만 순수하고 특이하며 비인칭적이고 전개체적인 존재를 가진다.[40]

들뢰즈는 스스로에게 아리스토텔레스적 용어로 표현될 수 있는 가장 전통적인 종류의 과제를 부여한 것처럼 보인다. 언어철학의 과제는 단음, 신체의 음향효과, 인간의 목소리가 동물과 같은 방식으로 생성하는 소음에서부터 말과 이성적 담론인 로고스, 동물의 소리가 만들어지고 그 소리들이 의미를 갖는 데 이르는 경로를 설명하는 것이다. 달리 말하면 어떻게 우리는 신체의 행위와 열정들의 혼합물로부터 이성으로서의 비물질적 로고스의 존재로 이동하는가? 들뢰즈의 사건과 의미에 관한 이론

---

39 Deleuze, *Logique du sens*, p. 34〔영어판 p. 22〕.
40 *Ibid.*, p. 194〔영어판 p. 166〕.

은 우리에게 그 경로에 관한 이야기(또는 소설)를 해준다. 사건들이 언어를 가능케 한다고 그는 26장(언어에 관하여) 시작 부분에서 진술하고 있다.[41] 사건들은 그 비물질적 본성이 그러한 '근거짓기'를 매우 역설적이거나 은유적으로 만드는 일을 제외하고 언어의 '기초를 이룬다'고 한다.

하지만 아리스토텔레스뿐만 아니라 (주로) 스토아학파(크뤼시포스의 유사-역설인 "내가 마차에 대해 말할 때, 마차가 내 입을 지나간다"를 기억하라. 이는 고의로 단어와 지시대상을 혼합하고 혼돈시킨다)로부터 이어받은 들뢰즈의 문제는 문학도들에게 상당히 흥미롭다. 들뢰즈는 언어의 물질성, 신체의 일차적 과정 속에 있는 그 기원들을 주장하며 소음으로부터 출현하는 음성과 음성으로부터 출현하는 언어를 상세히 그려 낸다(이것은 27장 '구순성'orality에 관해'의 주제이다. 음성 — 신의 목소리가 그 모범적 예인데 — 은 의미가 있는 사건을 예상하고 기대하면서 음을 조절한다. 그 결과가 사건의 언어이다). 그리하여 그는 분절된 언어라는 이상과 분리될 수 없는 소리의 물질성을 설명하는데, 시인의 시작 활동이 그 예이다. 로고스의 기원에 관한 이 소설에서 중요한 두 역할이 연기되는데, 하나는 분절된 언어의 복합성과 표면을 다룬 우아한 시인 캐럴에 의해서, 다른 하나는 광기에 사로잡혔기 때문에 존경할 수 없는, 무시무시한 심연의 시인인 아르토에 의해서이다. 『의미의 논리』에서는 루이스 캐럴이 이긴 것 같아 보인다. 여기서 언어는 근거를 가져야 하며, 만약 논쟁적이라면 정중한 대화 속에서 사건은 환영을 받을 것이다. 하지만 이어지는 책에서 캐럴은 사라지고 '기관 없는 신체'라는 본질적 개념을 제시한 아르토가 그 영역을 독점하게 된다. 여기에는 문학적 취향에 있어서의 단순한 변화

---

41 Deleuze, *Logique du sens*, p. 212(영어판 p. 181).

이상의 것이 있다. 캐럴이 강등되면서 거부되는 것은 언어의 중요성이다. 물론 나의 주장은 억압된 언어의 유령이 끊임없이 들뢰즈를 사로잡기 위해 되돌아온다는 것이다.

만약 내가 이러한 언어의 의사-정신분석학적 기원이 상관관계 속에서 가장 잘 표현된다고 주장하더라도 당신은 놀라지 않을 것이다. 상관관계는 언어의 기원에 관한 세 단계 모형을 만들어 내는데, 여기서 독자는 이드(또는 심연), 자아(또는 표면), 초자아(또는 상공)라는 프로이트 지형학의 반향을 인식할 수도, 하지 못할 수도 있다. 통상 도표나 표의 형식은 취하지 않을지라도 그 상관관계는 전적으로 명백하다. 사실상 그것은 마지막 장의 마지막 세 쪽에서 찾아볼 수 있듯이 상당히 적절하게 『의미의 논리』의 **활송**chute 장치를 제공한다.[42]

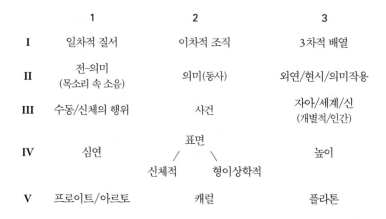

|     | 1 | 2 | 3 |
| --- | --- | --- | --- |
| I | 일차적 질서 | 이차적 조직 | 3차적 배열 |
| II | 전-의미<br>(목소리 속 소음) | 의미(동사) | 외연/현시/의미작용 |
| III | 수동/신체의 행위 | 사건 | 자아/세계/신<br>(개별적/인간) |
| IV | 심연 | 표면<br>/ \<br>신체적　형이상학적 | 높이 |
| V | 프로이트/아르토 | 캐럴 | 플라톤 |

언어의 기원에 대한 이러한 세 단계의 관점은 공시적으로 언어에 대

42 *Ibid.*, pp. 286~288(영어판 pp. 244~246).

한 세 겹의 충화로 여겨질 수 있다(모든 화자가 말의 개체발생으로 인간의 언어 능력의 계통발생을 요약하듯이). V행에서는 거기에 과제의 철학적 분배를 작용시킨다. 만약 언어가 그 상관관계 속에 언급되어 있지 않다면 그 이유는 언어가 도처에 있기 때문이다. 언어는 상관관계를 통과하여 순환하며 거기에 일관성을 부여한다. 언어는 의미를 만들고, 그것이 표현하는 사건을 환대하며 신체적 행위에 열정과 형이상학적 고상함을 연결시키고, 일차적 질서를 이차적 조직으로 순화시킨다. 그 결과 삼차적 배열 속에서 길들여지고 존경할 만하게 된다. 『의미의 논리』는 표면상 의미와 사건의 이론을 다루지만 실상은 언어에 관한 들뢰즈의 책이다.

## 8. 결론

이끌어 내어야 할 첫번째 결론은 들뢰즈의 언어이론이 문학비평가들에게 굉장히 흥미로울 가능성이 있다는 점이다. 들뢰즈적 사건은 너무나 명백히 언어와 연관되어 있기 때문에, 문학의 최고 과제가 사건을 재현하고 기억 속에서 라캉적 실재계와의 조우의 섬광 또는 계시를 재연하거나 재생하는 것이 아니라, 사건 그 **자체임**을 우리에게 결정할 수 있게 해준다. 문학은 언어의 사건과 연관되며 더 나아가 언어 안의 사건과 연관된다. 약간은 과장된 이러한 말은 구체적 분석을 받을 필요가 있다. 이에 관해서는 다음 장인 "막간극"에서 다루어질 것이다.

　『의미의 논리』가 들뢰즈 저작에서 비교적 초기(번역은 늦게 되었으나)의 저서에 속하기 때문에 남은 할 일은 그 저작이 들뢰즈의 저작들에 끼친 영향력에 대해 생각해 보는 것이다. 우리는 이미 의미의 개념이 다소간 사라지고 사건의 개념이 풍부해진 것을 보았다. 그리하여 『의미의 논리』는 들뢰즈 이후 (그리고 다소 내재적인) 언어철학의 전조이자 막다른 골목이다. 거기서 우리는 사건과 의미가 거주하는 표면의 지리학, 특이성, 카오스모스, 그리고 심지어는 '기관 없는 신체'의 개념들까지도 발견하게 된다. 하지만 표면은 그것이 깊이와 높이라는 수직적 구조를 필요로 한다는 점에서 내재성의 평면이 아니다. 또한 일차적 과정의 신체적 깊이는 기관 없는 부드러운 신체가 아니다. 마지막으로 중요한 것은 의미의 관념성이 후에 들뢰즈와 가타리가 화용론의 중심에 놓은 힘의 물질성과 상응할 수 없는 것 같아 보인다는 점이다. 여기서 음phone과 소음에 속하는 물질성은 후에 면들이 카오스 위로 끌어 올려지듯 표면 위로 부상할 것이다.

# 문학의 의미 만들기

## 조이스, 커밍스, 울프

## 1. 도구 상자

들뢰즈는 철학적 개념들을 도구 상자에 즐겨 비교한다. 사건, 의미 등 몇
몇 개념들의 특징을 묘사했으므로 나도 이제는 그것들을 사용하고 싶다.
"그것은 도처에서 작동한다"라고 들뢰즈는 말했지만 '그것'은 문학 텍스
트에 관해 무슨 말을 하는가?

　수많은 사전조치를 해야 한다. 목수의 연장들이 수리공에게는 별다
른 소용이 없는 것처럼 우리는 『의미의 논리』에 제시된 들뢰즈의 개념
들이 문학에 적용되는지를 확인해야 한다. 이 책이 루이스 캐럴 읽기 못
지않게 스토아학파 읽기이기 때문에 개념들의 문학적 유용성에 강한 의
심이 들 것이다. 하지만 적용의 위험성들은 여기에만 국한되어 있지 않
다. 우리는 그 개념들을 어떤 책의 짧은 구절이나 에피소드에 적용함으
로써 ──손쉽지만 재미없는── 그것들을 예시하는 데 만족할 수도 있다.
우리는 문학 작품을 원칙이 표현되는 구실로 삼아 거기에 일관성 있는 형

식을 부여할 수도 있지만 그 형식은 바깥으로부터 온다. 텍스트가 질문할 기회를 가지기 전에 질문에 대답하는 그러한 비판적 초월 또한 손쉽지만 극히 재미없는 일이다. 우리의 야심은 좀더 높은 곳을 향해야 한다. 우리는 텍스트에 대한 하나의 새로운 해석 방식을 창출하기 위해 들뢰즈를 이용해야 한다.

나는 들뢰즈의 개념들이 이를 이루는 데 도움을 줄 수 있다는 점을 확신한다. 나의 개인적 경험담을 들려 주는 것이 허락된다면, 잠시 이야기해 볼까 한다. 나는 『의미의 논리』가 최초로 출판되었을 때 들뢰즈를 읽기 시작했는데 그때 나는 빅토리아 시대의 난센스 문학 전반, 특히 루이스 캐럴의 작품에 관한 논문을 쓰고 있는 중이었다. 나는 꼬박 1년을 캐럴에 관한 비판 저작들을 읽느라 보냈고──이것이 30년 전임을 기억해 주시길!──낙담에 가까운 실망감을 경험했던 차였다. 몇몇 비판들은 심리학적이고 하찮았으며 어떤 것들은 재미는 더 있었지만 말도 안 되는 엉터리였다(가령 앨리스의 모험을 산성acid의 여행으로 해석하는 것). 몇몇은 이론적 전제들로 가득 차 있었고 장황했으며 해석의 결말을 예상할 수 있었다. 계속해서 몸의 크기가 바뀌는 앨리스는 어떤 정신분석학적 독법에 의하면 걸어다니는 페니스에 지나지 않았다. 『의미의 논리』를 펼쳤을 때 우울함을 확 가시게 했던 각성의 느낌이 아직도 기억난다. 드디어 강력하고도 독창적인 읽기를 찾았다는 느낌이었다. 스토아학파의 관점에서 캐럴을 읽는 것은 이상한 생각이었지만 의미의 전망을 펼쳐 주는 것이었다. 정말이지 당시에 나는 들뢰즈의 고도로 기술적이고 철학적인 담론을 대부분 이해할 수 없었지만(그러한 느낌을 없애는 데 거의 30년이 걸렸다), 그 책은 의심할 여지없이 캐럴의 저작에 새로운 생명을 불어넣어 주었다.

거기에 여전히 한계도 있다. 들뢰즈의 관점에서 캐럴이나 어떤 문학

작품을 철학적으로 읽는다고 해서 그간의 해석들이 무효화되는 것은 아니다(그리고 30년 후에 캐럴에 관한 비판 작업들이 상당히 향상되었다). 독창적이긴 하지만 그것이 전적으로 참신한 해석을 제공하지도 않는다. 그렇다고 들뢰즈의 도구로 이리저리 실험해 보는 일이 반드시 (그러기를 희망하지도 않지만) 세계적인 '들뢰즈식 독법'을 산출하는 것도 아니다. 차라리 이렇게 주장하는 편이 조금은 더 정직할 것이다. 들뢰즈식 텍스트 읽기는 다른 해석들이 지금까지 닿지 못했던 곳의 부분에 닿음으로써 무한한 해석의 사슬 속에 놓이게 한다.

나는 들뢰즈의 도구들을 세 가지 방식으로 사용하려고 시도해 볼 셈이다. 길이의 순서대로 하자면 어떤 이야기의 첫 어구, 어떤 시의 첫 행, 짧은 이야기 전체가 된다.


## 2. 「사자들」의 도입부

조이스의 「사자들」the Dead의 첫번째 문장은 유명한 것이 당연하다.

Lily, the caretaker's daughter, was literally run off her feet.
관리인의 딸, 릴리는 문자 그대로 엄청 바빴다.[1]

가령 촘스키의 초기 변형 모델의 관점에서 이 문장을 문법적으로 분석해 본다면, 이 표면적 문장에는 두 개의 상응하는 심층 구조가 있으며,

---

1 James Joyce, *Debliners*, Harmondsworth : Penguin, 1957(first published 1914), p. 173. 이 부분의 첫번째 버전은, J. J. Lecercle, "Ce siècle ne sera pas deleuzien", *TLE*, 14, Paris : Press Universitaires de Vincennes - Saint Denis, 1996, pp. 129~149.

다음과 같이 적어 볼 수 있다(단순화된 버전, 즉 마치 그것들이 일련의 상징들이라기보다는 표면 문장인 것처럼).

1 Some one literally ran Lily off her feet.

누군가가 문자 그대로 릴리를 바쁘게 했다.

2 Lily was the caretaker's daughter.

릴리는 관리인의 딸이었다.

이 두 개의 간단하고 능동적이며 선언적인 문장들은 그리하여 수많은 문법적 변형체들을 통해 결합될 것이다. 문장2는 생략된 후치 관계사절(Lily, [who was] the caretaker's daughter)이 되며, 현재 사용된 복합문은 전반적인 문장의 의미를 결정하는 데 미미한 역할을 하는, 행위자를 나타내는 명사구가 없어지면서 수동태로 바뀔 것이다('……was literally run off her feet *by someone*'). 그리하여 표층 구조의 복잡함이 심층 구조의 단순성과 표층을 생성하는 변형의 역사에 의해 해명된다.

하지만 그러한 분석은 문장의 의미에 대해서는 말해 주는 바가 거의 없으며 마지막 여섯 단어, 즉 '……was literally run off her feet', 특히 부사에 분명히 들어 있는 의미의 뚜렷한 성격에 대해서는 어떤 것도 알려주지 않는다. 이처럼 심층 분석이 명백한 한계를 지니기 때문에 우리는 표면에 머물러 있을지도 모르며, 문장을 내재성의 차원을 따라 발전하는 하나의 선으로 취급하는지도 모른다.

이 대목에서 들뢰즈의 의미이론이 도움이 될 수 있다. 들뢰즈식 **억견**의 관점에서 보면 문장은 잘 구성되어 있다(이는 사실상 이전의 분석이 결론적으로 보여 주었듯이 문법적 문장이다). 그 문장은 외연을 지니고 있다.

다시 말해 한정적 기술에 의해 보충될 경우 이름의 기능은 지시대상을 명백히 가리킬 수 있게 해준다. 따라서 이 사람은 그 누구도 아닌 릴리인 것이다. 하지만 문장은 또한 명시화도 지닌다. 어떤 사람, 화자, 서술자는 그러한 외연에 의해 명시되며, (의미의 이 세 가지 양상 각각은 다른 두 양상들에 의해 전제된다. 즉 그들의 정의는 순환적이다) 그 화자 혹은 서술자는 비록 그 말이 원래 자신의 것은 아니라 하더라도 양상("literally"는 수식하는 부사이다)과 은유("run off her feet"는 은유 구절이다)를 책임진다. 물론 곤란한 점이 있다. 원래의 화자가 누구인지가 확실하지 않고, 아니 차라리 그 문장 속에서는 한 명 이상의 화자가 내게 말한다는 인상을 받기 때문이다. 문장의 마지막에서 그 말은 릴리의 것임이 확실하다. "나는 문자 그대로 바빠!"라고 소리치는 사람은 그녀이다. 즉, 그 말은 일종의 신호이다. 하지만 그녀는 스스로에 대해 3인칭으로 말할 수 없으며, '관리인의 딸'이라는 정확한 언술을 보낼 가능성도 없다. 그렇다면 누가 말하고 있는가? 의심할 여지없이 이 작품의 '주인공' 가브리엘이지만 이 대목에서는 아직 소설 속에 태어나지 않았을 뿐이다. 어떤 경우든 이 문장에는 **의미작용**이 부여되어 있다. 이미 다룬 바 있듯 이 문장은 구문적 일관성을 가지며 마르코프의 연쇄를 따르지 않더라도 의미('문자 그대로'의 의미)를 해석할 수 있다. 적어도 촘스키의 구문 구조의 선을 따라 생략된 관계사절을 만들어 내는 숨겨진 과정이 있기 때문이다. 텍스트의 나머지는 릴리가 정말로 관리인의 딸임을 확신시켜 줄 것이다. 주로 첫머리에 나타나며 여기서는 정관사의 사용으로 표시되는, 잘못 사용된 아나포라의 수사는 존재하지 않는 이전의 맥락과 가상적으로 일치함을 확인시켜 주는데, 그 이유는 이 문장이 텍스트의 첫 문장이기 때문이다.

그 세 가지 의미의 가닥은 문장을 양식과 상식의 표현으로 만든다.

도표로 만들어 보면 다음과 같다.

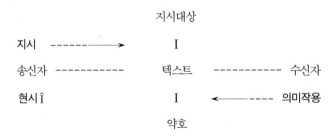

네 개의 가지branch들 중에서 셋만이 이름 지어질 수 있는 한, 이 도표는 비대칭적이다. 만약 외연이 텍스트와 지시대상 사이의 관계에 대한 이름이라면, 명시화가 작가와 의미화 사이에 발생하고 의미화가 텍스트와 약호 사이에 발생한다면, 텍스트와 수신자, 독자 사이의 관계는 어떻게 이름을 지을까? 여기에서 해석이 발생할 것으로 기대될 수 있기 때문에 이 도표의 가지가 중요하지 않은 것은 아니다. 하지만 이것은 부재나 결핍의 문제가 아니라 과잉의 문제이다. 겉보기에 비어 있는 이 가지는 실제로는 가득 차 있다. 그것은 독자에게 양식과 상식의 효과를 생성하는 호명으로 가득하다(비록 다른 세 가지들이 결합된 효과이긴 하지만). 역설적으로 그것은 또한 텍스트가 한정적 의미로 고정되지 못하게 하는 의미의 확산으로 가득하며(또는 그렇게 주장할 것이다), 그것은 해석의 순환과 확장을 보장한다.

이 문장에는 의미 ── 독창적이지도 심오하지도 않으나 문장의 표면을 따라 흐르는 ── 가 있기 때문이다. 우리는 이미 텍스트 시작 (잘못된 첫머리 어구의 반복으로 인해 여기가 시작이지만 명백한 시작은 아니다) 부분의 한가운데와 텍스트를 언급하는 목소리에 대한 불확실성 속에서 의미가 작동하는 것을 본 적이 있다(분명히 릴리가 말하고 있지만 그 밖의 다른 누군가도 틀림없이 말하고 있다).

텍스트의 '의미가 통하는' 네번째 차원에서 의미의 기능은 나머지 세 차원을 선점하는 것이다. 즉, 의미는 그 자체 위에서 펼쳐지며 내재면에 놓인 선들을 따라 펼쳐지지만 그 선들은 결코 곧지 않으며 지시작용, 현시작용, 기표작용은 불확실해진다.

**현시작용**이 가장 먼저 굴복한다. 텍스트의 첫 문장에서 간접적인 자유 문체라는 이상한 형식 때문에 그것은 미결정의 상태가 된다. 그 문장은 릴리가 아마도 말했음 직한 것과 연관되지만 그녀는 자신을 언어 속에서 사용한 적이 없다. 그것은 문제가 된 문장을 몇 단락 뒤에 나오는, 릴리가 일인칭으로 말한 다른 문장과 비교해 보면 알 수 있다. "The men that is now is only all palaver and what they can get out of you"[지금 있는 남자들은 모두 잡담거리에 불과하고 너에게서 달아날 수 있어]. 이것이 진정한 릴리의 자기 표현이며, 통사론적이나 사전적으로 문제의 문장과는 차이가 있다. 이 첫머리 어구에 대한 유명한 분석에서 휴 케너는 '문자 그대로'가 릴리에게 속한다는 것을 보여 준다. 그녀는 '문자 그대로' 말하고 '수사학적으로' 의미하는데 다음에 따라 나오는 구절이 은유이기 때문이다. 케너는 조이스가 '찰스 삼촌 원칙'[2]이라는 단어 주변에 보이지 않는 인용부호를 한 장치를 환기시킨다. 결과는 하나 이상의 목소리가 그 문장을 말하는 것인데 이는 당연히 바흐친적인 텍스트이다. 바흐친은 하나의 발화를 다양한 목소리와 관점이 언제나-이미 대화에 참여하는 하나

---

2 Hugh Kenner, *Joyce's Voices*, London : Faber, 1978, pp. 15~16. 앙드레 토피아(André Topia)는 내가 이 텍스트에 주목하는 것을 묘사했다.

의 단자와 비교한다. 그리하여 여기서 말하는 것은 릴리도 가브리엘도 익명의 화자(가브리엘일 수도 아닐 수도 있는)도 조이스도 아닌 텍스트라는 의견이 생겨난다. 아니 차라리 그 다양한 목소리들 중의 한 목소리, 발화의 의미가 소환하는 목소리의 바벨탑이다. 의미는 텍스트의 목소리인 것이다.

**의미작용**은 그럭저럭 진행된다. 문법에 맞긴 하지만 그 문장은 이치에 맞되 유별난 문법적 구성을 사용한다. 자동사인 'run'이 수동태에 사용됨으로써 '표준' 용법을 벗어난다(자동사는 수동태를 취하지 않는다). 그 이유는 우리의 문장이 사역이건 귀결적이건 합성적이거나 혼성적 구성을 가지고 있기 때문이다. 그 문장은 사실상 다음과 같은 방식으로 표현될 수 있다. 즉 'they made Lily run so much that she was off her feet'([또는 만약 릴리가 말하고 있다면] 'I was made to run······'[나를 바쁘게 했다]) 인데, 여기서 'made'는 구성의 사역적 성격을 표시하고, 'so much that'은 그 귀결적 성격을 표시한다(전형적인 귀결적 문장은 'he drank himself under the table'이 될 것이다). 구문이 맞다 하더라도(귀결적 구성은 영어 문법의 일부로서 자동사를 수동태 문장에 사용할 수 있게 하며 방금 언급한 문장에서처럼 재귀대명사를 위한 이상한 맥락을 형성한다), 그 문장으로 우리가 구성할 수 있는 의미는 문제적이다. 나는 문자 그대로 'off my shoes'를 사용하지 'off my feet'은 거의 사용하지 않는다. 문제의 문장은 지시작용만이 의미를 만들어 낼 수 없음을 보여 주며 의미작용이 완전한 일관성을 주지 않음을 보여 준다. 의미 있는 일관성의 틈새에서 의미의 현존은 모든 수사학적 수단을 망라하는 용어의 확장된 의미 속에서 자신을 느끼게 해준다.

은유와 관련해서는 **지시작용**이 상당히 불확실하다. 릴리가 적절히 지시되면(이는 사실상 릴리이다), 그 사건은 결정할 수 없는 상태로 남아 있게 된다. 'being off her feet'은 문자 그대로의 의미를 지니지 않기 때문에 해석을 요한다. 오랫동안 죽어 굳어 버린 은유가 관습적 의미를 손쉽게 허용한다 하더라도 불확실성은 지속되는데, 불가능한 문자 그대로의 의미가 유령처럼 돌아와 관습적인 은유적 의미를 사로잡기 때문이다. 마치 이상한 나라의 앨리스가 자신의 키가 기린보다 더 커진 것을 알고 자기의 발과 우편으로 의사소통을 하겠다고 생각한 것처럼 릴리의 발은 마치 그 발의 주인으로부터 독립하여 스스로 달리고 있는 것처럼 보인다.

우리는 들뢰즈적 의미에 잘 들어맞는 장소인 역설 속으로 달려가고 있다. 역설은 의미의 층으로서만이 아니라 다른 세 가지로 스스로를 접는 접힘의 가면으로 여겨질 수 있다. 텍스트의 표면은 비록 쉽게 이해할 수 있는 것이라 하더라도 단순히 억견을 위한 곳은 아니다. 그 속에는 언제나 의미의 요소가 있어 통사론적 조화에 혼돈을 재도입한다. 앞선 문장에서 의미는 장소는 'literally'라는 부사이다. 그/그녀의 문장 속에서 화자의 관점을 표시한다는 점에서 그 부사가 수식적 가치를 가지고 있기 때문이다. 언어학자들은 그러한 문법적 표식을 '경계'hedges라 부르는데, 그것이 망설임, 거리 혹은 주석을 표시하기 때문이다. 여기서는 그 부사가 강화어intensifier로서 '나는 문자 그대로 죽었다'는 말은 '나는 너무, 너무 피곤하다'를 의미한다. 하지만 이러한 강화어의 지위에는 문제가 있는데 발화자의 의미가 발화된 의미와 모순되고, 그 은유적 의미가 문자 그대로의 의미와 모순되기 때문이다. 'literally'라는 부사는 말 그대로 '문자성'의 표식이며 'metaphorically'라는 부사는 은유성의 표식이다. 그 부사는 삭제된 채 유지되는 불가능한 문자 그대로의 의미를 가리키며, 차라리 다음에 즉시 뒤따르는 구절의 은유적 지위를 나타낸다. 그 결과 문제의 부사가 문장의 의미를 해체시켜 거기에 무제한의 자유를 부여하게 된다. 다음의 표를 보자.

1. 문자 그대로의 해석(사역적): 릴리는 달리게 되었다.
2. 은유적 과장(귀결적): 그녀는 매우 바빴다.
3. 그릇된 문자 그대로의 해석과 증가하는 과장: 그녀는 문자 그대로 아주 바빴다.

이 문장은 문자 그대로의 것에서 은유적인 것(충분히 평범한 구절인)으로 이동한다. 그런 다음 그 문장은 반反은유적(다시 문자 그대로의 것으로 돌아가서)인 동시에 과장된 은유의 형태(그 구절의 은유적 세력이 증가함에 따라)라는 그릇된 문자 그대로의 해석을 겪게 된다. 이 "literally"는 내가 아는 한 들뢰즈적 의미를 최상으로 구현한 것이다. 그것은 이미 언급한 바 있는 중세철학자 오트르쿠르 드 니콜라스의 '강한 모순은 동일한 의미를 지닌다' contradictoria ad invicem idem significant의 인용구로서 들뢰즈가 공식화한, 의미의 역설들 중 하나를 구체화한다.

그렇다고 여기서 멈추어서는 안 된다. 부사는 문장의 의미를 해체할 뿐 아니라 스스로를 해체한다. 엘렌 식수는 성탄절 파티에 오는 손님들을 맞아들이기 위해 문간에 서 있던 베스타의 처녀로서 때 묻지 않은 순백의 백합('지금 있는 남자들……'에 대한 릴리의 언급을 보라)을 의미하는 릴리라는 이름이 철자를 바꾸어 부사 li(teral)ly 속에 들어 있다고 말한 적이 있다. 그러한 말더듬기('literally'라는 말은 'Lily'라는 이름이 다소 어렵게 반복되는 사례일 수 있다)로 인해 우리의 관심은 철자 바꾸기 놀이를 위한 단어군——'later', 'tear-l', 'relat(e)', '(G)reta'(가브리엘의 아내 이름) ── 에 속하는 여러 음소들(/l/, /r/, /t/ 등)로 향한다. 물론 하이픈과 괄호가 보여 주듯 눈속임도 있다. 하지만 소쉬르가 자신의 철자 바꾸기 공책에서 제시하고 있는 만큼은 아니다. 새로운 단어로 통합될 수 없거나 새 단어를 만들기 위해 덧붙여져야 할 그 잔여들은 철자 바꾸기 놀이 재분석의 표식, 즉 의미의 과정이 결코 끝나지 않으며, 그 증식이란 한계(문자 그대로의 의미가 지닌 어떤 원초적 한계도, 올바른 해석의 목적론적 한계도 아닌)를 알지 못한다는 표식이다. 따라서 만약 계속해서 속이고자 할 경우, 나의 음소군인 'teral'은 'letter', 'litter', 나아가 영어라는 언어 전체는 아니더라도 조이스 전체로 증식될 것이다.

이는 물론 착란delirium의 사례이지만 de-lira, 또는 흔적을 남기는 방법이라는 어원적 의미에서 그러하다. 그와 같은 제멋대로의 방식이 전적으로 자의적이지는 않다. 곧 이어질 장을 기대하면서 소수자 언어minor language라는 개념을 이쯤에서 소개할 수 있을 것이다. 부차적 언어란 언어가 투명한 정보와 의사소통의 도구가 아니라 기표 안과 사이에서 벌어지는 갈등, 소리와 담론의 갈등의 장소로서 내가 환기시킨 바 있는 언어의 말더듬기로 끝나는 곳임을 우리에게 이해시키고자 한다. 이 대목에서 아일랜드 노동자계급 방언을 사용하는 관리인의 딸이 영국 제국주의와 정전 문학의 언어를 더듬거리게 한다는 사실이 명백해진다(비록 이 작품은 현재 문학 정전의 중심부가 되었으며 그러한 재순환은 지배 이데올로기의 작용을 나타낸다).

여기서 논리적으로 따라가야 할 길은 은유에 대한 들뢰즈적 적개심이다. 첫번째 막간극에서 이미 그 길을 따랐으므로 이제 두번째 예로 넘어가겠다.

## 3. e. e. 커밍스의 시 1연

50편의 시모음집 중 29번째 시는 비문법성으로 잘 알려져 있으며 종종 언어학자들의 관심을 끌어 왔다. 1연은 다음과 같다.

anyone lived in a pretty how town

(with up so floating many bells down)

spring summer autumn winter

he sang his didn't he danced his did[3]

처음에 언뜻 보면 이 연은 사실상 그 시의 나머지 부분과 마찬가지로 일종의 단어 샐러드 같다. 그리고 커밍스 시가 그러하듯 한 번 더 보면, 강박적 구조는 아니라 하더라도 적어도 상당한 정도의 일관성이 드러날 것이다. 하지만 촘스키 체계의 첫 황금기를 누리던 언어학자들이 하나의 도전이라 여겼던 비문법성의 요소를 부정할 길은 없다.

좀더 자세히 들여다보자. 첫 행에서 부사 'how'는 한정형용사 위치에 사용되었는데 적절한 자리가 아니다. 그리고 부정대명사 'anyone' 뒤에는 잘못된 동사가 뒤따른다. 'Anyone can do this'[어떤 사람도 이걸 할 수 있다]는 맞게 들리지만 'anyone lived'[어떤 사람이 살고 있었다]에는 명

---

3 e. e. cummings, *Complete Poems 1904~1962*, New York : Liveright, 1994, p. 515. 이 시의 언어학적 분석에 관하여는 Samuel R. Levin, "Poetry and Grammaticalness", *Reprints of Papers for the Ninth International Congress of Linguistics*, Cambridge, Mass, 1962 ; James Peter Thorne, "Stylistics and Generative Grammar", *Journal of Linguistics* 1, 1, 1965 ; Nicolas Ruwet, "Parallélismes et déviations en poésie", eds. J. Kristeva et al., *Langue, discours, société*, Paris : Seuil, 1975.

백히 잘못된 동사와 시제가 사용되었다. 두번째 행은 어원적으로는 각 요소가 올바르게 배치되었다고 이해되지만 문장의 구문론으로 장난을 치고 있다. 그것은 마치 단어를 한 벌의 카드처럼 이리저리 뒤섞은 듯 보이기 때문에 그것들을 올바른 순서로 되돌려서 완벽하게 정상적인 문장 'with so many bells floating up and down'[아주 많은 종들이 위로 아래로 떠다니는] ── 눈에 띄게 독창적이지는 않은 벨소리의 은유적 묘사 ── 을 만들어 내기가 어렵지는 않다. 3행은 거의 비문법적이지 않으며, 아리스토텔레스처럼 말하자면 문장의 공의적 요소들인 전치사와 관사가 없을 뿐이다. 우리는 '정상적인' 문장을 얻어내기 위해 다시 한 번 단어들을 들여오기만 하면 된다. 즉 'in spring, in summer, in autumn, in winter'[봄에, 여름에, 가을에, 겨울에]이나 'whether it was spring, summer, autumn or winter'[봄이나, 여름이나, 가을이나, 겨울이나]로 바꾸면 된다. 4행은 명사구를 위해 남겨둔 자리가 동사에 의해, 정확히 말해 동사의 보조적 부분에 의해 점유되고 있다는 점에서 당연히 유명하다. 어떤 조건을 제외하면 동사는 명사로 변화될 수 있기 (동사에서 유래된 명사deverbal nouns) 때문인데, 명사화할 수 있는 부분은 본동사에 해당하는 중심부밖에 없다. 시제와 조동사의 모든 표식은 사라진다. 여기서는 가령 '-ing'나 '-ion' 같은 올바른 접미사가 사용되어야 한다. 때문에 우리는 '성인연령'his coming of age, '언어의 작동'the working of language 등에 관해 말하는 것이다. 이 조건들 중 어느 것도 여기서는 충족되지 않았다. 접미사가 빠진 대신 시제와 부정 조동사가 나타나며 'didn't'라는 형식은 여기서의 동사 'do'가 본동사가 아니라 보조동사임을 암시하기 때문이다(그것은 '이상한 행동'처럼 명사화될 수도 있다). 그래서 우리는 2행이나 3행과 달리 4행은 명확한 의미를 구성하기에 적합하지 않다는 데 주목한다.

시의 나머지는 이와 유사한 비문법적 사례들로 가득하다. 그중 하나는 특히 전치사 'by'의 사용을 확장하여 라이트모티프Leitmotiv[유도동기]처럼 반복시킨다. 그 결과 (손쉽게 'more and more'[더욱더]로 전환될 수 있는) 'more by more'[더욱에 의한 더욱]이나 (해석하기가 더 어려워지는) 'when by now and tree by leaf'[지금에 의한 때 그리고 잎에 의한 나무] 같은 비정상적 구절이 생겨난다.

하지만 모든 것을 놓치지는 않는다. 위대한 천재성이 요구되지는 않으므로 텍스트를 꼼꼼하게 읽는 열성적 독자라면 어딘가에서 내가 말한 적이 있는 '병따개',[4] 즉 텍스트의 의미를 여는 열쇠를 얻게 될 것이다. 그 독자는 첫번째 단어인 'anyone'이 'that noone loved him more and more'[아무 누구도 그를 더욱이 사랑했다], 'anyone's any was all to her'[어떤 사람의 어떤은 그녀에게 전부였다], 'someones married their everyones'[누군가들은 그들의 모든 이들과 결혼했다], 'one day anyone died I guess/(and noone stooped to kiss his face)'[어느 날 어떤 사람이 죽었다고 나는 추측한다/그리고 아무 누구도 그의 얼굴에 키스를 멈추었다]와 같은 행들에서 문법에 맞지 않게 체계적으로 반복되는 데 주목할 것이다. 그 독자는 키클롭스에게서 탈출한 율리시즈 이야기를 기억할 것이며 그리하여 문자 그대로 무지몽매한 키클롭스는 자신의 형제들에게 그 누구도 고발할 수 없었다. 어떤 독자는 또한 『거울 나라의 앨리스』에서 앨리스에게 길 위에 있는 사신이 보이는지를 말해 달라고 부탁했을 때, 그녀가 "I see nobody on the road"[길 위에는 아무도 보이지 않아요]라고 진심으로 대답하자 왕이 "내게도 저런 시력이 있었다면 …… Nobody를 볼 수 있다

---

4 Lecercle, *Interpretation as Pragmatics*.

니! 게다가 저렇게 먼 거리에서!"⁵라며 찬탄하는 대목을 떠올릴지도 모르겠다. 이제 우리의 독자는 커밍스의 시에서 부정대명사가 명사로 잘못 쓰이고 있다는 점과 이 시가 Anyone(남성 등장인물로서 'he'를 대신하는 표현)과 Noone(여성 인물로서 'she'를 대신하는 표현——그러한 반복어구의 지속성이 이 시의 일관성에 우회적인 도움을 준다)의 이야기, 즉 그들의 만남, 결혼, 그리고 죽음을 연관시켜 결과적으로 이 시의 서사는 조이스의 '그들은 살고 사랑하며 웃다 죽었다'라는 한 문장으로 요약될 수 있다.

그러한 이름의 선택이 몹시 두드러진다. 즉 이 시는 평범한 사람(이탈리아어로는 l'uomo qualunque, 프랑스어로는 M. Untel, 영어로는 Mr So-and-so)의 이야기인 것이다. 이득이 있다면 이름-대명사(결코 대문자로 표기되지 않는)가 야기하는 체계적 애매성이다. Anyone이 죽을 때, "noone은 몸을 구부려 그의 얼굴에 키스했다". 우리는 이 행을 낙관적으로 읽을지 비관적으로 읽을지를 선택할 수 있게 된다. 하지만 그러한 장난스러운 애매성에도 불구하고 이 시의 스토리가 전적으로 사소한, 행복한 결말이 없는 밀즈 앤 분Mills and Boon 식의 연애소설임에 주목하는 것이 우리의 슬픈 의무이다. 영웅의 삶이 계절('spring summer autumn winter')이나 구성소('sun moon stars rain'——다양한 지적 분위기의 객관적 상관물로서의 날씨)의 연속에 비유된다는 것이 놀라운 일은 아니다. 이 시는 억견으로 가득 찬 시로서 죽음으로 향하는 인간 삶의 불가피한 과정(계절의 연속 또는 문장을 종결시킬 완벽한 종료를 향한 문장의 진행만큼 불가피한)에 대한 분별과, 그 과정에 대개 수반되는 애정, 기쁨, 슬픔에 대한 상식을 담고 있다.

---

5 Carroll, *The Annotated Alice*, p. 279.

하지만 이러한 억견적 뜻은 해석에 의해 산출된다. 대개 그러하듯 그 것은 첫 독서에서부터 언제나 이미 주어져 있는 것이 아니다. 그것은 유 추되어야 한다. 텍스트의 표면이 우리에게 주는 것은 더 장난스럽고 덜 질서정연한 어떤 것이다. 나는 그것이 의도가 아니라 들뢰즈적 의미임을 보여 주고자 할 것이다. 그리하여 다른 시들에서 뚜렷하게 드러나는 커 밍스 문체의 두드러진 특성을 보여 줄 것이다. 그는 억견적 뜻과 의미 사 이의 통상적 관계를 뒤집는다. 대부분의 텍스트에서 뜻은 직접, 직설적으 로 주어진다. 그것은 해석의 우회를 거의 필요로 하지 않는다. 하지만 의 미는 흔적 속에서 존재할 뿐이며 그러한 분석을 추리해 가는 것이 해석의 과제이다. 반면 커밍스의 텍스트에서 사소한 의도는 결코 주어지지 않고 해석이 산출하는 것인 데 비해 텍스트의 표면은 의미의 풍부한 결로 생기 넘친다. 커밍스의 텍스트는 우리에게 해석하지 않되 표면에 남아 장난스 러운 행들을 탐구하고 실험하도록 (우리는 들뢰즈의 '해석하지 말고 언제 나 실험하라'라는 말을 기억한다) 격려한다는 점에서 들뢰즈적인 **문자** 이 **전**avant la lettre이다.

그러면 이제 1연을 들뢰즈적 의미에서 다시 읽어 보자. 수많은 의 미의 특성들이 출현하게 될 것이다. 첫 행은 대명사와 이름의 고의적 인 혼동으로 시작되며 이와 더불어 의미의 첫번째 특징, 즉 그 **비결정성** indeterminacy, 배타적 선택은 하지 않지만 상응하지 않는 두 의미의 가닥 을 한데 유지시키는 능력이 나타난다. 첫 행의 나머지 부분에 대해서는 다음과 같이 분석될 수 있다. "a pretty how town"에서 자리를 잘못 잡은 how가 형용사로 대치될 수 있으며, 그렇게 되면 우리는 'pretty'가 두 개 의 가능한 문법적 가치를 지닌다는 점 ── 부사('this town is pretty large') 와 형용사('this large town is pretty') ── 을 알아차릴 수밖에 없다. 그리고 그 가치는 문제의 시행에 가상적으로 존재한다. 왜냐하면 형용사의 자리를 'how'가 차지하고 있기 때문이며, 우리는 거기에 대해서는 선택권이 없다. 하지만 이 'how'는 어디에서 오며 그것은 어떻게 정당화될 수 있는가? 그것이 다음 '대화'의 흔적이라고 상상해 보자.

> A : This is a large town.
> B : How large?
> A : Pretty large!

또는 다음이 아마 더 나을 터인데,

> A : This is a pretty town.
> B : How pretty?
> A : Pretty how!

'How'는 비관습적이고 장난스러운 것이라 할지라도 '문자 그대로'와 마찬가지로 강조어이다.

이 행이 구체화하고 있는 것은 의미의 또 다른 특징, 즉 그 **잠재성**이다. 의미는 뜻의 저장고로서 억견적 뜻만큼이나 실제적이지만 텍스트 속에 가상적으로 존재하므로 어떤 것은 독서와 해석을 통해 현실화된다. 똑같은 일이 그 연의 마지막 유명한 행, 'he sang his didn't he danced his did'에서도 발생한다. 그 또한 복합적 구성(그 용어는 캐롤의 '복합적 단어'의 영감을 받은 것으로서 『의미의 논리』에서 들뢰즈의 의미 분석의 핵심이다)을 가장한 잠재성의 한 예로 분석될 수 있다. 그러므로 만약 명사 자리에 잘못 쓰인 조동사를 없애 버린다면, 그 자리는 동사의 '자연스런' 보충어로 대체되어 'He sang his song and did his dance'가 될 수 있다. 또는 텍스트에 보다 충실하면서 특히 부정 조동사를 잊어버리지 않는다면 우리는 'He didn't sing his song, but he did his dance'로 다시 쓰기를 제안할 수도 있다. 곧 흥분에 들떠 우리는 'He sang about what he didn't do, he dance about what did'라는 세번째 문장도 만들어 낼 것이다. 의미의 이점, 즉 그 잠재성은 우리에게 결정을 허락하지 않는다는 점, 아니 그렇게 하기를 금지한다는 것이다. 그것은 텍스트로부터 발전될 수 있는 뜻을 지닌 모든 행과 모든 무의미한 행을 축적시킨다. 3장에서 보았듯 의미는 아직은 억견으로 고착되지 않는다는 뜻이다. 그것은 또한 어떠한 의미이든 그것에 앞서서, 그리고 그 너머에 있다. 그리고 텍스트는 우리에게 해석은 불가피하게 의미의 동결이라고 말하고 있다. 그 결과 우리가 시의 마지막 행인 'reaped their sowing and went their came'[뿌린 것을 거두고 왔던 곳으로 갔다]에 이르게 되면 그들은 자신들이 뿌린 것을 수확했으며 갈 길을 가거나 그들이 왔던 길을 가거나 혹은 당연히 둘 다이다. 그리고 바로 이러한 어려움의 결핍은 의미를 포기한 표시이며 우리가 해석을 거부할 때 텍스트는 더 풍부해진다는 점을 경고한다.

시의 두번째 행은 상식적이기 위해서는 이미 말했듯 전환시키기만 하면 된다. 그런데 왜 이상한 순서를 사용하는가? 대답은 간단하다. 그것은 도상주의이자 의미의 **유동성**의 한 예이다. 있는 그대로의 행이 억견적 상응물보다 훨씬 더 시선을 끈다. 'up'과 'down'이라는 두 부사를 행의 각 끝부분에 리듬감 있는 박자를 넣어 배치함으로써 '종을 치느라 흔들릴 때' (또는 '위아래로 떠다닐 때') 부딪치는 움직임을 재생산한다.

시의 마지막 부분은 우리에게 의미의 양방향성(우리가 언급한 예는

'noone stooped to kiss his face' 속에 드러난 애매성이었다)과 그 추상성
의 예를 제공해 준다. 전치사 'by'가 많이 사용되어서 더욱 추상적이고 미
결정적인 형식의 관계, 관계 그 자체(영어에서 'of'에 의해 충족될 수 있다
고 말해지는 기능)의 표식이 되기 때문이다. 여기에 몇몇 예들이 있다.

> More by more
> When by now
> Tree by leaf
> Bird by snow
> Stir by still

각각의 경우 해석자가 할 일은 관계에 내용을 가져다주는 것인데 거
기에 대해 전치사는 추상적 도형만을 제공할 뿐이다. 'more by more'에
서는 일이 쉽지만 'bird by snow'에서는 보다 어렵다. 활처럼 휜 우리의
시는 또한 모든 그러한 구절의 매트릭스의 발생을 제공한다. 'by'가 문법
적으로 사용된 유일한 예는 'little by little'이다.

결과적으로 커밍스의 시는 언어 속에서 의미와 뜻이 지닌 각각의 역
할이 전도된 장소이다. 그리고 그것은 또한 우리에게 의미의 수많은 종결
들, 즉 그 잠재성, 미결정성, 추상성, 유동성, 양방향성을 제공한다.


## 4. 버지니아 울프의 「왕립 식물원」 읽기

「왕립 식물원」의 첫 부분에서부터 독자는 어지러운 인상들 속으로 빠져
든다.

달걀형의 화단으로부터 수백 개의 줄기가 하트 모양이나 혀 모양의 잎사귀로 뻗어 가다가 중간 위 지점에서 끝부분이 붉거나 푸르거나 노란 꽃잎으로 펼쳐지는데 그 꽃잎은 지표면에서 생겨난 색깔의 반점을 지니고 있었다. 목구멍의 빨갛고 파랗고 노란 어둠으로부터 황금빛 먼지가 끼고 끝부분이 살짝 곤봉형인 쭉 뻗은 장대가 나타났다. 그 꽃잎들은 여름 미풍에 하늘거릴 만큼 충분히 부피감이 있었고, 그것들이 움직일 때면 빨갛고 파랗고 노란 불빛은 여기에서 저기로 이동하면서 1인치 두께의 갈색빛 땅을 촉촉하고 복잡미묘한 색깔의 점으로 물들였다.[6]

혼돈이 인상들 중의 하나이다. 자연은 조화로운 화려함, 존재의 풍요로운 풍부함, 너무나 압도적이어서 그것을 인식하는 주체(하지만 우리는 이것이 어떤 주체인지 모르거나 심지어 그 인식자, 관점이 주체인지 아닌지도 알지 못한다. 우리가 가진 모든 것은 화단을 바라보는 새의 시선이다)가 그 풍부한 세밀함 속에 빠져서 전반적인 그림을 그려 내기가 거의 힘들 정도의 풍부함으로 스스로를 나타낸다.

그러한 상황은 마지막 구절에서조차 적어도 첫인상에서는 변하지 않았다.

얼마나 더운지! 너무 더워서 개똥지빠귀조차 꽃들의 그림자 속에서 기계 새처럼 뛰어다니기를 선택했다. 게다가 한 움직임과 다음 움직임 사이에서는 오래 멈추면서. 종잡을 수 없이 어슬렁거리는 대신 흰 나비들

---

6 Virginia Woolf, "Kew Gardens", *The Haunted House*, Harmondsworth : Penguin, 1973(first published 1944), p. 35.

은 서로의 위에서 춤을 추었고 흰색의 이리저리 떨어지는 조각들로 제일 키가 큰 꽃들 위에서 산산이 부서지는 대리석 기둥의 윤곽을 만들어 내었다. 야자수 집의 유리지붕은 반짝이는 초록색 우산들로 가득찬 시장이 햇빛 아래에서 문을 연 것처럼 빛났다. 비행기가 윙윙대는 속에서 여름 하늘의 소리는 자신의 맹렬한 영혼을 중얼대고 있었다. 노랑과 검정, 분홍과 흰색, 이 모든 색깔의 형상인 남자, 여자, 그리고 아이들이 지평선에서 1초 동안 모습을 드러내고는 잔디에 드리운 드넓은 노랑색을 보더니 머뭇거리며 나무 아래 그늘을 찾아다녔다. 그러고는 노랑과 초록 대기 속에 마치 몇 방울의 물처럼 녹아 내리며 대기를 희미하게 붉고 푸르게 물들였다. 그것은 마치 모든 거대한 육체들이 움직임 없는 열기 속에 가라앉아서 땅 위에 옹기종기 모여 누워 있는 것 같았다. 하지만 그들의 목소리는 두터운 밀랍 양초 덩어리에서 축 늘어진 불꽃처럼 이리저리 움직이고 있었다. 목소리들, 그래 목소리들. 말 없는 목소리들이 너무도 깊은 만족감, 너무도 열정적인 욕망, 아이들의 목소리에서는 너무도 신선한 놀라움으로 불현듯 침묵을 깼다. 침묵을 깼다고? 하지만 어떤 침묵도 없었다. 언제나 모터 버스는 방향을 바꾸고 기어를 변속했다. 마치 모두 강철로 된 한 벌의 거대한 중국식 상자가 서로서로를 끊임없이 회전시키는 것처럼 도시는 웅얼댔다. 맨 꼭대기에서는 사람의 목소리들이 큰 소리를 냈고 무수한 꽃잎들은 공기 중으로 자신들의 색을 뿜어내었다.[7]

여기 무엇이 이야기의 처음과 끝 사이에 변화를 주었는가라는 질문을 즉시 할 수 있다. 그것은 부클레boucle(일종의 물레)라는 낯선 효과이

---

7 Woolf, "Kew Gardens", *The Haunted House*, pp. 41~42.

다. 이야기는 화단의 꽃, 줄기와 꽃잎, 그것을 바라보는 사람의 시선 안에서 형성하는 색깔의 인상들에 관해 강조하면서 시작하고 끝맺는다. 하지만 다른 점들이 있다. 가장 분명한 것은 확장이다. 수백의 꽃들은 이제 '무수한 것들'이 되고 그것을 바라보는 시선은 위로 확장되어서 인식의 대상은 더 이상 화단이 아니라 정원 전체, 그것들을 둘러싼 도시, 그리고 우주가 된다. 물론 그토록 무한한 공간들 사이에는 연관성이 있다. 그 공간들은 동심원 내지는 아마도 한 벌의 중국식 상자를 만들어 내어 화단은 이제 제유提喩적으로 우주의 중심이자 그 주변에서 우주가 구성되는 태초의 신비한 핵심이 된다. 하지만 또 다른, 훨씬 더 중요한 차이가 있다. 첫번째 구절에서 인상들은 빛, 모양, 색깔 등으로 시각적이다. 마지막 구절에서는 이러한 시각적 인상들이 여전히 존재하기는 하지만 더 이상 우세하지 않고 소리의 인상이 지배적이다. 목소리가 들린다. 말은 없지만 그럼에도 불구하고 침묵을 깬다. 그리고 버스의 변속 장치음와 엔진음이 있다. 지배적인 것은 도시의 웅얼거림이고 전 우주의 홍얼거림이다. 그런 소리들이 '깊은 만족감'으로 침묵을 깨듯 홍겨운 콧노래가 있다. 그리고 중국식 상자처럼 서로의 둘레를 회전하면서 구성되는 우주 또한 홍얼거리고 있음을 안다. 그리하여 플라톤의 '천상의 음악'이라는 말에 구현되어 있는 음악적 우주에 대한 암시를 알아차리기란 어렵지 않다.

텍스트의 목적은 야심차기보다는 단순하다. 즉 소박한 화단을 우주의 재현으로 변화시키며 화단에서 하나의 우주를 구성하는 것이다. 그 때문에 화단의 중심부에서 달팽이를 발견하는 일은 놀랍지 않다. 그 생물은 등에 집을 지고 다니지만 그 집은 세상과 같은 모양이 아니다. 이야기는 달팽이의 나선형 등딱지처럼 펼쳐지는 것으로 여겨질 수 있다. 우리는 감각의 인상들로부터 출발해서 이제 하나의 상징에 도달해 있는 셈이다.

이 달팽이는 이야기에서 매우 중요하다. 그것은 내가 인용한 도입부에 곧장 뒤이어 다음과 같이 도입된다. "빛이 자갈의 매끈한 흑회색 위이거나 갈색의 원형 정맥을 지닌 달팽이 등 위에 떨어졌다. 아니면 그 빛은 빗방울 속으로 떨어지면서, 폭발해서 사라져 버릴 것이라 기대하는 물의 얇은 벽을 너무도 강렬한 빨강, 파랑, 노랑 빛깔로 확장시켰다." 이 대목에서 달팽이는 이 식물과 광물의 세계 속에서 언급되는 유일한 생물이다. 달팽이는 또한 수많은 인간 커플들이 다양하게 재현되지만 스쳐 지나간다는 점에서 이야기의 진정한 주인공이다. 인간들은 카메라의 범위 안에 포착되어 화단을 따라 지나가면서 사라지는 반면 자신이 사는 화단을 가로질러 가려는 달팽이는 적어도 마지막 단락까지 꾸준한 존재로 살아남는다. 그리하여 이야기는 다음 페이지에서 묘사하듯 '달팽이의 전진'이라는 하나의 새로운 대상을 가진다. 따라서 우리의 달팽이는 순례자이며 그의 여행은 오디세이의 여행이거나 인간 고통의 비유이다. 때문에 그 단락에서 달팽이가 처음에는 'it'(중립적으로 '그것은 확고한 목표를 지닌 것처럼 보였다')으로 지칭되다가 나중에는 'he'('그가 죽은 나뭇잎으로 된 원형 텐트를 피해 갈 것인가 아니면 대담하게 맞설 것인가를 결정하기도 전에 인간의 발이 화단을 지나쳐 갔다')로 바뀌는 것이 전혀 놀라운 일이 아니다. 대명사의 문법적 변동은 이중의 목적을 가리킨다. 그것은 달팽이를 이야기의 주인공뿐만 아니라 인간을 상징하는 지위로 끌어올린다. 즉 달팽이의 길은 인간이 삶을 살아가는 여정으로서 무대 위에 번잡하게 등장하는 인간 쌍들에게 자연스런 변이를 제공한다.

하지만 이러한 비유적 독서에는 심각한 문제점이 있다. 간단한 문제로서 그 달팽이는 결코 화단의 반대편이라는 목표에 도달하지 못한다. 이러한 실패는 비극적이지도 (그 피조물은 자신의 노력이 지닌 부조리성을 깨달을지도 모른다) 희극적이지도 (장애물이 증가하여 그를 분산시킬지도 모른다) 않다. 그는 다만 관찰자의 시선의 범위에서 사라져 관심의 대상이 아닐 뿐이다. 결과적으로 마지막 단락에서 살아 있는 현존은 스크린에 투영되는 유령 같은 인간들은 별도로 하더라도 달팽이가 아니라 '개똥지빠귀'(우리는 이처럼 그릇된 아나포라——그 새는 이전에 언급된 적이 없다——가 우리의 달팽이가 슬픈 운명을 맞이하게 되었다는 암시가 아니기를 희망할 수 있을 뿐이다)이다. 마치 첫번째 단락에서의 새의 시선이 마침내 환생하듯 말이다. 그러나 달팽이가 목표물에 도달하지 못한다는 것은 결과를 수반한다. 무목적성에 대한 전반적인 암시가 이야기에 스며들어 있으며 이 우주는 특이하게 혼돈스러워 보인다. 커플들은 미풍에 휘날리는 낙엽들처럼 이리저리 떠돌며, 겉보기에 목표 지향적인 달팽이는 적어도 마지막 단락, 즉 천상의 음악이 일종의 우주적 질서를 재수립할 때까지 제대로 살아내지 못한다.

하지만 이는 텍스트의 표면에서 느낀 인상에 불과한 것으로 우리가 텍스트의 구조를 바라볼 때, 텍스트를 하나의 구조물로 바라볼 때 그 인상은 버려야 할 것이다.

그 이야기가 영화에서 카메라 촬영에 비유될 수 있는 수많은 구절들로 구성되어 있다는 것을 깨닫게 되면 구조의 첫번째 요소가 명백해진다. 카메라는 번갈아 가며 화단과 그 주변을 서성대는 인간 커플들에 초점을 맞춘다. 그리고 그 교차는 강박적일 정도로 완전히 규칙적이다. 만약 내가 X를 화단 촬영, Y를 인간 커플에 대한 촬영이라 부른다면 이 이야기는 다음의 구조를 지니고 있다.

$X_1$ $Y_1$ $X_2$ $Y_2$ $Y_3$ $X_3$ $Y_4$ $X_4$

**표1 「왕립 식물원」에 등장하는 네 커플의 캐릭터**

|  | 성별 | 나이 | 발화 | 소통 | 발화 내용 | 시간 |
|---|---|---|---|---|---|---|
| Y1 : 결혼한 커플 | 다름 | 중년 | 다소 조용 | 거의 말 없음, 뜻 많음 | 현실 | 과거 |
| Y2 : 남성 커플 | 같음 | 한 명은 늙고, 한 명은 젊음 | 한 명은 수다스럽고, 한 명은 조용 | 소통 실패 | 상상 | 상상적 과거 |
| Y3 : 여성 커플 | 같음 | 늙음 | 수다스러움 | 소통(진부함) | 사소한 현실 | 현재 |
| Y4 : 젊은 커플 | 다름 | 젊음 | 다소 조용 | 거의 말 없음, 뜻 많음 | 현실 | 미래 |
|  | 교차 대구법 | 소진 | 교차대구법 | 교차대구법 | 소진? | 소진 |

이 구조는 수사학에서 교차 대구법이라고 알려져 있다. 이 교차 대구법이 대칭적 형상이라면 거기에는 대칭의 중심이 있는데, 만약 단순 교차 (……Xn Yn ……)의 경우라면 비워지지 않아야만 하는 Y2와 Y3 사이의 공백이 그것이다. 교차 대구법은 한 벌의 중국식 상자를 하나의 선으로 환원시키며 거기서 각 영역은 두 개의 지점으로 재현된다 (X1-X4; Y1-Y4; X2-X3; Y2-Y3). 우주는 그리하여 하나의 축, 부재하는 중심으로 도식화된다. 텍스트의 중심에 있지 않고 그 현존이 부재인 화단은 들뢰즈적 구조에서 역설적 요소가 그러하듯 쇼트 혹은 영역의 순환을 만들어 낸다. 내가 말하는 것은 물론 텍스트의 열이 만들어 내는 교차 대구적 구조가 **심연**, 즉 텍스트가 유발하거나 구성하는 우주의 형태를 재생산한다는 것이다. 텍스트 그 자체가 중국식 상자의 요람이 되는 것이다.

이것이 전부는 아니다. Y열과 인간 커플을 더 자세히 들여다보자. 그들의 특징은 다양하며 어떤 커플도 다른 커플과 같지 않다. 하지만 표 1이 보여 주듯 그들은 무턱대고 다르지 않다. Y1은 아이가 있는 결혼한 커플로서, 과거와 사랑의 첫 경험을 회상한다. Y2는 아버지와 아들로 이루어져 있는데 연로한 아버지는 더 이상 정신이 바르지 않고 그의 말은 횡설수설하지만 아들은 침묵을 지키면서 아버지가 해를 가하지 못하도록 하기 위해 노력한다. Y3은 늙은 여성 커플로서 이런저런 수다를 떨어대는 수다쟁이 늙은 과부들이다. Y4는 성공적인 관계의 경이로운 순간 속에 있는 연애하는 한 커플이다. 그들의 말은 다소 모호하지만 영혼은 고양되어 있다. 바로 이 목록에서 보듯, 커플의 선택은 구조물로서 텍스트를 구성하는 데 없어서는 안 될 부분이다. 이 이야기는 우리에게 인간의 시대는 아니지만 적어도 가족의 단계 —— 초기의 (어린 커플), 확립되어 풍성한 (첫번째 커플), 스러져 가는 (아마도 상처한 아버지와 그의 아들), 비존재적이거나 더 이상 존재하지 않는 (그 두 명의 늙은 과부들 혹은 독신녀들? 그들에게는 아마도 지칠 줄 모르고 공허하게 그에 관한 이야기를 나눌 몇 명의 손주가 있을지도 모른다) —— 를 전해 준다.

텍스트가 이들 커플에게 맡기는 결정에 관해 두 가지를 주목해야 한다. 첫째는 그러한 결정이 (가령 섹스나 말의 품격) 그 네 커플을 교차대구법에 두거나, 베케트식으로 말해 모든 가능한 논리적 조합에 참여하는 것처럼 보이게 한다. 그리하여 우리는 다양한 세대의 인간들을 만날 뿐만 아니라 커플들의 발화 속에서 순간적인 무아경을 느끼게 된다. 젊은 커플은 자신의 미래에 대해서 이야기하고 안정된 기혼 커플은 향수에 젖으며, 할머니들은 오로지 현재 속에서 살아가는 반면 노망 든 할아버지들은 가상 내지 신비적 과거를 만들어 낸다. 그 텍스트가 명백한 카오스를 강박적인 구조감과 결합시킨다는 것은 이제 분명하다.

두번째로 주목해야 할 점은 한 커플이 내린 결정은 그들에게 간단하게 성별과 나이에 따른 자리를 정해 주며,[8] 그들이 하는 말의 내용과 그것이 달성하는 소통의 정도(또는 그 결여)에 몰두한다는 점이다. 그리고 이러한 소통은 간단한 역전의 법칙을 따르는 것처럼 보인다. 대화를 하는 사람은 소통하지 못하고 소통하는 사람은 대화할 필요가 없거나 오래 대화하지 않는다. 소통의 정도는 다음의 표가 보여 주듯 사용된 단어의 수와 반비례한다.

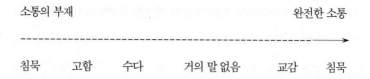

소통의 부재                                              완전한 소통

침묵       고함       수다       거의 말 없음       교감       침묵

첫번째 단계는 비협조의 침묵이며 텍스트에서는 노인의 아들에 의해 재현된다. 그는 구어적 소통의 시도가 쓸모없다는 것을 알기 때문에 말하지 않는다. 그의 아버지는 들리지 않으며 듣는다 하더라도 귀기울이지 않는다. 두번째 단계는 망상에 빠진 아버지의 고함이다. 세번째 단계는 두 할머니의 사소한 잡담(하이데거식 말투로 하자면 Gerede)으로서, 너무나 공허하여 모든 문법적 일관성을 잃어버리는 형태의 말인데 다음에 잘 나타나 있다.

'Nell, Bert, Lot, Cess, Phil, Pa, he says, I says, she says, I says, I says——'

'My Bert, Sis, Bil, Grandad, the old man, sugar,

---

8 스티븐 히스는 그들이 또한 계급적 위치를 구현했다고 주장했는데(사적인 소통에서), 그 이유는 노파가 노동 계급인 반면 노인과 그의 아들은 보다 상위 계급에 속하는 것이 분명하기 때문이다.

Sugar, flower, klippers, greens

Sugar, sugar, sugar'

이러한 '끝이 내려가는 말의 패턴'은 불가피하게 사소하면서도 어쩔 수 없이 나누어야만 하는 일상의 주제들, 즉 가족이나 장보기와 관련될 수밖에 없다.

네번째 단계는 안정된 커플의 소통으로서 서로에 대한 사랑은 더 이상 말로 표현될 필요가 없고 그들의 생각은 동일한 방향을 향해 있으므로 어떤 말의 마무리를 알려 주기 위해 소통이 필요할 뿐이다. 우리 모두는 식당에서 아주 조용한 커플을 만난 적이 있을 것이다. 그들의 침묵은 깊은 만족감을 지닌 것이어서 지루함도 적개심도 없다. 다음 단계가 교감인 이유이다. 그 젊은 커플은 거의 말을 필요로 하지 않는다. 그들에게 필요한 모든 것은 손을 맞잡고 서로를 바라보는 일이다. 그렇기에 그들의 말은 모호하고 비효과적인 성격을 지니며 외면상의 사소함("트리시, 이리와. 차 마실 시간이야." "어디에서든 차를 마시나요?" 하고 그녀는 모호하게 주변을 둘러보며 목소리에는 최고의 흥분된 전율을 담고서 물어보았다')은 최고로 아름다운 감정을 숨긴다. 마지막 단계가 다시 침묵인 이유가 여기에 있다. 이때 침묵은 가장 꽉찬 소통이 향하는 곳으로서 '조용한 소리'라는 모순어법으로 마지막 단락에 언급된다.

따라서 전체 텍스트는 그래마스를 좇아서 기호학적 사각형으로 재현할 수 있는 구조의 전개라고 기술될 수 있다(〈도표3〉을 보라).[9]

통상 기호학적 사각형은 대립(중간 용어를 인정한다. 가령 흰색은 검

---

9 Algirdas J. Greimas, *Sémantique structurale*, Paris : Larousse, 1966.

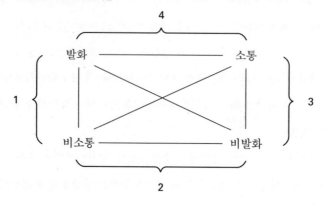

정색과 대립되지만 회색은 검정색도 흰색도 아니다)과 모순(흰색과 비흰색 사이에는 어떠한 중간 용어도 없다)을 결합한다. 'no speech'는 'speech'와 모순된다. 또한 우리가 『이야기의 역사』에서 보았듯이 '소통'은 '말'의 대립항이다. 기호학적 사각형의 네 꼭짓점은 둘씩 결합되어 1번에서 4번까지 번호 매겨진 네 개의 '입장들'을 형성하는데, 그 위에서 또는 그와 더불어 텍스트가 유희하며 그 입장들이 텍스트를 구성한다.

입장 1과 3은 다양한 커플들이 차지한다. 할머니 커플이 이야기할 때 그들의 수다스러운 말은 독백인 반면, 결혼한 커플과 연애하는 커플은 소통하기 위해 거의 말할 필요가 없다. 이는 수평적이고 인간적인 축이다. 하지만 또한 수직적이고 우주적인 축도 있는데 입장2는 말도 소통도 아니며 첫 단락에서는 세상의 입장이다. 모든 빛이 있지만 어떠한 소리도 없고 의미 또한 없다. 한편 입장4는 마지막 단락에서 조화롭게 변화한 세상이다. 형형색색의 우주는 이제 흥얼거리고 있으며 침묵하는 목소리들은 깊은 만족감을 노래한다. 그리고 우리는 텍스트의 구조를 이해하게 된다. 달팽이는 이동하면서 2에서 4의 방향으로 진보하는 반면 화단을 둘러싼, 수평적 차원에 있는 인간 커플들은 혹성처럼 차고 기운다.

이런 질문이 당연히 나올 것이다. 이 모든 곳에서 들뢰즈는 어디에 있는가? 지금까지 그는 어디에도 없다. 나의 신념은 그가 우리를 좀더 멀리 가게 할지도 모르겠다는 것이다. 방금 윤곽을 그려 본 강박적 구조를 무너뜨리는 텍스트의 요소가 여전히 있다. 달팽이는 입장4에 도달하기 전에 사라져 버리며 마지막 단락에서 그 입장은 개똥지빠귀의 입장이 된다. 화단이라는 무모순성의 차원에 고착되어 있는 기어 다니는 동물의 내재성이 새와 카메라의 모든 차원을 바라보는 눈이 지닌 초월성에 자리를 내어 준 것처럼 보인다.

이제껏 우리가 알아채지 못한 한 가지 세부적 사실이 달팽이에게 있다. 그것은 세번째 달팽이 일화에서 발생한다(내가 제안한 구조에서는 X3 이다).

그 달팽이는 이제 죽은 잎사귀 주변을 걸어가거나 그 위로 올라가지 않고서도 목표에 도달하는 모든 가능한 방법을 가늠해 보았다. 나뭇잎으로 올라가는 데 필요한 노력은 물론이거니와 **심지어 촉수**에 닿기만 해도 엄청나게 우지직 소리를 내며 떨리는 그 가냘픈 조직을 지닌 나뭇잎이 과연 자신의 무게를 견디어 낼 것인지에 대해서도 의심스러웠던 것이다.[10]

겉보기에 이는 작은 촉수로 세상을 신중하게 이해하는 한 달팽이에 관한 상당히 감동적인 묘사이다. 하지만 나는 그 이상의 것이 여기에 있으며 우리의 달팽이는 상호텍스트적인 야수 — '달팽이 촉수의 인식'은

---

10 Woolf, "Kew Gardens", p. 39[강조는 저자의 것].

키츠적 비판에서 잘 알려진 구절이다——라고 생각한다. 그것은 화가 헤이든에게 쓴 유명한 편지의 한 구절, "지성이 저 전율하는 섬세하고 달팽이 촉수 같은 미에 대한 인식에 닿기 전에 지성과 그 수천의 재료들 사이에서 발생하는 셀 수 없이 많은 구성과 해체"에서 온다.[11]

권력 행사는 문학 해석의 특권이자 기쁨 중의 하나이므로 이것은 암시이며 우리의 달팽이가 진정한 키츠의 달팽이라고 그냥 결정해 버리자. 이는 지금까지 순환하는 커플들과 그들의 조화로운 질서 주변을 맴돌던 우리 해석의 초점을 바꿔 버렸다. 이제 초점은 시인으로서 우주의 창조자로서의 달팽이에 가 있고 커플들은 위성에 불과하다. 화단을 가로지르는 과정에서 달팽이는 카오스 너머의 차원에 다가가 하나의 세계를 형성한다. 그는 더 이상 목적론적으로 고정된 목표, 이미 존재하는 노력에 도달할 필요가 없다. 목표 그 자체인 그의 전진의 결과로서 그것은 도달되는 것이 아니라 달팽이와 우주의 혼합 또는 결합을 통해 성취되는 것이기 때문이다. 우주의 중심인 우리의 시적 달팽이는 도처에 있으며 또한 어디에도 없다. 그는 우주 그 자체이며 그가 완전히 성취하는 유일한 목표는 심연, 즉 예술 작품으로서의 텍스트 구성이다.

우리의 시적 달팽이가 마치 카메라의 줌을 위로 향하면서 화단으로부터 멀어지는 것처럼, 우주의 무한한 광대함 속에 이렇게 낭만적으로 사라진 데는 여전히 약간은 과장된 뭔가가 있다. 사실상 그것은 땅으로 향하는 해석보다 더 만족스러운 결말이다(개똥지빠귀에게 잡아먹히기 때문에 달팽이는 결코 화단의 반대편에 이르지 못한다). 하지만 들뢰즈는 우리가 계속 땅에 발을 디딜 수 있도록 도와줄 수 있다. 따라서 나는 키츠적 달

---

11 John Keats, *Letters of John Keats*, Oxford : Oxford University Press, 1970, p. 83.

팽이가 아니라 들뢰즈적 달팽이를 제안한다.

이 텍스트는 서사적 연쇄의 일차원성 속에 섞여 짜여진 두 계열로 구성되어 있는데, 하나는 커플들의 계열이고 다른 하나는 화단 묘사의 계열이다. 이것이 텍스트에 의미를 가져다준다. 하지만 두 계열은 들뢰즈적 구조 개념에서와 마찬가지로 그 자체로는 아무런 의미를 가지지 않지만 구조에 의미를 부여하는 역설적 요소의 순환에 의해 누벼지거나 여며져야 한다. 달팽이가 그러한 요소이다. 그 전진이 무의미하며 어떠한 결말도 없기 때문에 그것은 버니언John Bunyan적 달팽이가 아니며, 그렇다고 키츠적 달팽이도 아니다. 우주가 흥분과 경이로움, 조용한 교감의 공간이지 정확히 말해 아름다움의 공간은 아니기 때문이다. 그것은 하나의 예술적 우주가 아니라 우주적 우주이다. 달팽이의 기능은 무의미하기 때문에 정처 없이 내가 그린 표의 수직 축을 따라 순환함으로써 구조의 의미를 만들어 내는 것이다.

그렇다고 그것의 역할이 사소하다는 뜻은 아니다. 오히려 그것은 굉장히 중요한 역할을 한다. 역설적 요소는 구조의 여백 위에서 의미를 생성시킴으로써 또한 구조 속에서 발생하는 사건들의 촉매이기도 하기 때문이다. 그리고 텍스트는 적어도 두 독특한 사건들이 발생하는 장소이며 그 사건들은 돌연한 '존재의 순간들'(이는 울프의 자서전 제목일 뿐 아니라 내가 아는 한 들뢰즈적 사건에 대한 최상의 예시인 사소한 에피파니에 울프가 붙여 준 이름이기도 하다)을 형성한다. 최초이자 보다 분명한 사건은 결혼한 커플에서 아내가 자신의 남편에게 회상들을 들려 줄 때 유발된다.

내게는 한 번의 키스. 이십 년 전 이젤 앞에 앉아 있는 여섯 명의 작은 소녀들을 상상해 봐요. 호숫가 아래쪽에 앉아 수련을 그리고 있는 소녀들을 말예요. 내가 처음 본 붉은 수선화였죠. 그때 갑자기 내 목 뒤에서 누가 키스를 했어요. 그림을 그릴 수 없을 정도로 오후 내내 내 손이 떨렸어요. 나는 시계를 꺼내 딱 오 분간 그 키스에 대해 생각할 수 있는 시간을 내게 허락했답니다. 그것은 코에 사마귀가 있는 백발의 노부인이 한 키스였는데 너무도 소중해서 평생 동안 내 모든 키스의 원조가 되었답니다.[12]

모네의 「수련」Nymphéas을 연상시키고, 텍스트의 첫 단락에 나타난 형형색색한 인상들의 카오스를 색채의 해체와 재구성하는 슈브뢸Michel Eugène Chevreul 같은 인상주의자의 실험으로 바꾸는 상호텍스트적 억견 속에서 전적으로 예기치는 않았지만 소중한 어떤 일 ─ 헐리우드식 키스('그녀의 첫키스'는 싸구려 연애소설에 들어맞는 소재이다)가 아니라 이상하게 무성적이며 완전히 무의미한 (이 때문에 더욱 중요한) 일, 결정적인 부분이 그 실재화에 저항하거나 그곳을 벗어나는 하나의 사건 ─ 이 발생한다.

두번째 사건은 그가 자신의 애인과 차를 마시려 한다는 것을 문득 깨닫는 순간, 구애 중인 젊은 남성에게 일어난다.

오 맙소사 저 모습들은 무엇이었던가? 작고 하얀 테이블, 처음에 그녀를, 그다음엔 그를 바라보는 웨이트리스, 진짜 2실링 동전으로 지불할 계산서가 있었다. 진짜, 모든 것이 진짜라고 주머니 속의 동전을 만지작거리면서 그는 스스로를 안심시켰다. 그와 그녀를 제외한 모두에게 그것은

---

12 Woolf, "Kew Gardens", p. 36.

진짜였고 그에게조차 진짜처럼 여겨지기 시작했다. 그리고 —— 하지만 너무 흥미진진해서 더 이상 견딜 수가 없었다…….[13]

사건은 물론 구절의 마지막 긴 줄표(——) 속에 들어 있다. 그것을 경험하는 주체가 아닌 그 누구에게도 사소하거나 부질없는 일로서, 리얼리티와 리얼리티의 소름끼치는 결핍이 동시에 부여되어 있지만(그것은 실재계의 비관적인 해체로서의 라캉적 사건과 아무런 관계가 없다) 사건은 주인공의 세계 전체에 조이스적 에피파니에서처럼 의미의 아우라를 부여한다.[14]

우리는 커플의 계열들이 왜 말과 (비)소통의 관점에서 묘사되는지를 이해한다. 사건들을 회상하거나 경험하는 커플들도 이해할 수 있다. 그들은 거의 말을 필요로 하지 않지만 그들이 의지하는 말들은 주변에 의미의 아우라를 가지고 있어서 진정한 소통을 가능케 한다. 그리하여 젊은 커플의 말 없음은 다음과 같이 묘사된다.

그의 손이 그녀의 손 위에 얹혀 있는 행위와 사실은 이상한 방식으로 그들의 감정을 표현했다. 마치 이 짧고 사소한 말, 그 무거운 의미의 몸뚱이를 감당하기에는 짧은 날개가 달린, 말들을 멀리 실어 나르기에는 적절치 않아서 어색하게 그 주변에 흔히 보는 사물들 위에 내려 앉은 날개를 지닌 이 말 또한 무언가를 표현한다는 듯이 말이다. 그 말은 순진무구한 손길에게는 너무도 육중했다. 하지만 어떤 절벽이 감춰져 있지나 않

---

13 *Ibid.*, p. 40.
14 James Joyce, "Epiphanies", *Poems and Shorter Writings*, London : Faber, 1991, pp. 161~ 200.

은지, 혹은 반대편 햇살 속에 어떤 빙벽이 빛나고 있지는 않은지 누가 알겠는가(그래서 그들은 땅 속에 파라솔을 꽂았다고 생각했다).[15]

그들의 말은 '사소했으며' 너무도 많은 의미를 담고 있어서 멀리 날아갈 수 없다. 이 역설은 양식과 상식으로 고착되기 전의 의미의 역설이다. 마치 상투어로만 말하는, 할머니들의 풍성하지만 무의미한 말과 늙은 남자의 정신 나간 헛소리와 비슷하지만 거기에는 더 깊이 있고 안정되지 않은 일차 과정들의 무의미가 스스로 소리를 낸다.[16]

따라서 마지막 단락에 묘사된 「왕립 식물원」 전체는 사건과 의미가 순환하는 하나의 표면이다. 조망적 시선의 초월은 환상이다. 그것은 언덕의 유리한 고지에서 들판을 내려다보며 작전을 지시한다고 믿는 (언제나 올바르지는 않다) 장군의 거짓 초월이다. 하지만 전투 자체, 즉 사건은 장면 위를 날아다니는 수증기이다. 커플들을 감싸는 수증기, 그것은 달팽이가 나아가는 진정한 대상이며 이야기의 결말은 그 속에서 변형된다.

그리하여 상당히 비슷하게 불규칙적이며 목표 없는 움직임으로 커플들이 차례차례 화단을 지나갔고 그들은 청록빛 수증기로 켜켜이 감싸졌다. 그 속에서 처음에는 몸이 물질과 약간의 색채를 띠고 있다가 나중에는 물질과 색채 모두 청록빛 대기 속에서 녹아 버렸다.[17]

---

15 Woolf, "Kew Gardens", p. 40.
16 적어도 이 텍스트에 제시된 대로이다. 클리셰(clichés)의 평행한 발화가 완전한 의미와 완전한 소통을 만든다고 당연히 주장할 수 있다(아마 그렇게 주장해야 할 것이다). 억견과 클리셰에는 항상 또 다른 긍정적인 측면이 있다. 이러한 지적에 있어 나는 드니스 라일리(Denise Riley)에게 빚을 지고 있다.
17 Woolf, "Kew Gardens", p. 40.

우리는 이야기의 제목을 이해한다. 「왕립 식물원」은 사건과 의미가 순환하는 곳이기 때문에 우주의 유비물analogon로 여겨져야 한다. 그리고 텍스트는 사건의 시학의 장소로서 하나의 심연이다. 그것은 우리에게 사건이 반드시 파괴적이고 야만적이지는 않으며, 모든 에피파니와 다마스커스로 가는 길 위에서 마주치지는 않음을 알려 준다. 또한 이를 자신만의 신중한 방식으로 알려 준다. 노인의 환각 속에 있는 암시들 중 가장 짧은 것만이 우리에게 윙윙대는 이 도시가 전쟁 중임을 상기시켜 준다. 그리고 이제 이 전쟁과 더불어 영혼의 문제가 천둥과도 같이 언덕 사이를 굴러다닌다. 이 기법은 내가 보기에 「왕립 식물원」과 유사한 이야기인 「벽 위의 자국」The mark on the wall에 사용된 것과 유사하다. 거기서 텍스트의 하강은 잔인하게 언급된 두 개의 정보 조각의 시상과 회상을 가로막는데, 그것은 그 나라가 전쟁 중이라는 것과 벽 위의 자국은 못이 아니라 달팽이라는 것이다.

## 5. 결론

문학 텍스트에 관한 한 들뢰즈식의 분석은 텍스트에 대한 광범위하고 본격적인 해석에 기여하거나 적어도 충분히 그렇지는 못한 것 같다. 하지만 한 번 더 생각해 보면 들뢰즈적 해석을 처음부터 끝까지 수행할 수 없다는 사실, 그가 텍스트의 병따개를 제공하지 않는다는 사실[18]은 상당한 이점이다. 우리 모두는 가끔 정신분석학적 형태를 띤 강력하거나 흡혈귀같

---

18 병따개(tin-opener) 기술에 대한 해석은 나의 *Interpretation as Pragmatics* 1장에서 분석되어 있다.

은 이론을 읽어 왔다. 거기서 예리한 독자는 법의학적 임상가 같은 열정으로 텍스트를 해석하거나 분할한다. 그 과정의 끝에 이르면 텍스트는 페이지라는 들것에 누워 해부된 겨울잠을 자는 쥐처럼 죽어 있다. 반면 들뢰즈가 우리에게 허락하는 것은 의미를 찾아 읽는 것이다. 다시 말해 텍스트를 감싸는 아우라가 그 속에 뿌려 놓은 희미한 흔적을 인식하는 것이다. 그러한 독서는 적어도 텍스트에 대한 존경심을 보여 준다는 점에서 권장되어야 한다. 그렇게 해서 텍스트가 문제를 제기할 충분한 시간을 갖기 전에는 답을 얻지 못한다. 그와 같은 독서는 몇 가지 더 많은 통찰을 얻으려는 바람에서 텍스트 주변을 한가로이 서성대게 한다. 그동안 텍스트는 나의 무능한 시도를 비웃으며 내가, 또는 나의 수없는 후계자들이 텍스트에 부과한 의미로부터 빠져나간다.

# 4장

# 언어의 다른 철학

## 새로운 화용론

## 1. 언어의 재구성

나는 주류 언어학인 '과학적' 언어학, 즉 소쉬르 이후 언어학에 의해 제기된 문제 혹은 어려움을 잠시 상기하는 것으로 이 글을 시작하겠다. 우리가 1장과 2장에서 보았듯이, 이런 유형의 언어학(그것은 언어학 **전체를** 포함하는 것처럼 보인다)과 관련된 문제는 네 개의 주름이 있다. ①그것은 잘못된 언어철학에 근거하고 있다(그것은 언어의 주요 기능이 정보와 소통이라는 관점에서 언어를 다룬다). ②그것은 잘못된 유형의 내재성과 잘못된 수준의 추상에 의거한다. 그것은 다른 현상(간단히 '세계'world라고 하자)으로부터 언어의 분리, 그리고 언어 내의 부적절한 현상으로부터 적절한 현상의 분리에 근거하며, 이런 식으로 **내적인** 언어학의 구성을 위해 '내재성의 전제조건'을 이용하고, 그럼으로써 문학만이 포획할 수 있는 여지가 남아 있기 때문이다. ③그것은 잘못된 유형의 인식론에 근거한다. 그것은 언어학을 과학으로 간주하는데, 그 언어학의 과제는 물리학이 물질의 법칙을 공식화하는 것과 같은 방식으로 언어를 공식화하는 것이다. 이것은 예외(언어의 법칙이나 문법의 규칙에서)나 일시적인 장애를 해결하는 것으로 간주하게 하는데, 마치 과학적 계몽이 무지의 구름을 걷어내는 것과 같다. ④마지막으로 그것은 관련된 학문 분야들 사이에서 잘못된 유형의 위계질서를 방어하려고 한다. 그것은 기호를 연구하는 모든 학문 분야에 있어 과학적 언어학의 중심성을 가정하기 때문이다. 이렇게 소쉬르의 기호학은 언어학의 확장이 되고, 이러한 움직임은 과학적 연접의 특징이 되는데, 이는 대략 '구조주의의 계기'라 불린다. 앞서 보았듯이 들뢰즈와 가타리는 이 언어 구조의 중심성과 기표의 제국주의에 대항하여 구조주의의 주요 인물인 옐름슬레우에게 호소했는데, 흥미롭고 유익한 독서에서 그들은 그를 예외로 간주하였던 것이다.

이것이 많은 해를 끼친 언어학이고, 그 대표적 학자가 촘스키이다. 촘스키의 연구 프로젝트가 주류 언어학의 축소판으로 간주되는 이유는 그것이 명확성에 있어 상당한 이익을 제공하고 언어가 근거하는 언어철학을 과감하게 공식화하기 때문이다. 간단히 말해 언어의 철학은 수많은 가정에 의해 특징지어진다. 그 첫번째가 **환원주의**의 원칙으로서 언어 현상은 정신-두뇌 속에서 물질적 관계의 환원 가능성으로 설명된다. 이것이 결코 견고한 사실 위에 구축되지 않은 채 순수하게 이론적인 가정으로 남아 있다는 것은 신경과학의 현 단계에 의해 우회적으로 설명되는데, 인간의 두뇌 작용에 대한 신경과학적 설명은 독립적인 언어과학을 장황한 것으로 만들 만큼 상세하지는 않다. 이런 원칙이 촘스키의 악명 높은 "데카르트로 돌아가자"와 본유주의 주창의 이론적 근거가 된다. 두번째 가정은 **규칙에 지배되는** 창조성의 원칙으로 모든 창조성은 법칙들의 복합체나 결합으로 설명된다. 혹은 이것은 유일하게 적절한 창조성의 방식이기 때문이다. 창조성의 규칙 파괴 형식(특히 문학이 적극적으로 연관된)은 현상을 우연의 연옥으로 추방하거나, 아니면 기껏해야 문체론이나 수사학과 같은 수상한 비과학 분야로 추방할 것이다. 세번째 가정은 **방법론적 개인주의**(이 개념은 언어학에 국한되지 않는다. 여러 다양한 사회과학의 분석적 재해석의 중심이 된다. 예를 들면 존 엘스터와 '분석적 마르크스주의' 학파가 시도한 수정 마르크스주의가 있다)의 원칙이다.[1] 이 원칙이 말하고자 하는 것은 모든 정신-두뇌는 같은 방식으로 타전되지만, 발화는 분명히 개별적이라는 것이다. 집단적 발화와 같은 것은 없다. 말하는 것은 항상 개별적인 화자이지 결코 '언어'가 화자에게 말하거나 화자를 통해 말하는 것이 아닌 것이다. 네번째 가정은 **역사성의 부정**denial of historical이다. 과학적 언어학의 대상으로서 언어는 역사에 대한 면역이 있으며, 인간 사회의 역사적 발전에서 독립되어 있다. 과학적 언어학이 가정을 위해 필요한 유일한 '사건'은 비역사적이고 신화적 사건이다. 완전히 타전된 인간의 정신-두뇌가 출현하는 진화의 순간——이후에 이미 언급한 본유주의가 나오는 것이다. 언어는 인간 두뇌의 하드디스크를 구성하는 요소로서(이러한 유형의 이론은 컴퓨터과학에서 차용한 메타포를 선호한다), 역사에 무관심하고 사회적 영향의 반경 밖에 있다. 이것이 바로 문자 그대로 해석하자면 격렬한 내적 언어학이기 때문이다. 그 결과의 하나로서 가장 놀랍고 슬픈 것은 민족어national languages(이것은 절망적으로 부적절한 문장 속에서 '자연어'natural language라 불린다)가 그 분야의 중심적 역할에서 강등되는 것이다. 여기에는 과학적 언어학의 관점에서 볼 때 독일어

---

1 Jon Elster, *Making Sense of Marx*, Cambridge : Cambridge University Press, 1985 와 John Roemer (ed), *Analytical Marxism*, Cambridge : Cambridge University Press, 1986을 보라.

혹은 네덜란드어의 문법을 구성하는 작은 암시가 있는데(물론 그것은 교육면에서 매우 중요하다), 그러한 '언어들', 그리고 그들의 사촌인 영어는 정신-두뇌 속에서 작동하는 몇몇 스위치로부터 많게 혹은 적게 분리될 뿐이다. 그들이 분리된 총체로 구성되는 것은 주변적 현상으로서 문화 역사학자의 관심사이지 언어학자의 관심사가 아니다. 이것이 소쉬르의 공시성이며, 극단으로 간주되는 통시성의 필연적인 강등이다. 그리고 그것은 또한 시의 개념, 혹은 언어의 시적 기능이나 시적 효용의 개념이 아니라는 것을 의미한다. 시 텍스트는 과학적 언어학의 대상이 아니며 언어과학은 정신-두뇌의 작용을 판독하는 자연 법칙에만 관계되어 있다. 발화는 단지 기본적인 데이터의 형태로 나타나는데, 그것은 그 발화들이 '정상적인' 상황, 즉 인류학적-실험적 상황에서 원주민 화자의 생산물인 경우에 한해 그러하다(토끼를 보고 열의에 찬 원주민으로부터 'Gavaga!'란 발화를 이끌어 냈던 인류학자가 그 모델이다. 이 유명한 예는 그에게 차용한 것이지만 여기서 도출된 결론은 그의 결론과는 다르다). 이러한 기본적인 데이터로부터 언어학자는 언어의 법칙을 재구성할 수 있다(인간 두뇌의 직접적인 연구가 그 법칙들을 산출할 만큼 상세하지 않은 한에서 그렇다). 이렇게 해서 언어는 아주 자연스러워지기 때문이다.

들뢰즈와 가타리는 촘스키의 연구 프로젝트의 기본이 되는 가정들 하나하나의 강력한 반대자가 된다. 그들은 촘스키의 '물질주의' 환원법(인용부호는 '물질주의'가 광범위한 원칙의 문제이기 때문이다) 대신, 다른 형태의 물질주의를 선호하는데, 그것은 사건과 의미의 존재론적 혼합, 혹은 특이성들의 분포점인 내재면을 추적하는 선들의 존재론적 혼합인 것이다. 그들은 법칙을 깨는 문학 텍스트의 창조성을 높이 평가하고 이러한 능력을 그들의 언어철학의 중심에 위치시킨다. 주류 언어학의 방법론적 개인주의(여기에는 촘스키가 아니라 화자를 기본으로 하는 언어학의 모든 형태가 관계되어 있는데, 뱅베니스트나 퀼리올리의 '언표'이론 같은 것이 있다)에 감화되지 않으면서, 그들이 언어의 재구성의 기본적인 단위로 간주하는 것은 개별적인 화자나 개별적인 발화가 아닌 언표의 집단적 배치이다. 이와 같이 그들이 제기하는 (아주 드물고 소중한 일이다) 언어의 철학은 주체의 개념(언표의 주체sujet de l'énoncé 혹은 발화자, 언표행위의 주체 sujet de l'énonciation)이 전적으로 배제된 것으로서 여기서 주체는 흔적만 존재하고 부수적인 역할만 하게 된다. 기이하고 뒤틀린 방식의 마르크스주의자로서 그들은 주류 연구 프로젝트의 비역사성을 거부한다. 그들은 언어 그 자체, 그리고 자연어를 역사화할 뿐 아니라 언어학 역시 역사화한다. 언어학에 기반한 유형의 기호학은 그들의 일반적인 기호 개념에 있어 중심 부분을 담당하지 못하는데, 그 이유는 그것이 생산 양식이 아닌 기호의 체제에 따른 광범위한 마르크스주의적 시기 구분에서 전제 국가와 연관되어 있는 역사적 구조이기 때문이다. 그러므로 그들은 민족어가 언어학의 정도에 있어 우연적인 단계로 강등되는 것을 거부하는데, 이는 마치 더 많은 스위치를 켜는 것과 같다. 이런 면에서 그들은 촘스키보다는 부르디외에 더 가깝다. 그들은 이러한 역사적 구조를 분석의 주요 대상으로 삼았는데, 심지어 그들의 단일체(단일한 실재로서 '영어')를 추상적인 것, **힘의 관계**라고 해석하기도 한다. 앞으로 보겠지만 민족어는 영원히 투쟁하는 다수자와 소수자의 변주 사이에서 연접 균형을 이루기 때문이다. 그들은 언어의 시적 사용을 문체론의 한계 영역까지 거부하지 않으면서, 언어 연구에 있어 새로운 시학의 중심성과 스타일의 개념을 주장한다. 마지막으로 언어를 자연화하는 대신 언어를 비자연화하면서 무한한 매력을 지닌 **외적** 언어학을 실행한다. 다른 현상과 마찬가지로 언어에서도 우리는 고정된 자연 법칙에 의지하는 것이 아니라 연속적 변이, 속도, 강도, 그리고 탈주선들의 영원한 변화의 세계 속에서 자신을 발견하기 때문이다.

그러한 완전한 도치(들뢰즈의 프로젝트는 철학의 영역에서 플라토니즘의 전복을 목적으로 하는 것이다. 언어의 영역에서 그것은 언어학 전체를 확실하게 전복시켰다)의 특권적인 예로서 예외의 문제를 취할 수 있다. 앞서 보았듯이 촘스키에게 예외는 일시적인 것으로서 환영처럼 사라지거나(현상의 피상적인 복잡성 때문에) 혹은 언어가 형성되는 보다 상세한 법칙들로 축소되는 것을 의미한다. 예외는 또한 촘스키류 언어학자들에 의해 자기기만mauvaise foi를 실험하는 전前텍스트가 되는데, 이 언어학자들은 비문법적 발화의 표시로서 별표, 혹은 의문사항을 표시하는 물음표를 전략적으로 사용하는 경향이 있다. 이는 그들이 잔여(이 개념은 표현의 목적을 위해 파기할 수 없는 문법 '규칙'은 없으며 실제로 언어에 의해 말소되었다는 것을 강하게 제기한다. 예외가 증가하고 다양해지는 데 비해 언어학자들은 규칙을 거의 공식화하지 않기 때문이다)의 회복으로부터 방금 공식화한 '법칙'을 보호하기 위함이다. 물론 이것은 문법적 표식이 권력의 표식이라는 것, 문법성의 판단은 법적 의미에서의 판단, 즉 극단적인 의무가 된다는 들뢰즈와 가타리의 선언을 정당화하는 것이다.

다음은 영국에서 촘스키 연구 프로젝트의 주요 인물인 앤드류 래드포드의 최신 저서에서 발췌한 간단한 예인데, 이 저서에는 '최소문법' minimalist grammar이라 불리는 최신 형태의 모델이 설명되어 있다(촘스키의 모델은 평균 5년마다 근본적으로 바뀐다. 그 이유는 정신-두뇌의 구조가 그렇게 빨리 변화하지 않는다고 추측할 수 있는데, 이것은 공식화된 규칙의 '과학적' 성격에 대한 강한 의심을 야기한다). 래드포드는 문법 구조 속에서 이동된 요소는 그 뒤로 무의미한 범주의 흔적을 남겨 놓는다고 주장했다. 이것들이 바로 이에 대한 이론의 내적 이유들이고, 그 이유는 처음에 전개된다. 그렇지만 또한 '경험적 징표'가 있는데, 이것은 발화의 연속으로서 비문법성을 위해 자유롭게 별표를 사용하는 것이다. 다음은 그 한 예이다.

(11a) Will we have / *we've finished the rehearsal?

(11b) Should I have / *I've called the police?

별표는 이 문장에서 보조동사 'have'가 축소될 수 없다는 주장을 지지한다('I've done it' 유형의 다른 문장들과는 달리). '(11a)에서 we've 문장은 weave의 운을 갖지 않는데(조심스런 화법의 문체에서), 그 이유는 we have는 /wiv/가 아닌 /wiəv/로 축약될 수 있기 때문이다. 유사하게 (11b)에서 I've는 hive의 운을 갖지 않는다…….[2] 나는 이 문법적 결론에 반대하지 않는다(그 이동 요소는 흔적을 남긴다). 그러나 인용된 경험적 증거는 깊이 금이 가게 된다. 우선, 축약된 형식은 별표의 사용을 통해 비문법적인 것으로 배제되는데, 이때 별표는 과학적 혹은 아카데미의 권력의 명백한 표식이 된다. 그다음 화법에서 그들의 현존은 괄호 안에서 인정된다. '(신중한 화법의 문체에서)' 이것은 정신-두뇌가 사회적 혹은 변증법적 등록을 위한 특별한 스위치를 갖고 있거나 아니면 언어의 어떤 형식(예를 들어 아카데미의 표준 방언)이 다른 무엇보다 정신-두뇌에 더 잘

---

2 Andrew Radford, *Syntax: A Minimalist Approach*, Cambridge: Cambridge University Press, 1997, p. 113.

어울린다는 것을 암시한다.

들뢰즈와 가타리는 언어학자가 아니므로 그들의 입장은 어려움을 덜 내포하고 있다. 왜냐하면 그들은 실제 언어의 불명료성과 비일관성을 설명하지 않아도 되기 때문이다. 그러나 언어에 대한 그들의 포괄적인 설명은 우리로 하여금 왜 언어가 불명료하고 비일관적인가를 이해하게 한다. 그들이 준 방언의 소수자를 꾸준히 시도한 것을 보면, 그들에게는 별표를 그렇게 폭력적으로 사용할 필요가 없을 것이다. 예외의 문제에 있어, 그들은 지젝이 환기시킨 네덜란드 언어학자의 편에 있다.

왜 5센트 동전은 10센트짜리보다 큰가, 즉 왜 크기에 따라 가치가 정해지는 일반적인 규칙에 대항하는 이러한 예외가 생기는가? 유명한 네덜란드 언어학자 레베는 문예과학자이자 정신분석학과 해체에 대한 포퍼적 비판가로서, 그는 아이러니컬하게 스스로 '레베의 추측'Reve's conjecture이라 부른 외양 속에서 규칙과 그 예외의 논리를 공식화했다. 기호화된 규칙의 영역에서 포퍼의 거짓 논리는 뒤집어져야invert 한다. 이것은 즉 예외란, 규칙을 거짓으로 만드는 것이 아니라 그것은 확인해야 하는 것이다. 기호화, 규칙화하는 행위(체스를 할 때 우리는 예외로서 우회도로를 갖고 있는데, 이는 다른 가능한 움직임의 기본적인 논리에 저항하는 움직임이다)의 많은 예를 열거하는 대신에 레베는 언어학에 초점을 맞춘다. 이는 문법에서 보편적인 법칙을 밝히기 위해 (그래서 우리가 이해할 수 있게) 특별한 예외가 필요하기 때문인데, 그 법칙은 우리가 다른 경우라면 따랐을 것이다. 예외 없는 규칙은 없고 규칙은 예외로부터 자신을 구분한다. 이러한 예외들은 보통 소위 말하는 혼동태deponentia로서 흩어지는데, 이는 이웃하는 외국어의 영향이나 초기 언어 형식의 잔영으

로 인한 '비이성적' 불규칙성을 의미한다.[3]

비록 들뢰즈와 가타리가 연속적 (그러나 체계적인) 변이의 상태를 '보편적 규칙'의 개념으로 대체하는 것을 선호했더라도 그들은 예외의 긍정적 역할에 대한 이 설명을 승인했을 것이다. 그리고 중세 문법에는 변칙주의자와 유추론자 사이의 현대적 논쟁보다 더한 것이 있었다. 우리는 두 개의 대립되는 언어철학을 갖고 있고 그들의 싸움은 언어의 변화 방식뿐 아니라 언어의 구성 방식에 대한 것이라는 것이다.

## 2. 화용론이란 무엇인가?

들뢰즈는 주류 언어학의 기반이 되는 언어철학에 대해 전적으로 반대의 입장을 취하는데, 그 자신이 언어학자가 아니므로 그는 이러한 반대를 문장화하여 언어학자들이 이해할 만한 단어를 찾을 필요가 있었다. 그는 그 단어를 앵글로-색슨 화용론에서 찾았다. 들뢰즈는 『디알로그』에서 이러한 도입을 가타리 덕으로 돌렸다(우리는 1장에서 가타리의 『기계적 무의식』*L'Inconscient machinique*이 주로 다양한 기호 체계의 화용론적 해석에 바쳐진 것을 보았다). 무엇이 보통 언어의 하위 분야의 한계로 간주되는가에 대한 주장은 포괄적이다. "화용론은 언어학 전체를 책임지도록 요구되기 때문이다."[4] 그리고 들뢰즈는 가타리를 따라 화용론의 네 가지 원리를 정

---

3 Slavoj Žižek, *The Ticklish Subject*, London : Verso, 1999, p. 99. 레베에 대한 언급은 Karel van het Reve, "Reves Vermutung", *Dr Freud and Sherlock Holmes*, Hamburg : Fischer Verlag, 1999, pp. 140~151.
4 Deleuze and Parnet, *Dialogues*, p. 138(영어판 p. 115).

식화한다. ①화용론은 아주 중요하다. 그 이유는 그것이 언어의 정치학, 심지어는 미시-정치학에 각인되기 때문이다. ②화용론에는 언어의 보편성이나 불변성 등, 촘스키에게 있는 그런 것들이 없다. ③구조주의의 '내재의 전제조건'에 대항하며, 언어에 내적인 추상 기계(촘스키식 알고리즘)가 없고, 언어 내에서 배치(언표의, 욕망의)를 생산하는 **외적인 추상 기계**만 있을 뿐이다. ④언어나 모국어에는 몇몇 언어가 있다. 모든 언어는 구성적으로 2개 국어의 성격을 지니고 있고 따라서 말더듬기를 하는데, 이는 마치 언어가 그 단어와 문장을 교란하고 용해시키는 탈주선의 장소인 것과 같다. 이것의 이름은 '화용론의 선'으로서 '스타일'의 개념하에 이론화된다.

이 장과 다음 두 장은 활기 있지만 아직은 모호한 이 계획의 의미를 통하게 하는 데 바쳐질 것이다. 그러나 우리가 그 시작부터 알고 있어야 할 것은 여기서 스케치하는 화용론의 그림은 주체에 대한 앵글로-색슨 활동가들이 인식하지 못할 것이고, 따라서 우리는 이 경멸을 설명하면서 이 단호히 대륙적인 형식의 화용론의 분석적 기원을 추적하려 한다는 것이다.[5] 촘스키 연구 프로젝트에서는 화용론이 용인될 뿐 아니라 심지어 동맹으로 간주되기도 하는데, 그 이유는 그 이론의 구문론적 핵심에 위험이 되지 않기 때문이다. 그것이 설명하는 현상들, 그것이 제시하는 물음들은 범위 밖에 있다. 화용론의 영역은 언어학 영역에 근접해 있지만 궁

5 이에 대한 나의 시도는 다음과 같다. Lecercle, "The Misprision of Pragmatics : Conceptions of Language in Contemporary French Philosophy", ed. A. Phillips Griffiths, *Contemporary French Philosophy*, Cambridge : Cambridge University Press, 1987, pp. 21~40 ; Lecercle, "Philosophies du langage analytique et continentale : de la scène de ménage à la méprise créatrice", *L'Aventure humanie*, 11, Paris : PUF, 1999, pp. 11~22.

극적으로는 그 바깥에 있으며 따라서 화용론의 모듈은 없다. 화용론은 능력이 아닌 실행을 다루는 것이기 때문이다. 더욱이 실행을 명령하고, 이를 능력의 영역으로 철수시키려는 시도조차 하지 않는데, 촘스키가 구문론에서 이런 일을 했다는 것은 유명하다(이는 소쉬르에게 있어 **랑그**가 아닌 **파롤**에 속한 것이다).

촘스키의 연구가 화용론과 거리를 두어야 하는 이유가 있다. 그 첫번째는, 촘스키주의자에게 있어 화용론 전략은 반대적인 것은 아니지만 역설적인 것이기 때문이다. 이는 실행의 규칙을 공식화하려고 시도하는데(이때 규칙이나 법률보다는 관습이나 격률이라 부르기를 선호한다), 즉 무질서한 실행 속에서 질서의 형식을 구축하려 시도하는 것이다. 그러나 이는 현상을 배제하는 부분 없이 행해진다. 촘스키 언어학자들이 별표(*)를 자유롭게 사용함으로써 배제하려 했던 발화들은 화용론자들에 의해 격률에 대한 경멸과 그 무효화에 대한 주장, 그리고 상습적인 실질적 패배의 예로 해석된다. 물론 이것은 '과학적' 언어학이 기반하고 있는 랑그/파롤 혹은 능력/실행의 대립에 심각한 오점을 초래한다. 화용론의 문제는 바로 그 예외에 대한 무책임한 태도 때문에 규칙의 언어학으로부터 비문법과 스타일의 시학으로 통행을 가능하게 한다는 것이고, 이러한 통행이 바로 들뢰즈와 가타리의 새로운 대륙 화용론으로 인해 획득되는 것이다.

두번째 이유는 화용론이 언어학을 '내적인' 것으로 만드는 내재의 원칙이나 전제조건을 희석시키기 때문이다. 화용론은 발화의 문맥이나 발화의 의도에 집중함으로써 발화의 총체나 랑그의 체계의 영역 내에 남게 된다. 그것은 이상한 나라를 탐험하는 앨리스처럼 넓은 세계를 떠돌고, 언어 연구 내에서 다른 관점을 다시 소개하는 가능성을 열어 놓는다. 발화의 수행성이 문화적·법적, 혹은 정치적 요소들과 명백히 연결되어 있기 때문이다. 수행성 발화에 관한 오스틴의 초기 에세이에는 이러한 징후가 나타나 있다. 그는 부적절한 수행성에 관해 다음과 같은 상상의 예를 제시했다. 즉 수상한 프롤레타리아가 귀족 방문객의 손에서 샴페인 병을 빼앗아 이를 선박을 향해 던지면서 큰 소리로 분명하게 말한다. "나는 이 배를 스탈린 총통Generalissimo Stalin이라 부르겠다."[6] 이것은 시대의 한 단편으로서 진기한 매력을 지니고 있다. 그러나 이것은 항상 정치가 가까이 매복해 있으며, 화용론이 기꺼이 제공하는 언어의 재기입을 위해 전前텍스트를 이해하기를 열망하고 있음을 보여 준다.

이것이 전부는 아니다. 화용론은 더욱 새로운 방식으로 내재의 전제 조건을 희석시킨다. 그리고 이것이 거리를 두는 세번째 이유가 된다. 즉 랑그의 이상적 체계와 세계의 물질성 사이의 분리를 희미하게 만드는 것이다. 화용론은 수행성 발화와 발화행위의 우주이다. 그것은 행위를 다루고, 사물에 대한 힘의 행사를 다룬다. 그리고 그것이 단어와 사물의 이러한 존재론적 혼합을 설명하기 위해 개념들을 추상화할지라도, 이는 존재론적 혼합의 개념들이지 재현과 의도의 영적인 영역에서 그들이 묘사하는 세계로부터 안전한 이동은 더 이상 아닌 것이다. 발화는 『의미의 논리』에서의 사건들처럼 사물들 가운데 있다. 사건들과 달리 발화는 실체가 없는 것으로서 포퍼의 제3세계와 같은 이상적으로 분리된 면에 더 이상 존재하지 않는다(들뢰즈의 용어로서 내재의 한 면만이 있을 뿐이다).

마지막 이유는 화용론이 언어의 자연 '법칙'의 개념에 소용이 없으며, '원리'나 '요청'과 같이 칸트의 두번째 비판에서 차용한 개념으로 이

---

6 John I. Austin, "Performative Utterances", *Philosophical Papers*, Oxford : Clarendon Press, 1970, p. 239.

를 대체한다는 것이다. 이렇게 첫번째 비판에서 두번째 비판으로 이동하는 것은 결백하지 않다. 그것은 언어의 과학을 정밀과학으로부터 이동시키고 이를 '실천 이성'practical reason의 실습으로 만드는데, 이것은 인간 행위(이것은 '화용론' 어원학적 의미이다)로서 다시 말해 전혀 '과학'이 아닌 것이다.

한마디로 들뢰즈와 가타리는 주류 언어학을 전복하는 데 필요한 철학적 어휘를 화용론에서 제공받았던 것이다. 아니면 차라리 화용론은 그들의 특별한 어휘(흐름, 배치)가 왜곡의 대가를 치르고 다가오는 것을 허용하였다. 우리는 화용론에 대한 이러한 주장을 들뢰즈의 저작에서 언어의 **문제적** 본성에 대한 징후라고 간주할 수 있다. 화용론은 들뢰즈와 가타리로 하여금 언어를 **재구성**하게 하고 중심의 위치에서 이를 강등시킨다(어떤 의미에서 그들은 적절한 언어학과 **마주**한 화용론의 한계에 기뻐하고 있다). 그러나 이와 같이 재구성된 언어는 여전히 관심과 흥미, 매력의 대상이다. 화용론은 독립적인 과학적 대상, 모든 기호학이 유래하는 규범적 대상으로서의 언어를 폐지한다. 그러나 들뢰즈와 가타리의 규율로의 개종은 그들이 여전히 언어에 매료되었다는 것을 표현하는데, 그 순간 규율은 그들로 하여금 언어를 사고 속에 혹은 사고와 행동의 일반 이론 속에 용해시키게 한다. 그러므로 들뢰즈가 망설이고 있는 의미가 있는데, 그 속에서 그는 '과학적' 언어학을 전복시킬 뿐 아니라 그것을 논리적 목적을 위해 취하는 것이다. 이는 화용론을 소쉬르가 제창한 프로젝트의 마지막으로 연장시키고, 카오스로부터 추출하기 위한 언어학의 마지막 한 조각이 되게 하고, 파롤 전체가 랑그 속으로 흡수되어 랑그와 파롤의 구분이 결국 소멸되는 순간으로 만드는 것에 의해서이다. 이러한 망설임(화용론은 언어학 전복의 도구이자 언어학의 궁극적인 형식이다. 화용론의 성취는 이 용어의 두 의미 모두이다)은 체계의 개념에 대한 들뢰즈의 태도에서 느껴진다. 들뢰즈는 이를 지킴에 있어 옐름슬레우에게 충분히 성실했는데 (예를 들어 비체계적 다양성과 체계적 변주를 주의 깊게 구분함으로써) 그의 시학의 중심이 되는 비문법성의 개념은 여전히 격률을 경멸하는 화용론의 반영 내에 있고 따라서 비문법성은 언어적 카오스의 징후도 찬양도 아니게 된다.

그럼에도 불구하고 들뢰즈와 가타리의 화용론에의 의지는 앵글로-색슨 화용론의 **은닉**의 명백한 예이다. 나는 이 용어를 해럴드 블룸에게서 차용했다.[7] 이 용어는 폭로와 창조적 발전 모두를 나타내는 이익이 있다. 그래서 들뢰즈와 가타리가 우리에게 선사하는 것은 강한 대륙적 풍미를 지닌 새로운 화용론인 것이다. 자신의 고유한 철학적 의제를 따르기 위해 그들은 여전히 주류 연구 프로젝트에 근거한 언어철학에 의존하고 있는 규율을 철저하게 변형시켜야 한다. 우리는 내가 방금 지적한 긍정적인 성격들이 대부분 경향적이라는 것을 알아차리면서 시작할 수 있다. 그 성격들은 발전의 가능성들로서 이는 들뢰즈와 가타리가 열렬히 포착한 것이지만, 앵글로-색슨 작가들은 실현하지 못했던 것이다. 만일 오스틴의 텍스트에서 불명예스런 노동계급 군인이 불행의 일시적인 예로서 독자에게 보내는 눈짓에 불과하다면, 그 이유는 그가 대표자 혹은 징후로 나타나는 세계(계급투쟁의 세계)가 발화행위 이론에 부재하기 때문이다. 그러므로 앵글로-색슨 화용론은 들뢰즈와 가타리의 새로운 화용론에 심각한 네 가지 유형의 한계를 갖고 있다.

---

7 Harold Bloom, *The Anxiety of Influence*, New York : Oxford University Press, 1973 ; *A Map of Misreading*, New York : Oxford University Press, 1975.

첫번째 한계는 앵글로-색슨 화용론이 여전히 **방법론적 개인주의**를 신봉한다는 것이다. 이것은 그와 관련된 의미의 이론에서 명확성이 돋보이는 것으로 나타나는데, 이는 의도와 그 의도에 대한 인식으로서 그라이스의 '비자연적' 의미의 이론이다.[8] 이 이론은 두 개의 완전히 개인적이고 의식적인 주체를 요구하는데, 그 하나는 의미이고 다른 하나는 인식이다. 대담은 완전한 의식적 의미의 정교한 교환(방출과 회복)으로서, 그 의미를 교환하려는 각각의 화자와 은밀하게 연관되어 있다. 의미는 누군가가 의미하는 것이기 때문이다. 이를 언어-게임 내에서 사용이라는 비트겐슈타인의 의미 개념이나 혹은 랑그 체제에 의해 결정되는 전통적 의미 이론(예를 들어 콰인이 옹호한 심신상관론[9])과 비교하고 그 차이를 알아차리는 것은 쉬운 일이다. 왜냐하면 그라이스에게 의미는 개별적인 것이지 집단적인 것이나 언어 체계에 의해 고정된 것이 아니기 때문이다. 대륙의 철학자나 언어학자에게 있어 이것은 철학적 퇴보인데, 구조주의의 성과와 비교하면 그렇다.

**두번째 한계**는 첫번째의 결과이다. 발화행위는 개인적 행위이다. 심지어 그것이 격률과 관습에 순응하고 유형으로 적용될 수 있지만(서술문은 평결문이 아니다[10]), 그것은 공동의 언어-게임 속에서 이해되지도 않고 알튀세르의 질문 이론에서처럼 제도에서 의식으로, 의식에서 실천으로, 실천에서 발화행위로 이행하는[11] 연쇄의 산물도 아니다. 오스틴과 설의 언설-행위 이론의 경우처럼 제도→실천→의식→발화행위의 체인에서

---

8 Herbert Paul Grice, "Meaning", *Essays in the Way of Words*, Cambridge, Mass.: Harvard University Press, 1975, pp. 213~223.

9 Willard Van Orman Quine, *Word and Object*, Cambridge, Mass.: MIT Press, 1960.

10 Austin, *How to Do Things with Words*, Oxford: Clarendon Press, 1962.

11 이에 관하여는 나의 *Interpretation as Pragmatics*, p. 156을 보라.

첫번째 세 개의 고리는 단순히 존재하지 않는 (혹은 무시되는) 것이다.

세번째 한계는 원칙과 격률이 비록 자연의 법칙은 아닐지라도 **비역사**
**적이고, 영원히 유효한 것**으로서 인간 본성의 개념을 요구한다는 것이다.
이는 실제로 칸트의 실천 이성 이론에서 그러하다. 그라이스의 '협동 원
칙'은 교환으로서 대담을 지배하고 언어를 정보와 소통 수단으로 만난다
는 것으로서 비역사적이다. 이로부터 추출한 격률은 또한 정보 교환의 영
원한 필요(혹은 최소한 인간만큼이나 오래된 필요)에서 추출된다. 이러한
인간 본성에 대한 신뢰는 또한 논쟁적인 결정(이 인간 본성의 성격에 관
한)을 내포하고 있는데, 그것은 교환이 영원한 것일 뿐 아니라 평화로운
것이라는 것이다. 그러므로 원칙에 의지하는 수상한 결정은 잘못된 원칙
의 선택에 의해 타협한다. 들뢰즈와 가타리는 인간의 대화에서 평화가 아
닌 **대결**agôn의 중요성을 강조한다. 『철학이란 무엇인가?』에서 그들은 그
리스의 **폴리스**polis를 경쟁(그들은 이를 '일반화된 운동경기'라 불렀다)으로
결합된 자유로운 인간들의 공동체로 구성되었다고 묘사한다. 이 폴리스
는 정치에 기반하였고 정치는 논쟁의 예술이다. 따라서 사회가 존재하는
것은 정치와 같은 것이 있기 때문이고, 정치는 인간이 말을 하기 때문에
존재하는 것이다(이것이 아리스토텔레스의 『정치학』*Politics*의 유명한 도입
부이다). 그리고 언어는 대결의 표현 혹은 방향타이다.[12]

네번째 한계는 수행성을 복잡한 행위, 발화행위를 행위로 주장함에도
불구하고, 앵글로-색슨 화용론은 **언어의 물질성**materiality에 대한 **사실적인**
**관심을 보여 주지 못한다**는 것이다. 발화행위가 성취하는 행동은 스토아
학파처럼 신체의 혼합mixing of bodies이 아니라 해석적 미적분학의 원천

---

12 Deleuze and Guattari, *Qu'est-ce que la philosophie?*, pp. 10, 14.

으로 간주된다. 우리는 해석을 위해 재현을 남겨 두었다(여기서 언어는 넓은 의미에서 세계를 '재현'한다). 발화행위는 제도, 제의와 관습의 물질적 연쇄에서 유래한 것이 아니고 차라리 두 가지 형식의 계산법 사이의 매개자라 할 수 있다. 그것은 행위 이전 의도의 이성적 계산법과 행위 이후 해석 역시 이성적 계산법이다. 집단 제의의 물질성이나 단어의 물질성 모두이 이상한 유형의 힘 행사의 근원으로 나타나지 않는다(불성실한 발화행위의 비관용어법의 힘은 '함의'implicature라 부르는 은밀한 의미의 재건축에 의존하면서 의미를 전달하는 단어에 독립되어 있다. 그 단어는 불분명하게 변화할 수 있다).

그러므로 앵글로-색슨 화용론의 오류의 방향은 명백하다. 그들의 언어철학은 발화들, 혼란한 힘들의 제도적 원천, 발화행위가 발생하는 과정에서 실천과 의식의 집단주의, 신체들의 존재론적 혼합, 언어 연구를 위한 적절한 대상이 되는 배치를 구성하는 발화와 실행의 역사적 맥락을 다시 소개하는 것을 의미한다. 우리는, 왜 가타리가 화용론을 언어의 미시-**정치학**이라고 주장했는지를 알게 된다. 협동적인 대화와 함축적 의미의 미적분학이라는 그라이스의 이론은 도덕적이다. 왜냐하면 들뢰즈와 가타리의 새로운 화용론은 확실히 정치적이고, 언어를 위협하는 부적절성으로부터 언어를 보호하는 것을 의미하는 소통적 교환의 평화적 묘사보다는 레닌의 슬로건 팸플릿과 레닌주의자들의 정치적 발화행위와 웅변의 실행에 더욱 관심을 갖고 있기 때문이다.

따라서 우리가 2장에서 분석했던바, 『천의 고원』의 제4고원에 나오는 언어학의 전제조건에 대한 비판으로부터 일단의 긍정적 개념들이 대두되는데, 이는 들뢰즈의 체계, 즉 연속적 변이의 체계를 구성하는 것이다. 첫번째 조건(언어는 정보와 소통을 의미한다)에서 대두되는 것은 **힘**과 흥미의 긍정적 개념들, 그리고 발화의 기본 형태가 평서문이 아닌 슬로건이라는 생각이다. 두번째 조건(언어에 외재적인 언어의 추상 기계는 없다)에서 우리는 기계들, 배치들, 영토territory(탈영토화와 탈주선)에 대한 긍정적 사고를 도출한다. 세번째 원리(언어는 동질적 체계이다) 대비a contrario는 변이와 말더듬기의 개념, 스타일과 추상기계의 개념을 산출한다. 또한 마지막 조건(언어과학의 대상은 언어의 표준적인 변주이다)은 소수자의 개념을 생산하고 스타일의 개념 또한 생산한다. 나는 이번 장의 나머지 부분과 다음 장에서 이러한 개념들을 상세하게 설명할 것이다. 말더듬기의 개념은 들뢰즈 시학의 중심에 놓여 있는 것으로서 마지막 장에서 다루어질 것이다. 거기서 구문과 시학에 대한 들뢰즈의 견해가 논의될 것이다.

그렇지만 이러한 개념들의 목록에서 부재에 주목해야 한다. 『의미의 논리』와 이 책의 3장의 중심이 되는 의미의 개념은 실종된 것처럼 보인다. 왜냐하면 들뢰즈가 '정신분석학 소설'로부터 나와서 『의미의 논리』가 정신분석학의 비판이 되어야 한다고 주장할 때, 의미 개념은 포기된 것처럼 보이기 때문이다. 그리고 우리가 『의미의 논리』 이후에는 그 개념이 발생하는 것을 찾지 못하고, 단지 일반적으로 '뜻'으로 받아들여지는 용어의 발생만을 찾을 수 있는 것도 사실이다. 그러므로 『카프카』에서 들뢰즈가 즐겨 인용하는 프루스트의 "작가는 그 자신의 언어에서 이방인이 되어야 한다"는 말에 대한 주석에서 들뢰즈와 가타리는 프루스트의 이상을 성취한 언어의 시적 사용을 반대하고, 탈영토화와 탈주선을 가로막는 랑그 체제에 반대하여 '의미', 즉 뜻(『의미의 논리』에서 이것은 '양식'과 '상식'으로 나타난다)을 제시한다. 이 용어는 여전히 존재하지만, 그 개념은 더 이상 같지 않다.[13] 한편 『의미의 논리』에서 의미와 긴밀하게 연관된 사건의 개념(우리는 들뢰즈의 '의미-사건'과 바디우의 '진리-사건'[14]을 대립시킨다)은 후기 저작에서도 여전히 존재하는데, 이는 『철학이란 무엇인가?』와 같이 최신 저작에서는 두드러지게 나타난다. 들뢰즈의 영화에 대한 첫번째 책인 『시네마1: 운동-이미지』에서 '의미'는 부재하지만, 의미의 주체에 대한 명제가 '감응'affect의 주체에 대한 명제가 전개된 것과 똑같이 전개된다(감응은 일의 상태 등과 다른 명제에 의해 표현된다).[15] 다른 용어로 그 개념이 다시 표면에 떠오르기 때문이다. 이것은 또 다른 언어철학을 향한 이동의 징후로 간주할 수 있다. '의미'의 개념은 여전히 '뜻'과 '해석'의 그늘에 가려져 있는데, 즉 들뢰즈가 대체하려 했던 낡은 언어철학으로 얼룩져 있는 것이다.

## 3. 힘

앵글로-색슨 화용론에서 힘(앞에서 보았듯이 이는 화용론의 변별적인 특징이다)에 대한 생각은 평범한 언어의 작용을 예리하게 인식하는 데서 유래한다. 그것은 언어의 가장 평범한 사용에 있어서도 단순히 정보를 전달하는 것이 아니라 힘을 행사한다는 것, 단어로서 무언가를 한다는 것을 깨닫는 데서 생겨난다. 그렇지만 힘의 개념은 분석되지 않은 채 우리의 상식적인 이해에 맡겨진다. 그러나 들뢰즈 철학에서는 다르다. 여기서 힘은 철학적 개념으로 역사와 전통을 갖고 있다. 이것은 물론 니체로부터 차용한 것이다. 들뢰즈는 니체의 중요성에 대한 푸코의 견해를 공유한다.

---

13 Deleuze and Guattari, *Kafka*, pp. 37~38(영어판 p. 21).

14 이 용어는 『의미의 논리』에 대한 논의가 담긴 지젝의 *The Metastasis of Enjoyment* (London : Verso, 1994)와 바디우에 대한 논의가 담긴 *The Ticklish Subject*에서 차용한 것이다.

15 Deleuze, *Cinéma 1 : L'Image-movement*, Paris : Minuit, 1983, pp. 145 ff.

들뢰즈는 니체에 대해 두 권의 책을 썼는데, 한 권은 학생들을 위한 것이고,[16] 다른 한 권은 보다 야심적인 연구서로서 이 책에서 들뢰즈는 니체에 대하여 후일 스피노자와 라이프니츠에게 그랬던 것처럼 자신의 저작 속의 문제와 동일시하고 그 문제에 집중한다. 여기서 문제는 '힘'의 개념에 의한 명칭이다.[17]

이 책에서 들뢰즈가 묘사하는 세계는 힘과, 힘들 사이의 관계로 구성되어 있다. 다시 말해 특별한 코스모스를 건축하는 벽돌이 바로 힘들인데, 그것은 『의미의 논리』에서는 (스토아학파를 따라) 신체이고 『시네마』에서는 (베르그송을 따라) 이미지이다. 그러므로 세계를 구성하는 대상들은 힘들의 표현이며, 그들과 상호작용하는 주체들은 '힘들의 차이적인 요소들'이다.[18] 주체의 신체는 **힘의 관계**rapport de forces의 장소이며 여기서 지배하는 힘과 지배받는 힘, 즉 작용의 반작용의 힘이 충돌한다. 니체의 권력에의 의지는 힘들의 내면화, 힘들의 종합을 위한 원칙이다. 그리고 사물의 본질은 그것이 소유한 힘(혹은 힘들)이다. 즉 니체의 철학적 질문의 목적은 이 본질, 이 힘을 발견하는 것이다.

비록 언어가 그 책의 주제나 대상은 아니지만, 이렇게 힘의 개념을 구성한 것은 언어에 대한 결과들을 수반한다. 언어의 고양된 형식('시적으로 거주하는' 언어)은 주체를 규정하는 **힘의 관계**를 측정하고 평가하는 해석의 장소이다.[19] 니체의 철학적 스타일의 전형인 아포리즘은 그러한 해석을 위한 도구가 되고, 해석의 과제는 힘과 힘들 사이의 관계를 평가

---

16 Deleuze, *Nietzsche*, Paris : PUF, 1965.
17 Deleuze, *Nietzsche et la philosophie*, Paris : PUF, 1962.
18 *Ibid.*, p. 7.
19 *Ibid.*, p. 60.

하는 것이기 때문에 시는 평가의 예술, 즉 힘들과 그 가치들을 측정하는 예술이 된다. 우리는 니체의 경력이 문헌학자로 시작된 것에 놀라지 않는다. 들뢰즈는 그를 '능동적 문헌학자'라고 불렀다.[20] 이 '능동적 문헌학'은 일정한 언어의 개념을 포함하는데, 이는 단순한 힘의 전달뿐 아니라 힘의 충돌 장소의 개념을 포함하고 있다. 화자는 힘을 부과함으로써 언어를 수행하기 때문에 정보를 교환하지 않는다. 이것은 세 가지 결과들을 수반한다. ①언어는 권위 있는, 그리고 권위주의적인 이름 짓기의 예술이다. ② 단어는 화자가 뜻하고자 하는 것에 힘을 가하는 것을 뜻한다(우리는 이것을 험프티-덤프티 원칙이라고 할 수 있다. 험프티-덤프티의 신념이 바로 "내가 단어를 사용할 때…… 그것은 내가 뜻하도록 선택한 것을 뜻한다. 그 이상도 그 이하도 아니다"[21]이다). 보다 일반적으로, 뜻(명제 혹은 발화의 뜻)는 힘의 관계의 구현 혹은 각인이다. ③결과적으로 언어는 실제적인 행위를 유발하는데, 그것은 실제 속에서의 행위, 즉, 주체 밖의 세계이다.

네번째 결론은 언어에 관계된 것뿐 아니라 예술에도 일반화될 수 있는 것으로서, 예술은 '(영화적)-거짓의 힘'의 결정판이라는 것이다. 그것은 잘못된 권력으로 세계를 확대하고 거짓을 고안하고 상상의 허구를 창조한다. 그것은 시시한 환영이나 유령적인 것이 아니라 긍정적인 힘을 행사한다. 예술가는 잘못된 구성 속에서 새로운 진리를 발견하고 이에 따라 새로운 삶의 가능성을 발명하기까지 한다.[22] 우리는 니체가 진리의 개념을 성공적인 메타포, 말하자면 성공적인 거짓으로 공표한 것을 기억한다.

---

20 *Ibid.*, pp. 84~85.
21 Carroll, *The Annotated Alice*, p. 269.
22 Deleuze, *Nietzsche et la philosophie*, p. 117. 이 테마는 끊임없이 들뢰즈를 사로잡았는데, 그의 *Cinéma 2: L'Image-tepms*(Paris : Minuit, 1985)의 한 장에는 '거짓의 힘'(Les puissances du faux)이라는 제목이 붙어 있다.

이러한 개념은 언어를 힘의 행사와 충돌의 장소로 만들 뿐 아니라 가장 고양된 창조적 권력에 속하는 것으로 규정한다. 언어와 예술의 연관은 들뢰즈의 새로운 화용론에서 시어와 스타일의 중심성의 특징으로 나타나는데, 이는 들뢰즈 경력의 초기 단계에서 이미 명백히 드러난다(『니체와 철학』은 그의 두번째 책이다).

바로 여기에서 언어 연구의 중심이 의미에서 힘으로 이동한다. 언어 철학에서 전통적 프로그램이 아리스토텔레스에서 시작된다면 (우리는 어떻게 소리에서 의미로, 音聲에서 로고스로 이르는가?) 이는 버려지거나 대체된다. 대신 또 다른 질문이 발생한다. 즉 언어에 의해 그리고 언어 안에서 해석되고 행사되는 힘들은 무엇인가? 새로운 언어철학의 밑그림이 그려지고, 그 가운데 들뢰즈의 새로운 화용론의 기본이 되는 세 가지 특징이 나타난다.

첫번째 특징은 법칙 지배에서 법칙 파괴적 창조성으로의 이동인데, 이는 시어의 특징으로서 언어 연구의 중심이 되는 것이다. 경험적 언어학자에게처럼 들뢰즈에게는 기록의 민주주의가 없다. 우리에게는 셰익스피어의 작풍作風이 미세스 몹의 생생한 방언보다 더 중요하다. 따라서 언어의 연구는 예술의 연구와 분리될 수 없다. 규범적인 화자는 밀네의 격률의 희미한 천사(우리는 그를 2장에서 만났다)가 아니라, 라랑그나 잔여에 사로잡힌 시인이다. 문학은 언어의 작동이 가장 미묘하게 그러나 가장 명확하게 나타나는 장소이다. 그것은 언어의 힘들이 규정되는 장소이며 이로써 우리는 언어로 표현되거나 구현된 힘들(앵글로-색슨 화용론에서 비관용어법의 힘)뿐 아니라, 반사적으로 언어를 구성하는 힘들을 의미한다. 문학에서 그러한 힘들은 의미로 동결되지 않고 자유롭게 활동할 수 있다. 동결된 의미의 구현체가 클리셰(양식 혹은 상식의 표시)이다. 그것은 가장 강력한 힘의 **담지자**로서, 또한 언어의 힘을 질식시키는 것이다.

두번째 특징은 언어의 연구가 신체의 물질성과 분리될 수 없다는 것이다. 언어의 구성적 실체가 있는데 이는 힘들이 신체에서 유래하고 신체에 작용하는 것과 같다. 이와 같이 언어는 신체에서 생겨나서 신체에 압력을 행사한다. 즉 그것은 능동적 힘을 표현하고 구현하며 반사적 힘들을 입증한다. 이것은 앵글로-색슨 화용론으로 하여금 그것이 도달하지 못했던 논리적 극단을 취하게 한다. 만일 주체와 객체가 모두 힘들의 용어로 분석될 수 있다면 언어는 그 매개체가 되는데, 그 속에서 물질적 충격으로서의 힘은 이 용어의 프랑스적 의미에서 물리적으로 '소통하게' 된다. 언어는 또한 그러한 힘들이 표현되는, 즉 평가하고 측정되어 그 결과가 힘들의 미분적 관계, 힘의 관계가 되는 매개체가 된다.

세번째 특징은 두번째 유형의 물질성과 관련되어 있다. 그것은 사회, 제도, 의식, 실천의 물질성, 그리고 이러한 일련의 물질적 요소들에 의해 생산되는 발화행위의 물질성이다. 만일 언어가 물질적인 것뿐 아니라 사회적인 힘을 위한 장소라면, 언어의 연구는 언어의 정치학과 분리될 수 없을 것이다. 우리는 반反-촘스키적 발언, 즉 문법의 표식이 권력의 표식이라는 반복 뒤에 있는 이치를 이해한다. 여기 『천의 고원』에서 발췌한 전형적인 대목이 있다.

화용론은 변형이 면제된 불변식이라는 생각을 거부해야 한다. 그것이 지배적인 '문법성'의 불변식일 때도 그렇다. 왜냐하면 언어는 언어학의 문제이기 이전에 정치학의 문제이기 때문이다. 문법성의 정도를 평가하는 것도 정치적 문제다.[23]

이와 유사한 정서를 『푸코』에서도 찾을 수 있다. 여기서 언어의 기원은 주체-작가에 있는 것이 아니라, 들뢰즈가 '권력의 중심지'foyers de pouvoir[24]라고 부른 것, 힘들이 표현되는 익명 화자의 'on parle'[누군가 말한다]에 있는 것이다.

이러한 언어적 힘들의 철학이 가장 잘 표현된 것을 『대담』에서 찾을 수 있다. 여기서 들뢰즈는 고다르의 영화를 논한다.

언어는 우리에게 기본적인 정보로, 그리고 그 정보는 기본적인 교환으로 나타난다. 다시 말해 정보는 추상적인 단위로 측정된다. 그러나 교사가 무언가의 작용 방법을 설명하고 철자를 가르치는 것이 정보를 보내는 것인지는 의심스럽다. 교사는 강요하고, 실제로 가르침을 전달한다. 그리고 노동자에게 연장이 주어지듯이, 아이들에게 구문이 제공된다. …… 우리는 사실상 정보 이론의 도식을 변환시켜야 한다. 그 이론은 정보의 이론적 최대치를 가정하는데, 이는 순수 소음, 간섭 등 또 다른 극단에 있는 것이다. 그리고 그 사이에는 잉여가 있어서 정보를 축소시키지만 소음을 극복하게 한다. 그리고 우리는 실제로 질서 혹은 지침을 발송과 교체로서 잉여와 함께 시작해야 한다. 그다음에는 정보가 있는데 이는 항상 질서의 만족스런 수용에 필요한 최소치이다. 그것은 무엇인가? 그것은 침묵이나 웅얼거림, 비명소리와 같은 그 무엇, 잉여와 정보 아래를 미끄러져 가는 그 무엇, 언어를 미끄러지게 하고, 다른 소리 속에서도 그 소리가 들리게 하는 것이다. …… 따라서 어떻게 우리가 질서를

---

23 Deleuze and Guattari, *Mille plateaux*, p. 174[영어판 pp. 139~140].
24 Deleuze, *Foucault*, p. 26[영어판 p. 17].

부여하지 않고, 누군가 혹은 무엇인가를 재현한다고 주장하지 않고 말을 할 수 있는가, 어떻게 우리가 말을 할 권리 없이 사람을 이해할 수 있는가. 그리고 어떻게 우리가 권력에 대한 투쟁에서 그들의 부분을 소리로 복귀시킬 수 있는가? 나는 자신의 고유한 언어에서 이방인과 같다는 것, 단어에 있어 일종의 탈주선을 추적하는 것의 의미가 바로 이것이라고 생각한다.[25]

이 대목에서 소통은 정보의 전달이 아닌 힘의 부과나 충격을 의미한다는 것이 명백하다. 소통한다는 것은 협력하는 것이 아니라 파워 게임, 투쟁적인 교환 속에 자리를 설정할 것을 주장하는 것이다. 그리고 언어가 제시하는 위험은, 그것이 두 개의 주된 용어의 의미에서 재현에 만족할 때이다(명제는 일의 상태를 '재현하고' 대리인은 그 구성원들을 '대표하는데', 그들과 대면하여vis-à-vis 그는 권력의 자리에 있다). 또한 우리는 시어란 예술의 언어이자 침묵과 웅얼거림의 혼합으로서 언어에 내포된 재현적 위험에 대한 해답이라는 것에 주목한다. 고도의 모더니즘 미학에 특징적인 제스처에서 예술은 재현의 해독제로 보이기 때문이다.

언어적 힘의 철학은 『천의 고원』에서 가장 명확하게 나타난다. 그것은 들뢰즈가 알튀세르의 이데올로기 개념을 거부하는 이유를 설명해 준다(그 개념은 재현의 영역에 속하는데, 그 이유는 그것이 힘들 사이의 관계라기보다는 내용의 표현이기 때문이다. 이는 존재론적으로 이질적인 배치에서 볼 수 있다). 그것은 주체의 개념이 강등되는 이유를 설명하는데, 그 개념은 더 이상 언어의 근원이 되지 못하고 힘들의 배치의 최종 결과물이 되

---

25 Deleuze, *Pourparlers*, pp. 60~61〔영어판 pp. 40~41〕.

고, 이때 탈주선은 의미 속에 동결된다(이 주체의 개념은 우연히도 주체를 질문의 산물로 간주하는 알뛰세르의 개념과 다르지 않다).

그러나 이러한 힘의 철학의 표현 중에서 가장 강력하고 가장 악명 높은 것은 슬로건의 문제, 즉 '명령어'의 문제이다. '명령어'는 사실상 슬로건이지 영어에서의 '명령어'order-word가 아니다. 기묘한 신조어는 'order'라는 단어를 지키는 유리한 면이 있는 반면 두 가지 불리한 면을 갖고 있다. 프랑스 단어와는 달리 그것은 일상적인 전문 용어가 아니다. 그리고 그것은 과정을 개별화하는데, 그 이유는 질서가 한 개인이 다른 개인 혹은 다른 그룹에 제공하는 것이라면, '명령어', 즉 슬로건은 집단에서 나온 것으로서(예를 들면 정당), 복종하는 것이 아니라 추종하는 것이기 때문이다. 정치적 행위는 '명령어'의 발생과 대중이 슬로건을 추종하므로 그 슬로건이 정당하다고 확신하는 데 필요한 움직임 속에 존재한다. 이것이 바로 레닌의 슬로건에 대한 들뢰즈와 가타리의 언급이 정당하고 중요한 이유이다.[26] 1917년 7월 임시정부에 체포되는 것을 피하기 위해 오두막에 숨어 살면서 레닌은 슬로건과 그 기능에 대한 짧은 팸플릿을 쓸 시간을 갖는다.[27] 문제는 바로 혁명의 성공 혹은 실패로서 이를 질문 형식으로 하는 것이다. "모든 권력을 소비에트로!"라는 슬로건은 아직까지 올바르고 정당한가? 이것은 명백히 진실의 문제가 아니라(슬로건은 과학적 명제가 아니다. 과학적 명제는 특유의 적절하고 안정된 의미를 표현하는 한 진실이라고 주장한다), 정당성의 문제, 즉 연접에 적용되고 그 내외에 힘을 행사하는 슬로건의 역량이다. 이것이 바로 레닌이 자신의 목적은 '구체적인

---

26 Deleuze and Guattari, *Mille plateaux*, p. 105〔영어판 p. 83〕.
27 Vladimir I. Lenin, "On Slogans", *Collected Works*, 25, London : Lawrence & Wishart, 1964, pp. 183~190.

상황의 구체적인 분석', 즉 사건의 새로움을 포착할 수 있는 능력이라고 계속 주장하는 이유이다. '참'true이란 단어는 팸플릿에 나타나지만(대중에게 진실을 말해야 하는데, 그것은 혁명의 적인 권력자들의 계급적 현실이다), 그것은 '정당성'justness에 대해 부차적이고 종속적인 것이다. 니체적 양식에서 진실은 슬로건의 정당성에 의해 대중에게 미치는 효과를 생산하는 것으로, 이는 대중의 관심사를 계발할 뿐 아니라 대중을 혁명 활동으로 움직이게 하는 것이다. 담화수반적illocutionary 정당성은 담화수행적perlocutionary 진실을 생산하는 효과를 가져온다. 들뢰즈와 가타리는 언어와 정치의 관계라는 관점에서 이 팸플릿을 해석했다. 정치는 언어 내에서 작용하고 언어는 정치에 의해 작용되는데, 그 총량은 같다.

그러면 슬로건이란 정확히 무엇인가? 들뢰즈와 가타리에게 있어 그것은 발화의 기본적인 단위이다. 여기서 그들은 주류 언어학 학자들과 현저한 차이를 보인다. 주류 언어학에 있어 기본적인 단위는 명제나 판단을 구현하는 평서문이다. 촘스키 언어학의 광범위한 영역 속에는 이에 가까운 이론들이 있다. 촘스키의 초기 제자였던 로스는 수행적 가설을 제안했는데, 여기서 모든 평서문은 난해한 구조 속에서 행위절에 종속되고, 이것은 수행적이면서 슬로건에 가깝게 된다('고양이가 매트 위에 있다'는 문장은 '나는, 고양이가 매트 위에 있다고 말한다'라는 유형의 문장에 근거한다. 여기서 지배적인 행위 동사는 힘의 표식이 된다).[28] 앤 밴필드는 촘스키의 다시 쓰기rewriting 법칙의 첫번째 마디에 특별한 마디를 덧붙이려고 했는데(Expression[표현]의 E는 Sentence[문장]의 S에 대립한다), 이것은 모

---

28 John R. Ross, "On Declarative Sentences", eds. Roderick A. Jacobs and Peter S. Rosenbaum, *Reading in English Transformational Grammar*, Waltham, Mass.: Ginn & Co., 1970, pp. 222~272.

든 '표현적인' 발화들, 모욕들, 감탄들, 심지어 슬로건들까지를 수용하는 것을 의미한다.[29] 그리고 밀네는 자신이 '모욕의 문법'이라고 부른 것을 전개하려 했다.[30] 이 세 가지 시도는 모두 똑같은 한계를 갖고 있다. 그 분석은 여전히 깊이에서 표면으로의 수직적 위계질서에 기반하기 때문이다. 이런 점에서 들뢰즈와 가타리의 분석은 프랑스의 언표행위 언어학에 근접한다. 화자는 결코 직접적으로 말하지 않고 간접적인 담화를 말한다. 여기서 그들은 오스왈드 뒤크로의 작품에서 다성악과 그 기원이 되는 자유로운 간접 화법의 이론인 볼로쉬노프의 『마르스크주의와 언어철학』[31]을 묘사하는데, 이는 화자가 항상 집단적 슬로건에 의해 말해진다는 것을 의미한다. 우리는 왜 거기에 개별적 화자(주체) 혹은 개별적 발화가 없는지를 이해한다. 발화는 항상 이미 2차적이고 항상 이미 간접적인데, 그 이유는 그것이 집단적 배치의 산물이기 때문이다(기계의 메타포로 감지되는, 그러므로 '산물'이란 단어, 물론, 그 배치가 기계의 메타포가 아닌 것을 제외하고, 그것은 기계이다). 우리는 또한 발화와 행위 사이의 내재적인 관계를 이해한다. 발화에 선행하는 의미의 초월적 의도는 없으며, 그것이 재현하는 행위를 초월한 발화도 없다. 그것은 다른 행위와 똑같은 내재면에서 보다 즉각적으로 인식되는 물질적 본성의 행위이기 때문이다. 이것은 세 가지 결과를 수반하는데, 그 어느 것도 언어를 공부하는 학생과 무관하지 않다. 언어는 코드(그 현실화를 초월하는)가 아니고, 따라서 랑그와

---

29 Ann Banfield, *Unspeakable Sentences*, London : Routledge, 1982.

30 Jean-Claude Milner, *De la syntaxe à l'interprétation : quantités, insultes, exclama tions*, Paris : Seuil, 1976.

31 예를 들어 Oswald Ducrot, *Le Dire et le dit*, Paris : Minuit, 1994 ; Oswald Ducrot (ed), *Les Mots du discours*, Paris : Minuit, 1980 ; Valentin N. Voloshinov, *Marxism and the Philosophy of Language*, Cambridge, Mass. : Harvard University Press, 1986을 보라.

파롤 사이에는 구별이 없다. 마찬가지로 구문과 화용론 사이에는 그 어떤 분리도 없다. 아니면 차라리 구문(힘의 표식의 배열)은 화용론에 흡수된다고 할 수 있다.

『천의 고원』에서 슬로건의 특징은 다음과 같이 나타난다.

어떤 재능이 슬로건에 특징적이냐고 물었을 때, 우리는 실제로 (이런 질문을) 혹은 이런 재능을 어떤 이상한 성격으로 간주해야 한다. 그것은 슬로건의 방출, 지각, 전달에 있어서 일종의 순간성이기 때문이다. 사람들은 슬로건에 병합되었다고 느끼게 하는 광범위한 변이성, 망각의 능력을 추종했다가 이를 버리고 다른 것을 받아들이는데, 그것은 무형의 변형이라는 이해에 있어 적절한 이상 혹은 유령 같은 능력, 거대한 간접 담화로서 언어를 파악하는 소질이다.[32]

언어는 전적으로 명쾌한 것이 아니지만, 위의 네 가지 특징은 언어철학에 보다 직접적으로 관련된 용어로 번역될 수 있다. 이렇게 슬로건은 그 힘이 순식간에 발휘되는 한에서 '순간적'이다. 거기에는 올바른 연접에서 올바른 슬로건의 발화에 풍요로운 관용적 효과를 미치는 조명이 있다. 슬로건의 '변이성', 그것의 '망각 능력', 그리고 잊혀짐은 그것이 주어진 연접 속에서 발생했다는 사실을 특별하게 암시한다. "모든 권력을 소비에트로!"와 같은 슬로건은 해당 순간에만 존재하는 것으로서, 다음 순간에는 가장 먼저 잊혀진다. 들뢰즈와 가타리가 중요하게 여기는 것은, 레닌에게 슬로건이 2월 27일부터 7월 4일까지 존재했다는 사실이다. 그

---

32 Deleuze and Guattari, *Mille plateaux*, p. 107〔영어판 p. 84〕 (약간 수정함).

들의 주장에 따르면, 정확히 7월 4일 소비에트 권력은 목표에 도달했고 군사 봉기는 시대의 명령이 되었다. 여기에서 슬로건이 행사하는 '무형의 변형'이라는 힘이 유래한다. 왜냐하면 『의미의 논리』의 사건처럼 그것은 비물질적인 것으로서 전장을 떠도는 안개와 같고, 그리고 여전히 그것이 발생하는 상태에서 변형을 작동시키기 때문이다. 연접 속에서 슬로건을 연접이라 명명하는 것은 정당하며, 그것은 메타포가 아니다. 그것은 메타모르포시스에 종사하는 행위로서 혁명의 근원이 된다. 마지막으로 이렇게 슬로건의 행위적 기능은 그것이 정치와 역사적 사건의 영향에 한정되지 않고 일상생활 어디에서나 찾아볼 수 있다는 것을 의미하며(여기서 슬로건은 종종 질서의 초보적 단계 혹은 격하된 단계로 존재한다), 우리로 하여금 담화를 항상 이미 간접적인 것으로 감지하게 한다("간접적인 담화는 단어 내에서 슬로건의 존재이다"[33]). 언어는 침전되어 슬로건으로 구성되는데, 이는 정치 언어의 경우 명백하게 나타난다('민주주의'의 다양한 의미는 계급투쟁의 역사와 그 투쟁의 다양한 순간을 구현하는 슬로건들을 목격하게 한다. 이것이 단어의 다음성이다).

이때 볼로쉰의 출처는 상당히 중요하다. 들뢰즈와 가타리는 그의 작품에서 소쉬르의 추상적 객관주의에 대한 비판을 발견했다. 그리고 6장에서 볼로쉬노프의 언어철학을 요약한 친숙한 다음 다섯 테제를 발견하게 된다.

1 랑그로서의 체제는 추상에 불과한 것으로 언어의 구체적인 실재를 설명하지 못한다.

---

33 Deleuze and Guattari, *Mille plateaux*, p. 106(영어판 p. 84) (약간 수정함).

2 언어는 지속적인 진화의 과정으로 화자의 언어적 상호작용 속에
실현된다.

3 언어의 진화 법칙은 사회학적 법칙이지 심리학적 법칙이 아니다.
이 법칙은 개인을 대상으로 하지 않는다.

4 언어의 창조성은 그 속에 내포된 이데올로기적 내용과 가치에서
독립적인 것으로 파악될 수 없다.

5 언어적 상호작용의 구조는 엄격하게 언어의 구조이다.

이것은 외적인 언어학을 위한 프로그램이다. 언어는 사회적-역사적
이고, 화자는 항상 이미 집단적 화자이며, 발화는 항상 간접 담화의 예가
된다. 그뿐 아니라 의식 자체가 주체의 외부, 즉 화자들 간의 언어적 상호
작용 속에 있는 것이다. 나는 안이 곧 밖이고, 의식은 언설, 제스처, 억양
으로 실현되는 것이며(볼로쉰-바흐친은 억양의 문제에 관심을 갖는 몇몇
안 되는 철학자 중의 하나이다), '구조화된 물질적 표현'이고 그만큼 고도
로 고무되는 '거대한 사회적 힘'이라는 결론에 도달했다.


## 4. 잠정적 결론 : 'je t'aime' [나는 너를 사랑해]

들뢰즈의 주요 개념인 기계, 배치, 스타일을 다루기 전에 나는 잠시 발화-
슬로건 'je t'aime'를 설명할 것인데, 이는 들뢰즈와 가타리가 『천의 고원』
의 제5고원에서 환기시킨 것이다. 이 고원은 '몇몇 기호들의 체제'에 할
당되었고, 그 체제는 자신이 확인하는 기호들의 다양한 체제에 따라 발화
를 분석했다. 이렇게 해서 전前-기호인 'I love you'는 집단적인 것으로서
'그 종족의 모든 여자들이 추는 춤'처럼 집단적이다. 'I love you'의 역逆-

기호는 논쟁적인데, 전쟁과 힘의 관계와 관련되어 있다. 'I love you'의 기호화는 해석을 요구하고 '기호 체인에 상응하는 기의의 총체적인 계열을 만드는 데' 사용된다. 마지막으로 'I love you'의 後-기호는 정열의 표현으로서 주관화의 한 지점에서 다른 지점으로 이동한다.[34]

만일 우리가 이 중에서 언어의 중심성, 의미의 고정성, 그리고 화자-주체의 생산에 근거하는 기호화된 의미론 내에서 발화되는 세번째 'I love you'에 집중한다면, 우리는 슬로건에 대한 발화를 분석할 수 있을 것이다. 발화가 힘을 행사하고, 발신인을 위한 장소를 요구한다는 것. 다른 것을 수신인에게 귀속시킨다는 것. 그래서 발화가 진술이 아닌 요구(상호작용을 위한)와 선언(선전포고와 같은 의미에서)으로 이해되어야 한다는 것이 명확하기 때문이다. 세르주 갱스부르의 유명한 프랑스 노래에 나오는 대화, "je t'aime"——"moi non plus"["나je는 너를 사랑해"——"하지만 나moi는 더 이상 아니야"]는 이런 면에서 좋은 예를 제공한다. 그러나 우리는 또한 간접 담화indirect discourse의 관점에서 분석할 수 있는데, 발화는 그러한 만남의 집단적 관습을 가정하고 심지어는 인용된다고 말할 수 있기 때문이다. 그래서 로미오와 줄리엣은 항상 이미 가장 상식적이고 시시한 발화 속에 포함되어 있는 것이다.

여태까지 그린 윤곽은 아직은 일반적이지만 다음 장에서 보다 분명히 다루어질 것인데, 그것은 들뢰즈와 가타리가 제시하는 **새로운 화용론**이다. 『대담』의 짧은 대목은 이런 점에서 우리에게 필요한 것을 요약해 준다. 들뢰즈는 『천의 고원』과 가타리와의 공동작업을 언급하면서 다음과 같이 말했다.

---

34 Deleuze and Guattari, *Mille plateaux*, p. 183〔영어판 p. 147〕(약간 수정함).

우리는 방금 본질적이라고 생각하는 많은 것을 소개했다. 그것은 첫째, 언어 속에서 지침에 의해 활동하는 부분이다. 둘째, 간접 담화의 중요성이다(그리고 문제를 혼란스럽게만 할 뿐 실질적인 중요성도 없는 그 무엇으로서 메타포를 인식하는 것이다). 셋째, 언어의 불변성과 언어의 변주까지 비판하는 것으로서, 이는 연속적 변이의 범위를 강조한다.[35]

---

35 Deleuze, *Pourparlers*, p. 44(영어판 p. 29). 이 번역본에서 'mot d'ordre'는 'precept'로 번역되었다.

# 5장

# 언어의 다른 철학

### 기계들, 배치들, 소수자

## 1. 서문

4장에서는 새로운 화용론의 주요 양상들을 의미에서 힘으로의 이동 속에서 확인했다. 이것은 두 단계로 발생한다.

첫번째 단계는 직접적으로 니체적이다. 그것은 내가 험프티-덤프티 원칙이라고 부르는 작용들로 구성되어 있다. 그 원칙은 개별적인 양상들을 제거하기 위해 일반화되어야 하는데, 과대망상증적 관점에서 그 개별적인 양상들은 우리가 알다시피 교만한 자는 곧 몰락하게 된다a pride that comes before fall이다. 의미는 엄밀하게 화자가 결정한 것이 아닐 수도 있다. 화자는 혼자가 아니기 때문이다. 그러나 그것은 분명히 **힘**의 **관계**에서 다른 관계 속에 위치하고 있다. 이것의 직접적인 결과는 의미의 일정한 불안정성이다. 힘의 관계는 본래부터 불안정한 것으로, 그 관계를 구성하는 힘들이 다른 힘들을 정복하거나 그것에 굴복할 때마다 변화한다. 우리는 결정적으로 재현의 문제를 남겨 두었다. 그것은 재현체와 피재현체 사이의 관계 속에서 일정한 안정성을 전제로 하는데, 이는 의미가 파악될 것임을 가정하는 안정성이다. 우리는 이제 지속적인 변화 과정 속에서 상황 평가의 영역 혹은 판단의 영역에 있다.

그러므로 두번째 단계에서 의미는 용해되고 의미는 분명히 덧없는 연접에 의존하기 때문에, 한편으로는 끊임없는 투쟁하는 힘들 속에서, 다른 한편으로는 변화에 보조를 맞추며 끊임없이 대체되고 전복되도록 해석하려는 노력 속에서 길을 잃고 헤매게 된다. 이것이 바로 들뢰즈의 니체주의적 입장이 마르크스주의, 더 나아가 레닌주의적 뉘앙스를 획득하는 지점이다. 이미 보았듯 레닌주의의 '정당한' 혹은 올바른 슬로건은 비물체적 변형이다. 그것은 마치 1917년 7월 4일의 슬로건 "모든 권력을 소비에트로!"(혁명의 낭만주의적 이미지를 포착할 수 있는 아주 훌륭한 슬로건이다)가 반反혁명이 된 것과 같이 오늘은 옳지만 내일은 잘못된 것일 수 있다. 이러한 들뢰즈식 움직임에서 용해되는 것은 고전적인 언어철학의 중심적 교의인데, 그 이유는 언어 연구의 목적이 발화의 방법과 의미에 대한 합리적인 설명을 제공하는 것이기 때문이다. 그렇지만 들뢰즈가 관심을 갖는 것은 이 부분이 아니다. 그의 언어철학은 그의 다른 일반적인 철학과 마찬가지로 새롭고 창조적이며 혁신적인 것의 포착에 열중하고 있는데, 이 모든 것이 바로 사건의 다른 이름이다. 3장에서 보았듯이 이런 맥락에서 의미(사건의 한 양상)와 뜻, 상식과 양식은 뚜렷하게 구별되고 그 속에서 의미는 창백한 사건의 생생한 색채로서 동결된다. 물론 이것은 모더니즘적 입장이다. 왜냐하면 침묵을 언어의 승인되지 않은 클라이맥스로 승격시키기 때문이다. 그것은 백치의 침묵이 아니라 초의미를 내포한 침묵이며 고정된 뜻의 용해로서, 예를 들어 그것은 바타유가 명백히 찬양하고 바타유에 대한 에세이에서 데리다가 분석한 바 있는 것이다.[1]

여기서 들뢰즈의 언어 개념에는 긴장이 있다. 그 긴장은 새로운 화용론을 활기 있게 하고 그 시학을 특징짓는 것이다. 그것은 니체에게서 그 기원을 찾을 수 있는 모더니즘의 형식과, 가타리의 보다 명확한 마르크시즘에 의해 형성된 언어에 대한 또 다른 태도 사이의 긴장이다. 새로운 화용론을 구성하는 개념들(흥미, 기계들, 배치들)은 이러한 긴장을 반영한다. 이 장에서는 그것들을 탐색할 것이다. 그다음에는 들뢰즈의 이중적이고 잠재적으로 상반된 시학을 스타일과 말더듬기의 관점에서 설명할 것이다.

## 2. 흥미

발화의 기본 요소로서 슬로건의 역할과 간접 화법의 중요성에 대한 들뢰즈와 가타리의 주장은 볼로쉬노프에게서 유래된 것이다. 그렇지만 이들이 볼로쉬노프와 명백히 구분되는 지점이 있다. 그것은 질문의 역할이다. 대화가 주된 관심사였던 볼로쉬노프는 소통의 구조를 간직하기를 여전히 원하는데, 이는 밀네의 격률에서 공식화된 것과 같다. 그 결과 그의 언어 개념은 하버마스의 일반화된 화용론과 같은 유형의 이상주의적 수정주의에 개방되어 있다. 그러나 들뢰즈는 대화적 소통을 강하게 보류한다. 그리고 보편, 강제, 소통의 장소로서 미디어에 대한 그의 적대감은 그와의 인터뷰에서도 지속되는데(『들뢰즈 ABC……』에서 가장 두드러진다. 여기서 그는 더 이상 정치적으로 올바르고자 애쓰지 않는다), 이것은 그가

---

1 Derrida, "De l'économie restreinte à l'économie générale", *L'Ecriture et la différence*, Paris : Seuil, 1967, pp. 385~386.

부르디외는 물론 촘스키와도 공유하는 특성이다.[2] 다음은 그가 '중재자' Mediator라고 적절히 이름 붙인 『대담』의 한 장에 등장하는 전형적인 대목이다.

때때로 우리는 마치 사람들이 자신을 표현할 수 없는 것처럼 행동한다. 사실 그들은 항상 자신을 표현하고 있다. 제일 불쌍한 커플은, "무슨 일 있어? 말 좀 해봐⋯⋯"라고 말하는 남자가 없으면 마음을 빼앗기지 않거나 피곤해하는 여자, 혹은 그렇게 말하는 여자가 없는 남자이다. 텔레비전과 라디오는 이런 분위기를 도처에 퍼뜨렸고, 우리는 요점 없는 말들과 비상식적 언어와 이미지로 만신창이가 되었다. 어리석음은 결코 눈이 멀거나 말이 없는 것이 아니다. 따라서 문제는 사람들로 하여금 자신을 표현하게 하는 것이 아니라, 그들이 말할 것을 찾을 때까지 그 간극에서 고독과 침묵의 시간을 거의 제공하지 않는 것이다. 퇴행적인 힘은 사람들로 하여금 자신을 표현하는 것을 멈추지 않고 오히려 그들로 하여금 자신을 표현하도록 강제한다. 말할 것이 없다는 것, 말하지 않을 권리가 있다는 것은 얼마나 다행한 일인가. 오직 그때만이 말할 가치가 있는 것을 말할 수 있는 아주 드문 기회인 것이다. 오늘날 우리가 고통받고 있는 것은 소통의 차단이 아니라 요점 없는 말들이다. 그러나 우리가 진술의 뜻이라고 부르는 것이 그 요점이다. 그것은 뜻의 유일한 정의이며, 그것은 진술의 참신함과 같은 것이 된다. 당신은 다른 사람의 말을 몇 시

---

2 Pierre Bourdieu, *Sur la télévision*, Paris : Liber-Raisons d'agir, 1996 ; *Contre-feux*, Paris : Liber-Raisons d'agir, 1998 ; Serge Halimi, *Les Nouveaux chiens de garde*, Paris : Liber-Raisons d'agir, 1997 ; Noam Chomsky, *Necessary Illusions*, London : Pluto Press, 1989.

간이고 듣지만, 그 요점은 무엇인가? …… 그것이 바로 논쟁이 긴장이 되는 이유이고, 거기에 논점이 없는 이유이다.[3]

얼핏 보기에 이것은 뜻의 고전적 정의인 것 같다. 발화의 뜻은 그 요점이고, 그것이 세계와 관계를 맺고 가장 넓고 가능한 의미에서 뜻을 갖게 된다. 무언가에 대해 무언가를 말하는 데 성공하려면 발화가 요점이 있어야 하기 때문이다. 우리는 험프티-덤프티 원칙이 피하려고 했던 뜻의 개념으로 되돌아 왔다. 그러나 번역은 오해의 여지가 있다. 프랑스어 텍스트에서 intérêt는 '요점'point과는 다른 함의를 지닌 용어이다. '요점이 없는'pointless은 'sans intérêt'이다. 그런데 sans intérêt한 발화는 요점이 없는 것이 아니다. 그것은 요점을 갖고 있는데, 단지 너무 뚜렷해서 사소하게 보일 뿐이다. 따라서 우리는 뜻의 또 다른 정의를 갖게 되는데, 그것은 힘의 관계로서 뜻의 정의와 결코 양립할 수 없는 것이다. 언어에서 힘의 행사는 흥미를 창출하고, 그 참신함이 흥미를 끄는 사건을 유발시킨다. 힘을 포착하고 표현하는 것은 명제를 흥미롭게 하고 또 그만큼 의미 있게 한다. 이는 물론 기정사실화된prêt à penser 의미로 동결되지 않은 아직 살아 있는 힘들인 경우에 그렇다. 발화가 요점이 있을 때가 아니라 그 요점이 날카롭게 정곡을 찌를 때 흥미가 생긴다.

따라서 미디어에 대한 이러한 반감은 골수 우파나 저능아에 의해 미디어가 기본적으로 지배된다고 흥분하는 지성의 (심지어 좌익 지성의) 참을성을 넘어서는 것이다. 그들의 유일한 관심은 청중을 창조하는 (항상 반동적인) 양식을 상식과 함께 유포하고 표현하는 것이기 때문이다. 여

---

3 Deleuze, *Pourparlers*, p. 177(영어판 pp. 129~130).

기서 우리는 홍미가 진실을 대체한다는 철학적 입장을 가질 수 있다. 명제의 의미는 진실을 말하는 능력과 관계된 것이 아니라(그것은 오류나 거짓의 가능성을 배제하지 않는다), 그 참신함이나 홍미로움에 있다. 여기서 우리는 레닌도 넘어섰는데, 그의 슬로건은 그것이 정확하게 포착되는 연접의 바로 그 순간에 올바르게 적용되어야 했다(따라서 타당성이 논리적으로 시간적으로 진실에 선행할지라도, 진실의 효과는 그것이 작동하는 군중 속에서 공정한 슬로건에 의해 생산되었다). 니체의 개념에 따르자면 홍미가 제일 중요하다. 그것은 『철학이란 무엇인가?』에 분명히 언급되어 있다.

> 철학은 지식으로 구성되어 있는 것이 아니고, 진실에 의해 고무되는 것도 아니다. 차라리 그것은 성공과 실패를 결정하는 홍미, 능력 혹은 비중과 같은 것으로 범주화할 수 있다.[4]

들뢰즈는 진리 추구가 아닌 참신함과 홍미를 배양함으로써 세계를 의미화하는 것이 철학자의 과제라고 끊임없이 주장해 왔다. 그것은 심지어 정당한 명제의 생산 문제도 아니다(내가 『화용론으로서의 해석』에서 옹호한 사상처럼 그 어떤 해석도 참이 아니고, 몇몇은 거짓이며, 몇몇은 정당하다).[5] 중요한 것은 참신함과의 조우와 새로운 생각을 발견하는 능력이지 옛것을 인식하고 그 적합성을 판단하는 것이 아니다(정의를 말하는 것은 판사뿐이다. 칸트는 들뢰즈의 주요 철학적 대립자의 하나인데, 칸트에 대한

---

4 Deleuze and Guattari, *Qu'est-ce que la philosophie?*, p. 80〔영어판 p. 82〕.
5 Lecercle, *Interpretation as Pragmatics*.

들뢰즈의 적대감은 판단을 이끌어 내는 경향 때문이다). 철학자의 과제는 사실과 판단 사이에서 적합성을 인식하기보다 연관 고리를 찾고(여기에서 들뢰즈가 ET, AND의 논리라고 부르는 것의 중요성이 대두되는데, 이는 속성과 판단의 논리인 EST의 논리에 대비되는 것이다), 힘들 사이에 창조되는 차이들을 밝히는 효과를 포착하려고 시도하는 것이다. 따라서 철학자들은 탈주선을 탐색하고 뜻하지 않은 새로운 종합을 창조한다. 다시 말해 철학자는 개념을 창조하는데, 그 각각의 개념은 특이성이 되고 자기 주변에 이웃, 영토를 정하게 된다. '소통'communication이 합의를 창출하는 의견의 수준에서 작용될 때, 철학은 그 반대로 그리스 경기의 '일반적 스포츠'적 성격을 띤다(마지막 장에서 보겠지만, 이 둘은 각각 민주주의와 철학의 기원이 된다).

이것은 철학과 관련된 것이 뜻의 일반성과 관련된 것은 명백히 아니라는 점이다. 우리는 철학적 개념이 창조적이어야 한다는 사실을 받아들여야 하는데 이때 의미가 흥미에 의해서 결정된다는 것은 받아들이지 말아야 한다. 그러나 들뢰즈는 사실 여기서 요점은 있지만 흥미는 없는 억견으로서의 의미와, 흥미는 있지만 요점은 없을 수 있는 (극단적인 참신함은 종종 불합리한 것처럼 보인다) 힘으로서의 의미, 이 둘의 뜻을 구별하거나 아니면 강제로 분리시킨다. 들뢰즈의 분리는 사실상 철학적 명제 너머 심지어 뜻의 개념 너머에서 진행된다. 그는 두 개의 '사고의 이미지'를 분리하는데, 생각을 떠올리는 두 가지 방법과 세계에 대한 사상가의 반작용을 분리하는 것이다. 억견의 이미지 그리고 흥미의 이미지는 전통 철학(우리는 이것을 일반적인 용어로 '플라토니즘'이라고 부른다)을 전복하고 새로운 힘의 관계를 구축하기 때문이다.

두 개의 사고의 이미지는 『디알로그』에서 대비되어 나타난다.[6] 억견적인 이미지(때로 '독단적'이라 불리는)는 다음과 같은 특성을 갖는다. ①철학자의 선한 본성이나 선한 의지는 그로 하여금 진리를 찾도록 강요한다. ②상식은 사고의 주체의 조화로운 재능으로 찬미된다(이것은 아리스토텔레스의 상식의 개념에서 추출한 의미로서 다른 다섯 가지 의미를 통합한다). ③철학자의 과제는 인식을 통해 지식에 도달하는 것이다(이번에는 플라톤이 명백한 출처이다). ④역으로 진리는 지식의 결정적인 기준이다. 그것은 문제에 대한 해결의 정확성을 보장하고 그 답에 대한 물음에 상응하는 것을 확신한다. 얼핏 보기에 이것은 철학의 상식을 언급하는 것처럼 보인다. 그 누가 거짓에 대항하고 진리를 추구하기 위해 기꺼이 인내를 감수하겠는가? 바로 니체주의자인 들뢰즈가 그렇다. 진리가 아닌 흥미에 근거해 사고의 이미지를 기술할 때 그런 것이다.

그러한 사고의 이미지, 반대 이미지une image contre는 다음과 같은 특성을 갖는다. ①생각을 유발하는 것은 폭력이지 선한 의지가 아니다. 들뢰즈의 주장에 따르면, 우리는 거의 생각을 하지 않는다. 다만 억지로 그 속으로 떠밀릴 때만 생각을 한다(우리는 학문적인 주장이 거의 도움이 되지 않는 이유를 이해한다). ②상식을 추구하는 것이 아니다. 조화로운 재능이 아닌 우리를 생각 속으로 떠미는 폭력의 근원이 되는 불협화음을 추구해야 한다. ③지식은 인식의 결과가 아니라(우리가 이미 어느 정도 알고 있는 것을 다시 아는 것은 그다지 흥미롭지 않다. 지식의 기준으로서 회상은 자멸적인 것이다), 인식과의 만남이다. 지식은 생각 속의 사건에 의해 생산되기 때문이다. ④생각을 좀먹는 악은 오류라기보다 (오류는 필연적인 실험의 부산물로서 유익할 수도 있다. 오류는 우리를 생산적이고 창조적인

---

6 Deleuze and Parnet, *Dialogues*, pp. 31~32[영어판 pp. 23~24].

사고 속으로 밀어넣는다) 어리석음이다. 이는 원래 보수적이며 모든 참신함을 차단한다. ⑤해답, 혹은 질문과 대답 대신 우리는 그것들을 명명하는 문제와 개념이 필요하다(이것은 지금은 이미 친숙하다).

이제 흥미의 개념이 니체에게 기원한다는 것이 명백해졌다. 들뢰즈는 그가 푸코에게서 발견했던 진리에 대한 니체주의자들의 비판의 해석을 공유한다.

> 푸코와 니체 사이의 근본적인 연관은 진리truth에 대한 비판이다. 그것은 '진정한' 담화가 진리에 대한 '의지'will, 담화만이 유일하게 숨길 수 있는 의지란 무엇인가를 물음으로써 만들어진다. 다시 말해 진리는 그것을 분별하는 방법이 아니라, 그것을 원하는 순서, 절차, 과정을 의미한다. 우리는 항상 우리가 받을 만한 진리를 얻게 된다.[7]

따라서 '진리'는 지식, 권력, 그리고 주체화subjectivation의 테크닉과 연관되어 있다. 그것은 사슬의 끝의 효과an end-of-chain effect로서 흥미 혹은 '의지'에 고무된 과정의 결과이다. 이것은 우연히도 들뢰즈가 전체 사슬을 명명하면서 그 용어를 여전히 환유적으로 사용하는 이유가 된다. 진리는 긍정적 용어로 사용될 수 있지만(진리가 있다), 그것은 기존의 다른 진리를 창조하고 파괴하는 경우에 한에서이다. 그런 맥락에서 진리는 그 이름하에 흥미의 개념이 지각되고 거짓의 힘이 참여하게 되는데, 기존의 생각을 '왜곡하지' 않는 진리는 없기 때문이다. '진리는 창조된다'는 말의 의미는 진리의 생산이 물질에 작용하는 일련의 작업들, 엄밀히 말해 일련

---

7 Deleuze, *Pourparlers*, p. 159〔영어판 p. 117〕.

의 오류들을 포함한다는 것이다.[8] 이것을 포퍼의 성언과 혼동하지 말자. 여기서 오류는 폐기된 진리가 변형된 것이 아니라 창조적 과정의 전적으로 긍정적인 부분으로서 '의지', 즉 힘과 흥미에 의해 지배되는 것이다.

　이러한 흥미로서의 진리의 개념은 물론 언어 개념을 위한 결과를 수반한다. 『철학이란 무엇인가?』에서는 창조에 대한 의지에서 진리로 이동하는 니체주의 관점에서 생각의 '현대적' 이미지를 재현하는데, 그것은 클라이스트Heinrich von Kleist와 아르토를 언급함으로써 새로운 사고의 양식, 즉 "그와 같은 생각이 호통, 비명, 중얼거림으로 나타나기 시작하는 지점, 말하고 비명을 질러서 창조하거나, 창조하려고 노력하도록 하는 지점을 예증한다."[9] 창조성은 흥미로운 사고의 특징이다. 사고를 중얼거리게 하는 것, 즉 중얼거림이나 더듬거림 언어로 만드는 것(그 '문구'의 능동적이고 수동적인 의미에서)은 사실 생각하는 사람으로 하여금 사고의 현대적 이미지로 이동할 수 있게 한다. 그러므로 그것은 사고의 범주로서의 흥미는 언어의 **폭력성**과 연관되어 있는 것처럼 보인다. 비문법적이어서 비억견적인 언어의 중얼거림은 우리를 생각 속으로 밀어넣는다. 우리는 정신분석학 이후(즉 『의미의 논리』 이후)에 나타나는 해석에 대한 들뢰즈의 적대감을 이해한다. 그는 해석이 진리를 목적으로 한다는 관점을 수용함에 있어 물음에 대한 대답과 문제에 대한 해답을 모색한다. (물론 이런 관점을 수용해야 한다고 우리를 제한하고, 정신분석학적 해석을 모든 해석의 모델로 간주할 필요는 없다. 나는 『화용론으로서의 해석』에서 바로 이것을 시도했다.) 이것이 바로 흥미가 진리보다 더욱 중요한 이유이다. 흥미의

---

8 *Ibid.*, p. 172〔영어판 p. 126〕.

9 Deleuze and Guattari, *Qu'est-ce que la philosophie?*, p. 55〔영어판 p. 55〕.

관점에서 파악되는 언어, 흥미로운 언어, 그것이 창조적인 한에서만 그러하다. 시적 언어는 흥미로운 언어이다(그런 언어는 결코 문학에 한정되지 않고, 그 안에서 테마화된다). 그러므로 들뢰즈 시학에 전형적인 비문법성과 스타일의 연계가 나온다. 여기에는 침묵을 향해 분투하는 고도의 모더니스트 이상의 것이 있다. 이렇게 진리에서 흥미로 이동의 궁극적인 결과는 언어의 작용에 대한 우리의 탐구의 목적이 소통의 윤리학이 아닌 스타일의 시학의 구축이라는 것으로 나타난다.

## 3. 기계들

주류 언어학에서 벗어나려는 들뢰즈의 움직임은 구조주의로부터의 이동, 즉 「구조주의를 어떻게 이해할 것인가?」로부터, 그리고 『의미의 논리』의 지성적 우주로부터의 이동을 의미한다. 이것의 주된 징후는 주요 작용 개념으로서 구조를 기계로 대치하는 것이다. 다시 말하지만 가타리의 영향이 결정적이었다.

가타리의 첫번째 에세이 모음집 『정신분석과 횡단성』[10]의 서문은 들뢰즈가 썼는데, 거기에는 「기계와 구조」Machine et structure라는 제목의 에세이가 포함되어 있다. 이 에세이는 1969년도에 쓰였는데, 이때는 가타리가 들뢰즈와의 공동 작업을 막 시작한 때였다. 『안티오이디푸스』는 아직 출간되지 않았다. 에세이는 파리의 프로이트 학파, 라캉 학파(이 학파는 그것을 수용하지 않을 것을 제안했다. 이것이 가타리가 그의 첫번째 스승이었던 라캉과 결별하는 지점이다)를 위해 쓰였고, 장 피에르 파예Jean-

---

10 Gattari, *Psychanalyse et transversalité*.

Pierre Faye가 창간한 잡지 『변화』에 처음 발표되었다. 에세이의 목적은 주체의 생산의 관점에서 두 개념을 대조하는 것이다. 즉 기계와 구조의 연동은 '주체성의 위치'를 생산한다고 말해진다.

텍스트는 두 개의 주요 이론적 근거를 갖고 있다. 그것은 라캉의 '무의식의 주체'(이 개념을 설명하고 지지하는 것이 에세이의 명백한 목적이다)와 들뢰즈의 구조 개념으로서 이는 앞에서 언급한 구조주의에 대한 에세이에 상세히 설명되어 있다. 당시 기계의 개념은 아직 들뢰즈의 개념적 도구가 아니었는데, 이 개념을 만들기 위해 가타리는 들뢰즈의 구조의 정의를 수정했다. 그것은 처음 두 성격을 유지하고(구조는 두 개의 이질적인 계열로 구성되어 있다. 그 용어는 그 관계에 의해 결정되는데, 그들은 차이적인 가치만을 갖고 있다), 그리고 이제 기계들과 관련된 세번째 것을 이동시키는 것이다(계열들을 따라 순환하고 그것들을 분절시키는 역설적인 요소가 있다).

그 두 개념들 사이의 대조는 체계적이고, 들뢰즈식 상호관계라 알려진 형식을 취하고 있다. 구조는 위치의 계열들이다(그것은 기관의 공간적 형식이다). 그것은 요소들을 갖고 있다. 이는 그 자체가 상위 구조 속의 요소이다. 그리고 그것은 주체를 생산한다. 다시 말해 구조는 공시적이고 정적이다. 반면 기계는 통시적이고 역동적이다. 그것은 기관의 일시적인 형식이다(기계가 작용하기 위해서는 시간이 필요하다). 그것을 특징 짓는 것은 그 요소나 부분이 아니라, 그것이 위치한 사건들('분기점'이라 불리는)이다. 그러므로 그것은 사건의 발생을 위한 장소이지 보다 큰 기관 속에 파묻힌 조각이 아니다. 그리고 그것은 주체들을 생산하지 않는다. 기계 속에서 '주체는 항상 다른 곳에 존재하는' 것이다.[11] 그러나 비록 날카로운 대립 관계에 있긴 하지만 기계들과 구조들은 상호의존적이다.

그러므로 공시적인 분석은 구조를 산출하고(여기서 기계들은 히스 로빈슨Heath Robinson의 그림에서처럼 복잡한 기관을 형성하기 위해 하나가 다른 하나의 관계 속에 위치하게 된다), 통시적인 분석은 기계들, 흐름들, 균열들, 그 선행자의 부정이 되는 한편 그 후임자에게 부정당하는 기계(복잡한 히스 로빈슨의 기계가 삐걱거리고 철컥거리면서 일을 시작하는 것을 상상하라)를 산출한다. 만일 구조의 동기가 지배한다면, 구조와 그 기관의 책임을 가정하기 위해 우리가 갖는 것은 주체이고 에고이다. 만일 기계의 동기가 지배적이라면 가타리의 주장대로 우리는 무의식의 주체를 갖게 된다. 라캉은 인간의 영혼을 기계로서 생각한 철학자이다.

이러한 대조는 두 가지 유형의 결과를 수반한다. 언어와 관련해서 이것은 또 다른 대조 속에 각인되는데, 그것은 랑그의 구조(이것은 오직 희망사항일 뿐이다)와 '목소리'의 기계, 스피치-기계 사이의 대조이다. 후자의 용어는 가타리가 자신의 에세이에서 설명하고 있지는 않지만, 우리가 늦게나마 그의 선택을 이해할 수 있게 된다. 목소리는 욕망의 표현, 기계로서 신체의 물질성과 연관되어 있기 때문이다. 그 에세이에서 부가된 것은 인간은 기계와 구조의 연동 속에 포착되는데, 이는 마치 목소리가 랑그의 구조적 질서를 '절단하고'cuts through 그것을 발견하는 것과 같다는 것이다. 그러므로 기계가 우선이 된다. 화자는 개인을 관통하는 십자의 연속을 의미하는 이러한 연동의 결과로서, 이때 개인은 연속에 의해 모이기도 하고 흩어지기도 한다(여기서 우리는 글자의 각인이라는 라캉의 테마를 인식하게 된다).

두번째 결과는 정치적이다. 기계가 구조를 압도할 때, 우리는 혁명

---

11 Gattari, *Psychanalyse et transversalité*, p. 172.

적 상황에 처하게 된다. 구조가 기계의 역동성을 질식시킬 때, 우리는 억압의 상태가 된다. 들뢰즈는 서문에서 에세이의 이러한 측면을 논평한다. 현저하게 정치적 성향을 지닌 그 텍스트에서 그는 가타리의 개념을 이용하여 '레닌주의의 단절점'을 정의하려고 시도하는데, 그것은 차르 체제 국가의 정치적·경제적·사회적 해답을 대중을 위한 승리로 능동적으로 변형시키는 것이다. 사회적·정치적 기계들이 진행 중일 때 혁명이 발생할 수 있다. 그것들이 정치 구조 속에 다시 동결될 때 볼셰비키 당의 구조가 되고(그것은 자신들이 무너뜨렸다고 주장하는 부르주아 국가 기구의 구조를 재생산한다) 우리는 정치적 테러, 사회적 동결, 그리고 소비에트 국가의 궁극적인 붕괴를 얻는다(당시 들뢰즈는 그 시기를 거의 상상하지 못했지만, 그러나 그는 이를 이해하게 했다). 여기서 대조는 두 가지 유형의 그룹 간의 대조로 묘사된다. 하나는 생존을 위해서라면 무엇이든 할 준비가 되어 있는 예속주체집단groupe assujetti이고, 다른 하나는 항상 자신의 죽음을 향해 작용하는 주체집단groupe sujet(이 용어의 능동적 의미에서)이다. 스탈린주의는 '주체집단'인 볼셰비키를 예속주체집단으로 변형시켰다. 그리고 이 정치적 분석이 1960년대 프랑스 마르크스주의 내에서 논쟁의 형식이었다는 것, 다시 말해 들뢰즈의 공격의 대상이 알튀세르의 의사-구조주의적 마르크시즘이라는 것은 명백한 사실이다.

첫번째 기계 개념은 여전히 정신분석학의 버전으로 전개되고 여전히 주체의 용어 속에 있다(심지어 그들이 '주체집단'일지라도). 그러나 그것은 이미 구조주의와 결별하고 새로운 화용론의 심장에 위치하면서 언어이론과 정치학 사이의 연관을 위한 이론적 근거를 제공한다. 기계의 개념은 『안티오이디푸스』의 중심 개념으로서 이 책의 처음 부분에서 논평했듯이 에세이 속에 **간결하게** 이미 존재한다.

들뢰즈와 가타리의 기계(초기 가타리의 기계에 대립되는)가 무엇인지 이해하기 위해서 우리는 명백히 역설적인 『디알로그』의 한 대목에서 출발할 수 있다. 여기서 기계는 기계적인 것도 유기적인 것도 아니다.[12] 기계가 유기적이 아니라는 것을 우리는 쉽게 감지할 수 있다. 그러나 그것이 어떻게 '기계적'이지 않을 수 있을까? 들뢰즈는 기계론을 의존 관계로 정의하는데, 이는 각각의 톱니가 다음 톱니에 걸리는 것과 같다. 반면 기계는 접촉이 필요 없는 이질적 독립 용어들의 '이웃'neighbourhood이다. 달리 말해 우리가 기억하듯이 기계는 특이성으로서 주위의 이웃voisinage(위상학에서 빌려 온 용어)을 조직하는 것으로 정의된다. 그리고 기계는 배치의 기본적인 형식이고 인간과 짐승, 도구와 사물을 함께 모으는 '이웃 세트'neighbourhood set인 반면, 기계장치를 작동시키는 기계적인 것은 그것의 외부에 있다. 그것은 기계의 배치의 통합적인 부분이다. 들뢰즈와 가타리의 기계의 규범적인 예는 카프카의 유명한 집행 기계(우리의 작가들을 벗어날 수 없다는 사실)나 아니면 히스 로빈슨의 '마지막 인간을 바닷가에 남겨 둠으로써 그의 고독을 구제하고 스스로를 즐겁게 하려는 필사적인 노력'으로 묘사된 '기계'로서, 여기서 미친 듯이 웃고 있는 인물은 서툴게 변장한 마네킹들에 둘러싸여 물속에서 철벅거리는데, 이때 다른 마네킹들은 갑판의자에 기대어 있다.[13]

『안티오이디푸스』는 기계란 무엇인가에 대한 보다 중요한 묘사를 제공한다. 그것의 근본적인 특징은 에너지의 흐름과 그 흐름을 코드화함으로써 형식을 부여하는 조각들cuts, 단절들breaks, 균열들ruptures의 계열

---

12 Deleuze and Parnet, *Dialogues*, p. 125〔영어판 p. 104〕.
13 수채화가 책표지에 나오는 것은 James Hamilton, *William Heath Robinson*, London: Pavilion Books, 1992.

들이다. 그러므로 언어 기계의 가장 좋은 예는 마르코프 체인이다(그러나 그것은 랑그의 코드이기보다는 은어의 코드로서 비체계적이고 다성적이다).[14] '기계들'이라는 제목의 첫번째 장의 한 부분에서 그들은 기계들의 일반적인 특징을 세 가지로 열거한다. 그것은 단절들의 체계, 단편들의 분리, 그리고 기계에 의해 생산되는 잔여-주체이다. 그러한 정의에 대한 관심은 물론 주체가 그 체인을 여분으로 기호화함으로써 생산된다는 것, 즉 주체 개념의 강등의 시작으로서 이것은 여전히 이 단계에서 라캉의 역작에 신세를 지고 있다. 들뢰즈와 가타리의 기계는 두 가지 양상을 갖고 있으며 때로 그것은 욕망의 기계와 사회적 기계로 구분된다. 혹은 다시, 사회적-기술적 기계는 명확한 역사적 연접 속에서 욕망의 기계의 응집으로 나타나는데, 즉 사회적 기계는 분자적 욕망의 기계의 질량법칙이다.

우리가 알 수 있듯이 기계의 이론은 들뢰즈 철학의 발전(그것은 『안티오이디푸스』, 『카프카』, 『디알로그』에는 나타나지만 이후 점점 사라지는 경향이 있다)의 어떤 순간에 발생하는 것으로서 배치 이론의 첫번째 버전인 것이다. 『카프카』에서 들뢰즈와 가타리는 관계를 강조한다. 기술적인 기계는 사회적 배치의 구성 요소이기 때문이다. 욕망과 사회라는 기계의 두 양상은 배치의 두 양상을 예시한다. 그것은 욕망의 기계적 배치와 언표의 집단적 배치이다. 비록 두 개념 사이의 차이는 명백하지만 기계에 결핍되어 있는 것, 따라서 배치의 구성적인 부분, 그 작동의 도구가 될 수밖에 없는 것은 배치의 추론적인 양상이다. 기계는 긴 진술을 포함하지 않는다.

『안티오이디푸스』에서 기계 개념의 전략적 역할은 명확하다. 기계의

---

14 Deleuze and Guattari, *L'Anti-Œdipe*, p. 46〔영어판 p. 38〕.

중요성은 우리로 하여금 세계의 기술적인 양상에 대한 사상가로서 마르크스에게 되돌아가도록 한다. 이에 의존하면서 들뢰즈와 가타리는 경제학에 있어 마르크스주의의 변화를 받아들인다. 즉 생산의 관점을 순환의 관점으로 대체하는 것이다. 그러나 전통적인 마르크스주의는 욕망의 기계를 도입하는 것, 기계를 리비도의 흐름으로 코드화하는 것처럼 에너지의 흐름을 묘사하는 것을 주저할 것이다. 우리는 여기서 마르크스보다는 바타유에 더 가까워진다.[15] 초기 에세이에서처럼 공격의 주요 목표는 알튀세르의 구조주의 버전의 마르크스주의이다. 그는 기계를 (마르크스주의자로서 알튀세르는 생산의 중요성에 주목할 수밖에 없었는데 따라서 기계의 중요성에 주목하는 것이다) 구조로 축소시켰다고 비난받는데, 그것은 재현의 논리의 한가운데 위치한 연극의 중심 메타포를 수용하였기 때문이다. 재현은 구조 내에서 기능과 장소로서 주체를 생산하기 때문이다. **표상**Vorstellung과 **현시**Darstellung 같은 재현에 대한 알튀세르의 연극은 분자기계를 질량의 구조로 축소시키는 작용을 한다.[16]

이렇듯 들뢰즈의 언어철학에서 기계 개념의 중요성이 아주 명백하지는 않지만 그래도 그것은 중요하다. 그것은 우리가 언어의 마르크스주의 철학이라 할 수 있는 것을 향한 표류의 시작을 나타낸다. 생산의 관점을 차용하는 것이 바로 그러한 표식이다. 그것은 관념론과 천박한 물질주의, 주류 언어학의 공준들로부터 떠날 것을 공표한다. 예를 들어 그것은 들뢰즈와 가타리로 하여금 다른 상징 이론을 제안하게 하는데, 여기서는 그 의미보다 효율적인 사용(후기 비트겐슈타인을 이상하게 암시하는 움

---

15 Georges Bataille, *La Part maudite*, Paris : Minuit, 1967을 보라.
16 Deleuze and Guattari, *L'Anti-Œdipe*, pp. 365~366〔영어판 pp. 306~307〕.

직임. 이러한 '사용으로서의 의미'의 형식이 의미의 사회적 성격을 강조한다는 사실은 제외한다)과 그 위치의 기능이 더 중요하다.[17] 상징은 기계이다. 왜냐하면 그것은 의미가 아니라 그 행위에 의해 정의되기 때문이다. 다시 우리는 들뢰즈가 왜 작동이 아닌 의미의 추구로서의 해석에 적대감을 갖고 있었는지를 이해한다. 그리고 우리는 언어 기계의 개념이 새로운 화용론에 가져온 이익을 이해하게 된다. 그것은 역학의 의미(여기에서는 언어의 역사성과 변주가 그 정적인 체계보다 강조된다), 기계의 물질성의 의미(마르크스의 유산인 기계와 기술의 유물론이 있다), 사회적 실천으로서 언어의 중요성의 의미(생산으로 이동하는 것은 개인주의와 화자로서qua 주체의 중심성으로부터 벗어날 것을 강요한다), 마지막으로 체계의 추상적인 관념성에 대립되는 언어의 구체적인 작용을 강조하는 것이다. 가장 중요한 것은 더 이상 요소들의 잠재적 조합(체계의 놀이le jeu du système)이 아니라 **화용론**pragma의 실제적 주사위 던지기(놀이 속의 **체계**le système mis en jeu)이다. 그리고 우리는 또한 마르코프 체인이 언어의 모델로서 중요한 이유와 이에 대한 언급과 칭찬이 들뢰즈에게서 되풀이되는 이유를 알게 된다. 그것은 그들이 우리로 하여금 랑그의 닫힌 체계로부터 기계적 언어의 열린 은어로 이동할 수 있도록 도와주기 때문이다.

중요한 것은 기계의 개념은 과도적 개념이며 새로운 화용론의 중심에 놓여 있는 개념, 즉 배치의 개념 형성을 위한 첫걸음이라는 것이다.

---

17 *Ibid.*, p. 214(영어판 p. 181).

## 4. 배치들

『안티오이디푸스』 이후 기계의 개념은 두 방향으로 전개된다. 그것은 보다 추상적인 기계의 개념과 배치의 개념이다.

『천의 고원』에서 언급하는 기계는 기술적이기보다는 추상적이다(프랑스어에서 알고리즘을 **논리 기계**machines logiques라고 말하는 것과 같은 의미에서이다. 컴퓨터 이론은 논리 기계의 영역이다). 논리 기계는 추상의 적절한 수준에 위치한다. 그것은 내재면을 혼효면으로 변화시키는데, 이는 영토화와 탈영토화의 과정을 촉진시키고 면을 형성하는 층들을 정리하기 때문이다(그것은 평평한 면보다는 패스트리의 미세한 층으로 이루어져 있는 밀푀유라고 알려진 프랑스 케익과 같다). 이렇게 기계가 그 기술적인 원천에서부터 추상화하는 것은 배치를 향한 과도기가 되는데, 그 이유는 기계적 배치는 추상 기계의 구체화이기 때문이다.

이렇게 기계 개념의 주된 발전은 그것이 배치 개념으로 흡수되는 것에 있다. 개념으로서의 기계는 역사적으로 위치하게 되는데, 즉 그것은 너무 기술적이며(기술의 역사적 단계에서 정확히 '하이테크 이전'으로 한정된다), 19세기 마르크시즘적 풍미, 노동 조직의 일정한 형식을 띠고 있다(포디즘Fordism은 사회적 기계로서 가장 잘 묘사된다). 배치는 그러한 연상을 피한다. 왜냐하면 그것은 고전적 마르크스주의 분석에 일관성을 제공하는 토대와 상부구조의 뚜렷한 분리를 피하기 때문이다. 실제로 배치의 주된 특징은 그것이 집단적이라는 것, 달리 말해 전적으로 사회적이라는 것이 아니라(기계는 집단적 조직의 형식을 포함하는 단순한 도구 이상의 것이다), 존재론적 혼합이라는 것이다. 나는 이 문구의 첫번째 의미를 사용할 수 있는 기회가 많이 있었는데, 그 의미는 이제 명확하다. 즉 배치는 기계도 (알튀세르의 이데올로기 이론에서처럼) 기구도 아니다. 그것은 발화와 제도의 추상적 물질성과 대상의 구체적 물질성을 결합한 것이다. 그 속에서 토대와 상부구조는 돌이킬 수 없이 혼합된다.

배치의 가장 명백한 정의는 『들뢰즈 ABC……』에서 'Desire[욕망]의 D'편에 있다. 들뢰즈는 비프로이트적인, 낙관적인 것과는 거리가 먼 욕망 이론을 세 가지 테제로 공식화한다. (a) 무의식은 연극이 아니다(이러한 재현의 논리의 거부는 이제는 익숙한 것이다). (b) 정신착란은 부모에 대해서가 아니다(광란, 외양과는 상반되는 집단적 양상이 있다. 그 대상은 전체 역사와 코스모스이다). (c) 욕망은 단일한 주체나 단일한 객체를 갖지 않는다. 그것은 복수적이고 기계적이며 집단적이다. 그리고 배치로부터 분리될 수 없다. 배치는 욕망이 흘러가는 것이다. 다시 말해 당신은 항상 배치 안에서 욕망하고 있는 것이다(우리는 "해석하지 말라"라는 슬로건의 타당성을 이해하게 된다. 그것은 결코 욕망을 주체와 객체의 관계로 축소시키지 말라는 것인데, 그 관계가 너무 복잡해서 해석이 필요하기 때문이다. 그 반대 슬로건은 "항상 배치를 실험하라!"이다). 이와 같이 배치의 기본적 기능을 수립하면서 들뢰즈는 그 구성요소들을 열거한다. 그것은 사물과 사건의 상태, 과정과 결과의 두 의미에서 언표들énoncé과 언표행위énonciation, 공간, 달리 말해 욕망이 순환하는 영토, 그리고 그 공간 내의 운동, 탈영토화와 재영토화이다. 우리는 여기에서 흥미로운 결론을 추출할 수 있다. 마치 배치가 기계적일 뿐 아니라(따라서 'agencement'의 적절한 번역은 'assemblage'[배치]이다) 지리적인 것(따라서 agencement이 영토의 조직화, 요소들의 대열 혹은 배열이다)으로 보이는 것이다. 배치는 기계일 뿐 아니라 차트 혹은 퍼즐이다. 설이 자신의 『지향성』[18]에서 자주 사용하던 'fit'의 메타포는 (발화와 세계 사이의 관계에는 '적합성'의 방향이 있다) 여기서도 유용할 것인데, 만일 우리가 결과('a fits b')가 아닌 과정 ('fitting a and b together')을 생각한다면 그렇다. 배치는 능동적 과정이고, 물론 메타포가 아니다(들뢰즈는 존재론적 메타포를 취한다. 일상적인 전략을 실천하는데, 즉 그 메타포를 실현하고 구체화하는 것이다).

배치는 그것이 결과나 실재이기 이전에 과정이므로 『의미의 논리』의 의미-사건과 비교하는 것은 타당하다. 의미-사건과 같이 배치는 두 가지 측면이 있는데, 하나는 신체와 일의 상태, 그리고 그 속에서 발생하는 사건을 포함하고, 다른 하나는 그것이 사건을 기술하는 의미와 발화를 포함한다. 더 중요한 것은 배치는 사건과 영토의 신성하지 않은 혼합이라는 것이다. 배치는 환경으로부터 영토를 추출하는 것으로 시작된다. 그것은 두 가지 양상, 혹은 두 개의 면(표현의 면, 혹은 기호의 체제, 그리고 내용의 면, 행위와 열정의 화용론적 형태로)을 갖고 있다.[19] 따라서 배치는 항상 이중적이고, 두 가지 양상 혹은 **욕망의 기계적 배치**와 언표의 집단적 배치라는 두 개의 하위-배치의 결합이다. 배치는 말과 행동, 세계의 대상과 그들의 집단, 세계 속의 발화와 그것들의 언표를 결합한다. 이러한 이중성은 물론 우리로 하여금 사건-의미의 이중적 본성을 상기시키는데, 그것의 배치는 인정받지 못하는 전개이다. 배치를 특징짓는 존재론적 혼합은 토대와 상부구조의 대립이라는 마르크시즘의 비판적 용해일 뿐 아니라, 그 범-물체론을 허용하는 스토아학파적 혼합의 전개이기도 하다. 사건-의미와 관련된 새로운 요소는 배치의 영토적 기반을 강조하는 것이다(반면 사건은 전장을 떠도는 안개로서 영토를 포함하지 않는 순전히 무형의 변

---

18 John Searle, *Intentionality*, Cambridge : Cambridge University Press, 1983.
19 Deleuze and Guattari, *Mille plateaux*, p. 629(영어판 pp. 503~504).

형인데, 이는 일의 상태와 연관된 신체가 영토를 점유하여도 그렇다). 이것은 『카프카』의 한 대목에서 명확하게 나타난다. 여기서 배치는 분할의 양식(그것은 권력의 형성에 있어 욕망을 영토화하고 재영토화한다)과 탈주선의 장소(그것은 또한 욕망을 탈영토화한다)로 묘사된다.[20]

이제 그 개념이 새로운 화용론에 갖는 흥미에 대해 놀랄 때가 되었다. 그것은 두 개의 주된 이점을 제공한다. 즉 그것은 기표의 제국주의 혹은 폭정을 피하고 또한 주체의 폭정을 피한다.

들뢰즈와 가타리에게 있어 기표의 중심성은 단지 해석에 몰두하기 위한 사전 텍스트일 뿐이다. 『안티오이디푸스』에 대한 공동 인터뷰에서 가타리는 이렇게 말했다.

우리는 기표를 사용할 능력이 없다. …… 만일 기표에 대한 우리의 비판이 아주 명확하지 않다면, 그 이유는 기표가, 모든 것을 시대에 뒤떨어진 글쓰기-기계로 돌려 버릴 것을 계획하는 일종의 다용도함과 같기 때문이다. 모든 것을 포용하지만 한편으로는 편협한 이 기표와 기의의 대립은 글쓰기-기계와 함께 나타나는 기표의 제국주의에 의해 스며든다. 모든 것이 문자로 바뀌게 된다. 그것이 바로 전제적인 초코드overcode의 원칙이다. 우리가 제시하는 것은 다음과 같다. 이것은 위대한 독재자의 (글쓰기의 시대의) 기호로서, 그것은 물러나면서 균일한 공간의 흔적을 남겼는데, 이는 최소한의 요소들로 분해되거나 이 요소들의 관계를 정리할 수 있는 것이다. 이러한 제안은 적어도 이 기표의 전제적이고 테러적인 거세된 성격을 설명해 준다.[21]

---

20 Deleuze and Guattari, *Kafka*, p. 153〔영어판 p. 86〕.

우리는 이러한 비호의적인 묘사에서 첫번째 구조주의 시기, 그 생각의 중심에는 라캉의 기표가 있었다는 것을 알 수 있다. 들뢰즈와 가타리는 소쉬르와 라캉에 대항하여 뜻밖에도 옐름슬레우와, 표현과 내용의 두 면에 대한 그의 개념에 호소한다. 우리에게는 상호 결정적인 두 개의 평행한 흐름이 있다. 그 하나의 면은 다른 하나의 면보다 우월하지 않다. 즉, 하나의 면이 다른 하나의 면을 어떤 식으로든 재현하지 않는다는 것이다('막간극 1'에서 보았듯이 이것은 재현의 논리의 핵심이다). 언어는 배치에 의해 합류하고 교차하는 평행한 두 면 위의 흐름의 형식 속에 전개된다. 따라서 문제는 '단어 혹은 발화가 의미하는 것이 무엇인가?'('기표는 정확히 어떤 방식으로 기의를 표현하는가?')가 아니라, '발화는 어떻게 작동하는가,' '그것은 무엇을 획득하는가?'. '그것은 어떤 배치 속에 삽입되는가?', '그것은 언표의 집단적 배치의 일부로서 어떻게 욕망의 기계적 배치에 연결될 것인가?'이다. 그러므로 같은 페이지에는 그 유명한 도발적 진술이 있다. '우리에게 있어, 무의식도 언어도 **의미가 없다.**'[22] 재현과 의미로부터 생산과 작동으로의 이동, 즉 보다 넓은 의미의 '화용론'으로 이동하는 것도 명백히 진술하는 것은 어렵다.

따라서 언표의 집단적 배치는 현대 언어학의 대부분(벵베니스트, 퀼리올리, 그리고 다양한 형식의 언표행위 언어학)을 구성하는 대립, 즉 언표의 주체와 언표행위의 주체의 대립, 문법적 주체와 화자로서의 주체의 대립에 무관심하다. 집단적 배치는 비주어적이고, 그 개념은 언어철학의 중심 관념으로서 주체의 중심성과 함께 사라진다(그러한 중심성은 촘스키,

---

21 Deleuze, *Pourparlers*, pp. 34~35(영어판 p. 21).
22 *Ibid.*, p. 35(영어판 p. 22).

앵글로-색슨 화용론, 언표의 이론 등 다양한 가면을 쓰고 공통적으로 나타난다). 집단적 배치가 우리에게서 주체를 제거하는 방법은 두 가지이다.

첫번째 방법은 명백하다. 배치는 집단적인데, 이는 들뢰즈와 가타리가 예술가의 '금욕'celibacy이라 부른 그의 고독한 특이성(이 경우 핵심은 물론 카프카이다)으로 구현되거나 발산될 때도 그러하다. 배치는 주체를 결코 언급하지 않는데, 두 개의 주체(대담에서처럼)도 마찬가지이다. 발화의 송신자인 주체는 없고, 그 발화가 기록되는 주체도 없기 때문이다. 발화의 출처는 사회적이건 민족적이건 정치적이건 집단적이다. 금욕적인 예술가는 공동체의 대변인에 불과하다. 따라서 들뢰즈가 때로 '언어의 최소 단위'(그가 단어로 인정하기를 거부했던 위치, 혹은 개념)라고 부른 배치는 여러 가지 종류의 다양성을 포함한다. 인구, 영토, 생성, 감응, 사건 등이 그것이다. 이에 대한 흥미로운 결과가 있는데, 그것은 우리가 이미 간략하게 일깨웠던 것이다. 발화는 집단적인 것으로서 화자의 내부에 있는 것이 아니라 항상 이미 그의 외부에 있으면서 전장 위를 떠도는 사건처럼 배치의 구성요소들 사이를 떠다닌다. 따라서 작가는 창작의 순간 자신의 작품 속에서 창조된다. 그 결과 문학 분야에서 '작가'라는 용어는 좋은 개념이 아니게 된다. 그것은 기껏해야 푸코에서처럼 기능의 명칭일 뿐이다. 혹은, 차라리 진짜 금욕적인 '작가'는 실제적인 공동체(카프카의 경우 '사람들'people)의 배치를 형성하는데, 그는 그 공동체의 일부이고 그의 발화 속에서 공동체에 생명을 부여한다. 발화의 가장 개인적인 유형인 문학적 발화는 항상 언표행위의 집단적 배치의 산물이다. 이것이 바로 들뢰즈와 가타리가 '개인적 진술은 없다, 결코 없다'라고 주장할 수 있는 이유이다. 모든 진술은 기계적 배치의 산물, 다시 말해 언표행위의 집단적 동인의 산물이다.…… **고유명사**는 개인을 지칭하지 않는다. 반대로 개인이 그 혹은 그녀에게 스며든 다양성에 개방되어 있을 때 가장 혹독한 탈인간화의 작용의 결과로서 그 혹은 그녀는, 그 혹은 그녀의 진정한 고유명사를 획득하게 된다.[23]

그러나 언표행위의 집단적 배치는 주체를 제거하거나, 다른 방식으로 그것을 적절한, 종속적인 장소에 놓는다. 실제로 주체와 같은 것이 있기는 하지만, 그것은 단지 주체화 과정의 궁극적인 산물로서일 뿐이다. 중요한 것은 과정이지 결과가 아니다. 이것이 알튀세르의 질문 개념과 대문자 주어Subject와 소문자 주어subject의 변증법에 대한, 그리고 주체의 역사성에 근거한 벵베니스트의 언어 인류학에 대한 들뢰즈와 가타리의 비판에서 명백하게 나타난다.[24] 그들에게 주체화는 비역사적 상수와는 거리가 먼 것이다(알튀세르의 질문의 변증법은 이데올로기처럼 영원하다). (다른 여럿 중에서) 하나의 기호 체제는 특징적인 집단적 배치의 산물로서 그들은 그것을 기호들의 후-기표화 체제post-signifying regime of signs라고 불렀다. 그러므로 주체성은 언어의 구성적 혹은 내적인 조건이 아니다. 그것은 논리적-역사적 배열이다. 어떤 배치들은 주체를 생산하지만 다른 것들은 그렇지 않다. 개인적인 주체화는 인간의 조건의 시작과 끝이 아니다.

이제 배치의 예를 언급함으로써 개념을 예증할 때가 되었다. 우리는 배치의 주된 특징이 존재론적 혼합이라는 것, 그것은 두 개의 얼굴 혹은 두 개의 부분을 갖고 있는데, 욕망의 기계적 배치와 언표행위의 집단적 배치가 그것이라는 것을 기억한다. 여기에는 들뢰즈와 가타리가 사실상 풀지 못했던 문제가 있다. 그것은 '어떻게 우리가 언표와 기계를 분리

---

23 Deleuze and Guattari, *Mille plateaux*, p. 50(영어판 p. 39). 나는 이미 '언표'(énoncé)를 '진술'(statement)로 번역하는 것에 의구심을 표명한 바가 있다.
24 *Ibid.*, pp. 162~163(영어판 pp. 130~131).

할 수 있을까?'라는 것이다. 사실 이 두 개의 배치는 하나의 배치의 유일한 양상이기 때문이다. 따라서 지배적인 특징은 존재론적 혼합으로서 그 공식은 『천의 고원』에서 찾아볼 수 있다. "언표행위의 배치는 사물들'의' 배치를 말하지 않는다. 그것은 사물들의 상태와 내용의 상태와 **똑같은 수준에서 말한다.**"[25] 프랑스어 문장은 'à même les choses'인데, 그것은 단순히 '~와 같은 수준에서'가 아니고, '~의 한복판에서'를 뜻한다. 따라서 언표행위의 배치는 욕망의 기계적 배치와 불가분으로 혼합되어 있는데, 그것은 물론 상품(마르크스주의의 기계처럼)이 아니라 해당 사회에서 신체적 혼합 상태를 생산한다.

배치의 규범적인 예는 **봉건적 배치**feudal assemblage이다.

봉건적 배치를 예로 택함에 있어, 우리는 봉건제도를 정의하는 신체들의 혼합을 고려해야 한다. 땅의 신체와 사회적 신체가 있고, 대군주, 가신, 그리고 농노의 신체가 있다. 기사와 말과 등자에 대한 그들의 새로운 관계의 신체가 있으며, 신체들의 협력관계를 보증하는 무기들과 도구들, 총체적인 기계적 배치가 있다. 우리는 또한 진술들, 표현들, 문장학의 사법 체제를 고려해야 하는데, 모든 비물체적 변형들, 특히 맹세와 그 변주들(충성의 맹세, 사랑의 맹세 또한)이 그것이다. 그것은 언표행위의 집단적 배치이다.[26]

이런 경우 지나치게 날카로운 분리가 제도의 위상(그리고 그들의 물

---

25 *Ibid.*, p. 110〔영어판 p. 87〕.
26 *Ibid.*, p. 112〔영어판 p. 89〕.

질성의 특별한 형태)을 모호하게 할지라도 기계적 배치와 언표행위의 배치의 차이는 아주 명확하다. 제도는 발화는 물론이고 '사물'(예를 들어 건물 등)과 공간을 포함하기 때문이다. 들뢰즈와 가타리는 이 점을 간과했고 그들이 제공하는 다른(드문) 예들은 우리로 하여금 그것을 명백하게 하지 않는다. 이렇게 『디알로그』에서 프로이트의 어린 한스는 '배치'의 용어로 설명되지만('집-거리-옆집 도매상-합승마차-말이 넘어진다-말이 부딪힌다'),[27] 더 이상 특별한 것은 없다. 방금 인용한 목록은 '진술들', '사물들' 그리고 '영토들'을 뒤섞은 것으로 보인다.

만일 우리가 표현의 면, 즉 언표행위의 배치에 집중한다면, 우리는 '어린 한스'의 배치가 대상과 공간을 '진술'도 아니고 심지어 '발화'도 아닌 **문장**과 결합한다는 것을 알게 된다. 프로이트의 유명한 판타지 분석 '아이가 맞고 있다'의 경우처럼 문법적 변형이 허락되는 것이다. 그러므로 프로이트의 판타지처럼 혹은 동사의 부정형을 중심으로 이루어지는 이리가레의 판타지 분석처럼,[28] 언표행위의 배치는 문장 속에 각인된다 (이런 식으로 '이것임'haecceity의 개념과 연관되는데, 이것은 들뢰즈에게 있어 일반적으로 주체의 개념에 위임된 철학적 작용을 한다). 그러므로 다시 『디알로그』에서 '뱀파이어'의 '개별성'은 또한 언표의 배치가 된다. A - VAMPIRE - TO SLEEP - DAY - AND - TO WAKE UP - NIGHT 이다.[29] 이는 '개별성'이 정의되는 방법으로 사람, 주체, 사물 혹은 실체와는 아주 다른 개별화의 양식이 있기 때문이다. 우리는 이를 위해 '개별성'의 이름을 다시 내놓는다. 계절, 겨울, 여름, 한 시간, 하루는 조금도 모자

---

27 Deleuze and Parnet, *Dialogues*, p. 98[영어판 p. 79].
28 Irigaray, "Du fantasme et du verbe", *Parler n'est jamais neuter*, pp. 69~80.
29 Deleuze and Parnet, *Dialogues*, p. 114[영어판 p. 95].

람이 없는 완벽한 개별성을 갖는데 심지어 이 개별성은 주체나 사물의 개별성과도 다른 것이다.[30] '개별성'은 혼효면의 내용이고 그 표현의 면은 기호의 형식으로 가득 차 있고, 그 기호는 '부정관사 + 고유명사 + 부정동사' 형식의 문장, 즉 '관례적 의미'나 개인적 주체성에서 자유로운 표현의 기본적 사슬로 구성된 언표의 배치로 구성되어 있다.[31]

따라서 우리는 새로운 화용론을 정의하고 마찬가지로 상호 관계 속에 각인될 수 있는 개념들의 연계를 갖게 된다.

주체 ― 체계 ― 재현으로서의 발화 ― 깊이와 표면(서열)에 대한 반대
이것임 ― 배치 ― 탈영토화로서의 발화 ― 내재면 혹은 혼효면

들뢰즈가 제공하는 설명들이 개략적이어서 배치의 개념이 여전히 추상적이므로 간략한 예를 들어 보겠다.

19세기 중엽 영국 문학에는 새로운 장르가 나타났다. 감각 소설sensation novel이 바로 그것이다. 수많은 소설들, 아주 다양하다고 할 수 있는 소설들을 이런 일반적인 이름으로 묶을 수 있다. 윌키 콜린스Wilkie Collins의 소설들, 브래든 여사의 소설들(『오들리 양의 비밀』*Lady Audley's Secret*, 『오로라 플로이드』*Aurora Floyd*, 『이스트 린』*East Lynne*), 헨리 우드 여사의 베스

---

30 Deleuze and Guattari, *Mille plateaux*, p. 318[영어판 p. 261]. 들뢰즈가 사용하는 단어 'heccéité'의 영어 번역은 두 가지로 나타난다. 'haecceity' 또는 'haeccity'['haeccéité'. 어원은 라틴어 'haecceitas'로서 영어로는 'thisness'[이것임]으로 번역된다. 중세 스콜라 철학의 용어로서 둔스 스코투스(Duns Scotus)가 처음으로 사용하였다. haeccetas는 어떤 사람이나 사물을 바로 그것(thisness)으로 만드는 개성의 원리, 개별성의 특성으로 이해된다. 들뢰즈와 가타리는 haecceity를 존재의 두드러진 특징인 '특이성'(singularity)의 개념으로 의미화하였다.
31 *Ibid.*, p. 332[영어판 p. 263].

트셀러뿐 아니라, 로다 브라우튼의 『현명하지 않아도 너무 좋은』*Not Wisely But Too Well*.[32] 물론 문제는 왜 이러한 소설들이 서로 다름에도 불구하고 하나의 장르로 분류되는가이다. 그 직접적인 대답은 역사적이고 철학적인 것이 될 것이다. 우리는 옥스퍼드 사전에서 이런 의미에서 '감각'이란 단어가 처음 발생하는 것을 기대할 수 있다. 그러나 그러한 대답은 부수적일 것이다. 우리가 바라는 것은 헤겔적인 의미에서의 개념으로서, 즉 명백히 다른 요소들의 포괄적인 의미를 만드는 회고적 순서이다.[33] 배치의 개념은 우리로 하여금 헤겔적 의미에서 '감각 소설'의 개념을 구성하게 한다. 그리고 그것은 소설들을 분류하는 논리를 제공할 뿐 아니라, 이러한 분류를 설명해 준다는 장점이 있다. 그것은 문학의 내적 발전의 관점에서뿐 아니라 (즉, 문학사의 관점에서뿐 아니라) 전체적인 역사적 결합의 관점에서 설명해 준다. 여기에는 욕망의 기계적 배치는 물론 언표행위의 집단적 배치가 포함된다.

　이러한 감각 소설에 포함된 욕망의 배치는 무엇인가? 그 소설은 전형적인 사랑 이야기를 사용하기 때문에 (누가 누구랑 결혼했다 등) 직접적인 대답은 어떤 커플이 될 것이다. A라는 남자가 B라는 여자와의 욕망의 배치 속으로 들어온다. 그런데 이것은 (그렇지만 동성애는 배제된다) 전혀 독창적인 것이 아니다. 비록 우리가 영원한 남녀 관계가 아닌 역사적 구조를 다루지만(플롯의 주체로서 남자와 객체로서 여자라는 위계질서), 그것은 18세기로 거슬러 올라가 기원하는 소설의 전체 역사를 망라하는 것

---

32 장르에 관한 연구는 Laurence Talairach, "Le secret et le corps dans le roman à sensation anglais du dix-neuvième siècle", University of Toulouse, 2000을 보라.

33 이것에 관하여는 Judith Butler, Ernesto Laclau and Slavoj Žižek, *Contingency, Hegemony, University*, London : Verso, 2000, pp. 242~245에 있는 지젝의 '필름 누아르' 개념에 대한 논의를 보라.

처럼 보이기 때문이다. 여성들을 배분하는 집단적인 배치는 (결혼해도 좋은가 아닌가로 결정되는) 언덕만큼이나 낡은 것이다. 18세기에 이미 파멜라와 클라리사 할로위가 이에 대해 심각하게 문제를 제기했다.

그렇다면 감각 소설의 특징은 무엇인가? 그것이 구현하는 배치는 보다 특별한 역사적 사건, 이성 교제의 역사에서 보다 명확한 순간과 연관되어 있다. 그것은 여성이 완전히 독립적인 개체로서 등장한 순간이라기보다는(그것은 이미 파멜라가 실현했다), 계급적 결혼 제도가 붕괴되는 순간이다. 감각 소설은 이혼 법정 시대의 소설이다.

따라서 우리는 욕망의 특별한 기계적 배치를 갖게 되는데, 그것은 신체들(결혼 적령기의 남자들과 여자들), 건물들(여주인공이 살고 있는 상류사회 아파트는 물론, 별난 인물들——『하얀 옷을 입은 여자』*The Woman in White*의 앤 캐서릭이나 『오로라 플로이드』의 신랑——이 살고 있는 오두막집, 그들의 자연적인 거주지), 일정한 공간 조직(아파트 대 오두막집뿐 아니라, 아가씨의 내실 대 공식 회견장 혹은 남성 흡연실——오들리 양의 내실은 특별히 매력적인 대상이다)으로 구성되어 있는데, 그것은 또한 사회적 기관(부, 권력 등)이기도 하다.

이 기계적 배열은 언표행위의 집단적 배치에서 표현의 면에 상관관계를 갖는다. 우리는 다음과 같은 비결정적인 (대상과 발화의 혼합으로 인한) 제도에서 시작할 수 있다. 그것은 법정, 법정에서 힘을 행사하는 법률(상속법, 이혼법), 그리고 살인자가 수감되는 순회 재판소와 같다(여기서 감각 소설은 탐정 소설의 선조로서 장난치는 것을 좋아한다). 그렇지만 이것만으로는 아직 충분히 특별하지 않다. 우리는 감각 소설을 언표행위의 특별한 배치와 동일시할 필요가 있다. 실제로 장르의 창조를 정당화하는 그 소설들은 공통적 성격이 있으며, 그것은 방금 언급한 법률과 관습들과 연관되어 있다.

감각 소설은 여자란 무엇인가에 대한 특정한 개념으로 특징지어진다. 플롯은 종종 여자, 진리, 비밀 사이의 관계에 기반하고 있다(니체의 『선악을 넘어서』의 유명한 오프닝에서처럼 진실된 여성뿐 아니라 감각 소설의 여주인공이 그러하다. 그 이유는 비밀을 감추고 있는 오들리 양처럼 진실에 대한 물음의 **탁월한** 대상이 있기 때문이다). 여자가 숨기고 있는 미스터리(때로 그것은 비밀을 지키기 위해 살인을 저질렀는지가 초점의 대상이 된다)는 특별한 내용을 갖는다. 그것은 커플의 위기와 관련되어 있다. 두 사람이 동반해야 하는 곳은 항상 군중이 있는 곳, 즉 제3의 파티가 있는 곳이다. 따라서 여자는 거의 『광란의 군중에서 멀리』*Far From the Madding Crowd*의 밧세바처럼 알지 못하는 사이에 중혼죄를 짓는다. 물론 죽은 것으로 추정되는 첫번째 남편은 무덤에서 다시 돌아온다. 혹은 좋은 남자는 항상 결혼한 상태이다(『현명하지 않아도 너무 좋은』에서처럼). 불륜만으로는 충분하지 않다. 책략을 쓰기 위해 중혼이나 효력이 없는 결혼을 택하는데(콜린스의 『이름 없는』*No Name*에서처럼), 이는 결혼(사회적 형식, 더이상 남자와 여자의 관계를 표현하지 않는)에 잠재되어 있는 폭력을 해방시키기 위해서이다. 그러므로 장르의 핵심은 그 플롯의 원형이다. 과거의 미스터리가 현재에 다시 등장하는데, 환각의 형식으로 저당물이 회귀하는 것과 같다. 그 밖에도 꿈과 환각이 사실상 자유롭게 구분되고(콜린스의 『아르마달』*Armadale*을 생각하라), 현재를 따라다니는 과거의 형상은 모두 너무 사실적이어서 살인자의 사실적인 행위를 통해 다루어져야 한다. 그리고 감각 소설의 특징인바, 이러한 실재의 재등장의 예봉을 견뎌 내고, 그것을 제거하는 남자의 일까지 해야 하는 것은 바로 비밀의 화신으로서의 여성이라는 것이다(이것이 『오들리 양의 비밀』의 플롯이다). 여성은 미스터리의 대상일 뿐만 아니라, 그것이 야기하는 행위의 주체이기도 하다.

이러한 플롯의 원형은 일정한 유형의 문장에 새겨져 있다(앞에서 보았듯이 들뢰즈의 배치는 프로이트의 판타지처럼 단어들, 문장의 배치이다). 서로 다른 작가들 간의 명백한 스타일의 차이에도 불구하고, 관능을 표현하는 **감각적인**sensation 문장(여성은 미스터리다. 그 이유는 그들이 과거의 열쇠를 갖고 있을 뿐 아니라, 프로이트의 용어를 빌리자면 '어둠의 대륙'이기 때문이다)과 미스터리와 서스펜스를 전달하는 **선정적인**sensational 문장 사이에는 일정한 공통점이 존재한다. 두번째 유형의 문장은 고딕 소설에서 전수된 것으로 처음이 아니다.

내가 기술한 것은 **언표행위의 배치**를 구성한다(전형적인 문장들, 유사한 클리셰에 의해 재현되는 똑같은 백과사전, 소설의 플롯 속의 어떤 유사성—여기에는 물론 플롯의 원형이 변주된다—그리고 공통적인 무의식 철학의 이해, 니체에 대한 나의 암시의 증거다). 이것은 우리로 하여금 장르의 계보를 추적할 수 있게 하는데, 이는『드라큘라』(감각적 문장과 선정적 문장의 실제적 탐닉), 하디Thomas Hardy(작은 멜로드라마를 즐겼던 사람), 혹은 탐정소설(아가사 크리스티는 망령이라 할 수 있을 정도의 미스터리한 과거로 돌아가기를 좋아했다)에 나타난다. 그리고 이러한 배치는 **집단적**이다. 작가는 그가 개인적으로 재능이 있건 없건 (윌키 콜린스는 헨리 우드 여사보다 뛰어난 소설가이다) 장르에 의해 말해지는데, 이는 들뢰즈가 자신의 배치의 개념으로서 우리에게 문학 장르에 대한 새로운 이론을 제공하는 것을 의미한다. 그것은 쉽게 마음이 기울 것 같지 않은 선물이다.

## 5. 소수자

『들뢰즈 ABC……』의 'Gauche[왼쪽]의 G'에서 클레르 파르네는 들뢰즈에게 그가 혁명주의자인지, 여전히 마르크스를 참고하는지를 묻는다. 물론 그녀가 얻는 것은 '당신은 나를 놀리는군요'라는 아이러니한 대답이었다(1990년대 중반에 1960년대의 단어는 하찮게 취급될 뿐이다). 그러나 항상 좌파 소속임을 주장했던 들뢰즈는 좌파로 간주된다는 것이 무엇인지에 대한 설명을 시작한다(동시에 좌익 정부 같은 것은 없다고 주장한다). 좌파라는 것은 ①중심이 아니라 수평에 주목하는 것, 다시 말해 에고이즘을 피하는 것, 혹은 자기중심적 정체성을 주장하는 것, ②소수자가 되기를 결코 멈추지 않는 것이다. 민주의 선결 조건인 다수자는 들뢰즈에게 있어 양이나 대중이 아니라 표준이다. WASP라는 약어는 다수자의 미국식 버전이다. 이 다수자에 반하여 다양성이 있는데, 이는 (고정된 경계와 정체성을 가진) 소수자라기보다는 소수자 되기becoming-minor이다. 남성의 여성 되기가 있다(그런데 여성의 남성 되기는 없다. 남성성은 표준의 구성 부분이기 때문이다). 따라서 소수자는 생성과 연관되어 있고, 변화를 위한 능동적인 힘들의 결합인 반면, 다수자는 정적이고 반동적인 힘들의 연계이다. 또한 소수자에게는 어떤 창조성이 있는데, 이는 변화를 위한 투쟁 능력에 기인하는 것이다. 물론 다수자는 하나의 모델로서 다수의 소수자보다 수적으로 적을 수도 있지만, 이 소수자는 모델을 갖지 않은 채 끊임없이 과정 중에 있다. 만일 우리가 그 논쟁을 최대한 취한다면 누구나 어떤 면에서는 소수자 되기에 포획되기 때문에 다수자의 멤버가 될 사람은 아무도 없게 될 것이다(그러므로 그것은 '침묵'으로 명성이 높다). 그리고 그 외양과는 달리 '대중'people에 대한 좌파의 호소는 다수자에 대한 호소가 아니라(프티 부르주아적인 환상만이 우리로 하여금 조지 W. 부시가 적은 표를 얻고도 여전히 '다수자'를 찾는다는 사실에 분노하게 한다), 창조적인 소수자의 배열을 변화시키기 위한 잠재성에 호소하는 것이다. 들뢰즈가 덧붙인 바에 따르면 이것이 바로 위대한 예술가들이 대중에 호소하는 이유이며 카프카가 독자적 스타일의 '대중 예술가'가 되는 이유이다. 예술가는 끊임없이 소수자에 참여해야 하고, 예술은 저항으로서만 정의될 수 있는 것이다(물론 이것은 들뢰즈의 고도의 모더니즘 혹은 아방가르드 미학의 또 다른 공식일 뿐이다).

그러므로 소수자 개념이 다수의 역할을 하는 것은 카프카의 책이 논리적이 된다는 것이다. 들뢰즈와 가타리의 해석은 카프카가 소수자이고 예술가이기 때문에 (이것은 물론 일반적 문구인 '소수자 고전'이 전도된 것인데, 이것을 그들이 기꺼이 무시하는 것은 프랑스어에 해당하는 말이 없기 때문이다. 그들은 **형태변이**를 『로나 둔』*Lorna Doone*과 같은 범주에 넣는 시도는 하지 않는다) 위대하다고 정의하는 것에 근거한다. 카프카의 책은 '소수자 문학'에 대해 엄격한 정의를 시도한다. 먼저 소수자 문학은 소수자 언어의 문학이 아니라(따라서 카프카는 이디시어로 쓰지 않았다), 다수자 언어에 부과된 소수자 문학이라는 것을 명심해야 한다. 이러한 서론에는 문제가 있고, 이러한 유럽 중심주의에 대한 비난이 곧 생겨날 것이다. 그것은 독일어로 글을 쓰는 체코 유대인 작가 카프카에게는 적당한 것처럼 보인다. 그렇지만 체코 문학과 유대 문학의 위대함에 대한 주장은 어떻게 할 것인가? 그리고 아프리카 작가가 영어나 프랑스어로 쓰기를 거절한다면 어떻게 할 것인가(탄자니아 소설가 응구기Peter Ngugi[34]의 경우가 금방 떠오른다)? 그렇지만 이 개념의 철저한 거부에 앞서 우리는 그것이 어떻게 작동하는지 잘 알고 있다.

그 개념은 세 가지 특징을 갖고 있다. 소수자 문학은 ①탈영토화되어 있다(그 텍스트 속에서 다수자 언어는 탈영토화 된다). ②직접적으로 그리고 전적으로 정치적이다. 그리고 ③집단적이다(정보를 전달하는 모든 가치는 집단적 가치이다). 서론에서의 어색함에도 불구하고 (우리는 이것을 문학 비판에서 포스트식민주의postcolonial 문제를 무시한 탓으로 돌릴 수 있는데, 들뢰즈와 가타리가 글을 쓸 때에는 거의 나타나지 않았다) 나에게는 그 개념이 지나치게 진보적이며 심지어 혁명적이고 잠재적인 것처럼 보인다. 왜냐하면 그것은 위대한 문학을 정체성의 영역 바깥에 확고하게 위치시키고 정체성을 주장하기 때문이다(이름 붙일 가치가 있는 문학은 '탈-'에 관한 것이지 재영토화가 아니다). 그리고 그것은 윤리학의 영역과 인간 본질의 영원성 바깥에 굳건히 위치시킨다(문학에서 발견되고 협상된 문제는 정치적인 것이지 윤리적이고 개인적인 문제가 아니다. 즉 작가 자신의 문제의 '너무 작은 이야기'가 아닌 것이다). 그것은 똑같이 확고하게 소수자의 역할을 그것이 어떤 역할이건 작가, 독창성 혹은 천재성의 개념에 귀속시킨다. 왜냐하면 집단적 배치는 '작가의' 목소리를 통해 말하기 때문이다. 들뢰즈와 가타리는 직설적으로 말한다. "주체는 없다. **언표행위의 집단적 배치만이 있을 뿐이다.**"[35]

이것의 결과는 소수자 문학의 표현 기계이지 언어의 의미 있는 사용

---

34 응구기(Ngugi wa Thiongo, 1938~ ). 케냐의 소설가. 식민지에서의 문화 충돌과 기독교의 역할, 식민 지배에 대항한 반란 등을 소재로 하는 작품을 집필했다. 아프리카 작가는 아프리카 언어를 사용해야 한다고 주장하며 1980년 최초의 키쿠유어(語) 소설『십자가의 악마』(키쿠유어 : Caitaani muthara-Ini)를 발표했다. 대표작으로는『울지 마라, 아이야』(Weep Not, Child, 1964),『사이의 강』(The River Between, 1965),『한 톨의 밀알』(A Grain of Wheat, 1967),『마티가리』(Matigari, 1987) 등이 있다. 한편 본문에는 응구기가 탄자니아 소설가로 명시되어 있는데, 이는 저자가 혼동한 것으로 보인다.—옮긴이

35 Deleuze and Guattari, Kafka, p. 33(영어판 p. 18).

의 기본적인 예가 아니라는 것이다. 그 목적은 의미를 배양하거나 축소시키는 것이 아니라, 긴장, 강도, 표현을 불러일으키는 것이다. 이것은 모더니즘의 토포스이므로, 예상할 수 있듯이 앞서 언급된 작가들은 카프카와 별개로 조이스와 베케트이다. '위대한 작가'가 당면한 문제(역설적인 것은 이러한 집단적 배치가 그럼에도 불구하고 규범을 형성한다는 것이다. 배치와 배치가 있고, 그 중 몇몇은 다른 것보다 집단적이기 때문이다⋯⋯)는 어떻게 소수자 문학이 그 다수자 언어로부터 높은 평가를 받는가, 어떻게 그것이 탈주선을 따라가게 하는가, 어떻게 그 재영토화가 의미를 갖게 되는 것을 막는가(언어 속에 그 재현적이고 극단적인 사용 속에 위험이 있다)이다. 따라서 소수자 문학은 **언어의 강도 높은 비의미작용**asignification의 사용으로 정의될 수 있다. 이런 관점에서 또한 우리는 메타포에 대한 들뢰즈의 적대감을 이해할 수 있다. 메타포는 의미를 증가시키고 다양하게 한다. 그것은 더한 의미를 발생시키는 장치이다. 그러나 소수자 문학의 중심은 납득할 만한 의미를 만드는 것이 아니라, 강도를 표현하고 힘을 포획하고 행위하는 것이다. 이것이 바로 들뢰즈가 메타포에 대항하여 메타모르포시스를 주장하는 이유이다.

구조적인 소수자로서 문학이라는 이러한 정의의 기원은 프루스트의 공식 속에 있는 것으로서 들뢰즈는 이를 자주 인용한다. 다음은 그 전형적인 대목이다.

우리는 언어에 대한 문학의 효과를 보다 명확하게 알 수 있다. 프루스트가 말했듯이 그것은 언어 내에서 일종의 외국어를 개방하는 것이다. 그것은 다른 언어도 아니고, 재발견된 사투리도 아니며, 언어의 타자되기becoming-other, 이 다수자 언어의 소수화, 그것을 획득하는 광기, 지배적

인 체제를 탈출하는 마녀의 선이다.[36]

이 마녀의 선은 탈주선을 지칭하는 보다 회화적인 이름으로서, 다음 장에서 볼 것이지만, 또한 구문론의 강도 높은 선이기도 하다. 이렇게 문학에서 언어의 타자되기는 비문법성을 위한 요구(즉, 언어적이고 보다 특별히 구문적인 창조성을 위한 것)로 이해되어야 한다. 따라서 이 에세이에서 "문학과 삶"이라고 적절하게 이름 붙인 문학의 세 가지 양상이 다음 페이지에서 명쾌하게 설명되는 것이다. 문학은 ①그것이 쓰인 자연어를 해체 혹은 분해한다. 즉 구문 창조를 통해 새로운 언어를 고안한다. ②언어를 지배하는 것으로 간주되는 체계 너머에서 언어를 취하고, 그것을 직선의 고랑 밖으로 던져 어원의 착란 속에 넣는다. ③언어를 그 일반적인 표현적 한계로부터 이탈하여 침묵이 아닌(이는 블랑쇼 혹은 바타유의 모더니즘 논쟁이 될 것이다), 들뢰즈가 '시각과 청각'이라 부른 다른 매체로 향하게 한다.

언어의 소수화는 상당히 중요한 잠재적 결과를 갖는다. 말하는 것은 집단인 '사람들'이지 텍스트를 기호화하는 개별적인 명의 대여인prête-nom이 아니기 때문이다. 모든 언어적 표현은 최소한 잠재적인 예술 형식인데, 마르코프 체인까지도 광적으로 될 수 있다(동일한 모음집의 다른 에세이에서 들뢰즈는 자허 마조흐Sacher Masoch의 성도착자의 광란을 중얼거림과 말더듬기의 용어로 설명한다). 명백히 일반적인 사건들의 다른 예들은 언어를 소수화함으로써 문학이 되는데 (따라서 결코 '평범'하지 않은) 이는 비명소리(아르토의 '비명호흡'cris-souffles[37])나 (셀린이 소리치는) 환성이

---

36 Deleuze, *Critique et clinique*, p. 15〔영어판 p. 5〕.

다. 왜냐하면 언어는 우리도 이제 알았지만 결코 동질적인 체제가 아니라 항상 다성악의 장소이기 때문이다. 소수자 문학이 여기에 행하는 것은 이 다성악을 다언어주의polylingualism로 변화시키는 것이다. 이러한 다언어주의는 언어가 동질적으로 되는 것을 적극적으로 막고 언어의 지속적인 불균형 상태를 유지하게 한다. 그럼으로써 언어를 창조적으로 만드는 것이다. 우리는 들뢰즈에게 베케트의 중요성, 불균형의 지속적인 원천인 그의 '번역' 실습과 언어 실험의 중요성을 이해하게 된다. 이는 『와트』에서 가장 악명 높게 나타나는 한편, 이 책의 도입부에서 소개한 TV 희곡에도 나타난다.

소수자 처방이 문학에 직접적으로 관련된다면 그것은 방금 보았듯이, 전체 언어에 대한 직접적인 중요성을 갖고 있다. 이때 언어의 잠재적인 창조성에 초점이 맞추어진다. 그러므로 우리는 『천의 고원』에서 언어학의 네번째 가정에 대한 비판에서 제기된 소수자 언어의 이론을 다시 살펴보아야 한다.[38] 거기서 우리는 언어가 다수자 언어가 될 때, 언어적 지배 혹은 언어 제국주의 현상을 포함하는 역사적·정치적 과정은 또한 명백한 역설 속에서 다수자 언어에 의한 소수자 언어의 흡수조차 그것을 소수자 양식으로 전사轉寫하는 연속적 변이를 통해 작용된다는 것을 알 수 있다. 왜냐하면 언어의 지배는 결코 정치적 지배처럼 단순하고 직선적이

---

37 앙토냉 아르토(Antonin Artaud, 1896~1948). 프랑스의 극작가, 시인, 배우. 세계를 움직이는 것은 서로 투쟁하는 힘이라는 전자하에 관객에게 세계의 잔혹상을 공유시키는 '잔혹 연극' (theater of cruelty) 이론을 내세웠다. 연극무대는 물리적이고 구체적인 장(場)이어야 하고 분절언어와는 다른 연극언어로 가득 차 있어야 한다고 주장하며 언어를 대신하는 '비명호흡'(cris-souffles; cries-breaths)을 창안했다. 이러한 아르토의 이론은 전위극에 커다란 영향을 미쳤다.—옮긴이
38 Deleuze and Guattari, *Mille plateaux*, pp. 310~318〔영어판 pp. 100~110〕.

지 않기 때문이다. 때로 승자의 언어가 패자의 언어를 대체하지만, 때로
그 반대의 경우도 성립한다(라틴어와 야만인 침입자들의 언어의 관계를 생
각하라). 이러한 소수화는 세 가지 방법으로 발생할 수 있다. 다수자 언어
와 종속적인 소수자 언어 사이의 접속을 통해서(영어와 웨일스어의 경우
가 그렇다. 여기서 웨일스어는 영어에 의해 질식당하지만 일어나 싸우게 된
다), 새로운 영어의 발전을 통해서(그것은 이제 집단적으로 브리티시 영어
보다 많은 화자를 보유하고 있다), 혹은 표준 방언 내에서 방언과 그 위상
의 증식을 통해서(영어는 프랑스어에 비해 훨씬 더 그렇게 소수화하는 경향
이 있다)이다.

따라서 소수자 언어, 혹은 방언, 혹은 양식의 역할은 명확하다. 그것
은 다수자 언어를 생생하게 하고, 그 잠재된 결빙을 흐르게 하며, 진행 중
인 과정으로 전환시킨다. 다수자 언어의 소수화 '처방'은 이 용어의 의학
적 의미에서 이해되어야 한다. 이것은 명백히 문학적 처방의 경우이다.
그러나 이것은 또한 소수자 방언과 그 위상을 통한 처방의 경우이다. 잘
알려진 대로 영국 문학은 스코틀랜드인, 아일랜드인과 웨일스인에 의해
충족되었다. 『밀크우드 아래서』*Under Milk Wood*는 영어가 특별히 소수화
된 예이다. 이런 소수화를 통해 언어가 살아 있게 된 것이다.

이것은 다수자 언어의 원형인 영어를 반대의 자리에 위치시킨다. 그
것은 자본주의가 마르크스에게 고무한 것과 똑같은 감정을 고무시키는
데, 그것은 그 지배에 대항하는 투쟁의 긴박감을 수반하는 억지 찬양이
다. 이것은 『디알로그』에서 특히 명백히 나타난다. 이 책의 모든 장은 영
미 문학의 찬가에 바쳐지고 있다. 그 제목은 '영미 문학의 우수성'이다. 그
러한 문학의 지리적 망상(하디에서 케루악에 이르기까지), 그 끊임없는 되
기-혁명, 그 시야의 넓이, 즉 개별 주인공의 사소함을 피하고 탈주선을 배

양하는 능력은 많은 갈채를 받았고, 규범(케루악과 하디뿐 아니라 멜빌과 휘트먼까지)은 정당하게 세워졌다. (이것이 아메리카 문학의 프랑스식 발명인 것은 확실하다. 프랑스인들 또한 아메리칸 필름 누아르를 발명한 것처럼 말이다.) 그렇지만 영어에 관해 말하자면 그것의 헤게모니, 더 나아가 제국주의적 경향과 그것이 포괄하는 역설적인 결과를 함께 알아차려야 한다.

그것은 헤게모니적이고 제국주의적인 언어이다. 그러나 이러한 이유 때문에 그것은 사방에서 침식하여 부패의 변이를 일으키는 언어와 방언의 비밀스런 작용에 더욱 취약하다. 영어에 오염되지 않은 순수 프랑스어를 주장하는 사람들은 우리가 볼 때, 오직 식자識者들의 논쟁에만 유용할 뿐인 거짓 문제를 제시하는 것이다. 아메리카 언어는 그 전제적 공식적 요구, 그 헤게모니에 대한 다수결 주장은 범상치 않은 능력에 근거할 뿐이다. 그것은 뒤틀리고 부서질 수 있는 능력, 그리고 소수자의 봉사 속에서 자신을 비밀스럽게 놓는 능력인데, 그들은 내부에서 비자발적 비공식적으로 일하면서 헤게모니를 잠식한다. 영어는 항상 그런 소수자 언어들, 즉 게일 영어Gaelic-English, 아일랜드 영어Irish-English 등에 의해 작동되어 왔다. 이러한 언어들은 모두 영어에 대항하는 수많은 전쟁기계들war-machines이다.[39]

자본주의처럼 그리고 똑같은 이유 때문에 제국주의 언어는 또한 언어 혁명의 장소가 된다. 이렇게 말하는 데는 일정한 낙관주의가 있는데,

---

39 Deleuze and Parnet, *Dialogues*, p. 72〔영어판 p. 58〕.

그것은 물론 정치적 행위에 대한 요청으로 이해되어야 한다. 언어 제국주의는 그 지배력을 순전히 힘에 의해 부여받지 않는데, 그람시의 용어인 '헤게모니'(에르네스토 라클라우의 저작에서 많이 다듬어진[40])는 가볍게 다루어서는 안 된다. 아일랜드와 웨일스의 '전쟁기계'는 저지하기보다는 영어의 헤게모니에 흡수되기 때문이다. 영미 문학은 이러한 두 가지 양상을 반영하는데, 그것은 제국주의 언어의 전복이라는 혁명적 양상과, 다수자 언어가 그것을 소수화하는 방언과 그 위상과의 변증법적 상호작용 속에서 그 다수자를 위로하는 헤게모니적 양상이다.

소수자의 개념에서 추출한 또 다른 언어철학에 대한 교훈이 있다. 그것은 새로운 화용론에 세 가지 중요한 기여를 했다. ①언어 연구는 언어 예술인 문학 연구와 분리될 수 없다. 언어의 복잡한 작용에 입문하는 지점은 문학 텍스트이지 "그 남자가 그 공을 쳤다"라는 식의 인공적이고 존재하지 않는 '올바른' 문장이나 전산화된 신체 속의 사실적인 문장의 홍수가 아니다. ②정치는 언어에 중심적인데, 그것은 언어의 정치학, 그 접촉과 혼합, 그리고 힘의 관계의 정치학의 의미에서뿐 아니라 되기의 정치학이란 의미에서이다. 왜냐하면 소수화는 언어를 생생하게 하고, 그 안에서 되기의 과정을 고무하고 자신의 전선戰線을 무너뜨리도록 고무한다. 여기서 모더니즘의 시학이 발화행위 전반으로 일반화될 수 있는데, 소수화된 언어가 그것이 포착하려 하는 사건에 의해 작용되기 때문이다. ③그 개념은 재현의 논리와 언어가 관련되어 있는 한 그것이 취하는 주요 형식인 정체성과 주체성의 문제에 대한 결정적인 타격을 다룬다. 소수자 되기

---

40 Ernesto Laclau and Chantal Mouffe, *Hegemony and Socialist Strategy*를 보라. 또한 Butler, Laclau and Žižek, *Contingency, Hegemony, Universality*를 보라.

는 비주체화 과정으로 정체성을 주장하거나 안주하지 않는다. 반대로 그것은 변주의 집단적 과정 속에서 고정된 정체성을 흐릿하게 한다. 더욱 놀라운 것은 들뢰즈는 문학적 소수화를 스타일의 개념으로 설명한다는 것이다.

## 6. 결론

새로운 화용론은 새로운 시학과 동시적인 것으로서 서로 분리할 수 없다. 이것은 들뢰즈의 언어철학 내에서 긴장의 원천으로 아마 대립의 원천이 되기도 할 것이다. 그러나 명백한 것은 그에게 신체의 민주주의는 없다는 것이다. 일상적인 대담이나 전화 통화의 세세한 연구는 사소하고 재미없는 결과를 산출하는데, 일상적인 교환은 소통의 관점에서 볼 때 전적으로 기능적이고 대개의 경우 순조롭기 때문이다. 그리고 그들은 유로스타의 티켓을 예약할 때처럼, 가능한 한 신속하고 경제적으로 도달하고 협상해야 하는 지점을 갖고 있다. 그러나 거기에는 새로움이 거의 포함되어 있지 않은데, 비록(특히?) 대화가 개인적이고 수다스러운 것일 때 그렇다. 그 결과 우리는 재미없는 발화의 계열들(이 장의 시작에서 사용한 용어의 의미에서), 정적인 말하는 기계(그러한 대화의 몇몇은 문자 그대로 기계적이 된다. '은행 잔고를 체크하려면 1번을 누르세요'). 너무 동결되어 있어 더 이상 그 자체로 감지되지 않는 언표행위의 배치, 너무 모범적이어서 그 어떤 소수화의 과정도 도달할 수 없을 것 같은 언어의 양식(여기에는 제국주의 언어의 전지구적인 지배와 같은 위험이 있다. 영어는 물론 지배적인 언어 모두)을 갖게 된다.

그러므로 언어로 입문하는 지점은 그 문제적 양상 속 상식 앞에서 모든 질문에 답할 시간이 있는 문학 텍스트로 나타난다. 그리고 새로운 화용론은 시학이다. 여기서 문제는 긴장의 명백한 원천으로서 하나가 아닌 두 개의 시학이 있다는 것이다.

다른 한편 우리는 내가 '고도의 모더니즘' 혹은 '아방가르드'라고 부르는 들뢰즈를 갖게 된다. 이 용어들이 역사적 정확성을 주장하지 않고, 문학사가들에 의해 가치 없는 것으로 거절될 것임은 의심의 여지가 없다. 그들은 들뢰즈를 훨씬 넘어서는 문학적이고 문화적인 결합을 지적할 것이고, 거기서 그는 동등하게 예시되는 수많은 동시대인들처럼 포획될 것이다. 그러므로 푸코의 친구인 들뢰즈는 자신의 친구처럼 블랑쇼와 바타유를 숭배하고, 문학 예술 작품에 투영되는 그들의 강고한 시각을 숭배한다. 그는 자신의 친구와는 물론, 텔 켈 그룹Tel Quel group과 초기 크리스테바, 입문하는 데리다와도 고도의 문학 규범을 공유한다(그러나 알튀세르와는 아니다). 그 이름들(아르토, 조이스, 카프카, 베케트, 똑같은 전투même combat)은 이 책에 계속해서 나타나 있다. 이것은 문학에 대한 엘리트적 시각인데('고도의 모더니즘'은 이제는 사라진 아방가르드의 명칭이다), 그것은 언어의 대체와 그 한계에 강한 관심을 갖는 것으로서 항상 시가 소설보다 선호되고, 만일 우리가 허구에 몰입한다면, 실험성이 항상 주류의 다양성보다 선호되며 따라서 비문법성의 넓은 개념의 중요성이 나타난다는 시각이다. 이러한 고도의 문학적 시각은 완벽한 문학예술로서의 침묵을 지향한다. 다음 장에서 보겠지만 이러한 시각은 스타일의 개념으로 보호되어 있다.

그러나 들뢰즈는 푸코의 친구일 뿐 아니라 가타리의 친구이기도 하다. 따라서 또 다른 들뢰즈가 있고 또 다른 시학이 있다. 그것은 유사 마르크스적인 것으로 흥미로운 성격을 수반하는 기계와 배치의 시학이다. 즉 모든 발화들의 본질적으로 정치적인 성격(따라서 레닌에게 흥미를 갖는), 그들의 필연적인 집단적 성격, 그리고 그들의 역사적 혹은 연접적 양상 (의미는 힘의 관계의 결과로서 의미는 연접적이다. 배치는 강하게 역사화되고, 거기에는 기호 체계의 역사적 연계가 있기 때문이다)이 그것이다. 비록 이러한 언어 분석이 이데올로기, 조직, 사회적·경제적 토대의 마지막 토대로서 우선권의 관점에서 행해지지는 않았지만, 비록 알튀세르가 자주 내재적 비판의 대상이 되고 때로는 외재적 비판의 대상이 되긴 했지만, 바디우의 외적 언어학에 근거하는 이러한 언어 작동의 묘사는 직접적인 마르크스주의적 분석에서 그치지 않고 연쇄 생산의 목적으로서 (나는 제도-제의-관습-발화-행위로 이어지는 알튀세르의 '질문의 연쇄'를 반복해서 암시했다) 주체의 개념을 목격하게 한다. 알튀세르나 랑시에르처럼 들뢰즈와 가타리도 주체성이나 상호 주체성이 아닌 주체화를 다룬다. 그리고 배치의 존재론적 혼합은 유물론 형식에 상응하는데, 그것은 촘스키의 축소된 생물학적 유물론보다는 역사적 유물론에 가까운 것이다. 그러한 유물론은 정신분석학의 억견에 대항하는 흥미로운 개념의 가능성을 열어 놓는데, 그것은 내면적일 뿐 아니라 외면적이기도 한 정신이다. 무의식은 우리의 내면 깊은 곳에 있는 것이 아니고 우리의 외부에 있는 것으로서, 언어 속에, 존재론적으로 혼합된 배치 속에 있기 때문이다(유사한 암시를 볼로쉬노프와 드니즈 라일리의 저작 속에서 찾을 수 있다).[41] 이로 인해 들뢰즈와 가타리의 시학에서 '작가' 개념이 격하되는 것이다. 이로 인해 또한 규범 건설의 엘리트주의에 대한 대립이 가능해지는 것이다. 우리가 이 유사 마르크스주의 시학에서 가질 수 있는 것은 배치 '와/이거나' 언어 게

---

41 Denise Riley, *The Words of Selves*, Stanford : Stanford University Press, 2000.

임이지 탁월한 판단이 아니다.

　이 두번째 시학은 들뢰즈의 저작에서 그가 가타리와 공동 작업을 하던 시기의 전형적인 특징으로 나타난다. 그의 마지막 책 『비판과 진단』에서는 고도의 모더니즘 시학인 말더듬기와 언어의 한계가 다시 우세하게 된다. 그럼에도 불구하고 이 두 시학 사이의 긴장을 극복하려는 시도가 있다. 그것은 우연히도 스타일의 개념 속에 거주하게 되는데, 이것이 다음 장의 주제이다.

# 키플링의 「무선통신」읽기

## 1. 하나의 이야기

1904년에 『거래와 발견』이라는 제목의 선집을 통해 처음 발표된 「무선통신」[1]은 특이한 이야기이다. 이야기는 영국의 남쪽 해안가 해변 리조트의 어느 약국에서 밋밋하게 시작된다. 의사이자 약사의 친구인 화자가 그 가게를 방문한다. 부엌 뒤켠에서 약사의 조카가 초창기 마르코니 무선통신기를 작동시켜 근처의 풀 지역에 연락을 취하려 하기 때문이다. 그 조카가 장비를 설치하여 거듭 접속을 시도하고 있는 동안 화자는 셰이놀 집안사람이자 결핵으로 죽어 가는 것이 분명해 보이는 약사의 조수와 함께 앉아 있었다. 그를 안심시키기 위해서 화자는 강력하고 아마도 마취 성분이 있는 음료(카다멈 몇 개, 생강 분말, 염소 에테르, 희석 알콜──결과

---

1 Rudyard Kipling, "Wireless", *Traffics and Discoveries*, Harmondsworth : Penguin, 1987(first published 1904), pp. 181~199(본문에 인용된 「무선통신」의 쪽수는 괄호 안에 적어 주었다).

는 '새롭고 난폭한' 음료?(184~185))를 조제하며 그 일을 셰이놀 씨도 자유롭게 거든다. 패니 브랜드라는 빨간머리 미인인 그의 여자친구가 다녀간 뒤 셰이놀 씨는 몽환 상태에 빠져 몽유병은 아니더라도 적어도 비몽사몽과도 같은 어떤 말을 하기 시작한다. 처음에는 키츠를 인용하는 것 같지만 화자는 그가 사실상 키츠를 인용하는 것이 아니라 고통스러운 영감의 괴로움 속에서 키츠를 쓰고 있다는 사실을 깨닫는다. 자신 없는 초고에서 교정을 통해 「성 아그네스의 밤」과 「나이팅게일에게 바치는 송가」의 가장 유명한 몇몇 소절을 읊기 위해 애쓰고 있는 중이었다. 걸작(자신의 걸작이기도 한)을 생산하려는 찰나 그는 몽환 상태에서 깨어나 화자의 열성적인 질문에 한 번도 키츠에 대해 들어본 적이 없다고 고백한다('나는 시를 읽을 시간이 많지 않았어요. 내가 그 이름을 정확히 기억한다고 말할 수는 없겠는데요. 그는 유명한 작가인가요?'). 그러니 그는 그 소절을 기억하고 있는 중이 아니라 실제로 지어내고 있는 중이었다. 그것이 만약 회상이라면 그 행위는 회상의 플라톤적 형식이다. 그동안 그때까지도 풀 지역에 연결하지 못했던 조카는 먼 바다에 나가 있는 두 전함 사이에서 송신만되고 수신은 되지 않는다는 내용의 우울한 교신을 포착한다. "K. K. V는 너의 신호를 전혀 이해할 수 없다." "실망스럽다. 매우 실망스럽다"(199). 조카가 마침내 풀 지역으로부터 보내는 메시지를 받는 데 성공("여기는 풀, 드디어 —— 종소리처럼 또렷하게"(199))하는 마지막 단락에서 화자는 처음에 풀에 연락을 하려고 가게에 들렀건만 '약간 피곤함'(199)을 느낀다고 하고는 자러 간다.

## 2. 소통

이야기의 제목인 '무선통신'이라는 단어는 거꾸로 된 쉼표 속에 있다. 즉 이야기의 진정한 대상은 화자가 약사의 가게를 방문하는 구실인 문자 그대로의 무선통신이 아니라 은유적 무선통신이며 마르코니가 아니라 키츠의 장비이다. 따라서 이야기의 목표는 성공적인 소통과 전언의 교환이 아니라 그것의 실패(전함의 경우에서처럼)이거나 셰이놀 씨의 경우에서처럼 비현실적이고 비인습적인 성공이다. 마지막 줄, 이야기의 결말 부분에서 명확히 보여 주듯 일상적인 소통은 무선통신기라는 새로운 기술적 통로를 통해서조차 아주 시시하게 여겨진다. 이야기가 담고 있는 교훈은 과학적 소통이 우연적이고 사소한 데 비해 감성적이거나 시적인 소통은 멋지게 성공적이며 전적으로 매력적이라는 점인 듯하다.

이야기가 쓰여진 역사적·문화적 맥락에서는 그러한 교훈이 오늘날보다는 덜 이상하다. 당시 식사 자리는 자발적이고 수다스러웠으며 블라바츠키 부인이 문화를 주도했고 코난 도일은 요정을 믿었을 뿐만 아니라 죽은 자들과 대화할 수 있다고 믿었다. 그리고 헬렌 스키스는 화성이 아니라 산스크리트어에 대해 말할 수 있는 지식을 가지고 있다는 이유로 소쉬르에게 인상을 주었다. 단조로운 현실세계는 요정과 영혼으로 가득한 보다 이국적인 세계로 둘러싸여 있었다. 키플링이 이러한 문화적 분위기에 걸맞게 느낀 점이 같은 선집의 다른 이야기 「그들」They에 분명히 나타나 있다. 거기서 화자는 초기에 나온 자동차를 타고 시골길을 운전하다가 (초현대적 기술에 이처럼 집착하는 것은 전선과 녹음기가 등장하는 『드라큘라』에서도 마찬가지이다) 길을 잃어 마침내 유령의 자식들이 살고 있는 한 저택에 이른다.

하지만 「무선통신」에는 오늘날 독자에게서 고작해야 회심의 미소만을 불러일으키는 한 **시대정신**의 반영 그 이상의 것이 들어 있다. 그것도 단순한 이유로 그러하다. 그 이야기는 결코 키츠, 키츠의 영혼이나 유령이 몽환 상태에 빠져 있는 셰이놀 씨를 통해 말하지 않는다는 것이다. 즉 심령술사 집회가 아니다. 키플링의 독특한 천재성은 이러한 잠재적으로 영적인 상황을 정상적인 대화 상황이나 최신 기술 통신과 나란히 **소통의 상황**으로 다루는 데 있다. 이야기는 사실상 처음부터 끝까지, 그리고 가장 단호한 방식으로 소통에 관하여 예견되는 그것의 실패와 이상하고도 예외적인 성공에 관한 것이다. 우리는 텍스트의 발전을 일련의 소통 상황으로 도표를 그려 볼 수 있으며 대부분 그것은 기계와 기계 조립의 관점에서 분석된다. 여기에 그러한 상황들의 목록을 가급적 짧게 제시해 본다.

첫번째 상황은 이야기의 본 흐름에 들어가 있지 않아서 처음에는 무관한 일탈인 것처럼 보인다. 의사인 화자는 처방전 중의 한 가지를 조제하다가 실수를 저지르고는 사과를 하지 않는 얼간이 약사에게 배상을 요구한다. 셰이놀 씨의 상관인 늙은 약사의 조언으로 그는 약사회에 기대게 되는데 거기서 신속하고 놀랄 만큼 성공적인 결과물을 얻는다. "내가 했답니다(약사회에 그를 보고했답니다). 어떤 정령을 불러내야 하는지도 모르고서 말입니다. 결과는 고통 속에서 하룻밤을 보낸 사람이라야 할 수 있는 그러한 사과였어요. 저는 그 약사회를 몹시 존경합니다"(182). 여기서 실패한 소통의 상황(화자는 사과를 요구하고 약사는 응하지 않는다)이 또 다른 매개 회로(화자는 약사회, 약사회는 약사에게, 약사는 다시 화자에게 편지를 쓴다)를 거치면서 성공적 소통으로 바뀐다. 소통은 간접적인 방식을 통해서만 이루어진다. 소통을 가능케 하는 두번째 우회로는 권위이다. 성공적이기 위해 소통은 권위를 부여받아야 한다. 하지만 당연히 우리는 '어떤 정령을 불러내야 할지'라는 구절에 주목해야 하는데 그 구절에 강한 극적 아이러니가 들어 있기 때문이다. 즉 권위가 마술과 유사한 방식으로 작동한다.

두번째 상황 또한 이야기 흐름과 무관한 것처럼 보인다. 셰이놀 씨는 화자에게 개인적인 생각의 끈을 계속 이어가면서 시험 공부 중인 크리스티의『새로운 상업 회사들』이라는 책의 한 페이지를 마음속으로 훑어 가고 있을 동안 손님들을 시중드는 방법에 대해 알려 준다. 첫번째 일화에서와 같이 셰이놀 씨를 위험할 정도로 무책임한 약사로 보게 하는 이 방법은 소통이 성공적인 것처럼 보이는 대화의 상황(고객은 그녀의 처방을 받는다)에 도움을 주겠지만 그 진정성은 사라진다. 외적 회로(셰이놀 씨가 고객과 나누는 대화)는 완전히 자동적인 반면 내적 회로(셰이놀 씨가 크리스트의 교재 중 한 페이지를 떠올리는)는 순전히 사적이다. 이는 사실상 회로 사이의, 그리고 회로 내부에서의 비순환 상황이다.

세번째 상황은 사소한 대화나 기술적 소통으로부터 우리를 좀더 먼 곳으로 데려간다. 셰이놀 씨의 불처럼 빨간머리를 한 여자친구가 가게를 방문한 후에 화자는 그 젊은 여성과 '금테를 두른 화장수 광고의 그 유혹적인 모델'(186) 사이의 유사점을 알아차리는데, 셰이놀 씨는 그 화장수를 '성물'처럼 다루며 그 앞에서 방향제를 태우면서 분향한다. '돈이 약간 드는 관습적 제식'(187). 이는 희생의 형태로 신과 소통하는 원형적 상황이다. 여기서 숭배자는 부재하는 상대에게 말을 걸며 그 상대는 비록 암호 같은 표식을 통해서밖에 표현하지 않지만 전언 내지 봉헌을 받는다고 가정된다. 재미있는 점은 이 일화가 아직도 장비의 손잡이를 가지고 만지작거리면서 그 장비를 통해 신들에게 닿기를 요구하고 그리하여 신들을 도구화하려 하는 사촌과 화자와의 짧은 대화 바로 다음 페이지에서 그려진다는 것이다. 그것은 어떤 힘이든 우주, 저 멀리 떨어진 곳에 작용하고 있는 그 힘을 드러내는 일이다. 물론 우리는 힘의 은유를 아주 애매모호하게 ─ 신들의 힘만큼이나 전기의 힘 ─ 고의적으로 사용하고 있다는 데 주목한다(185). 신이 도구에 의해 대체되는 과학적 소통과 대답 없는 청자인 마법적 내지 시적인 소통 사이의 거리가 이제 확고히 정립된다. 다음의 '소통'에 대한 두 사례를 보면 이것이 훨씬 분명해진다.

첫째는 시적 소통의 예이다. 화자의 조제약을 막 마시려는 순간 세이놀 씨는 갑자기 "저것 저 거품이 마치 당신에게 윙크하는 진주 줄, 아니 차라리 젊은 숙녀의 목에 걸려 있는 진주 목걸이처럼 보이는군요"(188)라고 말한다. 문제의 그 젊은 숙녀는 그가 숭배하는 이미지이다. 하지만 재미있는 것은 음료의 거품을 묘사하기 위해 사용하는 직유, 즉 '당신에게 윙크하는 진주 줄'이 키츠에 대한 최초의 암시라는 점이다. 「나이팅게일에게 바치는 송가」의 두번째 연에서 우리는 다음의 소절을 발견한다.

> 아 따뜻한 남국으로 가득 찬,
> 진실과 부끄러운 시상으로 가득 찬
> 테두리를 향해 윙크하는 구슬 거품 맺힌 잔을 위해[2]

셰이놀 씨는 키츠를 읽어 본 적이 없기 때문에 그를 인용하고 있는 것이 아니다. 그는 키츠가 '윙크하다'라는 동사의 고전적 의미(간헐적으로 또는 연속적으로 희미하게 빛나거나 반짝이는, '깜빡이는', '한 모금의 술을 마시는 것과 연관되어 눈을 감는')를 부활시키는 시적 개념을 연습하고

---

2 John Keats, *The Complete Poems*, Harmondsworth : Penguin, 1973, p. 346.

있는 중이다. 그리하여 그는 또한 윙크하는 행위(미래의 소비자 또는 그 성물을 숭배하는 셰이놀 씨를 향해 있는 광고 속의 유혹적인 젊은 여성에 빠져든 것처럼)를 솟아오르는 거품의 시각적 특성——무의식적 암시일 뿐 아니라 말장난을 야기하는——과 연결시킨다. 그렇게 유발된 (유령을 불러낸다는 의미에서) 소통의 상황은 간접적이고 복잡하다. 셰이놀 씨도 화자도 키츠가 셰이놀 씨를 통해 화자에게 말하고 있다는 사실을 알지 못한다. 말을 거는 자는 화자의 소급적 지식 속에서만 오로지 존재하므로, 화자는 (암시가 더 빈번하고 명백해지므로) 무슨 일이 벌어지고 있는지를 궁극적으로는 깨닫게 될 것이다. 이 상황은 전유metalepsis라는 서술적 수사를 통해 독자와도 관련되어 있다. 그는 화자와 마찬가지로 키츠의 무선장비의 작용을 인식하게 됨으로써 뒤늦게 키츠에 대한 암시를 알아차리게 된다. 전유의 고전적 예에서는 세 개의 다양한 존재론적 차원에서 세 명의 작가가 있는 하나의 텍스트(은유와 잠재적 말놀이pun이 각인된 '윙크하다'라는 단어)가 있다. 첫 단계가 셰이놀 씨로서 그는 텍스트에 허구적으로만 존재한다. 다음으로는 텍스트에는 부재하지만 가상의 텍스트에 존재하며 실재하는 키츠, 그리고 화자를 통해 텍스트에만 존재하면서도 너무도 실질적인 효율성으로 전체 게임을 조작하는 키플링이다.

그다음 페이지에서는 소통의 여섯번째 상황이 지금까지의 상황과 매우 상반되는 입장에 놓인다. 조제한 음료의 작용으로 셰이놀 씨가 잠든 후 화자는 아직도 손잡이를 만지작대고 있는 조카에게로 가서 마르코니 장비의 작용들을 설명해 달라고 한다. 조카는 처음에 유도가 무엇인가를 설명하는데 그것은 회로의 전류가 두번째 회로를 전기로 충전시키는 자장을 형성한다. 마르코니 장치의 경우 풀 지역에 있는 전기 회로에 의해 생성된 헤르츠파가 몇 마일 떨어져 있는 검파기에서 전기 충전을 유도한다. 유도에 의해 활성화된 이러한 검파기는 모르스 기계를 작동시키는 전기 회로와 연결되어 그 자극을 선과 점으로 변형시킨다. 소통을 묘사하기 위해 하필이면 내가 왜 회로의 은유를 사용했는지를 이해하게 된다. 전체 이야기는 '회로'와 (정보의) '순환'을 잇는 말장난, '회로'라는 단어의 은유적 표류를 명확히 해줄 뿐인 말장난에 의존한다. 그것은 도로의 우회로, 전기회로(확고한 은유)로 가는 나침반(그리하여 '회로의 판관'인)에서 출발하여 새로운 은유를 거쳐 소통의 회로('에둘러 말하기'circumlocution라는 단어에 이미 가상적으로 존재하는)에 이른다. 흥미로운 사실은 소통의 두 가지 형태, 즉 시적 소통과 기술적 소통 사이의 차이가 이제는 유사점처럼 보인다는 것이다. 두 방법 다 소통이 확립되기 위해 두 개의 다른 회로, 유도로 인한 연결, 검파기가 수반되어야 한다는 점에서 복합적이다. 풀 회로가 조카의 검파기 안에 있는 자성을 유도하는 것과 같은 방식으로 키츠 회로는 셰이놀 회로의 단어들을 유도한다.

다음에 나오는 이야기의 중심부는 키츠의 작품을 무선통신 장비로 묘사함으로써 이를 발전시킨다. 셰이놀 씨가 몽환에 빠져서 시행을 지어 나가기 시작한다('그리고 따뜻한 붉은색 문장을 메이들린의 어린 가슴에 던졌다'로 시작하는——셰이놀 씨는 분명히 어린 숙녀에 관해 몽상하고 있는 중인데 그녀의 이름이 파니 브랜드Fanny Brand인 것은 키츠의 파니 브론Fanny Brawne과 매우 유사하다는 점에서 굉장히 중요하다고 판단된다). 처음에는 조각나고 주저하는 단어의 무리들, 다음에는 보다 자신 있게 한 행, 그리고 마침내 득의만연하게 '마치 책 속에 쓰이 듯'(195)한 연으로 이어진다. 첫번째 설명이 즉시 화자에게 떠오른다. 「성 아그네스의 밤」은 키츠 시 중 가장 에로틱한 시로서 셰이놀 씨에게 꼬리를 물고 떠오르는 생각은 키츠의 생각만큼이나 짐작하기가 쉽다. 화자는 "조금의 쉴 틈도 없이 대담한 서술이 10행이나 15행 정도 이어진다 —— 애인을 향한 육체적 열망의 벌거벗은 영혼의 고백, 우리가 분명하지 않다고 여기는 만큼 분명치 않고 해롭지만 매우 인간적인"(194) —— 고 점잖게 말한다. 하지만 셰이놀 씨는 여기서 멈추지 않는다. 그는 「나이팅게일에게 바치는 송가」, 즉 순전한 시적 마술("모두 합해 수백만의 허용된 부분 중 오직 다섯 행에 대해서 우리는 '이것은 완전한 마술이야. 확실한 계시야'라고 말할 수 있어"(196))을 시작한다. 여기서 멈추지 않는다. 그는 키츠의 목소리로 말하고 우리가 시도와 실수와 궁극적 승리, 시작 과정을 목격하기 때문에 시인 자신이 될 뿐만 아니라 어떤 지점에서 스스로 향상된다는 점에서 키츠를 넘어선다. 그 결과 셰이놀 씨가 지은 「성 아그네스의 밤」에서 따온 첫 행 속에서 키츠가 '메이들린의 사랑스러운 가슴'(194)이라는 '진부한 단어'를 취한다고 화자는 서술한다. 그 자신은 '어린 가슴'이라는 셰이놀 씨의 격정적인 시어에 더 수긍이 가기 때문이다. 키츠의 무선통신 장비는 마르코니 장비와 달리 완전한 성공을 거두는데, 이는 마지막 두 개의 소통 상황이 보여준다.

이 중 첫번째는 전함들의 일화이다. 여기서는 회로가 방해를 받아 전언의 순환이 불가능했기 때문에 소통이 실패한다. 두 척의 배는 그럭저럭 송신을 하지만 수신은 하지 못한다. 두번째는 그 반대의 경우를 보여준다. 여기서 소통의 실패는 바로 그 성공 때문이다. 기계는 마침내 작동하지만 이제 화자가 모든 관심을 잃어버린다. '들린다' '로저' 같은 형태의 시시한 대화는 키츠의 멋진 시구가 지닌 소통적 강력함을 재생할 수 없다.

우리는 이 목록에서 몇 가지 결론을 이끌어 낼 수 있다. 가장 분명한 것은 바로 그 목록의 길이에서 온다. 이야기는 단지 유령에 홀린 상태를 다룬 유사 환상적 이야기가 아니라 (나중에 다시 논의하겠지만) 진정성 있는 형식과 그렇지 않은 형식으로 된 소통의 비밀에 대한 체계적 탐구이다. 그리고 텍스트의 관심사는 시적 소통과 기술적 소통 사이의 관계를 향한 역설적 태도에 있다. 한편으로 그것은 자신의 유사성을 반복하고 다른 한편으로 그것은 차이성을 강조한다. 유사성부터 보면 소통은 결코 직접적이지 않으며 두 개의 회로와 그들 사이를 유도해 주는 관계를 필요로 한다. 그래서 화자의 말은 결코 그녀의 말이 아니며 언제나 다른 말에 의해 유도된다. 우리는 유령이 아니라 힘에 의해 말을 한다('우리가 모르는 힘' 조카는 그렇게 부른다(191)). 결과적으로 소통은 언제나 기계 속에서 기계에 의해, 또는 기계의 조합에 의해 발생하며 그렇기 때문에 언제든지 그리고 이유가 무엇이든 그 흐름이 방해를 받으면 늘 실패할 가능성이 있다. 하지만 강한 차이성도 연루되어 있다. 그 소통의 두 과정은 지난하다. 소통은 고통스러운 노동을 통해 이루어진다. 하지만 아이들은 엄청나게 다르다. 한 아이는 자기 부모처럼 들창코에다 못생겼다. 달리 말해 모든 말들이 너무 사소해서 소통하는 양이 많지 않다. 마치 전함들 간의 아이러니한 비대화가 입증하듯. "K. K. V는 당신의 신호를 포착할 수 없다." 잠시 멈춤. "M. M. V. M. M. V. 신호 식별 불가능. 목적지 샌다운 만. 내일 장비 점검할 것"(199). 아이러니는 물론 전함과 대칭을 이루는 위치에서 수신은 가능하지만 송신은 할 수 없는, 그 말을 듣고 있는 조카 톰의 존재로 인해 더욱 복잡해진다. 하지만 또 다른 아이는 아주 멋지다. 그녀는 심지어 영광스러운 부모보다 더욱 빛난다. 영감을 불러내는 제식과 더불어 시적 소통은 최고 수준의 소통을 제공한다. 이러한 입장이 다소 시시하긴 하지만 다행히도 키플링의 텍스트는 보다 복잡하다.

## 3. 신들림

이 이야기에서 화자의 역할은 필수적이다. 화자는 겉보기에는 무관한 에피소드들을 회상함으로써 이야기에 배경을 제공하며, 지킬 박사의 음료처럼 배합이 제멋대로인 이상한 음료를 조제하여 사건의 주된 흐름을 만들어 낼 뿐 아니라 셰이놀 씨의 예언을 아주 세밀한 부분까지 충실히 기억함으로써 그의 왓슨 역할을 한다. 화자는 셰이놀 씨가 몽환 상태에 빠져 「나이팅게일에게 바치는 송가」를 짓고 있는 동안 그에게 텔레파시가 가지 않도록 속으로 「노수부의 노래」를 암송함으로써 그에게 영향을 주지 않으려 노력할 뿐 아니라 이상한 일에 대해 논평을 하고 다양한 가설들을 만들어 내고 그것들을 시험하며 **시론**ars poetica과 더불어 발생한 일에 대한 이론을 생성하기조차 한다.

화자가 무슨 일이 일어나고 있는지를 깨달을 때 그의 첫번째 반응은 '압도적인 두려움'(194)이며, 그것은 기괴한 성격의 현상을 적절히 표시한다. 하지만 왓슨 박사처럼 의사로서 그는 탁월한 자신의 동료보다는 덜 긍정적인 영혼의 소유자이긴 하나 즉시 합리적인 설명('그가 키츠를 읽었다')을 시도한다. 차라리 두 가지 설명이라고 해야겠는데 두번째는 첫번째보다 다소 덜 합리적이다. 그것은 유사 결과를 낳는 유사 원인의 법칙으로서 만약 파니 브랜드라는 이름의 젊은 여성과 사랑에 빠진 결핵환자인 약사의 조수 셰이놀 씨가 시를 분출하기 시작한다면, 그것은 유도에 의해 키츠의 시임이 틀림없음을 뜻한다. 물론 믿기 힘든 이야기이지만 셰이놀 씨가 자신은 한 번도 키츠의 시를 읽어 본 적이 없다고 고백함으로써 결국은 옳다는 것이 입증된다.

그러한 추론상의 승리에 고무된 화자는 계속해서 시론을 구성해 나간다. 하지만 그 이론은 이번에는 긍정적인 상식의 핵심을 예외적인 것을 사소하게 만드는 능력과 결합시킨다. 시의 생산은 승화된 연습이다. 셰이놀 씨는 아주 이상한 산문으로 시작하여 그의 본능적 충동이라는 원재료로 다소간 포르노적인 결과물을 생산한다. 이것이 다음에는 아주 고상한 시로 승화된다. 시는 고양된 산문이며 영감과 구성이라는 고된 육체노동 혹은 고통을 통해 가능할 뿐이다. 그리고 그것은 절정에서 적절히 끝난다. 셰이놀 씨는 완벽한 소절을 완성하는 순간 쓰러진다.

머리에서 발끝까지 그는 떨었다——뼈의 골수에서부터 바깥으로——그러고는 팔을 올려 폴짝 뛰어오르더니 타일 바닥으로 끽 소리를 내며 의자가 미끄러졌다. 의자는 뒤에 있는 서랍장과 부딪치면서 항아리와 함께 넘어졌다. 기계적으로 나는 몸을 숙여 그것을 일으켜 세웠다(197).

우리는 이러한 장면과 친숙하다. 마치 꿈을 꾸고 있는 사람이 자신의 꿈으로부터 도망치기 위해 깨는 것처럼 영혼의 물질화가 초래한 특이한 느낌들을 견딜 수 없는 매개자가 깨어나는 장면이다. 이 묘사에서 어떤 아이러니를 감지하지 않기란 어렵다. 즉 셰이놀 씨는 너무도 명백하게 무언가에 사로잡혀 있었으며, 너무 명백하게 예언하는 시인의 낭만적 자세를 취하고 있었고 너무도 준비가 잘 갖춰져 있어서 하부 장르의 상투적 표현(코난 도일의 매개자와 영혼에 관한 이야기를 생각해 보라)으로 예시를 들거나 산문(물론 산문인 텍스트 내에서)에 대한 시의 우월함에 관한 진부한 개념을 확정하기도 어렵다.

이 대목에서 우리는 이 모든 이야기가 비록 화자인 왓슨 박사에 의해서는 아니더라도 적어도 키플링에 의해 신중하게 꾸며져 있다는 것을 깨닫는다. 우리가 깨닫는 것은 하나 더 있다. 그 이야기의 세계가 처음부터 기호의 세계라는 점이다. 그것은 또한 무언가에 사로잡히거나 영감을 다루는 이론, 화자가 옹호하는 것처럼 보이는 일상적인 시학과 현격하게 대비되는 위치에 놓인 기계의 세계이기도 하다.

## 4. 기호들

이제 나의 독서가 분수령에 이르렀다. 나는 이 텍스트를 두 형태의 소통 상황을 그린 것이라 해석했다. 그 둘 다는 복잡하고 (접속과 소통, 유도 작용과 응집에 이르기 위해 두 회로가 필요하며 두 경우 모두 그러한 회로가 기계 또는 '장비'를 형성한다) 허술하다(소통은 하나의 회로가 방해를 받거나 전언이 일관되지 못할 때 쉽게 무너진다)는 점에서 유사한 것으로 제시된다. 하지만 그 상황은 또한 시적 소통이 진짜이고 기술에 의해 매개되는 일상의 대화가 가짜(공공장소에서 다른 사람들이 휴대폰으로 전화하는 것으로 경험한 나로서는 이것을 확신한다)인 한, 서로 다른 것으로 제시된다. 그러한 차이의 결과로 위계질서가 도입되고 화자의 이론화에 의해 그것은 명백히 보증된다. 한 가지 형태인 시적인 것은 흥미롭고 영감과 경이로움의 원천인 반면 다른 형태는 하찮다. 이러한 위계질서로부터 화자는 예술 이론(에로틱한 충동의 승화로서의)과 시학을 이끌어 낸다. 후기 낭만적인 평범함을 표현하는 이러한 입장은 적절히 비꼬듯이 표현된다. 화자가 너무도 명백하고 일관되며 명백히 조작적이기 때문에 우리는 그 모든 연습이 농담조로 진행된다고 예측하지 않을 수 없다. 따라서 남은 일은 이러한 아이러니의 결과를 평가하는 것이다.

우리는 이제 그의 왓슨 같은 관찰자나 셰이놀 씨의 몽환 상태와 조카의 과학실험의 연대기작가의 입장에도 불구하고 화자가 작품의 진정한 중심이자 문자 그대로 주인공임을 완전히 깨닫게 된다. 초기에는 왓슨이 다가 결국에는 메피스토인 것이다. 또는 화자는 명백한 증인이자 가장 중요한 조작자이다. 가게에서 부엌 뒤켠으로 왔다 갔다 하면서 그는 두 상황 사이의 물리적 연계성을 제공하지 않는가? 심리적으로 방황하고 있는 셰이놀 씨를 격려해 주고 있지 않은가? 비록 조카가 부르는 소리에 날카롭게 꾸짖는 것을 의미하더라도 말이다("카셀 씨 들어오고 있는 신호가 있어요. 내가 말할 때까지 혼자 내버려 둬요." "하지만 이 놀라운 것을 보러 오셔야 한다고 생각해요" 마침내 분개하여 "내가 말할 때까지 좀 내버려 두고 조용히 해요"(192)). 셰이놀 씨와의 대화 속에 화자는 두 상황을 각인시킨다. 그것은 셰이놀 씨의 건강상태와 그의 직업 전망, 가게와 매출에 대한 사소한 대화로 시작하여, 빅토리아 시대 식후 남성 모임 때 사용되던 시시한 농담도 마다하지 않는다(셰이놀 씨는 조카의 실험에 대한 달갑지 않은 결과를 이야기할 때 킬킬 댄다. 그는 그의 장치를 호텔 안에 설치해서 자기도 모르게 배수관에 전기를 통하게 했는데, 욕실에 들어간 숙녀 고객이 말 그대로 충격을 경험했다는 것이다. 이것이 이야기의 시작 부분이다). 그리고 그것은 시인과의 영감에 가득 찬 대화로 끝난다. 시인에게 사로잡힌 셰이놀 씨는 매개자의 입장에 있기 때문에 중개자일 뿐이다. 진정한 대화는 완벽을 갈구하는 시인(키츠와 자기도 모르는 선지자 셰이놀)과 이제 문학평론가의 지위를 차지하여 정신적으로 격려해 주고 판단을 내리는 화자 사이에서 일어난다.

하지만 아마도 이보다 훨씬 더 많은 것이 이야기 속에 있을 것이다. 텍스트를 꼼꼼히 읽어 보면 셰이놀 씨가 키츠의 목소리에 사로잡히는 것은 모든 묘사가 보여 주는 기호의 빙산의 일각에 불과하다. 모든 기호(이것은 들뢰즈식 주석)가 언어적이지는 않기 때문이다. 이야기에서 정말로 의문스러운 점은 셰이놀 씨가 갑자기 사로잡혔다는 것이 아니라 키츠의 텍스트가 전체 장면에 펴져 있다는 것이다. 언급되는 단어들만이 아니다. 몇몇 예를 살펴보자.

바람 불고 추운 밤. 셰이놀 씨와 화자는 거리 맞은편에 있는 정육점을 바라보고 있다.

> "그들은 이 닭을 안으로 들여야 할 거야. 모든 닭이 저렇게 헤매고 돌아다녔어"라고 셰이놀 씨가 말했다. "상당한 추위가 느껴지지 않나? 저 늙은 토끼를 봐! 바람이 털을 다 벗겨 버릴 지경이야"(193).

쌀쌀한 밤과 토끼의 결합은 물론 키츠적 반향으로 「성 아그네스의 밤」 첫번째 소절의 반향이다.

> 성 아그네스의 밤—아, 혹독하게 추운 밤!
> 깃털 달린 올빼미도 추웠다.
> 토끼는 언 풀밭을 떨리는 몸으로 절뚝거리면서 지나갔다.[3]

그런데 문학평론가나 텍스트의 편집자에게는 키츠의 반향인 것이 (한 편집자는 이 이야기 속에서 「성 아그네스의 밤」의 반향과 키츠의 다른 인용구들을 셰이놀, 가게, 주변에 대한 묘사를 통해 찾아볼 수 있다고 적고 있다) 이야기의 세계에서는 기호이다. 심드렁한 유미주의자들로서 우리는

---

3 Keats, *The Complete Poems*, p. 312.

그 텍스트를 키츠에 관한 지식과 반향을 인식하거나 추측하는 능력을 시험하면서 읽는 경향이 있다. 하지만 이 죽은 토끼(추위로 떨고 있지만 여전히 살아 있는 키츠의 토끼)는 전조이다. 수많은 '키츠 기호들'이 텍스트를 응집시킨다. 셰이놀 씨의 여자친구의 외모와 다소 권위주의적인 태도는 키츠의 파니 브론을 떠올리게 한다. 셰이놀 씨와의 산책의 목표 지점으로 제안하는 교회는 성 아그네스에 바쳐지고, 거품의 윙크에서 키츠에 대한 암시는 결과적으로 암시일 뿐 아니라 하나의 기호이다.[4]

일단 객체가 주체만큼 수다스럽게 말하는 기호의 세계로 뛰어들었다는 것을 인식하는 순간 그러한 기호는 배가된다. 극적 아이러니 또한 기호이기 때문이다. 그래서 셰이놀 씨가 "덜덜덜! 밖이 너무 추웠어. 그래서 오늘밤에는 내 무덤에 누워 있고 싶지 않은 걸"(186)이라고 소리쳤을 때 그의 때 이른 죽음은 그를 통해 말하고 있지만 화자를 피해 갈 수 없는 하나의 사실이다. 화자는 즉시 그 증상들, 기호의 또 다른 다양성을 해석한다. "그가 말하고 있는 동안 나는 만약 저 선홍색 위험 신호를 내 코앞에서 본다면 어떤 공포의 고통 속에 빠질지가 궁금하다"(그는 물론 셰이놀 씨의 손수건에 묻은 붉은 흔적을 두고 말하고 있다)(186). 우리는 왜 화자가 의사이며 기호들의 전문적 해독가인지, 그리고 왜 텍스트의 첫 부분에서 "개인적 이유 때문에 나는 영국에서 처음 행해진 마르코니 실험들에 깊은 관심을 가졌다"(183)고 하는지 알게 된다. 우리는 또한 셰이놀 씨가 그의 애인의 이미지 앞에서 분향할 때 신전의 중요성도 이해한다. 조정자는 숭배자가 되었고 모든 본성은 읽혀지고 해석되어야 할 뿐만 아니라 경

---

4 Kipling, *Mrs Bathurst and Other Stories*, ed. Lisa Lewis, Oxford: Oxford University Press, World's Classics, 1991, p. 287.

이롭게 숭배되어야 한다는 긴박한 요구를 가진 책이 되었다. 기술적 소통은 본성의 힘이 지닌 진정한 의미를 무시하고 그 힘을 더 잘 도구화한다는 점에서 너무나 시시하며, 이 때문에 기술적 소통이 실패할 때(먼 바다로 나간 눈먼 전함들은 '두려움'은 아닐지라도 아마 경외감이라는 어떤 신비감을 재포착한다)만 흥미롭다. 그래서 그 장비 소리가 '크고 뚜렷할 때' 화자는 자러 간다. 신이 떠나 버렸기 때문이다.

한 가지 지점만 더 분명히 하자. 정확히 기호는 무엇인가? 이것은 일단 그 이야기가 표면상으로는 소통에 관한 이야기이지만, 주로 기호에 관한 이야기이며 두 개가 동등하지 않다는 것을 이해한 다음에 던지는 그 질문은 사소하지 않다. 우리의 기호에 대한 현재의 상식적 개념은 언어학적이고 소쉬르적이기 때문이다. 그에게서 원형적 기호들은 언어적 소통을 위해 사용되는 기호들이다. 소쉬르는 비언어학적 기호학이나 기호 체계가 있다고 끊임없이 주장할 뿐만 아니라 『프루스트와 기호들』[5]에서 기호가 언어적 소통과 전혀 무관한 비소쉬르적이거나 전前소쉬르적 기호 개념을 제공함으로써 우리가 텍스트를 읽는 데 도움을 준다.

그 이론의 대략적인 윤곽은 다음과 같다. ①기호가 서로 만나는 네 개의 영역(들뢰즈는 그것들을 '세계'라 부른다)이 있다. 세속성(누구누구는 '속세의 사람'이라고 말하는 의미에서의 '세속성'), 자질과 감각 인상(마들렌을 먹거나 음악 한 소절을 들을 때 생기는 특이한 느낌), 사랑(사랑에 빠짐으로써 사람은 강박적인 기호의 해석자가 된다), 그리고 예술(그 단어는 대문자로 표기된다. 왜냐하면 이는 완벽하고 탈물질적인 기호를 향한 과정에서

---

5 Deleuze, *Proust et les signes*, 2nd edn(*Proust and Signs*, New York : George Braziller, 1972).

의 절정이기 때문이다)의 세계가 있다. ②기호를 읽는다는 것은 하나의 탐색 과정, 즉 기호와의 에피파니적 조우를 통해 도달되는 진리에 대한 탐색이다. 왜냐하면 그러한 조우는 하나의 사건이며 기호 속에는 우리가 그것을 사실로 해석하도록 강요하는 어떤 폭력성이 있다. ③역으로 일상 대화에서 구체화되는 것으로서 언어적 실천은 기호와 만나지 않기 위한 최선의 방식으로 매도된다. 언어, 적어도 일상적이고 비예술적인 (비시적인) 언어는 우리에게 기호를 놓치게 만든다. ④조우의 목표는 다른 한편으로 본질을 드러내는 것이다. 거기에서 의미를 전하는 대상과 받거나 포착하는 주체 너머 놓여 있는 의미가 뿜어져 나온다. 그러한 본질에 도달하는 것은 해석의 과정을 통해 이루어지며 그것은 또한 학습의 과정이다. 하나의 기호는 해석을 위해 우리가 배워야만 하는 것이다. ⑤그러한 학습의 결과는 문체의 창조로서 그 과정을 통해 예술가는 재료(만나게 된 기호들)를 본질로 변형시킨다. 여기서 본질이 드러날 때면 언제든지 하나의 세계가 탄생한다.

이것이 들뢰즈의 문제의 개념에 대한 초기 버전이다. 그것은 내가 '고도의 모더니즘'이라고 부른 하나의 미학에 단호히 가담하며 이에 관해서는 다음 장에서 더 자세히 논의할 것이다. 그것은 우리가 「무선통신」을 읽는 데 정보를 주고 거기에 일관성을 부여하는 데 도움을 준다.

우리는 일상 대화의 상태를 기호의 질식자로서 시작할 수 있다. 말이 크고 분명할 때 기호는 사라진다. 반대로 화자가 몽상에 빠진 셰이놀 씨와 유령처럼 텍스트 안에 등장하는 키츠와 나누는 '대화'는 진정한 만남, 기호로 가득한 세상과의 교류의 정점으로서 그 순간 기호들은 경이로움으로 여겨진다. 이 세계를 가득 채우는 기호들은 단지 예술의 기호들만이 아니다. 그것들은 사랑의 기호들(그리하여 젊은 여성이 중요하고 성지에서

의 숭배가 중요하다)이자 감각 인상의 기호들이다. 우리는 키플링이 왜 그
토록 약사의 가게를 둘러싸고 있는 분위기와 바람 불고 차가운 밤을 그토
록 고집하는지 이해할 수 있다. 그것들은 셰이놀 씨의 죽음의 전조일 뿐
만 아니라 그 자체의 권리를 지닌 기호들이다.

> 수많은 전기 조명 때문에 상점은 파리의 다이아몬드 광산처럼 보였다.
> 왜냐하면 카셀 씨는 그의 재주가 지닌 모든 제식을 믿었기 때문이다. 로
> 자먼드가 자신의 신을 벗어 버리게 만든 그러한 종류의 몹시 훌륭한 세
> 개의 유리병 — 빨강, 초록, 파랑 — 이 널찍한 판유리 창문에서 빛나고
> 있었고 입냄새, 코닥 필름, 경화 고무, 양치 가루, 향주머니, 그리고 아몬
> 드 크림 냄새가 공기 중에 섞여 있었다. 셰이놀 씨는 조제실 난로에 연료
> 를 채우고 있었고 우리는 매운 고추를 넣은 대추나무 음료와 박하사탕
> 을 먹고 있었다. 혹독한 동풍이 거리를 쓸어 버렸고 몇 안 되는 행인들은
> 주름 잡힌 눈까지 머플러를 감아 올렸다. 옆집 이탈리아식 창고클럽에
> 서는 게이들 몇 명이 모여서 게임을 하고 추파를 던지거나 우리집 창틀
> 의 왼쪽 모서리를 가로지르는 바람에 축 쳐져 있었다(183).

이것은 단순한 문학적 반향(키츠, 마리아 에지워스의 로자먼드에 대
한, 아마도 디킨즈의 동풍에조차)의 네트워크가 아니다. 이것은 화자가 감
각 인상의 형식을 띠는 기호들의 세계를 묘사하는 것이다. 그 인상들은
시각(밝은 색깔들), 후각(약사의 가게에서 나는 풍부하게 뒤섞인 냄새), 청
각(동풍이 울어 대는 소리)뿐만 아니라 심지어는 진정한 전프루스트적 방
식으로 미각(빨고 있는 목캔디)에까지 영향을 미친다. 이것은 알리바바의
동굴로 바뀐 디킨즈의 오래된 호기심 가게이다.

그러한 풍성한 기호들은 일단 있는 그대로 인정받기만 하면 일련의 강박적 해석과 학습의 과정을 유도한다. 이는 중심 일화인 셰이놀 씨의 몽환 상태와 신들림 내지 영감이 다루고 있는 부분이다. 이 과정의 정점은 셰이놀 씨의 것이든 키츠의 것이든 어떤 스타일의 창조 또는 재창조이다. 그 대상은 본질을 포착하거나 드러내는 것인데 기호와 의미의 단일성을 각인시켜 예술이라는 비물질적 기호를 통해 삶에 의미를 부여하며 여기에 시의 언어가 있다.

우리는 화자는 그러한 이상한 현상을 신비스러운 음조를 이해하고 연관시키지만, 그 현상들에는 단순한 신들림이나 심령술사의 교령회 같은 천박하고 사소한 문제 이상의 것이 있다. 왜냐하면 약사의 조카가 두 전함 사이의 통신 실패를 묘사하는 것이 바로 그 용어들이기 때문이다. "심령술사들의 교령회를 본 적이 있어요? 가끔 그것이 생각난다니까요. 어딘지 모르는 곳에서 오는 잡동사니 같은 메시지들——여기저기 있지만 전혀 쓸모가 없는 말"(199).

하지만 조카의 말에는 일리가 있다. 그는 낙관적인 약사일 뿐 아니라 위대한 오메 씨 가문의 자손으로서 그는 또한 기계를 다루는 기술자이다. 기호와 경이로움의 관점에서 이야기를 해석하는 것은 현상의 기계적 양상을 잊거나 간과하는 것이다. 하지만 여기에서도 들뢰즈가 도움이 될 것이다.

## 5. 기계들

이야기의 제목은 기계는 아니라 할지라도 적어도 기계적 과정 또는 작동을 가리킨다. 제목이 거꾸로 된 쉼표 속에 있기 때문에 그 과정은 은유적 확장을 겪는다. 텍스트는 마르코니와 키츠 무선통신 사이의 일관된 유사성에 기초해 있다.

텍스트 그 자체에는 기계적 은유들——명백히 전기와 동력——이 스며들어 있지만 그뿐만이 아니다. 셰이놀 씨가 거의 몽환 상태의 절정에 있을 때 화자는 자연스레 과학적 비유를 사용한다. '이제 다시 그의 얼굴이 수척해지면서 내가 처음에 보았던 그러한 상실감으로 불안해졌다. 그때 힘이 그를 낚아챘다. 이번에는 열 배나 날카로웠다. 나는 마치 시험관 안의 수은처럼 고통이 증가하는 것을 지켜보았다(197).

표면적으로는 여기에 예기치 않은 일이란 아무것도 없었다. 인간의 소통은 통상 기계의 관점에서 송신자와 수신자라는 회로의 모양으로 은유화되기 때문이다. 흔히 보는 '전선관' 은유에서 어떤 사람의 말 속에 넣을 수 있을 만큼의 의미를 집어넣는다. 그런 다음 그 말은 전보나 편지처럼 회로를 따라 보내진다. 그러므로 조카가 그의 장비로 풀과 교신을 하려 할 경우 화자는 인간 중개자의 도움으로 키츠와 접속을 이루어야 한다는 일이 전혀 새삼스럽지 않다. 하지만 이것은 너무도 간단하다. 비록 픽션의 세계에서 인간의 전송이라는 은유가 하나의 변형체가 되긴 했지만. 셰이놀 씨는 문자 그대로 무선통신 장비가 되었다.

이것이 왜 지나치게 단순한 그림인지를 이해하기 위해 세계에 대한 모든 철학적 해석에서 일등을 차지하는 질문, 즉 세계는 무엇으로 이루어져 있는가? 설탕, 양념, 그리고 그 모든 좋은 것? 아니면 보다 키츠적 양식으로 '설탕에 졸인 사과, 모과, 자두, 박?'(이것은 셰이놀 씨가 키츠를 반복하고 있는 부분이다.)(195) 대답은 에너지이다. 니켈 줄밥이 유리관 속에 붙어 있게 만드는 자기 에너지, 두번째 회로와 모르스 기계를 작동시킬 뿐 아니라 욕조 속의 여인을 간지럽히는 전지의 전기 에너지, 무의식 상태의 셰이놀 씨를 움직여 키츠에 열정적으로 빠지게 만드는 욕동 에너지. 원초적 카오스(사로잡혀서 어떤 종류의 질서 속으로 이용되기를 기다리는 '저기 멀리' 있는 미개척의 모호한 힘)를 '그것'(첫째 장에서 오래 논의한)의 강렬함이 곧장 길들여지지는 않았을지라도 적어도 중요하게 된 (기호의 적극적인 조작을 통해서) 코스모스로 변환하는 것이 이 에너지이다. 이것은 『안티오이디푸스』를 통해 익숙해진 흐름, 단절 내지 절단의 세계이다. 욕동 에너지의 흐름은 차단되어 의미 있는 질서로 약호화된다. 이것이 텍스트 안에서 실제로 벌어지는 일이다. 둘 다 마르코니와 키츠라는 장비를 가지고 있다. 검파기는 원초적인 에너지 기계로서 인간 검파기인 셰이놀 씨 안에서 원형적으로 환생해 있다.

그리하여 키플링 텍스트의 세계는 들뢰즈적 의미에서 기계의 세계이다. 우리는 앞 장에서 들뢰즈적 기계가 기계적이거나 상호 의존적인 톱니바퀴 체제가 아니라 이웃의 구성, 미세집합임을 보았다. 그것의 가장 좋은 예는 히스 로빈슨 기계이다. 그런 기계의 우스운 버전이 텍스트의 첫 페이지에 등장한다. 그것은 안테나, 전지, 전류에 접지하는 파이프 회로, 목욕하러 가는 다양한 몸을 지닌 나체의 여성들을 포함한다. 조카에 의해 움직여지는 보다 진지한 버전에서 그것은 공간을 일관성의 차원으로 연결시켜 주는 이웃 (다시 다양한 장치들, 안테나 등) 조직을 포함하는데, 그 접속이 풀뿐만 아니라 '영국 남부를 반쯤 가로질러'(199) 포츠머스와 바다의 전함들과도 이루어지기 때문이다. 가장 놀라운 버전인 키츠의 무선통신 장비에서 기계는 진정한 조립물이 된다. 언제나 한 대 이상의 기계가 있으며 기계적 배치는 두 가지 양상을 가진다. 하나는 욕망(결핵의 헤르츠파와 결합된 셰이놀 씨의 욕동)의 기계적 배치이고, 다른 하나는 언표행위의 집단적 배치이다.

이 마지막 지점을 좀더 자세히 들여다보자. 마르코니 장비는 개인적이거나 주관적인 발화를 거의 형성해 내지 않는다. 문장은 전적으로 관습적이고/관습적이거나 사소하다. 문장이 일상에서 벗어난다면 ('낙담되는' ── 매우 낙담되는(199) ──이 절규는 우리가 해군장교로부터 기대하는 것이 아니다) 그것은 개별적 화자가 아니라 개인화된 집단, 전함 탓이다. 통신의 전반적 과정에 참여하는 것은 개별적 화자가 아니라 사실상 네트워크이다. 개별적 화자는 진정한 들뢰즈의 관점으로 볼 때 사용자가 아니라 기계의 일부이다. 이것은 회로가 파손될 때마다 전적으로 그러하다. 어떤 이는 송신하지만 수신하지 못하는 반면 다른 이는 그 반대이다.

키츠 장비의 경우 우리가 개별적 배치가 아닌 집단적 배치를 갖고 있다는 사실이 완전히 드러난다. 발생(셰이놀 씨가 깨어날 때 옳다고 입증된)에 관한 화자의 이론이 하는 일은 흔히 보는 존재론적 혼합 속에서 배치의 다양한 요소들을 기술하는 것이다. 키츠에게 있어 적절히 작용하기 위해서는 ── 다소 예외적인 일인데 ── 요소들의 다양한 결합이 필요하다. 박테리아와 질병(결핵), 육체(젊은 남자의 그의 여자친구), 제도(화자가 부르듯 '약사'라는 직업), 왜곡이나 승화라는 대가를 치르면서 표현을 갈구하는 인간 심리계의 잠재의식적인 저층들, 셰이놀 씨가 매개하는 손으로 종이 위에 물리적으로 새긴 비물질적인 선들의 집합체. 이것은 전형적인 들뢰즈적 조합으로 그에게 고전적 예를 제공하는 봉건적 배치만큼이나 모든 면에서 복잡하다.

우리는 셰이놀 씨와 키츠 (동일한 텍스트의 두 발화자) 사이의 전유적 관계가 단순한 신들림의 관계(단일한 저자를 제시함으로써 역설을 해결할)가 아니라 이야기의 세계 속에서 다소 불명예스럽고 역설적인 관계임을 안다. 그들은 동일한 배치의 부분들이자 그 배치에 의해 말해지고 있기 때문에 동일한 텍스트의 '저자'이다. 이것이 키플링의 텍스트를 특별한 독서로 만드는 이유이다. 이야기의 수수께끼에 제시된 해결책은 그것이 아이러니하더라도 상식, 심지어 '심리적 현상'의 주변부적 상식과 양립할 수 없는 한 불명예스럽기 때문이다.

## 6. 결론

물론 키플링의 텍스트가 그러한 불명예스러운 결론에 전적으로 충실한 것은 아니다. 텍스트가 그러한 결론을 보이고 있긴 하지만 시적 영감의 진부한 어법과 시적 천재의 마법으로 돌아감으로써 그것을 거부하기도 한다. 정말이지 텍스트는 이러한 긴장감, 심지어는 모순을 둘러싸고 발전한다.

들뢰즈적 용어를 빌리자면 텍스트는 내재성(소통, 심지어 시적 소통조차 흐름의 약호화는 내재성의 차원, 기계적 배치의 구성의 차원에서 일관성의 차원이 지닌 흔적을 통해 발생한다)의 관점과 초월(헤르츠파와 시적 영감을 지배하는 미지의 힘은 '저 밖에' 있을 뿐 아니라 '저 위에', 플라톤적 본질의 영역에 있는 또 다른 존재의 차원에 있다)의 관점 사이에서 주저한다. 결과적으로 텍스트는 기계의 관점에서의 발생과 영혼의 관점에서의 발생 사이에서 끊임없이 주저하는 것이다. 셰이놀 씨는 다른 종류의 검파기인가 아니면 은유적 의미에서가 아니라 문자 그대로의 의미에서 하나의 영매인가? 아이러니하게 조카처럼 실증적 약사인 셰이놀 씨는 영매에 대해 강하게 반대한다. "하지만 영매는 모두 사기꾼이에요"라고 셰이놀 씨는 말한다. "그들은 돈을 위해 그 일을 한다고요. 내가 그런 사람들을 봤어요"(199). 그러한 실증주의는 발생에 대한 불명예스러운 해석을 자신도 모르게 지지한다. 이것은 영감의 이상주의에 대한 물질주의와 기계의 복수이다. 하지만 화자는 물론 셰이놀 씨가 무당처럼 몽환 상태에 빠지는 것을 보고 들은 뒤에 소매를 가리고 웃는다.

그러므로 이 세계는 이중적이다. 그것은 기호의 세계(직관은 기술적 소통보다 낫다)이며 기계들의 세계이다. 그 세계는 들뢰즈적 관점에서 단순히 기계적(직관은 기계적 발화의 또 다른 형태에 불과하다)이지만은 않다. 이것은 텍스트의 아이러니가 지닌 진정한 의미이다. 단순한 역전(시적 직관은 일상 소통보다 훨씬 우월하다)일 뿐 아니라 주저 내지 역설, 또는 프로이트적 거부이다. 나는 시적 영감이 흔해 빠진 대화처럼 기계적 배치의 산물임을 알지만 아무래도 상관은 없다……

# 6장

# 언어의 다른 철학

## 문체와 말더듬기

## 1. 서문

배치 이론은 첫눈에 보기에도 당연히 들뢰즈 언어철학의 정점이자 끝이어야 한다. 그것은 언어의 작용에 관한 그의 다양한 견해들 중 가장 먼저 나온 것이며, 거기서 주류 언어학자들과 가장 결정적인 단절이 생기기도 한 것이다. 하지만 '배치'가 들뢰즈 언어철학의 맨 마지막 단어는 아니다. 처음이기도 한 가장 마지막 단어는 문체이다. 우리는 언어에 관한 그의 사고의 극치라기보다는 최고의 긴장 지점, 들뢰즈 자신이 결코 사용하지 않는 용어를 사용하자면 모순의 어떤 것에 도달한다.

그 모순은 이렇게 요약될 수 있다. 한편으로 우리는 힘의 관계와 집단적 배치의 관점에서 언어에 관한 유사 마르크스주의적 개념을 가지는데, 그것은 이중적인 존재론적 혼합에 의해 특징지어진다. 그것은 언어에 관한 유물론적이자 리비도적 개념으로서 상당 부분 가타리에게 빚지고 있다. 갈등들이 경쟁하고 연합하는 장소로서 배치는 하나의 장르나 언어

게임을 다른 것들에 우선시하지 않으며 증식하고 배가되는 경향이 있다. 그러한 이론은 재현의 논리나 사고의 도그마적 이미지와 분명히 결별할 뿐 아니라 주체의 중심성을 벗어나 인간 심리계의 '심연'을 바깥, 즉 언어와 그것의 배치 속에 둔다는 점에서 굉장히 강력하다.

다른 한편으로 우리는 언어적 실천의 극치로 인식되는 문학에 관해 엘리트주의적 견해를 갖는다. 그와 더불어 언어의 형식으로서뿐만 아니라 언어와 주로 반성적으로 연관되는 것으로서 문학에 대한 전성기 모더니즘이나 전위적 입장을 공유하기도 한다.

들뢰즈에서 문체의 개념은 이러한 긴장을 뜻하며 그 긴장의 해소를 목표로 한다. 문체가 긴장을 해소하는지의 여부는 의심스럽지만 (그리고 우리는 문제들이 해결에 저항한다는 것을 인식할 정도로는 들뢰즈에 대해 충분히 안다) 그 시도는 흥미로운 결과를 낳는다.

나는 들뢰즈의 후기 저작에 사용된 문체의 개념을 중심으로 할 것이지만——새로운 언어화용론에 관한 세 개의 장은 논리적 순서만큼이나 연대기적 순서로 되어 있다——그 개념은 『프루스트와 기호들』[1]에 처음 등장한 이래 철학적 삶 전체를 통틀어 항상 그와 함께해 왔다. 그 책에서 발견하게 될 문체 개념의 핵심은 뷔퐁의 "le style, c'est l'homme"[문체, 그것은 사람이다]와 명백한 대조를 이루는 들뢰즈의 공식, "le style, c'est l'essence"[문체, 그것은 본질이다]로 표현될 수 있다. 그 공식이 다소 애매하기 때문에 그것이 주장하는 요점을 간략하게 먼저 살펴볼 필요가 있다.

들뢰즈의 프루스트 읽기(만약 강력한 읽기라는 것이 있다면 그것이야말로 그 예일 것이다)는 프루스트의 작품이 지닌 '문제'를 기호의 문제로

---

1 Deleuze, *Proust et les signes*, 2nd edn.

정의한다(2장에서 보았듯이 기호들은 몇 가지 형태의 세계로 나타나는데 마들렌이나 뱅퇴유의 작은 구절이 모범적 기호들이다). 프루스트와 그를 읽는 들뢰즈의 주된 관심을 끌었던 기호들은 물론 예술의 기호들이다. 모든 기호들처럼 그것들은 해석을 필요로 한다는 점에서 배움의 과정을 시작하지만 기호들이 드러내는 것은 단지 대상(기호의 지시대상)이 아니라 본질들이다. 본질이란 예술이 우리에게 도달할 수 있게 해주는 것, 아니 차라리 예술의 특권과 목표는 우리가 거기에 닿을 수 있게 해주는 것이다. 본질은 들뢰즈에 의해 절대적이고 궁극적인 차이들, 그리고 단자들로 다양하게 정의된다. 본질은 세계에 대한 관점으로서 각각은 매우 다른 방식으로 세계를 표현하며 그 과정에서 주체를 창조한다. 그러한 본질이 초월적이거나 플라톤적 형태를 취하지 않아야 하며 내재적(또는 향수에 향기를 가져다주는 '엑기스 오일'essential oil로서의 엑기스라고 읽혀야 하는)이어야 한다는 가정이 거기에서부터 나온다.

문제는 물론 이것이다. 어떤 형태로 본질들이 구현되거나 예술작품에 드러나는가? 그리고 그 대답은 예술작품이 만들어지는 '재료들' matières — 어떤 색깔, 소리 혹은 단어들 — 로 드러난다는 것이다. 우리는 들뢰즈의 소위 '고도의 모더니즘'이 기어 들어오는 것을 본다. 예술작품은 그 내용이나 주제가 아니라 그것이 물질적으로 만들어지는 재료들에 의해 특징지어진다. 그리고 이것이 문체라는 개념이 등장하는 곳이다. 문체란 문학작품을 예술작품으로 변화시키는 재료들을 다루는 일이다. 그것은 재료를 구성하여 대상들 사이에 미지의 혹은 예기치 않은 관계들을 수립하는 일이다. 그리고 문체는 두 계기로 정의된다. 그것은 메타포 (그것이 미지의 관계를 수립하는 한)를 통해 작용하지만 그러한 메타포들은 '본질적으로' 메타모르포시스들이다. 그때 문체를 통해 관련된 대상들은 규정성들determinations과 이름을 상호 교환한다. 그리하여 새로운 세계, 세계에 대한 새로운 관점, 도달해야 할 본질이 생겨난다. 문체는 인간이 아니라 본질이며 일련의 논의는 다음과 같이 진행된다.

기호들 → 예술 기호들 → 재료들 → 문체 → 은유 → 변형 →본질

문체로 구체화된 '예술의 절대적 특권'은 기호와 의미, 본질과 변화된 재료 사이의 최종적 적정함이다. 처음에 기호, 예술, 본질에 관한 이러한 이론은 배치 이론과 완전히 불일치하는 것처럼 보인다. 하지만 들뢰즈는 정확히 문체의 개념을 통해 연결고리를 수립하려 한다.

## 2. 문체

전통적 의미에서 ── 가령 뷔퐁의 경우에서처럼 ── 문체 개념은 개별성(문체는 개별 작가의 근원적 표식으로서 특이한 것이다), 주체성(문체는 고의적 구성이다. 즉 당신은 그것으로 작업을 해서 그것을 향상시키고 숙련시킨다. 그리고 이 '당신'은 그녀의 목적과 노력의 수간을 의식하는 주체가 아닐 수 없다), 원저자(진정한 저자는 그의 개인적 문체에 의해 인정된다)에 관한 개념을 포함한다. 뷔퐁에서처럼 이 모든 것은 들뢰즈 철학에서 특이하게 부재하는 인류의 개념을 상정하는데, 그것은 분명 휴머니즘의 한 가지 버전도 아니고 심지어 인류학도 아니다.

그렇다면 왜 극도의 거리감을 두어야 하는 데도 그 용어를 유지해서 그것으로부터 하나의 개념 ── 겉보기에 이상하고도 예기치 않은 결정인 ── 을 끄집어 내야 하는가? 나는 들뢰즈가 당대 프랑스 철학의 글쓰

기에서 주요 경쟁자를 피하기 위해서 그처럼 구태의연한 용어에 충실했다고 가정한다. 바르트가 사용한 글쓰기 개념은 들뢰즈가 보기에 구조주의적 계기, 즉 글자의 지배와 기표의 독재에 너무도 가까이 연결되어 있다. 그리고 데리다가 사용한 글쓰기 (가령 『글쓰기와 차이』[2]에서) 개념은 너무 언어 중심적이다. 언어의 중심성이 들뢰즈가 폐기하고 싶어 하는 구조주의적 교의들 중의 하나이기 때문에 문체는 그것이 회화에 사용되거나 심지어 보편적 행동양식(생활양식, 세련된 옷)을 묘사하는 데도 사용될 수 있다는 데 이점이 있다.

포스트-가타리적 정의에서 문체에 관한 들뢰즈의 개념은 배치나 되기의 개념들과 밀접하게 연관된다. 문체는 더 이상 본질에 대한 특권적 접근이 아니라 발화의 배치(고유명사나 '독신'인 저자와 연관되어 있다 하더라도 언제나 집단적인 것으로)이며 하나의 되기이다. 우리는 이 경우 스스로가 인정하고 싶은 것보다 훨씬 헤겔적이라 할 수 있는 들뢰즈의 철학적 질문의 주된 대상이 단일한 '사물'이나 대상의 고정된 구조가 아니라 언제나 되기이며 '특정 문체로 표현된' 일련의 행위임을 기억한다. 그리하여 문체는 어법의 형식(고유하거나 은유적인 단어 중의 선택)도, 기표의 구조도, 언어의 고의적 구성도, 심지어 순간적 영감의 결과도 아닌 불협화음, 불균형, 가장 생생한 형태의 언어에 영향을 미치는 중얼거림을 가리키는 말이 된다. 거기에는 소수성의 개념과 분명한 관련이 있다. 문체야말로 우리 자신의 언어에서 스스로를 낯설게 하고 화자 혹은 작가로서 우리를 위해 비행 노선을 열어 주어 사고가 발화를 방문하게 한다.

이것은 들뢰즈가 '글쓰기'라는 단어를 알지 못한다거나 그 단어의 존

---

2 Derrida, *L'Ecriture et la différence*, Paris : Seuil, 1967.

재를 애써 인정하지 않으려 한다는 의미가 아니다. 그 단어는 개념이라 기보다는 차라리 완전개념notion으로서, 실제로 그의 텍스트에 종종 나온다. 들뢰즈는 그 단어의 동사형인 '쓰다'écrire를 더 좋아하는데 그것은 어떤 활동, 과정을 암시하며 되기와 탈주선 뒤쫓기가 요구하는 지속성을 포착할 준비를 갖추고 있다. 그의 주장에 의하면 어떤 사람이 '쓸 때', 그 사람은 문체를 향해 가거나 거기에 사로잡힌다. 그리하여 버지니아 울프의 '여성적 글쓰기'écriture féminine는 글쓰기의 분리된 형태, 여성적 정체성의 표현이 아니라 각인이자 동시에 여성뿐 아니라 남성도 겪어야만 하는 (들뢰즈와 가타리는 그러한 과정이 밀러나 로렌스 같은 가장 남성 중심적 작가의 글쓰기에도 상당히 존재한다고 주장한다) '여성-되기'의 과정이며 육성이다.[3] 버지니아 울프에게서 문체에 버금가는 이러한 '글쓰기'는 비개인성, 비식별성, 비지각력에 의해 특징지어진다.[4] 그러한 특징은 근대적 글쓰기나 문체보다는 공통으로 가진 자질, 즉 작가와 독자 되기의 탈주선을 따라가는 능력에 기인한다.

들뢰즈에게서 '글쓰기'는 문제('글쓰기의 문제'는 『비평과 진단』의 서문에서 보듯 그 에세이집에서 다루려고 했던 대상이다)의 지점이며,[5] 문체는 그 문제에 이름을 붙인 개념인 것처럼 보인다. 『들뢰즈 ABC……』 중 'Enfance[어린이]의 E'부분에서 그 문제는 되기의 하나로 사실상 공식화된다. 쓰는 것은 되는 것이지 작가가 되는 것은 아니다(프루스트에 대한 명백한 암시). 그것은 어린 시절의 사소한 기억들을 복원하는 데 있는 것이 아니라 언어를 그 극단으로 밀어붙이는 데 있다. 다시금 문체라는 바

---

3 Deleuze and Guattari, *Mille plateaux*, p. 388〔영어판 p. 276〕.
4 *Ibid.*, pp. 342~343〔영어판 pp. 280~281〕.
5 Deleuze, *Critique et clinique*, p. 9〔영어판 p. iv〕.

로 그 개념은 작가의 개인성과 근원성 이론에 대한 하나의 저항이 된다.

그런데 실제로 문체를 구성하는 것은 무엇인가? 들뢰즈 저작을 쓰여진 순서대로 읽으면 (영어로 번역된 순서가 아니라) 그 개념이 진화해서 새로운 개념이 형성되며 마침내 『들뢰즈 ABC……』와 『비평과 진단』에서 최종 종결점을 찾는다는 것을 알 수 있다. 과도기적 정식화는 『안티 오이디푸스』의 앵글로-색슨 문학에 (다시금) 찬사를 보내는 한 구절에서 발견할 수 있다. 이번에는 망상의 능력, 통사론에 가해진 폭력, 무의미에의 탐닉, 시니피앙의 고의적 파괴와 다성악의 발전이라는 관점에서이다. 그 앵글로-색슨 작가들은 분명 문체를 가지고 있다.[6] 그 구절에서 들뢰즈와 가타리는 텍스트를 이데올로기적 입장(그리고 그들은 다시 한번 이데올로기 개념이 지닌 모호성과 혼란함을 개탄한다)으로 읽으려 시도하는 문학비평 형식에 반대한다. 이데올로기에 고무된 독자들——아마도 마르크스주의자들, 마슈레 같은 알튀세르주의자들——에 반대하여 그들은 발자크를 정치적으로 반동적인 작가나 심지어는 프랑스 사회의 거울로 보고, 간접적이든 왜곡되어 있든 재현의 관점에서 읽지 않은 엥겔스를 언급한다. 발자크처럼 위대한 작가는 전제적 (발자크의 경우 가톨릭의) 시니피앙을 무너뜨리는 에너지의 흐름을 허용하여 혁명적 기계로 돌입한다. 그런 다음 그들은 다음과 같이 덧붙인다. "이것은 문체란 무엇인가, 혹은 더 나아가 문체의 부재——비구문적, 비문법적——란 무엇인가에 대한 것이다. 언어가 더 이상 그것이 말하는 것이나 심지어는 그것을 기표화하는 것에 의해 정의되지 않고 언어가 움직이고 흐르며 폭발하게 만드는 욕망에 의해 정의되기 때문이다. 문학은 정신분열처럼 하나의 과정이지 목표

---

6 Deleuze and Guattari, *L'Anti-Œdipe*, p. 158[영어판 p. 133].

가 아니며 하나의 생산이지 표현이 아니기 때문이다.[7]

　문체를 정의하는 요소들이 특징적 등가성 혹은 양가성과 더불어 이미 여기에 존재하며, 우리는 거기로 다시 돌아가야 한다. 문체는 비문체이다. 문체는 문체의 부재로 가장 잘 묘사된다. 우리는 이러한 분명한 모순을 들뢰즈의 문체 개념에서 구성적 긴장의 증상으로 여길 수 있다. 그 긴장은 이후의 정의에서 사라지지 않고 마지막 버전까지 개념을 생동감 있게 만든다. 『들뢰즈 ABC……』의 'Style[문체]의 S' 부분에서는 그러나 문체에 주어진 특징이 전적으로 긍정적이다. 문체는 언어에 대한 최초의 통사적 취급을 의미하며, 말더듬기나 중얼거림으로 불리고, 침묵으로 특히 음악 같은 다른 매개를 통해 변방으로 언어를 데리고 가는 능력이다. 이는 베케트의 텔레비전 연극에 대한 들뢰즈의 독서 전략에 새로운 관점을 던져준다. 첫번째 언어에서 세번째 언어로의 이동(여전히 모호하게 하나의 언어인 언어로부터 더 이상 언어가 전혀 아닌 언어로—내가 마치 『와트』에서의 화자처럼 말하고 있는 것처럼 보이겠지만)은 베케트의 입장에서는 문체로의 이동이다. 결과는 역설적으로 문체의 정점에 도달할 때 언어는 모두 소멸된다. 우리는 문체가 비문체인 이유를 이제 이해한다.

　들뢰즈의 문체에 대한 생각을 요약하게 위해 나는 나중에 보다 자세히 분석하게 될 『비평과 진단』에 들어 있는 글의 한 구절을 인용하겠다.

**너무 긴장되어서 더듬거나 중얼거리기 시작할 때 언어는 온전히 한계점에 도달한다.** 그 한계점은 언어의 외부를 표시하고 그것이 침묵과 대면하게 만든다. 언어가 이런 식으로 긴장되면 그것을 침묵에 빠뜨리려 하는 압

---

7 *Ibid.*, p. 158〔영어판 p. 133〕.

박에 철저히 굴복한다. 문체 ── 언어 내부의 외국어 ── 는 이와 같은 두 가지 작용으로 구성된다. 아니면 대신 우리는 비문체를 지닌 프루스트와 말해야 한다.[8]

문체를 언어의 긴장으로 정의해 보자. 그것은 매력적인 정의이긴 하나 여전히 다소간 모호하다. 하지만 그렇게 정의할 때조차 그 정의를 더욱 정확히 해주는 세 개의 중요한 결론이 있다.

1 들뢰즈는 촘스키의 신념을 공유한다. 비록 다소 다른 의미를 가지고 있긴 하나 그는 통사론의 중요성을 믿는다. 작가는 단어를 사용하지만 그 단어들이 감각의 일부가 되고, 표준적인 언어를 더듬거리게 하고 떨리게 하고 울게 하고 심지어 노래하게 하는 통사를 창조함으로써 그렇게 한다. 이것이 문체……[9]

2 들뢰즈는 푸코와 공유하는 기본 생각으로서 문체에 대한 상식적인 개념과 정확히 반대되는 문체의 비인칭성을 주장한다. 『대담』의 인터뷰 중 하나에서는 작품(문체는 우리가 기억하기에 단순히 언어의 문제는 아니다)뿐만 아니라 성품과 행동까지 푸코를 칭찬하면서 다음과 같이 적고 있다.

사소한 상황에서조차 가령 그가 방으로 들어오면 무언가 분위기가 바뀐 것 같았다. 일종의 사건이나 전기 내지 자기장 같은 것이 형성된 것처럼.

---

8 Deleuze, *Critique et clinique*, p. 142(영어판 p. 113).
9 Deleuze and Guattari, *Qu'est-ce que la philosophie?*, p. 166(영어판 p. 176).

결코 따뜻함을 배제한다거나 불편하게 느끼게 하진 않았지만 사람 같지는 않았다. 그것은 일련의 강렬함이었다. 그렇다는 것, 그런 효과를 지닌다는 것이 때로는 그를 성가시게 했다. 하지만 동시에 그의 모든 작품이 그 분위기를 풍요롭게 했다. 가시적인 것은 그에게는 비춤, 섬광, 불빛, 조명 효과였다. 언어는 거대한 3인칭으로―말하자면 어떤 특정 인칭과 대립되는―'존재하며', 그것은 강렬한 언어로서 그의 문체를 구성한다.[10]

우리는 이 구절을 통해 문체의 역설을 이해하게 된다. 헤겔의 은유를 빌리자면 그것이 어떻게 가장 개인적인 언어의 거처로 여겨지면서도 하나의 인칭에 귀속될 수 없는지를 인식할 수 있게 된다. 문체의 주체가 있지만 이 주체는 주체화의 과정이 낳은 최종 산물이다(그리하여 주체는 기원이 아니라 주체의 문체의 결과이다. 저자가 문체를 갖는 것이 아니라, 문체가 저자를 갖고, 저자의 이름 안에 구현되는 방식으로 각인되는 것이다). 그리고 개인적(어떤 '흉내낼 수 없는' 문체), 집단적(배치가 말하고 있는) 주체는 둘 다 결코 인칭으로 환원될 수 없다. 적어도 들뢰즈가 그리고 있는 아무리 매력적인 푸코라 할지라도 그러하다. "만약 주체가 있다면 그것은 정체성 없는 주체이다."[11]

   3 들뢰즈에게서 언어적 특징은 옐름슬레우와 라보프를 좇아 끈질기게 주장하는 언어의 양상에 기인한다. 즉, 언어는 **연속적 변이**의 상태에

---

10 Deleuze, *Pourparlers*, p. 157〔영어판 p. 115〕.
11 *Ibid.*

놓여 있다는 것이다. 그의 주장에 의하면 다양한 언어 기능의 변화라기보다는 표현의 흐름과 내용의 흐름을 결합하고, 배치 속에서 욕망과 발화의 흐름을 걸러 내는 기호체제의 관점에서 이야기해야 한다. 이러한 연속적 변이가 이질성과 불균형을 만든다. 언어는 안정된 체제가 아니다. 문체는 이러한 언어의 작용 양상을 이용하고 그것을 주제화한다. 말더듬기에서 침묵으로 가는 호㧼 위에 있는 언어가 필요로 하는 것이 문체이다. 이런 점에서 베케트는 중요한 문체주의자이다.

베케트의 절차는 …… 다음과 같다. 그는 자신을 문장의 한가운데에 두고 조각에 조각을 붙여서 문장이 거기서부터 자라게 한다. …… 그래서 단 하나의 꺼져 가는 숨결 덩어리에게라도 가는 길을 안내해 준다. …… 창조적인 말더듬기는 마치 풀과도 같이 언어를 한가운데서부터 자라게 만든다. 그것은 언어를 나무가 아니라 리좀으로, 영원한 불균형 속에 집어넣는다.[12]

구문론이라는 강도 높은 선으로 되돌아가야 할 것이다.

나는 우리가 이제는 문체 개념이 들뢰즈의 언어철학에 중요한 이유를 이해할 수 있으리라 믿는다. 여러 갈래의 뿌리와 잔가지들이 자라나는 곳이 개념들의 리좀 안에 있는 마디이다. 그 개념은 들뢰즈의 언어철학과 분리할 수 없이 연결되며 (흐름과 단절, 분절, 탈영토화, 탈주선, 변이, 불균형과 통사의 중심성, 집단적 배치와 몰개성) 독자적 시학으로 출현하는 어떤 것이다. 그 개념의 내적 긴장은 점점 더 인식 가능하게 되어 간다. 한편

---

12 Deleuze, *Critique et clinique*, p. 141〔영어판 p. 113〕.

으로 우리에게는 비문법성과 침묵이라는 근대 시학이 있고 다른 한편으로는 몰개성과 배치의 시학이 있다.

하나의 예를 통해 이 부분을 정리하고 싶다. 저작의 한 텍스트를 인용함으로써 들뢰즈 분석의 적합성을 보여 주기란 너무도 쉽다. 그러므로 전위적 글쓰기에서 멀리 떨어져 있는, 보다 난해한 사례를 시도해 보자. 이것은 영문학에서 잊혀진 걸작들 중 하나에서 발췌한 부분이며 이 구절의 흐름이 나에게 만큼이나 여러분에게 유쾌함을 유발하기를 희망한다.

> 키가 다소 작은 편에 속하는 내 아버지는 어렸을 때에도 비만한 경향이 있었는데, 내게도 물려진 하나의 특질인 비만을 아버지는 생의 마지막 날까지 유지하는 데 성공하셨다. 또한 그는 두피에서 자라난 풍성한 머리카락, 윤기 나고 풍부한 콧수염도 결코 잃어버리지 않으셨고 — 눈에 띌 정도로 — 특이하게 쩌렁쩌렁 울리는 목소리도 잃지 않으셨다. 그 목소리는 깊은 저음이었다가 감정적 순간에는 갑자기 높은 팔세토로 바뀌었으며 그가 옳다고 생각하는 명분 앞에서는 그것을 양껏 사용하는 데 조금도 주저하지 않으셨다. 언제나 생동감이 넘치셨고 운 좋게도 예외적으로 크고 잘생긴 코의 소유자였으며, 눈은 특이하게 옅은 푸른색이었던 반면 커다란 양쪽 귀는 과감하게 두드러지는 귓바퀴와 더불어 독립적으로 움직이는 드문 능력을 가지고 있었다.[13]

이 자서전의 주인공이자 아버지에 대해 이렇게 예외적인 묘사를 한

---

13 Anon., *Augustus Carp, Esq., By Himself: Being the Autobiography of a Really Good Man*, Harmondsworth: Penguin, 1987(first published, 1924), p. 3.

저자는 푸스터 씨의 소중한 후손이다.[14] 언어를 조용히 그 극한까지 데려간 데 대해 겉보기에는 어떤 의문의 여지도 없다. 아우구스투스는 그의 "아버지"genitor(스스로 그렇게 표현함)와 똑같이 울림이 큰 성대기관을 가지고 있을 뿐 아니라 자기충족적 수다 때문에 고민하지만, 다소 상스럽게 표현해서 주둥이를 닥치지는 않을 것이다. 하지만 펭귄판 서문의 저자가 아우구스투스 카프의 "언어는 그 자체로 인물"이라 말한 것은 결코 옳지 않다. 왜냐하면 이러한 언어는 거만한 비실체로부터 우리가 기대할 수 있는 상투어의 연속에 불과하다. 언어는 문체를 보여 주고 자신의 삶을 가지고 있으며, 일종의 과다함, 즉 자신이 무의미로 흘러넘치도록 지속적으로 위협하는 열정의 한 형태를 가지고 있다. 그것이 바로 말더듬기의 대상이며 언어를 그 (여기서는 유쾌한) 한계까지 끌고 가는 어떤 형식이다. 아우구스트 카프가 수많은 통사적 특질에 의해 창조되는 것처럼 통사가 문체에 매우 중요하다는 말은 헛된 주장이 아닌 듯하다. 그중에서도 '현수분사'unattached participle라고 알려진 '문법적 실수'가 있는데 위 인용 구절의 마지막 문장이 그렇게 시작된다. 예가 하나 더 있다. "2월의 새벽 세 시 반에 태어났을 때, 세상이 살짝 내린 눈으로 덮힌 그때 어머니의 숙모인 에밀리 스미스 부인이 자신의 침실 문을 열었다."[15] 여기서 아우구스투스는 대숙모의 탄생이 아니라 자신의 탄생에 대해 말하고 있는 중이다.

말더듬기에 대한 묘사는 그리하여 들뢰즈의 문체 개념을 설명하기 위한 논리적 다음 단계이다.

---

14 George and Weedon Grossmith, *Diary of a Nobody*, Harmondsworth : Penguin, 1965(first published, 1894).
15 *Augustus Carp, Esq., by himself*, p. 4.

## 3. 말더듬는 언어

### 3.1 첫머리

이 부분을 일종의 고백이기도 한, 부끄럽지는 않은 가치 판단으로 시작해 보자. 내가 아는 최상의 첫머리는 사뮈엘 베케트의 『머피』*Murphy*의 첫 문장이다.

> 1 The sun shone, having no alternative, on the nothing new.
> 무엇으로도 대체할 수 없는 태양이 하나도 새로울 것 없는 것 위에서 빛났다.[16]

이것은 그야말로 보석이다. 첫머리왕국의 왕이며 첫머리시작의 모범이며 첫머리의 발전에서 정점이다. "오랫동안 나는 아침 일찍 잠자리에 들었다"(『잃어버린 시간을 찾아서』)라는 시시한 첫머리를 얼마나 가뿐히 뛰어넘는가. 시적 사건의 전개가 독자를 황홀하게 만드는데, 어느 누가 햇빛이 그토록 밝게 비칠 때 자러 가는 데 대해 신경을 쓰고 싶겠는가.

하지만 최상의 첫머리는 최악의 첫머리이기도 하다. 기념비는 폐허이기 때문이다. 처음에는 아무리 사소해 보일지라도 잠자리에 드는 그 평범한 사람은 훌륭한 일을 한다. 단어 안의 단어로서 그것은 결정적인 단어인 '시간'을 포함하고, 그 결과 '탐색'을 알린다. 그리고 그 시간이 '길

---

16 Beckett, *Murphy*, London : Picador, 1973, p. 5. 이 부분의 보다 긴 버전은 "Bégayer la langue —Stammering language" [말 더듬는 언어], *L'Esprit créateur*, xxxviii, 1998, pp. 109~123으로 출판되었다. 나는 『비판과 진단』(*Critique et clinique*)의 영역본에서 'bègayer' [말을 더듬다]의 번역에 따라 제목을 바꾸었다.

기' 때문에 어느 정도의 길이도 알려 준다. 다시 말해 그 문장은 다 채우려면 여러 권을 써야 하는 서사적 프로그램의 시작이다. 그것은 전제(동사의 시제는 그 과정이 더 이상 현재적이지 않음을 암시한다. 그런데 왜 그럴까?)를 생각나게 하고 이중적으로 질문과 예상을 자극한다.

베케트의 첫머리는 그렇지 않다. 그것은 보석이기 때문에 전적으로 자족적이며 어떤 맥락으로부터도 단절되어 있다(타잔의 모험의 패러디에 대한 첫머리일 수도 있다). 그것은 자기 인용의 모든 자질들을 지닌다. 그 시작은 어떤 서사적 사슬의 첫번째 고리가 아니라 파편이며 아포리즘으로서 프랑스어로 말하자면 '금언'une sentence이다. 그것은 텍스트의 문턱에 홀로 서 있다. 하지만 실제로는 문턱이 아니며 전초기지도 아니다. 차라리 나머지 다른 구조물과 별도로 서 있는 하나의 동상이다. 또는 은유를 바꾸자면 허구적인 세상의 얼룩진 개념을 사용하지 않는다. 언제나 훌륭한 첫머리로서 그것은 미래의 독자에게 서사적 우주의 탄생이 임박했음을 알리지는 않는다. 그것은 사실상 확신에 찬 단정적 진술인 "태양이 빛났다"를 통해 서사적 시작이 지닌 낙관주의, 즉 어원적 암시가 아니라 밝은 신세계에 대한 약속으로 시작하는 것처럼 여겨진다(이것은 『프랑켄슈타인』에서 창조 장면의 시작──"11월의 어느 황량한 밤이었다……"가 아니다). 하지만 오래된 부정negation의 기법을 통해 즉시 철회된다. 이러한 부정은 『제인 에어』의 유명한 첫머리('그날은 산책할 가능성이 없었다')에서처럼 분위기를 만들어 내기 위해 사용되지는 않지만 첫머리 자체에 대한 심연의 논평이 됨으로써 기호학적 가치를 가진다. '어떤 대안'도 어떤 선택을 함축하지 않으며 따라서 어떤 소쉬르적 가치도, 어떤 의미도 없다. 베케트의 첫머리는 『제인 에어』보다 훨씬 더 좋지 않다. 이러한 초-서사적 부정은 막 출발한 말들words의 배를 침몰시킨다. 그것은 자신이 유발시킨 기대를 즉시 무너뜨리는 자기 파괴적 첫머리이다.

그렇다고 내 마음이 바뀐 것은 아니다. 나는 이것이 최고의 첫머리라고 여전히 주장하고자 한다. 이러한 역설적 반응의 두 양상을 파악하기 위해서 그 모두에 함축된 세 개의 역설을 설명해 보려 한다.

첫째, 첫머리는 누가, 무엇을, 어디서, 언제, 어떻게, 왜와 같은 수사적 질문들에 가능한 한 많이 대답함으로써 서사의 주제를 도입하도록 예정되어 있다. 베케트의 첫머리는 분명히 그렇게 하지 못한다. 그것은 단지 언제라는 질문에만 답할 뿐이며, 그 또한 너무도 모호하고 시시해서("태양이 빛났다") 충분한 정보를 주지 못한다. 심지어 『더버빌 가의 테스』의 첫머리("5월 하순의 어느 저녁에……")가 그보다는 낫다. 하지만 역설적으로 이 언제의 사소함이 형상성figurality 작업을 통해 누가, 의인화, 비유가 될 때 하나의 자산이 된다. 어떤 대체물도 없는 이 태양은 눅눅한 만큼이나 음산할 수 있다. 우리가 소설의 첫문장에서 발견하기를 기대하는 사람은 주인공이다. '형상화'라는 말로서 의미하는 바는 로랑 제니가 말한 '형상'이다. 그것은 독자의 관심을 끄는 언어학적 뒤틀림이다(그의 모범적 예는 중국 사람의 번역에서 그가 발견한 구절 ─ '봄의 테라스'une terrasse en printemps로서 보통은 겨울과 여름 앞에 전치사 'en'을 붙이고 봄 앞에는 'au'를 붙인다).[17] 베케트 문자에서 형상화는 [-인간](태양)과 [+인간](대체물과 마주한)의 의미론적 특징들이 불법적으로 결합하는 데 있다. 그리고 물론 구절이 바뀌면서 작품의 주인공으로 변한 이 태양은 주인공이 아니다. 어떤 동일시도 어떤 호명도 여기서 발생하지 않는다. 독자는 (프루스트, 브론테, 하디의 독자들처럼) 한곳에 소집되지 않는다. 독자는 고의적인

---

17 Laurent Jenny, *La Parole singulière*, Paris: Belin, 1990.

경박함을 지닌 채 거리를 유지한다.

첫머리의 뒷부분에 대해서는 아직 언급하지 않았다. 하지만 그것은 문장을 매우 기억할 만하게 만드는, 그것을 하나의 경구로 만드는 것일지도 모른다. 여기서 역설은 결코 새롭지 않다. 하지만 우리는 언제나 이미 태양 아래 어떤 새로운 것도 없음을 알고 있다. 그것은 부정적 대상, 거부된 세계의 역설이다. 첫머리의 목적은 창조하고, 허구적 세계에 가구를 들여놓은 일이다. 가구 들여놓기의 은유는 중요하다. 허구의 세계와 논리학자나 철학자의 가능한 세계를 구별하는 것은, 그것이 결코 완전하고 언제나 일관되지 않기 때문만이 아니라 거기에는 "가구가 갖춰져 있다"는 것이다. 즉, 그 세계는 긍정적이고 선택적인 창조(어떤 기능의 범위로서 통째로 주어지지 않는다)이다. 하지만 여기서 창조된 허구의 세계는 첫번째 가구인 태양을 거의 받아들이지 못했다. 그것이 부정을 통해 즉시 용해되기 때문이다. 발화 다양성에 대한 언어학적 분석을 통해 나는 '그 태양'이 직시적인deictic 정확한 기술(방향 화살표), 그 구절에 대한 단 하나의 가능한 지시대상의 존재가 일으키는 작용에 의해 결정됨을 알게 된다. 우리가 여기서 가지는 것은 시작단계의 우주이고 그것도 미메시스적인 것이다. 태양의 주변을 회전한다는 점에서 이 또한 진정으로 세계이다. 그리고 태양이 그것을 아는 사람이 느끼는 편안한 친숙함으로 다루어진다는 점에서 우리가 사는 세상을 매우 닮아 있다. 하지만 이러한 초기 단계의 조화는 이미 말한 세계의 비존재에 의해 즉시 깨어진다. 묘사되는 것은 '아무런 새로울 것 없음'nothing new인데 여기서 '무'는 내 나름대로 이해한 것이다.

그래도 어쨌든 그 구절을 계속 밀고 가 본다면 그리하여 나의 세번째 역설, 첫머리 후반부에 관해서는 두 개의 해석이 있다. 존재하지 않은 대상을 나타내서 마이농적 유사-존재(행운의 섬이나 네모난 원과 같은, 알다시피 허구적 세계는 일관성을 가질 필요가 없다)로 가득한 부정적 우주론을 그려 내든지, 아니면 너무도 친숙한 대상의 사소함('새로운 무')을 부조리할 정도로 나타낼 것이다. 적어도 상투적 말이 뒤집어지지만 않는다면 두번째 해석이 더 선호될 것이 분명하다. 이러한 첫머리의 형상화는 의미론적 특질들의 내적 결합뿐만 아니라 잘 엮어진 구절에 주어지는 예기치 않은 뒤틀림 속에도 있다. 거기서 의미의 새로운 잠재력이 나온다. 이러한 뒤틀림은 들뢰즈의 구절인 '말더듬는 언어'가 묘사하려고 추구하는 것이다.

말더듬기는 어떻게 작동하는가? 존재론적 문장의 형태를 가지고 있는 시시한 상투어로 시작하자.

2 There is nothing new under the sun.

존재론적 문장은 하나의 흥미로운 의미론적 특질을 지니는데 구조가 추정을 담고 있지 않다는 것이다. 그 문장은 '추출', 즉 무한한 관사의 재현 가치와 연결된다. "식탁 위에 고양이 한 마리가 있다"라는 문장은 이것이 고양이에 대한 첫번째 언급임을 함축한다(존재론적 문장이 아니지만 대체적 언급과 지시적 지적을 포함하는 "식탁 위에 그 고양이가 있다"와 비교해 보라). 위의 존재론적 문장은 똑같이 추정 없는 변이물로 변형될 수 있다.

3 Nothing is new under the sun.

차이점은 무주제어 (의미 없는 'there') 대신에 부정적인 의미의 부정 대명사 'nothing'을 주어로 만들었다는 것이다. 여기서 nothing은 의미론적 가치를 지닌 화제이다. 하지만 be동사의 위치를 바꿈으로써 한 번 더 문장을 변형시켰다고 가정해 보라.

4 Nothing new is under the sun.

이러한 자리 바꾸기는 문장의 존재 가치를 거부하고 판단과 추정을 도입한다. 그것은 실체의 이전 존재(비록 자기 모순적인 것이긴 하나)인 'nothing new'를 상정한다. 모든 부정의 존재론이 단지 be동사의 위치를 바꿈으로써 생성된다.

물론 'the nothing new'라는 구절은 문제적이며 통사론적으로 의심스럽다. (관사 + 대명사 + 형용사), 이 순서는 합법적 결합이 아니라서 분석이 요구된다. 문제는 적어도 세 가지가 가능하다는 점이다.

    **i** 〔관사 + (대명사 = 형용사) + (형용사 = 명사)〕, 즉 'the new that is no thing'.
    **ii** 〔관사 + (대명사 = 부사) + (형용사 = 명사)〕, 즉 'the in-no-way new'.
    **iii** 〔관사 + (대명사 = 명사) + (형용사 = 형용사)〕, 즉 'the nothing that is new'.

해석 (i)은 너무나 기이해서 진정한 경쟁상대가 되지 못한다. 그 결과 말더듬기는 (ii)와 (iii) 사이 ― (ii)에서 (iii)으로의 변이에서 발생한다. 말해짐으로써 허무(무)는 존재의 형태를 얻는다(확정된 은유 혹은 언어적 표현의 존재론화에서 신화의 기원에 관한 막스 뮐러가 떠오른다). 이는 다시 인간 언어의 전반적인 특징, 부정의 중요성, 즉 존재하는 것뿐만 아니라 존재하지 않는 것도 진술하는 인간 언어의 능력에 의존한다.

우리에게 (ii)와 (iii)에 대해 똑같은 각주가 있는 해석(둘 다 통사적으로 잘못되었고, (ii)는 의미론적으로 원래 문장의 선호되는 뜻에 더 가깝다)을 붙이게 만드는 이러한 말더듬기는 야콥슨의 언어의 '시적 기능'의 작용에 의해 수월하게 접근된다. 베케트의 첫머리는 시적 성질의 모든 표식을 지니고 있다. 'n'에서의 두운, 'nothing'으로서 'no'의 점증적 반복, 생성된 기대에 부응(the sun shone……upon the world)하고 낙담시키는(on the nothing new) 놀라운 포커스. 이 기법은 루이스 캐럴의 「바다코끼리와 목수」에서 덜 급진적인 방식으로 이미 사용되었다.

> 태양이 바다에서 빛나고 있었다.
> 온 힘을 다해 빛나고 있었다.
> 그는 온 힘을 다해
> 물결을 잔잔하고 찬란하게 만들었다.
> 그리고 이것은 이상했다. 왜냐하면
> 한밤중이었기 때문이다.[18]

캐럴의 의인화는 유쾌하고 장난스럽다. 그런데 베케트의 그것은 그렇지 않다. 해석을 통해 어떤 긍정적 존재를 복원시키도록 의도된 프로이트식 부정도 아니다. 이것은 형이상학적 진술로서의 비-존재의 입장

---

18 Carroll, "The Walrus and the Carpenter", *The Annotated Alice*, p. 233.

이다. 그 진술은 '세계'와 관련된다기보다는 심연, 담론, 특히 문학담론과 관련된다. "there is nothing new under the literary sun"은 그 자체로 오래된 상투어이다. 그러므로 이것은 자족적인 동시에 자기파괴적인 상투어이다. 작가는 아이러니한 각성자의 입장에서 스스로 낡은 전통으로부터 거리를 두는 것처럼 보이지만 그 전통 속에서 없어서는 안 될 한 부분으로서 다만 또 다른 연결고리에 불과하다. 달리 말해 그 첫머리는 독창적이며 누구도 그런 식으로 상투어를 비틀어 본 적이 없는 한 새롭다. 하지만 그것이 오래전에 죽은 상투어의 단순한 비틀기로 이루어져 있기 때문에 전적으로 상투어적이다. 그리고 이러한 상투어적 양상은 그 자체로 반영의 형태를 한 역설의 장소이다. 이것은 이차적인 상투어로서 그 자신을 상투어로 표시함으로써 그것이 주제화하는 상투어 양상을 벗어난다. 첫머리를 통한 허구적 세계의 창조가 무의 창조(행위나 사실이 아니라 말 속에서 존재할 뿐인 어떤 것)이지만 그 무의 창조이므로 진정한 창조이다. 그 창조주는 빛이 있으라fiat lux가 아니라 허무가 있으라fiat nihil고 명령한다. 부정이 인간 언어의 핵심에 있다고 내가 말하지 않았던가?

이처럼 무거운 형이상학적 게임은 말더듬기를 통해 이루어진다. 언어를 더듬는다는 것은 언어학적 차원에서는 부정의 작용 또는 놀이의 다른 이름이다. 그리고 그 결과 수사학적 내지 문체론적 차원에서는 변이의 형태, 제약을 무너뜨리고 전복시키는 형태를 띠다가 결국 형이상학적 차원에서는 한계에 도달한 인간의 언어가 인간으로 하여금 세계 너머를 흘끗 볼 수 있도록 해주는 완전한 대문자 타자를 향한다. 하지만 대답해야 할 한 가지 질문이 남아 있으며 그것은 전반적인 진행을 조건짓는다. 이러한 말더듬기의 원천은 무엇인가, 아니 달리 말하자면 누가 또는 무엇이 더듬고 있는가? 그 말더듬기는 주로 언어학적 차원이나 문체론적 차원에서 발생하는가?

## 3.2 말더듬는 언어

'말더듬기'stuttering라는 개념은 들뢰즈 저작 전반에 나타난다. 『의미의 논리』와 『천의 고원』에서는 짧게 등장하지만 후기 저작들에서는 주요한 역할을 하며 「그는 말을 더듬는가」[19]라는 논문에서는 핵심 개념이다. 그 논문은 이류 소설가가 등장인물의 말을 틀짓는 '그는 말했다'라는 표현에 대한 다양한 형태를 구성하려는 시도를 하고 있다. 물론 들뢰즈를 진정 흥미롭게 한 것은 말 그 자체와 내용이 말더듬기에 의해 영향을 받는 경우이다. 거기서 말더듬기는 말해지는 것이 아니라 드러난다. 다시 말해 등장인물뿐 아니라 작가 자신도 '말더듬이'bégue de la langue가 되는 곳이다. 모범적 공식화는 명사인 '말더듬기'le bégaiement de la langue이다. 이 표현은 소유격에 대한 주관적인 해석과 객관적인 해석 사이가 모호하다는 이점을 가진다. 누군가가 언어를 더듬게 만든다/ 언어가 더듬는다의 영어식 표현인 'stuttering language' 또한 현재분사('말더듬는 언어'language that stutters)의 합법적이거나 선호되는 해석과 동명사('누군가/무언가가 말을 더듬는다'someone/something stutters)라는 형상화 작업의 유령, 말더듬기의 유령이 환기시키는 불법적 해석 사이에 유사한 애매성이 발생한다. 이 부분의 제목에서 내가 시도한 형상화 작업, 구절의 불법적 회전은 들뢰즈가 결코 사용한 적은 없지만 '말더듬다'begayer la langue의 한 예, 즉 최소한의 노력 없이도 언어에 의해 생산되는 문법적 괴물 그 자체가 말더듬

---

19 Deleuze, 'bégaya-t-il', *Critique et clinique*, pp. 135~143〔영어판 'He stuttered', pp. 107~114〕.

는 언어의 완벽한 예가 될 수 있다. 그리고 그것은 부정사에서 빠져 있는 주어의 회복에 관한 질문을 명백히 야기한다. 누가 더듬는가? 그$_{he}$인가 아니면 그것$_{it}$인가? 언어인가, 시인인가? 곧 보게 되듯이 들뢰즈는 때때로 '그'를 지시하지만 나는 '그것'을 선호한다.

하지만 들뢰즈의 대답은 결코 텍스트의 저자로서 그, 시인이 고의적 말더듬기의 원천이자 주인이라는 전통적 대답이 아니다. 그는 문체의 관점에서 그렇지만 기나긴 우회로를 거쳐 자신의 대답을 공식화한다. 그 우회로에서 그는 우리에게는 이제 익숙한 길인 다름 아닌 비소쉬르적·비촘스키적 언어학에 대한 계획을 하기 시작한다. 그의 출발점은 말더듬기가 파롤의 차원, 개인적 담화의 차원에서가 아니라 집단 '체계'인 랑그의 차원에서 발생한다는 것이다. 그것은 단지 장난스럽거나 경박한 언어의 오용이 아니라 더 깊이 들어가는 어떤 것으로서 랑그의 작용과 언어의 지위와 기능 둘 다에 영향을 미친다. 사실상 그는 소쉬르 이후 주류 언어학자의 기반이 되었던 랑그/파롤의 이분법을 랑그/언어 연결 내지 혼합으로 대체하는 것처럼 보인다. 그의 주장에 의하면 말더듬기는 파롤의 변양affection(즉, 영향을 미치는 어떤 것)이 아니라 랑그의 감응태affect이다. 여기서 '감응태'라는 단어는 랑그 내부에 있는 욕망의 긴장을 다시 들여오기 위해 고의적으로 사용되었다. 랑그는 더듬을 뿐 아니라 떤다. 그것은 차갑고, 중립적이며 무관심한 공시적인 본질적 단면 체계가 아니다. 이러한 긴장, 이러한 말더듬기의 결과, 랑그는 언어의 한계를 향해, 즉 언어가 자신의 타자인 침묵에 양도한 분할을 향해 가까이 다가간다. 다시 말하면 들뢰즈는 언어학적 질문(우리가 어떻게 파롤의 다양성에서 랑그체계를 추출할 것인가?)에서 형이상학적 질문(왜 무가 아닌 언어, 즉 침묵 아닌 언어가 있는가?)으로 이동한다. 그것은 이미 베케트의 첫머리에 우연히 존재했던 이동이다. 들뢰즈에 따르면 시의 역할은 다음의 구절을 허용하는 것이다. 즉, 랑그가 파롤과 동일한 것이라면 그것은 파롤이 시적이며 침묵을 향해 접근하기 때문이다.

그 글에서 드러나는 (랑그가 아닌) 언어의 개념은 명백히 비촘스키적이며 다른 언어철학이나 마지막 두 장에서 상세히 다루게 될 새로운 화용론에 상응한다. 이 글에서 언어는 나뭇잎 모양이라기보다는 뿌리 모양으로 체계적이고 안정되기보다는 주변적이고 변화무쌍하다. 그렇지만 다른 두 개의 특징들도 더 깊이 발전시켜 볼 가치가 있다.

중심적인 것은 정확히 말더듬기이고 그것은 두 개의 형태를 띤다. 이는 말더듬기의 소수성을 인정하는 일이다. 그것은 (전복시키기 위해) 체계적 언어의 주된 구조화 양식, 즉 수직적 계열체와 수평적 통합체 사이의 대립을 상정한다. 계열의 축은 배타적 분리에 따라 작용하고 ("체셔고양이가 앨리스에게 말하는 것처럼 'pig'라고 했니 'fig'라고 했니?") 통합의 축은 진행 중인 연결에 따라 작용한다. 만약 내가 'pride'라는 말로 문장을 시작한다면, 나의 다음 선택은 아주 약간 제한을 받는다. 일련의 선택들에 의해 "자부심은 ……보다 앞서고"라는 줄에 이르면 내 마지막 선택은 더 이상 선택이 아니다. 그것은 촘스키의 공격에도 불구하고 통합체 계열은 마르코프 체인인 것처럼 보인다. 우리는 다시금 왜 들뢰즈가 늘상 무시당하는 통사적 분석 양식에 상당한 가치를 부여하는지를 알게 된다. 그리고 우리는 조건이 있다는 것을 안다. 최종적 의미는 누빔점이 지닌 유리한 고지로부터 소급되어 주어진다. 상투어의 압력에도 불구하고 나는 언제나 'fall'이 아닌 다른 단어로 위의 문장을 끝맺어서 그 구절에 문채文彩상tropic의 뒤틀림을 줄 수 있다.

말더듬기가 체계적 랑그 내에 미끄러짐이나 뒤집힘을 유발하기 때문에 두 종류의 말더듬기가 있을 것이다. 포괄적 분리의 **계열체적 말더듬기**('pig'와 'fig'가 더 이상 대조를 이루지 않는 곳)와 재귀적 연결의 통합체적 말더듬기로서 거기서는 완충 지점이 증식하고 결합하여 단어 속의 단어 또는 문장 속의 문장을 생성하게 된다. 여기 들뢰즈가 이중의 말더듬기를 정의한 중요한 구절을 소개한다.

> 언어는 이중 과정에 종속된다. 하나는 선택의 과정이고 다른 하나는 수립되는 계열의 과정이다. 분리 혹은 유사한 것의 선택, 결합 가능한 것의 연쇄 혹은 계열. 언어가 평행상태에 놓인 하나의 체계로 여겨지는 한 그 분리는 반드시 배타적(우리는 '열정', '이성', '민족'을 동시에 말하지 않고 그중에서 선택해야 한다)이고 연결은 반드시 전진적이다(우리는 한 단어를 그 자신의 요소들과 멈춤 — 시작 혹은 전진 — 후진식으로 결합시키지 않는다). 그러나 평행상태와는 다소 달리, **분리는 포함되거나 포괄적이며 연결은 재귀적이다**. 그리하여 더 이상 말의 흐름이 아니라 언어의 과정과 연관되어 굴러가는 리듬을 좇는다. 모든 단어는 그 자체로 쪼개지고(pas-rats, passions-rations) 모든 단어는 그 자체와 결합된다(pas-passe-passion). 그것은 마치 전체 언어가 오른쪽에서 왼쪽으로 굴러가고, 앞뒤로 흔들리기 시작하는 것과 같다. 이것이 두 개의 말더듬기이다.[20]

들뢰즈가 좋아하는 시인들 중 게라심 루카Gherasim Luca라는 이름의 프랑스어로 글을 쓰는 루마니아인이 있다. 그의 시에서 화자는 자신의

---

20 Deleuze, *Critique et clinique*, pp. 138~139[영어판 p. 110].

완충 지점인 "나는 당신을 열정적으로 사랑합니다"라는 말을 하기 전까지 몇 페이지를 말 그대로 더듬는다. 같은 맥락에서 『1066과 그 모든 것』에 가짜 시험 문제들 중 하나는 이렇게 말한다. "Tory acts, factory acts, unsatisfactory acts"[토리당이 행동하고 공장이 움직이고 불만족이 행동한다]. 이 이중 말더듬기의 결과는 물론, 계열체와 통합체 사이에서 출발점으로 사용한 대조가 용해된다는 것이다. 언어가 더듬으면 포괄적 분리와 재귀적 연결 사이를 구분하기란 'pig'와 'fig' 사이를 구분하기보다 더 어렵다. 우리에게는 나무 같은 위계질서가 아니라 문법적 갈래들과 의미론적 잠재성들의 리좀적 증식이 남겨져 있다.

그러한 용해의 결과는 구조의 위계질서, 모듈의 건축, 원칙과 척도의 체계로서의 통사론이 아니라 굴곡, 구부러짐, 일탈이 있는 '가지 치는 변화'인 하나의 선으로서 통사론을 개념화하는 것이다. 언어의 내재성의 차원을 통과하여 꿈틀꿈틀 나아가는 분리와 연결을, 만약 다소 진부한 은유를 사용해도 된다면, 꿈틀거리며 나아가는 하나의 역동적 선. 구문론은 더 이상 '피상적이지도', '공식적'이지도 않고 '생성되고 있는'en devenir 표준 방언 내부에 소수자의 외래 방언을 낳는 창조적 구문론이 된다. 이러한 구문론은 규칙 체계의 안정성을 통해 규정되지 않고 침묵, 말로 표현할 수 없는 것, 언어의 한계를 향한 긴장을 통해 규정된다. 들뢰즈의 주장에 의하면, 이것은 커밍스의 너무도 유명한 "he danced he did", 멜빌의 "I'd prefer not to"(같은 전집 내에 있는 「바틀비, 또는 공식」이라는 에세이에서 주로 다루었던), 그리고 아르토의 호흡의 단어mots-souffles 혹은 비명의 단어mots-cris의 구문이다. 물론 이것은 가령 밀너의 공리로 틀 지워진 주류 언어학과는 무관하다. 들뢰즈에게 시인-화자는 천사 같은 존재(그녀는 자신의 실제 삶에 엄청 깊이 개입되어 있다)가 아니며 통시성은 공시성 내부에 보복하러 돌아오고 규칙은 연속적 변이에 근거해 있다. 규칙은 단지 흐릿하거나 부분적으로 폐기할 수 있는 것이 아니다. 자의성은 강렬함에 의해 대치되며 기표와 기의 사이의 연결은 더 이상 안정적이지 않다. 시적 담론에서뿐 아니라 방언, 속어, 슬로건에서조차 파토스와 에토스는 주류 언어학이 추구하는 로고스를 더듬게 하기 위해 되돌아온다.

결론은 언어뿐만 아니라 랑그에 대한 연구의 본질적 부분이 더 이상 직접적으로 구문론(구문의 중요성에 관한 촘스키의 논문은 폐기되지는 않는다 하더라도 수정된다)이 아니라 문체에 의해 매개된 구문론이라는 것이다. 그것은 세 가지 특징을 지닌다. (i) 문체는 모국어 내에 있는 소수자의 외래 방언을 칭한다. (ii) 그 첫번째 작용은 이중 말더듬기를 유발하는 긴장이며 랑그의 강화이다. (iii) 두번째 작용은 말이 침묵과 대면하는 언어의 한계에 접근한다.

들뢰즈에게 말더듬기는 따라서 시적 언어의 등가물이다. 이로 인한 문제점은 그것이 형이상학적 질문에 대한 형이상학적 대답이라는 점이다(왜 다름 아닌 언어가 존재하는가?). 말더듬기의 주인공, 그 개념을 지지하기 위해 필요한 철학적 인물은 추방당한 시인으로서 그는 랑그를 전복시키고 침묵의 고귀한 형태, 어리석음의 수치스러운 침묵과 대비되는 말로 표현할 수 없는 것의 침묵을 지향한다. 물론 이에 따르는 문제점은 그것이 낭만적 자세라는 점이다. 이는 내가 'he/it'의 대조라는 양극을 탐사하게 해주었다. 시인들이 언어를 더듬는다는 사실은 잠시 잊자(비록 들뢰즈는 강력하게 그들이 그렇게 한다고 설명하지만). 언어 그 자체가 더듬을 때 어떤 일이 일어날까.

### 3.3 콜먼볼

나는 시적이지 않은 문체, 문체 없는 말, '영도'degré zéro의 글쓰기를 찾고 있는 중이다. 저자의 시적 특성poeticity이 지닌 (나를 다시 들뢰즈에게로 데려가는) 위험을 피함으로써 스스로를 만족시키기 위해 내게는 그것이 필요하다. 나는 스포츠 논평가들의 말에서 이 말을 발견할 가능성이 있다고 믿는데, 그 말이 당연히 가장 평범하고 진부하고 상식적이기 때문이다. 우리 모두는 토요일 밤 스포츠 뉴스에 끝없이 열거되는 축구 시합의 결과들을 기억한다. 블랙번 로버즈 3 : 플리머스 아길 0.

하지만 실은 내가 틀렸다. 왜냐하면 현장에서 이루어지는 스포츠 논평은 **행위에 대한 열광** 속에서 흥분된 말의 파토스로 가득 차 있으며, 상투적임에도 불구하고 결론적으로 매우 은유적이기 때문이다. 또 다른 고백을 감히 해도 된다면 시적이든 다른 어떤 것이든 은유에 대한 나의 취향은 열 살 이전 『위마니테』Humanité라는 신문이 출간한 『프랑스 여행』에 스포츠 논평가인 아벨 미셰아라는 사람 쓴 글에 대한 예리한 독자일 때부터였다. 그 사람은 통속 시인이었으며 수다 떠는 재능뿐만 아니라 풍부한 은유의 소유자였다. 그러한 재주는 여행의 따분한 단계를 『일리아드』의 한 소절을 위한 재료로 바꿔 주었다. 상황은 더할 나위 없이 사실적이었지만 파토스가 체계적인 랑그와 상투어의 고정성을 와해시키는 것 같았다.

통속 시인과 문체로부터 벗어나기 위해 또 다른 매개변수를 추가해 보자. 비자발적인, 화자가 정확히 자신이 하고 있는 말을 알지 못하며 알았더라면 말하지 못했을 것임을 결정할 자격이 독자에게 부여되어 있다는 의미에서 비자발적인 생산물들만을 고려해 보자. 다시 말해 나는 말뭉치corpus를 스포츠 논평가들의 말실수에 국한시키고자 한다. 하지만 이곳은 상당히 친숙한 근거이다. 적어도 영국에서 그러한 말실수들은 콜먼볼 Colemanballs이라는 이름을 가지고 있다. 테리 콜먼Terry Coleman은 BBC 스포츠 논평가였는데 토요일 오후「특별석」Grandstand이라는 프로그램에서 여러 시간 동안 마이크로 말하고 있었다. 그 상황에서는 말실수가 불가피하고 그것을 이해할 수도 있다. 그 말들은 유명해져서 『사립탐정』칼럼에 수록되었고 소책자의 형태로 출간되었다(심지어 학술서에 관련 언어학적 연구가 실리기도 했다[21]). 원래의 이름이 가리키듯 콜먼볼은 실수, 우연히 저지른 멍청함이나 진부함으로써 화자가 틀림없이 부끄러워했을 테지만 결국에는 자랑스러워진 어떤 말을 가리킨다. 내가 자문해 주었던 전집의 표지[22]에는 다음과 같이 세 가지의 예문들이 인쇄되어 있다.

5 With the very last kick of the game, McDonald has scored with a header.

경기의 마지막 킥에서 맥도날드는 헤딩으로 득점했습니다

6 If Tchaikovsky was alive, he'd turn in his grave.

만약 차이코프스키가 살아 있다면 무덤으로 돌아갔을 겁니다.

7 Only one word for that : 'Magic darts.'

오직 한마디만 하자면 그것은 '마술 다트'입니다.

실제로 그것들이 언급되었다는 사실, 확고한 사실의 힘을 얻었다는 그 사실만으로도 다소 하찮은 농담이 될 뻔한 것을 구해 낼 수 있다. 콜먼

---

21 Paul Simpson, "The Pragmatics of Nonsense", *Language, Text and Context : Essays in Stylistics*, ed. Michael J. Toolan, London : Routledge, 1992.
22 *Private Eye's Colemanballs*, London : Private Eye/André Deutsch, 1982.

볼은 재치나 시적 언어의 예가 아니다. 첫눈에 그것들은 말더듬기의 예도 아니다. 여기에는 어떠한 구문의 집약이나 해체가 없다. (5)에서 상투적 환유('마지막'을 의미하는)는 제유와 결합하여 똑같이 상투적이 된다(헤딩은 골의 한 형태이다). 이것은 복합수사의 간단한 예이다. (6)에서 우리는 단순한 대체를 통한 복합 상투어를 본다.

  i  If Tchaikovsky was alive, he'd be shocked.
  ii  If Tchaikovsky heard this, he'd turn in his grave.

(i)의 조건절을 (ii)의 귀결절과 결합시키기만 하면 된다. 일상적인 구문 구조가 의미론적 미끄러짐을 부추긴다. (7)에서는 두 단어로 되어 있는 문장의 뒷부분이 앞부분을 거짓말로 만든다. 그 게임의 통상적인 이름은 마르코프 체인로서의 구문(상투어의 '집단'set 자질이 조장하는 경향──'집단 구절'이라고 말할 때)과 완충 지점으로부터의 소급적 의미 부여 사이의 충돌이다. 이렇게 말하고 나니 말더듬기를 포괄적 분리(동일한 계열체의 두 모순적 요소들이 동일한 통합체 연쇄 속에 존재한다) 또는 재귀적 연결(모든 것이 문장의 앞부분의 독립성을 무효화시키지 못하며, 그 결과 앞부분과 뒷부분, 혹은 부분과 전체 사이에 의미론적 충돌이 발생한다)이라고 정의한 들뢰즈와 일치한다는 점을 인정할 수밖에 없다.

콜먼볼의 다음 목록을 보면 모두 같은 구조를 가지고 있다.

8  It's especially tense for Parker who's literally fighting for a place in an overcrowded plane to India.

인도로 가는 복잡한 비행기의 좌석 하나를 두고 문자 그대로 다투는 파커에게는 특별히 긴장된 순간입니다.

9 Tavare has literally dropped anchor.

타바레가 문자 그대로 닻을 내렸군요.

10 His tail is literally up.

그의 꼬리가 문자 그대로 치켜 올려졌어요

11 A wicket could always fall in this game, literally at any time.

타석은 이 시합에서 항상, 문자 그대로 언제나 무너질 수 있습니다

12 Bulgaria were quite literally not at the match.

불가리아가 문자 그대로 시합에서 고전하고 있었습니다.

13 John Wayne : a man literally larger than life.

존 웨인: 문자 그대로 실물보다 더 큰 남자

14 We are literally giving Zeta One movie cameras, together with a money-back guarantee.

우리는 문자 그대로 제타 원 무비 카메라를 환불 보증과 더불어 나눠 주고 있는 것입니다.

15 And Alex has literally come back from the dead.

그리고 알렉스가 문자 그대로 죽었다 살아났군요.

(8)에서 (11)까지는 크리켓, (12)는 축구, (15)는 스누커(후자의 예는 스누커 경기를 하는 해골의 삽화가 그려져 있다)와 관련된다. 이러한 콜먼 볼들이 어떻게 작용하는지를 이해하기란 쉽다. 각각의 경우 구절의 심하게 은유적인 전환(너무나 그러해서 문맥이 없으면 그 진술이 무엇에 대해 말하는지를 알기란 불가능하다)은 'literally'라는 부사에 의해 강화된다. 막간극 2에서 보았듯 그것은 가능한 최악의 강화사이다. 그 이유는 첫째,

그 스스로가 은유적으로 사용되고 있고, 둘째, 그것의 은유적 사용이 자기-모순적이며, 셋째, 강화시키고 있다고 여겨지는 은유를 파괴하기 때문이다. 가령 (14)를 예로 들어보자. 거기서 '나누어 주다'라는 은유적 선물은 '돈 돌려받기'라는 딱딱한 현금의 세계로 돌아오고, 거기서 사용된 'literally'는 그 모순을 더욱 첨예하고 가시적이게 만든다. 관객에게 기쁨을 유발하는 것은 그러한 모순적 의미들과 그 의미들이 함축하는 긴장 사이의 충돌이다.

그리고 우리는 물론 다음 문장을 기억한다.

16  Lily, the caretaker's daughter, was literally run off her feet.
관리인의 딸 릴리는 문자 그대로 엄청 바빴다.

이것은 콜먼볼이 아니라 고급 문학의 전형적 예이다. 보고된 말을 복잡하게 사용함으로써 언어가 더듬거린다. 말의 경로가 다루기 힘들게 선회하며 불명료함과 긴장으로 특징지어진다. 마치 부차적인 노동계급 방언이 교육받은 주요 방언을 위협하듯이, 문자 그대로 'literally'를 의미하고 은유적으로 'metaphorically'를 뜻하는 강화사의 포괄적 분리가 의미의 필수적 안정성을 전복시키듯이 말이다. 그 결과 이루어진 구조조차 체계의 확고한 가치라기보다는 굽고 구불구불한 구문과 관련된다.

「사자들」의 첫머리를 통한 이러한 짧은 우회는 우리로 하여금 새로운 마음가짐을 가지고 콜먼볼의 말뭉치들을 바라보게 할 수 있다. 그리고 우리는 들뢰즈의 언어에 대한 비촘스키적 개념의 네 가지 특징들의 사례를 어렵지 않게 발견할 것이다.

17 It's so true to life it's hardly true.

그것은 너무 사실적이라 거의 사실이 아니다

여기서 'true'라는 의미론적 영역은 반의어 쌍인 'true/false'가 아니라 다양한 가치들에 가해진 변이에 의해 결정된다. 그것은 원형 이론이나 쿨리올리의 견해notion에 관한 개념 —— 여기서 진리인 것the true → 그렇게 진리는 아닌 것the not really true → 정말로 진리가 아닌 것the really not true → 비진리인 것the untrue으로 변화한다 —— 같은 이론으로 이해할 수 있다.

## ii 부차적 방언 대 주요한 방언

18 I have other irons in the fire, but I am keeping them close to my chest.

나는 용광로 속에 다른 철을 갖고 있지만 그것들을 내 가슴 가까이에도 지니고 있다.

19 When it's all said and done, that's the moment when the talking has to stop.

그것이 모두 말해지고 끝났을 때가 대화가 멈추어야 하는 순간이다.

(18)은 복합 은유의 사례이고 (19)는 복합 상투어의 사례이다. 이것은 최초의 다성악, 방언들의 긴장, 문장의 첫부분이 지닌 반복적 진부함

에 반작용하는 모순적 수사를 생성하는 아주 작은 하나의 목소리로 여겨
질 수 없을까?

### iii  배타적 분리와 재귀적 연결

20  And how long have you had this lifelong ambition?

그러면 얼마나 오랫동안 당신은 평생의 야망을 지니고 있었나요?

21  Well, Wally, I've been watching this game both visually and on TV.

글쎄요 월리. 나는 이 경기를 눈으로 TV로 동시에 봐 오고 있답니다.

22  Even When you're dead, you shouldn't lie down and let yourself be
buried.

당신이 죽었을 때조차 누워서 묻혀 있으면 안 된답니다.

(내가 좋아하는) (20)은 포괄적 분리의 탁월한 예이다. 질문의 그 형
태가 형용사 'lifelong'을 배제시켜야 하기 때문이다. (마찬가지로 내가 좋
아하는) (22)는 재귀적 연결의 예인데, 죽음의 동위체 현상isotopy을 발
전시킴으로써 두번째 절이 소급적으로 첫번째 절을 뒤돌아보는 것 같
다. (21)은 재치 있는 말mot d'esprit에 가깝다(사실상 (20)이 아이러니의 예
가 될 수 있듯이). 텔레비전의 해악에 대한 경멸적인 언급인데 '도와주지
만 사주하지는 않는다'라고 기소된 캐럴의 『스나크 사냥』*The Hunting of the*
*Snark*와 비교해 보라.

23 He just can't believe what's not happening to him.

그는 자신에게 일어나고 있지 않은 일을 다만 믿을 수 없다.

이 문장은 베케트의 첫머리와 매우 흡사한 맥락 속에 있으며 강한 선을 지닌 구불구불한 구문(『이상한 나라의 앨리스』에 나오는 '공작부인의 문장'이 그 유명한 예이다)이다. 여기서는 다수의 부정이 언어를 말로 표현할 수 없는 것의 침묵과 구분해 주는 한계의 랑그 내부에 이미지를 제공한다.

24 I would advise anyone coming to the match to come early and not leave until the end, otherwise they might miss something.

나는 시합에 오는 누구나에게 일찍 와서 마지막까지 자리를 뜨지 말라고 말하고 싶습니다. 그렇지 않다면 무언가를 놓칠 테니까요

이 문장은 물론 베케트의 『와트』로부터 직접 따온 것으로서 우리에게 하트의 왕이 흰 토끼에게 한 충고, '처음에 시작해서 끝까지 진행한 다음 그리고 멈춰라'를 상기시킨다. 이 문장에서는 구문이 아닌 서사의 복잡함이 구성소의 위계질서를 전복시킴으로써 의미론적 일관성에 반작용한다. 또다시 완충 지점이 구문의 마르코프적 진행을 파괴한다. 그리고 시적 언어의 영향과는 거리가 먼 들뢰즈의 말더듬기가 언어의 일관된 구성소인 것처럼 보인다. 계열체적 말더듬기에서 모든 계열체(아니 차라리 너무 많은 계열체)는 실제로 존재한다. 하지만 그것은 어쨌든 언제나 의미

의 가상성으로서 부재의 형태로 존재하지 않는가? 언어를 더듬거리게 하는 것이 이러한 부재하는 것의 현존이다. 통합체적 말더듬기에서는 마르코프 체인이 단어의 줄을 일관된 전체로 조합하며 완충 지점은 이러한 조합을 해체하고 그것을 재조합하거나 그렇게 하지 않는다. 그와 같은 불가피하지만 불필요한 재분석 또한 언어를 더듬거리게 한다.

콜먼볼의 마지막 문장은 다음과 같다.

25 For people who like that sort of thing, that is the sort of thing they like.

그런 종류의 일을 좋아하는 사람에게 그것은 그들이 좋아하는 종류의 일이다.

이것은 정확이 뮤리엘 스파크의 같은 이름의 소설, 『장 브로디 양』이 걸스카우트에 관해 해야 하는 말이라는 주석을 부치고 싶을 뿐이다. 이 시들한 논평은 위트의 정점이다. 동어반복의 진부함은 늘 회복 가능하다. 처음에는 **자명한 이치**lapalissade로, 다음에는 아이러니와 재치로. 조이스, 캐럴, 베케트에 스파크를 더함으로써 나는 테리 콜먼이 상당히 좋은 친구를 가지고 있다고 결론 지을 수 있을 따름이다.

### 3.4 랑그의 괴물

나는 테리 콜먼을 저주받은 시인쯤으로 여기고 그냥 넘어가지는 않을 것이다. 그가 언어와 지니는 관계를 통해 시인의 기능을 정의하고 이를 위해 들뢰즈가 우리에게 남겨 준 언어철학을 이용하려 한다. 그의 주관적인 진술 "X는 언어를 더듬는다"——여기서는 시인이 고전적인 작가의 지위를 부여받는—에서 랑그의 괴물, '말더듬는 언어', 이중 구문의 예—시인에게 다양한 지위를 부여하는데, 가령 복잡한 화용론적 구조에 의해 계획된 자리를 차지하는 배우의 지위(『화용론으로서의 해석』이라는 나의 저서에서 기술한 대체ALTER 구조)—로 나아갈 것이다. 시인은 언어에 의해 그녀가 쓴 텍스트의 모습으로 화자의 자리에 호명된다. 그녀는 언어적이자 시적인 자유로운 사기행위를 통해 자신을 호명한 언어를 다시 호명한다. 들뢰즈가 좋아하는 다른 은유를 빌자면, 시인은 그를 더듬는 언어를 더듬는다. 왜냐하면 그는 자신과 함께 유희하는 파도를 타는 서퍼와 닮았기 때문이다. 그래서 아무도 서퍼가 파도를 타는지 파도를 유혹하는지 모른다.

## 4. 말더듬기에서 문체로: 개념의 구성

「그는 말을 더듬는가」라는 논문은 들뢰즈가 문체의 개념을 구성하기 위한, 즉 '문체=비문체' 등식에 새겨진 긴장을 해소하기 위한 가장 명백하고 포괄적인 시도이다. 때문에 나는 그 주장의 구조를 『철학이란 무엇인가』에서 상술된 들뢰즈와 가타리 이론의 관점에서 좀더 자세히 살펴볼 것이다. 그들이 하나의 개념에 세 가지 계기가 있다고 본다는 점을 우리는 기억한다. 첫째, 개념이 즐겁게 뛰놀면서 번성하는 내재성의 구도에서의 결정, 둘째, 특성들의 목록 나열, 또는 개념의 확인, 셋째, 그 개념을 실행하는 개념적 성격의 의미. 내 질문은 이러한 기획이 어떻게 「그는 말을 더듬는가」에서 실현되는가이다.

이 논문에는 세 개의 악장, 아니 차라리 한데 엮인 세 가닥이 있다. 1악장은 은밀한 암시나 명백한 언급을 통해 수행되고 언어학이라는 전문화된 분야를 통해 여담의 형태로 존재한다. 이는 들뢰즈가 보기에 문제적인 언어의 본성을 우리에게 상기시켜 주며, 문체의 개념이 전개되는 (그리고 그것이 추적하는 데 도움을 주는) 내재성의 구도가 언어의 영역임을 처음으로 알려 준다. 2악장은 구도의 문제적 양상을 확인하는 것으로서 문학 정전의 구성이다. 그것은 언어가 언어학자들에게 맡겨지기에는 너무도 심각한 문제임을 보여 주며 또한 들뢰즈의 문체 개념에 상응하는 개념적 성격에 이름을 붙인다. 들뢰즈의 전위적 시학의 영웅들인 소위 **문학의 광인 또는 저주받은 시인.** 3악장은 문체의 개념에 대해 11개나 되는 특징들이 열거되는데, 그것들은 연속변이cline, 언어에서 침묵으로 이동하는 문체의 연속변이로 깔끔하게 배열될 수 있다.

이미 보았듯이 그 논문은 간접적인 주석 ─ 대화를 옮겨 적을 때, 'he said'/'she said'라는 구절에 대해, 'he whispered','he stammered' 등과 같은 변이들을 찾아냄으로써 스스로를 반복하지 않으려는 이류 소설가의 필사적 노력 ─ 으로 시작한다. 물론 흥미로운 순간은 저자가 우리에게 말더듬기에 대해 말해 줄 때가 아니라 보여 줄 때 찾아온다. 그리고 이 순간은 등장인물이 보고하는 말에 있는 것이 아니라 작가 자신의 언어 속에, 그녀가 언어를 더듬거리게 할 때 온다. 그러면 우리는 말하는 것에서 말하지 않고 하는 것으로 이동하며 여기에서 한계로 이동한다. 그곳에서 말이 행위인 문체에 도달한다. 작가가 '언어의 말더듬이'bègue de la langue 일 때 말 그 자체는 더듬도록 만들어지지 않는다. 오스틴의 세미나식 강연[23]에 대한 이러한 명백한 암시는 그럼에도 불구하고 고전적인 앵글로-색슨 화용론보다 훨씬 더 나아간다. 그것은 감응affectation(미코버 씨처럼

---

23 Austin, *How to do Things with Words*, Oxford : Clarendon Press, 1962.

등장인물의 구어적 신호)에서 정감affect으로, 문법은 정감들과 강도들의 담지자 내지 강도의 선으로서의 언어를 향한다. 화용론이 그리는 것으로서의 언어는 더 이상 세계를 재현하지 않고 힘들을 재연한다. 여기서 재연된 힘들은 정감을 지닌다.

이러한 감응의 작동은 언어학에 대한 또 다른 암시를 통해 묘사되는데 이번에는 옐름슬레우의 초구조주의hyper-structuralism이다. 우리가 본 바와 같이 들뢰즈와 가타리가 옐름슬레우에 관심을 가지는 부분은 언어가 구성되는 두 차원, 즉 표현의 차원과 내용의 차원 사이의 스피노자식 유사성이다. 여기서 '그는 말을 더듬었다'라는 표기를 말하는 것은 표현의 차원에서 보면 그 말이 어떤 '주변적 자질', 즉 내용의 차원에서 그 정감이 실제로 촉발되었음을 표시하는 어떤 행위와 유사할 때만 작용할 수 있다. 하지만 그 두 차원은 세번째 계기에서 서로 통합된다. 그때는 행위와 말이 일치되어 하나의 선으로 이행된다. 이런 문체의 선은 귀스타브 기욤이라는 프랑스의 '발화' 언어학자에 대한 명백한 암시를 통해 더욱 풍부해진다. 그에 의하면 말더듬기의 선은 연속적 변이의 선으로 묘사되며 들뢰즈와 가타리의 화용론 영역에서는 소수화 과정으로 융화된다.

언어학을 통한 여담은 인용과 야콥슨이 가장 잘 표현한 언어학적 구조주의의 중심 교리 ── 언어적 계열은 두 개의 축, 즉 수평적인 통합체의 축과 수직적인 계열체의 축을 따라 발전한다 ── 의 전복으로 끝난다. 그리고 여기서 굴리고 던지는 두 종류의 말더듬기 혹은 포괄적 분리와 재귀적 연결이 기술된다.

언어의 내재성의 차원은 언어학적 전장이다. 이 논문의 목적은 언어학적 말더듬기 개념을 통해 구조주의를 떠나는 것이다. 다시 말해 오스틴과 화용론, 기욤과 발화 이론, 옐름슬레우와 초구조주의, 심지어 소수화라는 외적 언어학을 실행함으로써 실어증의 두 형태에 관한 야콥슨의 유명한 논문에 구체화되어 있는 정통 견해에 반대한다. 그러나 구조주의 언어학으로부터 벗어나는 길은 논문의 제2악장이 잘 보여 주듯이 아방가르드 시인들이 이미 닦아 놓았다.

문학은 표준 언어나 방언이 소수화되는 유일한 장소가 아니라 이 과정이 발생하는 **탁월한** 장소이다. 그리하여 멜빌이나 T. E. 로렌스 같은 산문 작가들로부터 시인들, 문학적 바보들로 이동하는 어떤 형태의 정전이 생겨난다.

논문에 나오는 순서대로 짤막한 목록을 적으면 충분할 것이다. 성공적인 후보들은 무작위로 선택된 것이 아니다. 각각이 문체의 독특한 형식에 기여한다. 모두 종합해 보면 그 형식들이 개념을 결정하는 요소를 구성한다. 루마니아 시인인 게라심 루카는 재귀적 연결, 또는 단어 속의 단어, 또는 문장 속의 문장(프랑스어는 여기에 특별히 유리하다. 즉 "내 사촌 쥘리의 고양이는 그녀가 배고플 때 야옹 소리를 낸다"라는 문장은 배고플 때 야옹 소리는 내는 내 사촌 쥘리를 암시하는 또 다른 문장도 내부에 지니고 있다)을 다루는 챔피언이다. 베케트는 『와트』의 **언어적 특이성** 때문에 선정되었다. 옐름슬레우의 분석에서 『와트』의 **언어적 기벽**은 표현의 한 형식이지만 신체적 기벽, 가령 이상하게 걷는 방식이라는 내용과 유사하다. 샤를 페기Charles Peguy는 **반복의 수사학**을 사용하기로 악명 높으며, 루셀Raymond Roussel은 적어도 『아프리카에 대한 새로운 인상』*Nouvelles Impressions d'Afrique*이라는 시에서 지나치게 자주 **옆길로 새기**로 유명하다. 물론 멜빌은 바틀비의 악명 높은 답변, "나는 그렇게 하지 않는 편이 더 좋아"로 목록에 이름을 올리고 있다. 바틀비의 대답은 들뢰즈를 오랫동안 매혹시켰고 구문론적 비문법성의 예로 착각하기도 했다(그는 그 문장이 비문이라고 주장하지만 그것은 분명하지 않다). 이러한 행복한 실수로 인해 우리는 들뢰즈에게 있어서 문체란 (a) 문장들의 문제(어떤 종류의 문장이 프루스트, 혹은 울프의 문장인가?)이고 (b) 구문의 문제(어느 정도로 문장의 구문은 긴장을 유지하는가?)라는 사실에 관심을 가져가야 한다. 그러한 비문법성의 중요성은 언어학자들을 내내 즐겁게 해주는 커밍스의 "he danced his did"라는 문장이 의당 우리의 목록에 등장할 때 온전히 명백해진다. 구문에서 우리는 정감과 강도로 향한다. 앙토냉 아르토는 언어를 알아볼 수 없게 되는 순간인 비문법성의 절정뿐만 아니라 호흡과 비명으로 대체되는 순간까지 재현한다(비명의 언어와 호흡의 언어). 같은 맥락에서 셀린의 문체는 구문의 표식을 집중적으로 사용하는 데서 포착된다. 그것은 개별 단어들만이 아니라 구문 역시 도상적일 수 있음을 나타낸다. 셀린과 도상성에 이르러 정전의 목록은 완성된다.

논문의 나머지 전반에 걸쳐 정전이 구성되면서 말더듬기로서의 문체라는 개념이 확정된다. 그것은 11개나 되는 특징을 지니고 있으며 여기에 그 목록을 순서대로 제시한다.

1. **불균형**. 언어는 더듬거리고, 문체가 그렇게 하도록 조장한다. 왜냐하면 문체란 안정되거나 고정된 체계가 아니라 지속적인 불균형상태에 있는 체계이기 때문이다. 포괄적 분리와 재귀적 연결은 이러한 상태를 구현한다.

2. **변이**. 비록 랑그와 파롤의 소쉬르적 대조가 대체되었기는 하지만 불균형이 어떠한 언어 체계도 없다는 것을 의미하지 않는다. 그 체계는 변이의 체계이다. 첫번째 특징에서 동일한 요소가 하나 이상의 장소를 차지하고 있기 때문에 정체를 방지하는 반복을 통해 언어가 문자 그대로 더

듣는다. 여기서는 어떤 요소도 그 자리에 고정되어 있지 않으며 각 요소는 변이의 구역, 즉 그 위치가 항구적이지 않은 장소를 차지한다.

3. 진동. 문체는 언어를 흔들리거나 진동하게 만든다. 변이의 구역은 진동의 구역이다. 언어는 악기처럼 진동하고 기계처럼 잡음을 낸다. 우리는 언어에 대한 광범위한 해석(의미론적 가치를 생성하는 장소들의 체계로서)으로부터 집중적인 해석(언어학적 계열은 감응의 장소, 아이콘성이 체계만큼 중요한 곳)으로 움직이고 있다. 말더듬기는 이러한 영향론적이고 집중적인 언어의 자질을 가리키는 말이다.

4. 선. 나는 문장 내지 언어적 연속에 대해 말했다. 이것은 문체가 작용하는 재료가 된다. 선으로서의 언어, "추상적이고 무한히 다양한 선을 따라" 뻗어 있는 언어. 우리는 더 이상 위계질서와 단계를 가지지 않는다(『의미의 논리』에서는 여전히 지니고 있었던 것으로서 이차단계의 조직화와 삼차단계의 언어의 배열). 우리는 표면 위에 반쯤은 우연적인 궤도, 무한한 변이의 선을 가지고 있다. 마르코프 체인이 호가스의 구불구불한 선으로 바뀌는 중이다.

5. 소수자. 말더듬기는 표준 언어를 소수화하는 표시이다. 이 부분은 이제 친숙한 지점이다. 배치의 시학이 고급 문학의 아방가르드 시학과 통합되는 곳, '독신 작가' 카프카가 그럼에도 불구하고 자신의 글의 독자인 사람들 중 최고의 자리를 차지하는 곳이 바로 여기이다. 이러한 소수화는 언어들 사이(가령 제국주의 영어에 대항한 웨일스어) 혹은 방언들 내지 기록들 간의 충돌이 아니라, 표준 언어 내부에 있는 탈주선의 흔적으로서 인식된다. 구문의 강도 높은 선은 탈주선으로서 들뢰즈는 이상하고 낯설고 참신한 은유(설명되지 않은 채 남아 있는)를 통해 그것을 '마녀의 선' ligne de sorcière이라 부른다. 이것은 마법이나 주문을 통한 문체론적 낯설

게 하기를 가리키는 것 같다. 왜곡(간격으로서의 문체)이 아니라 불균형, 변조와 갈라짐인데, 마치 재즈 멜로디가 즉흥곡의 변조로 인해 거의 알아보지 못하게 되는 것과 같다.

6. **포괄적 이접과 재귀적 연접.** 이것은 중요한 특징으로서 목록의 정중앙에 위치해 있으며 더 이상 설명할 필요는 없다. 다음의 두 가지 특징은 두 종류의 말더듬기의 예로 다루어질 수 있다.

7. **반복.** 이것은 샤를 페기가 많이 사용한, 그의 문체가 지닌 신호이다. 강박적이고 주술적인 반복을 사용함으로써 시를 하나의 기도로 변화시키며 그 결과 말은 '분절되고 해체된 사지'가 된다. 여기서 다시 우리는 문자 그대로의 말더듬기를 지닌다. 과장된 반복을 통해 언어는 극한에 처한다(베케트의 『와트』에서처럼 거트루드 스타인에 의해 많이 사용된 장치).

8. **옆길로 새기.** 이것은 루셀에게서 많이 발견된다. 말더듬이는 언제나 이미 다른 문장을 시작하기 때문에 결코 문장을 끝내지 않는다. 여기서 말더듬기로서의 문체는 결정성과 고정성, 의미의 목적론과 반대로 작용한다. 그것은 의미의 열려 있음을 강요하고 마르코프 체인이 이미 예정된 목적에 도달하지 못하게 하여 무한히 완충 지점을 연기 시킨다. 누빔점에 결코 도달하지 않을 것이며 의미가 결코 완성되지 않을 수 있음을 보여 준다. 언어는 그 문장이 결코 목표에 도달하지 않는다는 점에서 제논의 화살처럼 극한으로 밀려난다.

9. **구문의 강도 높은 선.** 이것은 또 다른 특징이라기보다는 요약이다.

"이것은 따라서 언어가 가지치기한 변이이다. 각각의 변형상태는 양쪽으로 갈라지면서 다른 선들을 따라 지속되는 능선의 한 지점과도 같다. 그것은 구문의 선, 분리와 연결이라는 이중의 관점에서 점들을 통과하여 지날 때의 그 역동적인 선들의 굴곡, 원형, 휨, 탈선에 의해 구성되는 구문이다. 그것은 더 이상 언어의 평형상태를 지배하는 공식적이거나 피상적인 구문이 아니라 되기의 과정에 있는 구문이며 언어 내부의 외국어, 불균형의 문법을 낳는 구문의 생성이다."[24]

이미 알고 있듯이 들뢰즈는 촘스키의 주된 교리, 구문의 중심성을 견지하고 있는 것 같다. 하지만 비촘스키적이고 심지어는 반反촘스키적인 특질들, 첫째, 구문이 위계질서나 이분법이 아니라 선에 의해 표현된다는 것, 둘째, 자의적이라기보다는 아이콘적—공식적 코드나 알고리듬이라기보다는 리듬—이라는 특질들을 지닌다.

10. **리듬.** 들뢰즈의 구문에는 실제로 리듬이 있다. 아르토는 호흡의 단어와 비명의 단어로서 그 고전적인 예를 제공한다. 구문의 선이 강해지면서 언어의 긴장을 표현하는 곳이 여기이다. '아르토의 일탈적인 구문은 프랑스어를 긴장시키기 시작하는 정도로까지 호흡이나 언어의 한계를 표시하는 순수 강도에 있어서 긴장의 최종 목적지에 도달한다.[25] 여기에는 리듬이라는 개념이 지닌 구성적 역설의 반향이 있는데, 그것은 어원상으로 흐름과 형식 둘 다를 외연한다.[26] 들뢰즈의 공로는 고정적이지 않고 역동적인 언어 형식을 인식하려 시도하는 데 있다.

11. **극한.** 마지막 특징에 적절한 이름이 붙어 있다. 그것은 셀린의 언어가 지닌 두 양상을 통해 알 수 있다.

전체 언어에 대응하는 언어의 한계, 변이의 선 내지 언어를 한계로 데려

---

24 Deleuze, *Critique et clinique*, pp. 140~141〔영어판 p. 112〕.

25 *Ibid.*, p. 141〔영어판 p. 112〕.

26 Pierre Sauvanet, *Le Rytheme grec d'Héraclite à Aristote*, Paris : PUF, 1995를 보라.

오는 대응 조절. 그 사이에 언어가 최초의 언어에 외재하는 것처럼 구문적 한계는 전반적으로 언어에 외재하지 않는다. 그것은 언어의 외부에 있는 것이 아니라 그 외부이다.[27]

언어의 한계는 이중으로 역설적이다. 첫째, 그것은 언제나 거기에 있지만 분명 긴장시키는 언어에 의해 도달된다. 둘째이자 한계가 지닌 일상적 역설인데(무엇이 세계의 한계 너머에 있는가?), 그것은 그 외부이자 아직 외부가 아니다. 그것은 경계선 그 자체이다. 그리고 언어의 경우 하나의 외부가 분명 있다. 음악으로 바뀌는 언어이거나 푸코의 소위 '가시성'으로서 다른 매체, 이미지, 소리들이든 침묵이든 '언어의 외부'는 여전히 단어이지만 거의 단어가 아닌 것(텔레비전극에서 베케트가 사용하는 제2, 제3의 언어)을 최대한으로 갈망하는 순간이다. 단어들이 궁극적으로 되고자 하는 이미지와 소리를 향하여(아이콘성이 의미를 지배할 때), 아니면 그것들이 그 속에서 사라지게 될 침묵을 향하여 마치 슈베르트의 소나타 A장조(D. 959)의 느린 악장 마지막 부분의 침묵과도 같이 —— 분명 백치의 침묵이 아니라 "말이 침묵을 창조하는"les mots font silence (프랑스어구는 애매성의 혜택을 누린다. 왜냐하면 그 말은 '말이 침묵을 창조한다'와 '말이 침묵에 빠진다' 둘 다의 의미를 지니고 있기 때문이다) 순간이다.

우리는 이제 말이 실패하거나 침묵에 빠지는 —— 매우 창조적 업적인 —— 말더듬기의 한계점에 이르렀다. 그리고 말더듬기의 진전은 또한 문체의 진전이다. 의미에서 침묵으로의 연속변이 선상에 있는 진전. 그 변이는 〈도표4〉에서 보는 바와 같다.

---

27 Deleuze, *Critique et clinique*, p. 141〔영어판 p. 112〕.

〈도표4〉 문체

| 의미 ———————→ 문체 ———————→ 침묵 |

| 불균형 | 떨림 | | 소수화 | | 반복 | | 구분의 | | 극한 |
| | 연속적 | (떨림의 | 선 | | | 옆길로 | 선 | 리듬 | |
| | 변이 | 지대) | | | | 새기 | | | |

**말더듬기**

　우리는 왜 "문체가 언어의 경제"인지, 왜 문체가 비문체와 동등한지, 즉 그것이 작가의 언어적 재능의 표현이자 장식으로서의 문체와 아무런 상관이 없는지, 왜 문체가 자신의 한계를 향해 달려가는 언어의 자기-발전과 상관이 있는지를 이해한다.

　문체의 개념이 구현하는 긴장은 해소될 수 없다. 두 사람의 들뢰즈가 있다. 한 사람은 가타리의 친구이며 그의 혁명적 신념을 공유하고 그와 함께 모든 형태의 발화에 동등하게 연관되는 조합의 이론을 구성하는——푸코의 아카이브의 경우처럼——정치적 들뢰즈이고, 다른 한 사람은 고급 문학의 아방가르드 형식의 옹호자로서, 문학의 특징인 언어적 실천의 탁월함을 보존하는 데 골몰하는——언어는 비탈 위에서 뜻으로부터 의미와 침묵으로 움직이기 때문에——예술적이고 엘리트주의적이기까지 한 들뢰즈이다. 「그는 말을 더듬는가」라는 논문에서 언어적 여담 excursus과 정전의 구성 사이의 대조를 통해 그 긴장이 느껴진다. 그것은 '말더듬는 언어'라는 구절의 교묘한 애매성 속에서 공식화된다. 즉 말더듬는 것은 언어이고 시인은 언어를 더듬게 한다.

　이쯤에서 마무리하면서 그처럼 해소되지 않는 긴장이 들뢰즈 철학에서 언어의 개념이 지닌 문제적 성격을 표현한다고 결론지을 수도 있다. 그렇지만 1장에서 여기까지 머나먼 길을 걸어온 한 진지하게 해결책을 시도해야 한다. 들뢰즈의 배치 이론과 아방가르드 시학의 공통점은 〈도표4〉가 보여 주듯 소수성의 개념이다. 그 개념을 통해 언어에 대한 그의 사고의 두 가닥이 만들어졌다. 소수성이라는 말은 정치학과 예술의 분야 모두에서 의미를 지니고, 그 두 영역 사이의 연결고리를 제공하기 때문에 이 또한 교묘한 애매성의 한 예가 된다.

그 개념이 하는 일은 들뢰즈가 재현(그가 여전히 프루스트 책 속에서 살고 있는——예술적 본질, 은유, 해석, 모든 것이 문체 속에 통합되는)의 세계(혹은 논리, 혹은 사고의 이미지)를 확고하게 떠나 힘과 개입의 세계, 카프카의 책과 『천의 고원』과 함께 발전시킨 새로운 화용론의 세계로 향하도록 허락하는 것이다. 그 세계에서는 문체의 개념이 힘, 면(내재와 호흡), 형태변이와 배치의 개념들로 조성된다. 이 새로운 세계에서는 문체 개념의 지속적인 현존(결정에서의 명백한 변화를 대가로 하는)이 예술적인 것은 정치적이다라는 유명한 페미니즘 슬로건을 패러디함으로써 표현될 수 있다. 이것은 그럼에도 불구하고 아방가르드적 입장이다. 혁명자로서인 아방가르드 예술가의 입장인 것이다. 하지만 들뢰즈는 이 결합을 전적으로 진지하게 고려해서 그것을 예기치 않은 방향으로 이끌어 낸다. 그것은 자신의 엘리트주의적 실천이 세상을 구원할 것(거기서는 '문체는 인간이다')이라고 믿는 예술적 천재성에 대한 과대망상이 아니라 개별 화자가 아닌 언어가 침묵을 갈망하는, 비개인적이고 비주체적인 문체를 향한다. 따라서 문체의 후기 개념은 재현의 논리로부터의 이러한 이동을 구체화한다. 들뢰즈와 더불어 우리는 어쩌면 최초로 문체에 대한 정치적 개념을 가지게 된 것인지도 모른다.

# 결론

## 1. 언어에 대한 비판

현대 철학은 수십 년 전 언어적 전회를 취했다고 말해진다. 분석철학의 경우 그러한 경향은 한 유명한 선집에서 리처드 로티에 의해 처음으로 표면화되었다.[1] 훨씬 더 최근이긴 하나 대륙 철학의 경우에 그것은 해체, 하버마스와 아펠의 일반 화용론, 리오타르의 비트겐슈타인 시기[2]와 더불어 발생했다고 하기도 한다. 내가 '다른 언어철학'이라고 불렀던 그들의 새로운 화용론을 고려한다면 들뢰즈와 가타리는 이 부류에 속한다고 말할 수도 있다. 하지만 우리는 이제 이러한 진술이 맥락상 대체되어야 한다는 것을 알고 있다. 왜냐하면 들뢰즈의 철학(가타리와 명백히 다른)은 반反언어적 전환이며, 그는 바디우가 '현대의 소피스트'라 칭한 북적대는 무

---

1 Richard M. Rorty(ed.), *The Linguistic Turn: Essays in Philosophical Method*, Chicago: University of Chicago Press, 1967.
2 Jean-François Lyotard, *Le Différend*, Paris: Minuit, 1983.

리들, 즉 언어를 자신들의 사고의 중심에 두는 철학자들 사이에 포함되어 있지 않다고 똑같이 말할 수 있기 때문이다.

처음부터 마지막까지 모든 저작에 들뢰즈는 끊임없이 언어철학 내의 억견(언어철학을 철학의 중심으로 만들려는 억견과 마찬가지로)에 저항하여 사고하려 한다고 말하는 편이 공정하다. 그는 그와 같은 입장이 전제하는 사고의 이미지를 전복시켜 그것을 대체하는 이미지를 구성하고자 한다. 이에 들뢰즈는 언어적·철학적 구조주의의 관점을 거부한다. 그러한 구조주의는 시니피앙에 중점을 두면서 구조를 모든 사회과학의 대상으로 수립하며, 언어학——고유한 '내재성의 원리'(언어과학에서 유일하게 관련된 현상들은 순전히 언어적 현상이다. 언어가 과학의 적합한 대상이 되려면 세상에서 추상되어야 하기 때문이다)에 의존한다는 점에서 '내적인' 언어학——을 사회과학의 모델로 세우고자 한다. 이러한 철학적 유행은 (1960년대 후반의) 들뢰즈에게 영향을 미치지 않았고 다만 라캉의 정신분석학과 더불어 곧 폐기될 일시적 영향에 불과하다.

하지만 들뢰즈는 언어철학에서 구조주의의 정반대라고 여겨지는 것, 즉 영미 화용론과 하버마스의 소통 철학의 특징으로서 윤리학과 밀접하게 혼합된 언어철학의 형태로 귀결되는, 소통 행위나 문답과 대화를 강조하는 것에도 또한 반대한다. 들뢰즈는 소통과 대화에 대한 적개심을 드러내는 데 거의 독보적이다. 소통 속에서 시간의 낭비와 사고의 희화를 보기 때문이다. 그러므로 아무리 인터넷이 리좀적이고 그리하여 들뢰즈적 실체로서 속도와 제어 불가능한 확산을 강조한다 하더라도, 그 근저에 있는 철학은 들뢰즈에게는 생소한 것이다. 그는 우리가 충분히 소통하지 않기는커녕 이미 너무 많은 소통을 하고 있으며, 최고의 미적 가치는 침묵에 있다고 보기 때문이다. 수많은 개념들을 빌려 온 영미 화용론에 대한 그러한 적대감은, 강력한 비난에도 불구하고 당연히 화용론을 떠받치는 철학, 즉 방법론적 개인주의, 이상주의적 의미 이론, 대화적인 상식과 보편적인 윤리적 격률에의 보편적 의존에 대한 거부 때문이다.

이러한 반언어학적 전회의 결과는 칸트적 용어로 평가될 수 있다. 들뢰즈의 목표는 그 용어의 최대한의 의미에서 언어를 **제자리에 돌려놓는 것**이다. 들뢰즈에게서 언어의 지위는 보편적이고 체계적으로 강등된다. 그의 철학은 사고(언어와 동일시되지 않고 인지학자들이 말하는 것처럼 **멘털리즈**mentalese의 형식도 아닌), 강도와 속도, 면과 층의 지리학을 강조하는 데 초점이 맞춰져 있다. 기호는 놀라울 정도로 증대되지만 더 이상 언어학적 기호의 세 가지 특징 ——자의성, 개별성, 이중 결합—— 을 반드시 지니지는 않는다. 여기서 문제가 되는 것은 철학적 전통을 전반적으로 지배하는 사고의 이미지에 대한 거부이다. 그 사고의 이미지는 들뢰즈가 때때로 '재현의 논리'라고 부르는 것에 의해 특징지어지는데, 이는 차이, 분리, 대체, 위계질서, 추상화의 다섯 가지 양식에서의 재현과 재현물 사이의 관계에 기반하는 것이다.

지배적인 사고의 이미지와 재현의 논리로부터 멀어지는 이와 같은 움직임은 들뢰즈의 저작 속에서 기호의 내적 개념사를 통해 도표화된다. 그것은 네 단계 혹은 네 가지 계기를 지닌다. **첫번째**는 『프루스트와 기호들』에서 발생한다. 여기서 기호는 언어학적 기호의 특징이 없는 소쉬르 이전의 기호이며 바르트식으로 말하자면, 외연 이전에 내포한다. 이는 하나의 기호가 지닌 가장 중요한 특징은 그것이 지시하고 재현하는 대상이 아니라 그것을 둘러싸고 있는 기호화의 아우라로서 해독이 요구된다는 것을 의미한다. 그리하여 기호에 대해 물어야 할 첫번째 질문은 "그것은 무엇을 상징하는가"가 아니라 '어떤 세계, 즉 사랑, 감각적 자질 혹은 예술의 어떤 세속적 세계 속에서 그 기호가 드러나는가'이다. 출현하는 세계의 맥락에서 기호들은 학습(그 특수한 세계의 방식과 수단에 대한 학습)의 대상이 되고 해석되어야 하는데, 탁월한 기호인 예술 기호의 경우에 그러한 해석은 진리를 산출하여 본질에 도달한다. 두번째 계기는 들뢰즈의 경력에서 구조주의의 일화에 해당하는 「구조주의를 어떻게 이해할 것인가?」와 『의미의 논리』의 계기라 할 수 있다. 이는 소쉬르적 계기 혹은 언어학적 기호의 계기이다. 그러나 그것은 그 텍스트들 속에서 기호의 개념이 실제로 드러나서가 아니라 그것의 부재 때문이다. 기호의 연쇄는 개별 기호들(수직적, 또는 계열적 축 위에서 적절히 선택된)의 결합에 의해 구성되지 않는다. 우리가 지닌 것은 시니피앙과 시니피에라는 두 개의 평행한 계열들로서, 그것을 따라 역설적 요소, 혹은 텅 빈 사각형이 순환하면서 누빔점에서 뜻을 분배하고 보편적인 의미를 형성한다. 이 구조는 소쉬르보다는 라캉의 기호 개념에 더 가깝다(여기서 시니피앙을 시니피에로부터 분리시키는 대시dash는 방책으로서 계열이 개별 기호로 분리되는 것을 막아준다). 이러한 맥락에서 기호는 잔여의 개념인데, 그것은 『의미의 논리』부록에서 '두 가지 수준의 경계, 두 개의 소통 계열을 순식간에 가로지르는 것'이라 정의되어 있다.[3] 이 단계에서 진짜 중요한 것은 두 개의 계열이지 기호가 아니다. 세번째 계기는 들뢰즈와 가타리의 공동 작업의 계기로서 『자본주의와 정신분열증』의 계기이다. 이 단계에서 기호가 재등장한다. 흐름과 절단의 존재론이 코드화, 말 그대로 기호화 과정의 측면에서 상세히 그려진다. 하지만 소쉬르적 기호의 등장은 신중하게 등장한다. 그것은 기호의 증식과 다양성 속에서 방황한다. 기호의 체제만큼이나

---

3 Deleuze, *Logique du sens*, p. 301 (영어판 p. 261.)

많은 형태의 기호의 유형들이 있고, 그래서 시니피앙의 제국주의는 열광적으로 패배한다. 소쉬르적 기호학은 더 이상 하나의 모델이나 중심이 아니다. 그것은 비의미화의 기호학의 바다 속에 빠져 버렸다. 그리하여 우리는 기호의 시각체제(예를 들어 '얼굴성'의 분석 같은), 혹은 음성기호 체제(상투적 언어의 분석 같은)를 가진다. 네번째이자 마지막 계기는 영화에 관한 두 권의 책이다. 기호의 다중성은 퍼스를 통해 개화한다. 들뢰즈는 퍼스를 벗어난 퍼스를 추구하는데, 증식하는 은어에 대한 퍼스의 취향은 악명 높다. 그 책은 친절하게도 열다섯 개 이상 기호의 유형들을 명명하고 설명한다.

네 가지 계기를 관통하는 하나의 지침이 있다. 들뢰즈 작품의 처음부터 끝까지 기호는 분리되고 결합 가능하다기보다는 신비한 것으로서 해독을 필요로 한다는 것이다. 『들뢰즈 ABC』 같은 후기에 들뢰즈는 우정을 기호 해독과 수용의 관점에서 정의한다.[4] 그리고 그 제목이 철학적 농담을 표현하는 것처럼 보이는 에세이 「하이데거의 알려지지 않은 선구자 알프레드 자리」An recognized Precursor to Heidegger Alfred Jarry(자리는 초기의 부조리 극작가로서 기괴한 인물 위뷔왕le pere Ubu의 창조자이다)에서 그는 자리를 (그리고 결과적으로 하이데거를) 문학적 바보라는 범주 내에 위치시키려고 하는데, 이는 베케트의 TV 희곡에서처럼 언어의 세 가지 수준을 다시 구분함에 의해서이다. 이러한 맥락에서 기호의 개념은 마지막으로 모습을 드러낸다.

대답은 이러하다. 언어는 자기 마음대로 기호들을 가지는 것이 아니라

---

4 Deleuze, 'F comme Fidélité', *L'Abécédaire*.

언어1이 언어2 내부에서 활동하고, 그리고 그 안에서 여태껏 들어보지
못한 완전히 새로운 외국어로서 언어3을 생산하면서 기호들을 창조하
고 그럼으로써 기호들을 획득한다.[5]

우리는 (여기서) 소수자와 문체에 대한 친숙한 정의, 그리고 프루스
트의 『생트 뵈브에 반대하여』에서 끊임없이 인용되는 대목을 떠올리는
데, 그 대목은 『비평과 진단』 전반에 대한 제사를 제공한다. '위대한 저서
는 외국어로 쓰여진다.'[6]

주류 언어학에 대한 급진적 비판을 포함하면서 재현의 논리로부터
멀어지는 이러한 움직임의 결과는 촘스키의 독자들로 하여금 황제는 발
가벗었고 촘스키적 연구 프로그램을 지지하는 언어철학의 형이상학적
무게는 참을 수 없을 만큼 무겁다고 선언하게 한다. 촘스키 안에서 발견
되는 육중한 유물론('정신-두뇌'의 물리적 환원주의)과 태연자약한 관념
론(내적 관념에의 호소)의 결합은 사실상 소위 알튀세르의 '과학자들의 자
발적 철학'의 관점에서 해석할 필요가 있다.[7] 이러한 비판의 중요성은 아
무리 평가해도 지나치지 않은데 들뢰즈의 언어 비판은 무엇보다 보편적
문법의 개념에 근거한 '과학적' 언어학 형식에 대한 비판이기 때문이다.

하지만 그것이 아무리 중요하다고 해도 언어에 대한 의사 칸트적 비
판은 한계를 가진다. 알다시피 들뢰즈는 칸트적 철학자가 아니다. 즉, 칸
트는 들뢰즈에게 언제나 아군이 아니라 적군이었다. 들뢰즈가 칸트에게

---

5 Deleuze, *Critique et clinique*, p. 124〔영어판 p. 98〕.

6 *Ibid.*, p. v. The French has 'Les beaux livres……'〔프랑스인들은 '아름다운 책들'을 갖고 있
다……〕, 이것은 덜 진부하게 들린다.

7 Louis Althusser, *Philosophie et philosophie spontanée des savants*, Paris : Maspéro,
1974(first published 1967).

서 못마땅해하는 부분은 판단을 내리는 취향이다. 전형적인 칸트적 제스처는 판단의 형태로 철학적 명제들을 표현하는 것이기 때문이다. 들뢰즈는 그처럼 인색한 속박에, 숨막히는 사고로 끝나 버리는 그러한 무수한 경고들에 호소하지 않는다. 결과적으로 그의 언어 비판은 결코 단순히 비판적일 수 없으며, 그 결과 언제나 긍정적인 전환을 하는 경향이 있는 그의 언어에 대한 태도는 극도로 모호해진다. 코르네유를 인용하자면 언어는 들뢰즈에게 **독특한 원한의 대상**이며, 욕망의 대상은 아니지만 매혹의 대상이기도 하다.

우리는 『시네마 2』의 두번째 장에서 이 증상을 찾아볼 수 있다. 그 장의 제목은 "이미지와 기호의 개요"로서 이미지와 언어 사이의 관계를 다루고 있다. 첫 부분에서 들뢰즈는 영화에 대한 구조주의적 분석(전형적으로 크리스티앙 메츠의 초기 작품에서 발견되는)을 유사-언어학적 관점에서 거부하고 있다. 구조주의적 분석에서 영화는 언어의 한 형식이며 이미지는 발화로서 이중 접합, 계열체와 통합체의 관점으로 설명된다. 이에 반하여 들뢰즈는 "시네-이미지는 언표가 아니라고 무뚝뚝하게 진술한다".[8]

들뢰즈는 파솔리니가 시네-이미지, 즉 '운동-이미지'를 **실재의 언어** Une langue de la réalité [9]를 정의한 텍스트를 언급하는데, 그것은 결코 언어가 아니다. 우리는 통상적인 두 축이 아닌 차별화와 특수화의 과정을 찾는다. 분리된 단위가 아닌 연속적 변이와 채도(이러한 용어들을 들뢰즈가 가타리가 『천의 고원』에서 언어를 묘사하는 데 적용하고 있음을 알아차리지 않을 수 없다)를 찾는다. 여기 관련 구절이 있다.

---

8 Deleuze, *Cinéma 2: L'Image-temps*, Paris : Minuit, 1985, p. 41〔영어판 p. 27〕.

9 Pier Paolo Pasolini, *Empirismo eretico*, Milan : Garzanti, 1972.

이러한 운동-이미지의 구성요소들은 특수화와 차별화의 이중적 관점에서 볼 때 신호signaletique 물질을 구성하고 있는데, 그것은 모든 종류의 변조modulation의 특징들, 즉 감각(시각과 청각), 운동, 강도, 정감, 리듬, 톤, 심지어 언어(말이나 글)까지 포함하고 있다. 에이젠슈타인은 그것들을 처음에는 생각 그림ideaogram으로, 나중에는 보다 심도 있게 원시적 언어 체계 혹은 언어의 원형으로서의 내적 독백에 비교했다. 하지만 언어적 요소에도 불구하고 그것은 언어도 아니고 언어체계도 아니다. 그것은 인공 덩어리, 비기호적이고 비구문적인 하나의 매질, 설사 그것이 무정형이 아니라 기호적·심미적 그리고 화용적 형식을 갖춘다 하더라도 언어학적으로 형식화되지 않는 하나의 매질이다. 그것은 그것이 조건 짓는 것에 권리상 선행하는 하나의 조건이다. 시네 이미지는 언표도 아니고 발화도 아니다. 그것은 발화 가능한 것utterable이다.[10]

그러므로 우리가 아는 시네-이미지는 분명 언어의 형식이 아니다. 그것은 **신호 물질**matière signalétique, 조절 특징을 지닌 기호 물질 내지 재료로서 그 기다란 목록은 위의 인용구에 제시되어 있다. 그 목록은 매력적인 독서가 되는데, 우리는 다음과 같은 점에 주목한다. (a) 언어학적 특징들이 맨 마지막에 오는데, 이는 마치 재고하는 것처럼 보인다. (b) 목록의 일반적 총체성은 유기적이라서 언어 체계의 추상적 관념성이 아니라 신체의 결과들과 관련된다. 다시 말해 시네-이미지는 재현의 논리보다는 베이컨에 관한 책에서 들뢰즈가 '감각의 논리'라 부르는 것과 더 많은 연관성을 지닌다. 시네-이미지는 감각적이고 유기적이며 재현이나 서술이

---

10 Deleuze, *Cinéma 2*, pp. 43~44(영어판 p. 29).

주된 것이 아니다. (c) 만약 영화의 시각적 예술 형식과 비교할 요량으로 또 다른 예술 형식을 목록에 불러온다면 그것은 시보다는 음악이 될 것이다. 변조의 특징들이 분절되지 않고 율동적이고 음조적이기 때문이다. (d) 목록에서 가장 중요한 용어는 '강도 높은' 말이다. 강도強度는 입장들과 차이적 가치들과 관련된 구조로 파악되는 것으로서 포함되지 않는다. 마지막으로 (e) 그 목록은 들뢰즈가 '변조'를 통해 무엇을 의미하는지를 이해할 수 있게 해준다. 세상은 지속적 연속적 변이 상태에 있는 하나의 역동적 실체로서, 시네-이미지는 언어와 재현의 막을 거치지 않고 직접 그러한 변이들을 포획한다. 그리하여 들뢰즈의 영화 개념에 대한 명백한 역설이 발생한다. 겉보기에 움직임이 부여된 일종의 사진인 시네-이미지가 재현이 아니며, 영화는 재현 예술이 아니고 다만 우연히 서사적인 예술이 되었을 뿐이라는 것이다. 들뢰즈의 곰은 헐리우드 탈출을 추구한다.

앞의 구절은 영화 이론에 관한 또 다른 권위자인 에이젠슈타인을 인용한다. 파솔리니의 실재의 언어는 에이젠슈타인의 '내적 독백' 이론의 관점에서 재해석된다. 에이젠슈타인에게 소설이 아닌 영화는 우리의 내적 발화, 아리스토텔레스로부터 그리스와 중세의 철학자들이 그 본성에 사로잡혔던, 오래된 **신적 이성**logos endiathetos의 외면화를 훔쳐 볼 수 있는 징조이다.[11] 이를 제외하면 에이젠슈타인과 그 이후의 들뢰즈에게 신적 이성을 멘탈리즈(철학 전통에서 내적 발화의 문제에 대한 보편적 해결책인)의 형식도, 내면화된 자연언어(소수자의 입장)도 아닌 비언어적 재료의 생장, '인공 덩어리'masse plastique, 형태가 없지만 형식화될 수 있는 (그리고 비형식화될 수 있는) 비기호적이고 비구문적 매질 덩어리 —— 아

---

11  Claude Panaccio, *Le discours intérieur*, Paris : Seuil, 1999.

직 언어적이지는 않지만 이미 기호적·심미적·화용적으로 형성된 덩어리 ── 이다. 다시 말해 에이젠슈타인의 내적 독백은 영화 속에 복사되는 것으로서 기호들(하지만 언어학적 기호들은 아닌)을 발산하는 한 덩어리의 재료로 구성되어 있다. 그러한 다중적이고 다양한 기호들은 미적 정서를 생산하고 행위를 유도한다. 이것의 보편적 교훈은 평범한데, 기호에는 단지 언어학적이거나 소쉬르적인 기호들 이상이 있다는 것이다.

우리는 앞서 인용한 글의 핵심에 도달한다. 그것은 그러한 기호를 발산하는 비언어적 매질이 사실상 언어 이전의 물질로서 언어를 직접 포함하는 발화나 발음의 과정은 아니지만, 그래도 여전히 발화 가능하고 언표 가능하며 발화의 과정에서 발화되기 쉽다는 것이다. 텍스트는 언어가 이러한 비언어적 재료들을 전유할 때, 예를 들어 나레이션이 도입될 때, 이때에만 발화가 이미지와 언어 이전의 기호들을 대체한다는 것을 덧붙인다. 들뢰즈의 주장에 의하면 언어는 비언어적 재료에 대한 반응으로서만 존재하며 그것을 변형시킨다.[12]

하지만 영화 속에서 언어가 그처럼 파괴되고 희석되는 데는 문제가 있으며 그것은 손쉽게 언어이론으로 일반화될 수 있다. 들뢰즈의 공식화는 매우 특이하다. 스스로가 주장하듯 시네-이미지와 언어 사이의 관계에 대한 의문의 해결책(반-구조주의적 해결책이자 메츠에 강력하게 반대되는 해결책)을 제공하기는커녕 그는 공식화를 위해 사용한 용어들 때문에 그 관계를 아주 문제적으로 만든다. 시네-이미지가 만들어지는 재료를 '발화할 수 있다'고 함으로써 그것은 언어 이전의 것이 된다. 그러한 '발화 가능성'은 발음 과정에서 발화로 실현되기를 기대하는 아리스토텔

---

12 Deleuze, *Cinéma 2*, p. 45〔영어판 p. 30〕.

레스적 잠재성처럼 들린다. 비록 그것이 비기호적·비구문적 그리고 비언어적이라 하더라도 이러한 재료는 여전히, 적어도 잠재적으로는 언어에 의해 결정된다. 이미지에 관해 독자적으로 말할 방법은 전혀 없어 보인다(비록 베이컨에 관한 책에서 들뢰즈가 바로 이를 위해 일련의 개념들을 구성하려 시도하긴 해도). 우리는 통상적 결론이자 이 책을 저술했던 입장에 이르렀는데, 들뢰즈에게 언어는 정말 문제라는 것이다.

## 2. 언어의 축복

들뢰즈가 헤겔적 철학자라면 ── 그는 결단코 그렇지 않지만 ── 수치스럽게 침묵하는 언어 이전의 재료들로부터 언어와 변형에 전유되어 수다스럽긴 해도 명예로운 발화로의 자연스러운 진행, 진보라 부를 만한 일이 발생할지도 모른다. 하지만 물론 들뢰즈는 이러한 서술을 지나치게 유창하다는 이유로 거부할 것이다. 그의 목표는 언어를 불가피한 진보의 정점이나 절정으로 만들려는 것이 아니라 그것을 초라하고 의존적인 자신의 자리로 돌려놓는 것이다. 그의 목표는 언어를 이미지의 후속물이나 부수 현상쯤으로 취급하는 것이다.

하지만 이것은 쉬운 일이 아니다. 우리는 서문에서 이미 비난하는 데 점점 더 달변이 되어 가는 언어-혐오자의 역설을 만났다. 여기에서 '발화 가능한'이라는 단어에서 느껴지는 의미론적 긴장, 발화와 언표에서 실재화를 향한 움직임, 그리고 그것의 즉각적 동결이 유래되는데, 이는 자연스럽게 재취급을 수반한다. 들뢰즈는 예외인데, 그는 헤겔주의자가 아니고 아리스토텔레스주의자도 아니기 때문이다. 그는 잠재성virtuality에 중요한 지위를 부여한다는 점에서 베르그송을 따른다. 이러한 발화 가능성

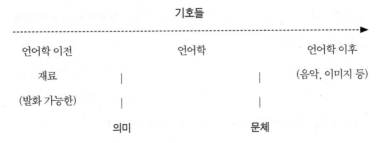

〈도표5〉 언어를 향한 애매성

기호들

| 언어학 이전 | 언어학 | 언어학 이후 |
| 재료 | | (음악, 이미지 등) |
| (발화 가능한) | | |
| | 의미 | 문체 |

은 단순히 가능한 것이 아니라 잠재성을 부여받는데, 이는 그 가능성을 실제 발화만큼이나 현실적으로 만든다. 우리는 사실상 언어 체계의 추상적 관념의 영역이 아닌 어떤 영역, 혹은 실제 발화 내지 진술의 영역으로 이동해 왔다. 말뭉치 언어학이나 푸코식 기록보관소 연구가 출발점으로 삼는 영역이다.

들뢰즈로 하여금 구조주의를 폐지하고 또 다른 언어철학을 제시할 수 있게 한 것은 추상적 관념론이 아니라 이러한 잠재성으로의 이동이다. 여기서 소쉬르적 기호는 소멸된다. 그것은 기호의 형태가 증식하기 때문에 기호학이 다양해진다는 점에서 **희석**dillution이자, 언어학적 기호의 특징과 시니피앙의 독재가 실패로 끝나 버린다는 점에서 **파괴**destruction이다. 그와 같은 소멸은 결코 묘가 아니다. 그것은 대단히 긍정적인 몸짓이자 하나의 기호 이론으로서 〈도표5〉와 같이 요약될 수 있다. 이 도표는 언어를 향한 들뢰즈의 양가적 태도를 잘 보여 준다. 즉 언어는 기호 체계의 증식 속에서 희석되지만 여전히 (더 이상 모델은 아니지만) 기준으로 작용한다. 또한 언어에서 흥미로운 장소는 그 여백이다. 그것은 언어가 의미를 생성하기 위해 전유하는 언어 이전의 발화 가능한 것의 여백이며 언어와 그 너머 문체style가 거주하는 곳 사이의 경계선이다.

들뢰즈는 부정의 작업에 대해서는 거의 관심이 없는 긍정의 철학자이기 때문에 그의 언어에 대한 태도가 오롯이 비판적일 수만은 없다. 최악의 경우 그는 언어를 그저 무시할 뿐인지도 모른다. 하지만 그는 명백히 그렇게 하지 않는다. 언어 ── 이는 분명 매우 큰 주제이다 ── 는 그의 작업 거의 곳곳에 등장한다. 그래서 들뢰즈가 언어에 대해 최고로 호의적이었을 때 그의 저작은 언어의 창의성에 관한 유쾌한 긍정을 보여 준다. 그것은 문체의 개념, 대안의 구성, 전반적으로 긍정적인 언어철학으로 구현된다.

이에 관해서는 마지막 세 장에서 구체적으로 설명해 보려 시도했다. 이제 요약할 때가 되었다. 그러한 요약은 보통 상관관계의 형식을 띤다. 여기에는 예외가 없는데, 그 상관관계가 수많은 (모두 16개의) 모순적 명제들로 주어지고, 그 명제들이 들뢰즈의 언어철학의 주요 개념들과 그 반의어 혹은 대립자를 나타낸다는 사실은 제외된다.

1 내재성, 초월성이 아닌

2 되기Becomming, 구조가 아닌

3 힘, 기호화가 아닌

4 속도, 정체가 아닌

5 변이들, 입장이 아닌

6 리좀들, 수형樹形의 위계가 아닌

7 선과 면들, 깊이 대 표면의 대립이 아닌

8 역사, 공시성이 아닌

9 외적extenal, 내적internal이 아닌

10 창조성, 규칙이 아닌

11 격률, 법칙이 아닌

12 배치, 주체나 체계가 아닌

13 소수자, 다수자 언어나 표준이 아닌

14 슬로건, 명제가 아닌

15 문학, 말뭉치의 민주주의가 아닌

16 비문법성, 권력으로서의 구문론과 수용 가능성이 아닌

이 대목에서 16개의 대조점들에 대한 논평은 거의 필요하지 않다. 그것들은 들뢰즈의 '언어철학을 잘 그려 준다. 들뢰즈 그 자신은 아마도 거부했을 법한 이 구절은 그에게서 언어의 문제틀이 지닌 범위를 끈질기게 보여 주는데 그것은 내재적 상관관계의 두 기둥에서 잘 설명된다. 여기서 '문제틀'은 들뢰즈의 문제 개념을 가리킨다. 이 상관관계에서 언어는 매우 문제적인 사건으로 등장한다. 비판적으로 보면 그 두 기둥은 들뢰즈에게서 언어는 늘상 삶, 사유, 육체의 더 커다란 형이상학 속에서 희석될 위험에 처해 있음을 보여 준다. 하지만 긍정적으로 볼 때 그것들은 언어의 문제틀이 들뢰즈의 첫번째 철학, 즉 언어는 도처에 있다는 철학 전반을 흡수하는 경향이 있다.

집단으로 취했을 때 이 대조점들은 우리로 하여금 들뢰즈가 언어철학에 기여한 다양성과 중요성을 이해할 수 있게 한다. 1행과 7행의 개념들은 들뢰즈의 생동감 넘치는 형이상학의 핵심이며, 그를 구조주의와 포스트구조주의가 지배하는 국면에서 그 바깥에 있는 특이한 철학자로 만들어 준다. 그 입장은 베르그송과 프랑스 전통은 물론 니체에게도 빚을 지고 있다(베르그송과 하이데거를 존경했던 철학자 라바이송의 습관 분석

에서 강도의 질과 힘의 역할을 고찰하는 것은 흥미로운 일이 될 것이다).[13] 8행과 11행의 개념들에 의해 우리는 언어학에서의 연구 프로그램의 보편성을 버리고 새롭고 외적인 형태의 언어학을 구성할 수 있게 된다. 12행과 14행의 개념들은 들뢰즈의 새로운 언어학이 마르크스주의 전통에 근접하고 있음을 알려 준다. 볼로쉬노프는 들뢰즈가 인용하기 좋아하는 권위자들 중의 한 명일 뿐 아니라 『시네마』에서 그가 언급하는 파솔리니의 논문 모음집에는 「마르크스주의 언어학에 대한 (시인의) 회상」Appunti (en poete) per una linguistica marxista라는 제목의 논문이 실려 있다. 겉보기에 이상한 시적인 것과 정치적인 것의 결합은 들뢰즈 (가타리) 언어관의 핵심이다. 그것은 왜 마지막 15행과 16행의 개념들이 문학이나 문학 작품의 독서가 새로운 언어학과 또 다른 언어철학의 구성에서 중심적인 역할을 차지하는지를 설명해 준다. 그리고 그것은 들뢰즈가 언어의 문제를 이름 짓고 해명하기 위해 구성하는 개념이 왜 문체의 개념인지를 설명해 준다.

우리는 문체의 개념이 들뢰즈 저작에서 영속적 특징이 되는 이유를 알게 된다. 그 개념은 이미 『프루스트와 기호들』에서 본질에 닿기, 해석, 은유, 변형의 용어로 정의(이상하게도 다른 그의 저작을 읽은 누구에게나) 된다. 또한 문체의 개념은 들뢰즈의 마지막 저서인 『비평과 진단』에서 핵심 부분인데 거기서는 말더듬는 언어와 그 한계에 닿기가 지닌 유명한 특징들이 나타난다. 우리는 또한 명백히 지난passé 개념이 왜 글쓰기의 새로운 개념보다 선호되는지도 이해한다. 문체의 개념이 필연적인 양가성을 지니고 있기 때문이다. 문체는 주로 언어의 예술(문체학stylistics은 언어학의 일부이다)을 가리키는 것 같지만 보다 넓은 기호학의 범위 ── 가령 시

---

13 Félix Ravaisson, *De l'habitude*, Paris : Rivages, 1997(first published 1894), pp. 78~79.

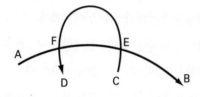

〈도표 6〉 누빔점

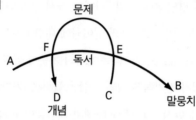

〈도표 7〉 들뢰즈적 독서

각적이나 음악적 ── 안에서 언어를 대체한다(세잔과 슈만은 스타일을 갖
고 있다).

마지막으로 우리는 들뢰즈가 예술작품뿐만 아니라 다른 철학 저작
들을 읽을 때, 문제를 끄집어 내고 개념을 구성하고 때로는 텍스트의 결
을 거스르면서, 다시 말해 기존 해석의 전통에 맞서면서(그는 『잃어버린
시간을 찾아서』가 다루지 않는 한 가지가 있다면 그것은 기억이다, 라고 진술
하면서 프루스트에 관한 책을 시작한다) 강력한 독서를 생산할 때, 어떤 일
이 발생하는지를 알게 된다. 그는 문제를 위해 읽는 것이다. 그는 그 문제를
끄집어 내고 텍스트의 특정한 철학적 제스처, 철학적·문학적 양식(주름
이라는 개념에 의해 포착된 라이프니츠의 바로크적 양식이 있다)을 표현해
줄 개념을 구성한다. 들뢰즈의 문제적 독서 방식은 텍스트의 누빔점의 형
식을 제공한다. 라캉의 비잔틴식 '병따개' 도표의 첫 단계에서 빌려온 한
도표는 말뭉치, 문제, 개념의 조합을 표로 그릴 수 있게 해준다(〈도표6〉을

보라). 라캉에서 도표의 첫 단계[14]는 의미의 부여를 마르코프 체인에서 **누빔점** 효과로 묘사한다. 마르코프 체인은 시니피앙의 연쇄로서 A에서 B로 부단히 움직인다. 두번째 계열인 시니피에 계열은 그와 나란하지 않다. 그것은 C에서 D로 이동하며 E와 F 지점에서 시니피앙의 연쇄와 교차한다. 거기서 의미는 시니피앙 연쇄의 정상적 흐름을 거슬러 소급적으로 발생한다.

들뢰즈의 강력하고 문제적인 독서에서는 〈도표7〉에서 보듯, 유사한 형태를 가진다. 독서(소급적인 것, 말뭉치를 거스르는)는 말뭉치의 일부를 선택하며(A에서 B) 하나의 문제를 끄집어 냄으로써 그에 관한 독서가 이루어진다(E에서 F는 모두 집합체의 세분화, 그것의 독서 그리고 C에서 D의 세분화인데, 이는 독서로 인해 출현되고 설명되는 문제이다). 독서는 거기에 이름을 붙이는 개념 속에서 하나의 목표, 하나의 종결점을 지닌다. 이 도식은 다양한 텍스트에 대한 들뢰즈의 독서들을 설명해 주는데, 이는 또한 들뢰즈에 대한 나의 독서도 설명해 주기를 종점의 **심연에서**en abyme 희망한다.

---

14 복잡한 병따개 다이어그램의 교육적인 설명은, Žižek, *The Sublime Object of Ideology*, London : Routledge, 1989, pp. 100~114를 보라.

# 들뢰즈와 가타리의 저작 목록

본문에 실린 들뢰즈와 가타리의 저작 목록이다. 영역본과 한국어 번역본을 함께 병기해 두었다.

## 들뢰즈(Gilles Deleuze)의 저작

*Proust et les signes*, Paris: PUF, 1964(*Proust et les signes*, trans. Richard Howard, New York: George Braziller, 1972)[『프루스트와 기호들』, 서동욱 · 이충민 옮김, 민음사, 2004].

*Le Bergsonisme*, Paris: PUF, 1966(*Bergsonism*, trans. Hugh Tomlinson and Barbara Habberjam, New York: Zone Books, 1988)[『베르그송주의』, 김재인 옮김, 문학과지성사, 1996].

*Différence et répétition*, Paris: PUF, 1968(*Difference and Repetition*, trans. Paul Patton, London: Athlone, 1994)[『차이와 반복』, 김상환 옮김, 2004].

*Dialogues*, Paris : Flammarion, 1977(*Dialogues*, trans. Hugh Tomlinson and Barbara Habberjam, London: Athlone, 1994).

*Logique du sens*, Paris: Minuit, 1969(*The Logic of Sense*, trans. Mark Lester and Charles Stivale, London: Athlone, 1990)[『의미의 논리』, 이정우 옮김, 한 길사, 1999].

*Cinéma 2 : L'image-temps*, Paris : Minuit, 1983(*Cinema 2: the time image*, trans. Hugh Tomlinson and Robert Galeta, London : Athlone, 1989)[『시네마 2: 시간-이미지』, 이정하 옮김, 시각과언어, 2005].

*Foucault*, Paris : Editions de Minuit, 1986(*Foucault*, trans. Seán Hand, Minneapolis : University of Minnesota Press, 1988)[『푸코』, 권영숙·조형근 옮김, 새길아카데미, 2012].

*Le pli : Leibniz et le Baroque*, Paris : Minuit, 1988(*The fold : Leibniz and the Baroque*, trans. Tom Conley, Minneapolis : University of Minnesota Press, 1993)[『주름, 라이프니츠와 바로크』, 이찬웅 옮김, 문학과지성사, 2004]

*Pourparlers, 1972-1990*, Paris : Minuit, 1990(*Negotiations, 1972-1990*, trans. Martin Joughin, New York : Columbia University Press, 1995).

*Critique et clinique*, Paris : Minuit, 1993(*Essays critical and clinical*, trans. Daniel W. Smith and Michael A. Greco. Minneapolis : University of Minnesota Press, 1997)[『비평과 진단』, 김현수 옮김, 인간사랑, 2000].

## 들뢰즈와 가타리(Félix Guattari)의 저작

*L'Anti-Œdipe*, Paris: Minuit, 1972(*Anti-Oedipus*, trans. Robert Hurley, Mark Seem, and Helen R. Lane, London: Athlone, 1984)[『안티오이디푸스』, 김재인 옮김, 민음사, 2014].

*Kafka: Pour une Littérature Mineure*, Paris: Minuit, 1975(*Kafka*, trans. Dana Polan, Minneapolis : University of Minnesota Press, 1986)[『카프카: 소수적인 문학을 위하여』, 이진경 옮김, 동문선, 2001].

*Mille plateaux*, Paris : Minuit, 1980(*A thousand plateaus*, trans.Brian Massumi, Minneapolis : University of Minnesota Press,1987)[『천 개의 고원: 자본주의와 분열증 2』, 김재인 옮김, 새물결, 2001].

*Qu'est-ce que la philosophie?*, Paris : Minuit, 1991(*What is philosophy?*, trans. Hugh Tomlinson and Graham Burchell, London : Verso, 1994).

# 들뢰즈와 언어의 문제

장-자크 르세르클Jean-Jacques Lecercle은 프랑스 낭테르대학의 영문과 교수로서 철학의 영역에서 언어와 문학 이론에 대한 광범위한 연구를 수행해 왔다. 언어학자로서 르세르클은 '들뢰즈와 언어'라는 주제에 대한 작업을 계속해 왔는데, 『거울을 통한 철학』*Philosophy Through the Looking Glass*, 1985, 『언어의 폭력』*Violence of Language*, 1990, 그리고 『난센스의 철학』*Philosophy of Nonsense*, 1994과 『화용론으로서의 해석』*Interpretation as Pragmatics*, 1999에서 길게 혹은 짧게 들뢰즈의 언어에 대해 논하고 있다. 들뢰즈의 언어철학에 대한 깊이 있고 포괄적인 연구는 망상délire, 난센스nonsense 등 르세르클의 다른 연구들의 자연스런 연장으로 나타난다.[1]

---

[1] Stephen McCaffery, "Deleuze and Language", *Textual Practice* 17 (1), 2003, p.141. 우선 언급해야 할 것은 『들뢰즈와 언어』가 들뢰즈 개인의 사유를 다룬 것이 아니라는 것이다. 『들뢰즈와 언어』에서 언급되는 텍스트들 중에는 들뢰즈 단독으로 저술된 것도 있지만, 가타리와의 공동 작업이 많이 발견되며 파르네(Claire Parnet)의 이름 또한 눈에 띄는 것을 알 수 있다. 그러므로 저자 르세르클이 1장에서 명확하게 언급하듯이, 『들뢰즈와 언어』에서 '들뢰즈'란 이름은 "한 개인이 아니라 '들뢰즈'란 이름으로 언급되는 '언표의 집단적 배치'

『들뢰즈와 언어』에서 르세르클은 일관된 자료가 부재한 들뢰즈 언어의 복잡한 차원을 세분화하고 이를 상세하게 분석하고 있다. 의미와 시어, 스타일과 프래그머티즘을 논함에도 불구하고 들뢰즈 혼자서도 가타리와의 공동 작업에서도 언어에 관한 일관된 이론은 생산되지 않았다. 가장 지속적인 논쟁은 초기작 『의미의 논리』와 『천의 고원』의 '언어학의 고원' 장에서 발생하는데, 이 장에서는 언어학 비판에 의한 언어의 부정적 이론화가 현저한 위치를 차지하고 있다. 『들뢰즈와 언어』에서 르세르클의 업적은 "이 산발적 진술들을 함께 모아 들뢰즈의 언어이론이라 할 수 있는 자료에 가깝게 만들었다"는 것이다.

## 언어의 문제

『들뢰즈와 언어』에서 르세르클의 주된 주장은, 들뢰즈에게 있어 언어가 중요한 '문제'problem이고 그 문제는 '들뢰즈 철학 전체를 관통하는' 안내자guiding thread 역할을 한다는 것이다.[2] 이를 입증하기 위해 르세르클은 독창적인 시도를 하는데, 그것은 들뢰즈가 스피노자나 라이프니츠를 다뤘듯이 들뢰즈를 다루는 것이다. 즉 들뢰즈의 철학에서 언어는 라이프니츠에게 있어 '주름'fold과 같고 스피노자에게 있어 '표현'expression과 같다

---

(collective assemblage of enunciation)라 할 수 있다"(J. J. Lecercle, *Deleuze and Language*, Badingstoke: Palgrave Macmillan, 2002, p.31).

2 '문제'는 개념들의 연속을 가능하게 하는 것으로서 르세르클에 따르면, 철학의 초점은 문제를 추출하고 문제에 적합한 하나 혹은 그 이상의 '개념'을 창조하는 것이다. 예를 들어 라이프니츠가 '모나드'(monad)의 개념을 창조했을 때 그 개념은 문제로 표현되었고 그 문제는 새로운 개념의 창조로 이어졌다. 모나드의 개념이 겨냥한 문제는 세계의 총체성을 표현하는 주체성의 문제로서, 세계가 서로 접혀 있는(folded) 사물들의 집합이라는 것이다. 그리고 이를 펼치려는 시도가 들뢰즈의 『주름』(*Le Pli*)으로 나타난다(*Ibid.*, p.37).

고 주장하는 것이다. 들뢰즈가 다른 사람들을 읽었던 것처럼 들뢰즈를 읽으려는 이러한 시도는 그 문제에 대한 적절한 개념의 창조라는 과제를 수반한다. 르세르클에게 이는 들뢰즈식 언어 문제에 적합한 고유한 '개념'의 창조로 나타난다. 만일 언어가 들뢰즈에게 문제라면 그 문제는 풀리는 것이 아니라 (해답이 있는 것이 아니라) 개념화되는 것이고 그 개념은 그것이 구축하는 '패러독스'paradox이며 그것은 들뢰즈가 제공하는 '부분-이론들'part-theories의 증식 가운데 구축된다.[3]

들뢰즈 사상의 중심 테마는 언어에 대한 '불신'과 '망상'이라는 패러독스이다. 베르그송의 후예로서 들뢰즈는 언어에 대한 심한 불신을 채택하는 한편 그에 병행되는 망상을 동시에 택한다.[4] 들뢰즈의 언어철학은 부정적으로 분절된 상관관계의 계열들에 따른 원심성의 동력을 갖는데, 이는 재현이 아닌 기능, 로고스가 아닌 신체, 기호가 아닌 절단, 기호화가 아닌 강도이며, 주체가 아닌 배치, 정보가 아닌 힘으로 나타난다. 이러한 상관관계들은 역설적으로 '구조주의 문화의 중심으로부터 언어를 이동시켜 그 출현의 물질적 장소인 신체 속에 재각인 시키는 전략'을 내포하

---

3 들뢰즈에게 언어의 문제는 다음과 같은 네 가지 징후를 나타내고 있다. 첫째 언어에 대한 들뢰즈의 패러독스한 양상이다. 들뢰즈는 언어에 대한 필수적인 저항과 적대감을 표명하는 한편 이에 대해 집착하는 패러독스한 태도를 보인다. 둘째, 언어학에 대한 적대감이다. 들뢰즈가 언어학을 비난하는 이유는 언어학이 언어에 부과하는 규율이 자연어의 작용에 빈약하거나 완전히 반대되는 관점을 부여하기 때문이다. 셋째, 부분이론들의 생장이다. 넷째, 부분이론들의 다양성에 있는 언어 문제의 내재성으로서, 이는 그 이론들을 통하고 넘어서서 언어의 일반적인 문제를 포괄적으로 공격한다.
4 베르그송에 따르면 철학이 사물의 작동에 관심을 갖고 끝없는 혁신과 재발명을 지향한다면 단어들은 상대적으로 고정된 관습적 가치와 한정된 의미만을 갖는다. 언어는 사회적 기원을 갖고 있으며 그 목적은 소통하여 협력을 촉진시키는 것이다. 언어는 사회의 필요에 따라 리얼리티를 고착시킨다. 그러나 철학자의 과제는 단어를 넘고 언어의 결에 대항하여 자신이 공식화할 문제를 발견하는 것이다. 언어의 문제는 그것이 정확하게 공식화될 때 해결되고 그 문제는 항상 상식적인 단어들이 도달할 수 없는 곳에 존재하는 것이다.

고 있다.[5] 언어는 이 과정을 통해 강등되었다가 다시 복원되는 것이다.

들뢰즈의 언어이론에서 문학 텍스트 생산과의 내적 연관성을 추적할 수 있다. 들뢰즈의 '사건'event은 명백히 언어를 포함하는 것으로 이는 문학의 최고의 과제가 사건을 재현하거나 '라캉적 실재'Lacanean Real와의 조우라는 조명 혹은 섬광의 기억 속에서 재생산 혹은 재상연되는 것이 아니라 언어 속의in 사건과는 거리가 먼 언어의 사건이 되는be 것이다'. 들뢰즈의 언어 개념에서 '의미'meaning는 반메타포, 반재현, 반언어학, 반형식주의, 반해석학 등 적대적인 입장들의 계열들을 가로질러 공식화되는데, 이때 들뢰즈가 의거하는 기존의 철학적 전통은 베르그송과 스토아학파를 비롯하여, 옐름슬레우(면과 층), 니체(힘), 그리고 볼로쉬노프(담화의 피할 수 없는 간접적 속성과 발화의 기본 요소의 구성으로서 슬로건) 등으로 나타난다.

## 언어학의 문제

언어학의 전통에서 '과학적' 언어학에 따르면, 랑그는 평형 상태의 체계로서 과학의 대상이 되고 그 밖의 변이되는 모든 것은 랑그가 아닌 파롤에 속하게 된다. 소쉬르 이후 과학적 언어학에 제기된 문제는 그것이 잘못된 언어철학에 근거하고 있다는 것이다. 과학적 언어학은 언어의 주요 기능이 정보와 소통이라는 관점에서 언어를 다루고 있다. 또한 과학적 언어학은 잘못된 인식론에 근거하는데, 만일 언어가 과학으로 간주된다면 '과학적' 언어학의 과제는 물리학이 물질의 법칙을 공식화하는 것과 같

---

5 McCaffery, *Textual Practice* 17 (1), p.142.

은 방식으로 언어를 공식화하는 것이다. 한편 과학적 언어학은 관련된 학문 분야들 사이에서 잘못된 유형의 위계질서를 방어하려고 하는데, 그 이유는 기호를 연구하는 모든 학문 분야에 있어 과학적 언어학의 중심성을 가정하기 때문이다.

과학으로서의 언어학에 대한 들뢰즈의 비판은 '형식화'에 대한 비판으로 시작된다. 들뢰즈에게 언어학의 형식화는 추상과 보편이라는 두 가지 결점을 갖고 있다. 언어학적 판단들은 '반성적'reflective(칸트)이기를 요구하는데, 그것은 현상에서 시작하여 이를 추상화하고 보편화할 것을 주장한다. 언어학의 형식화에 대한 들뢰즈 비판의 주된 표적은 언어학의 '건축학'architectonics이다. 여기서는 보다 깊은 층들이 언어의 표면을 해석하고 형식화하는데 그것이 의미하는 수준의 위계질서 또한 표적이 된다. 이에 대항하여 들뢰즈가 제시하는 것은 '카르토그래피'(지도제작)이다. 지도를 그릴 때 언어는 하나의 면으로 취급된다. 그것은 내재면과 혼효면으로서 언어의 이질성과 다양성을 존중하는 것이다. 그것은 구조 되기의 흐름을 동결시키지 않고 그 탈주선의 위계질서의 위협에 몰아넣지 않으며, 무엇보다도 '과학적' 언어학이 기초하고 있는 배제를 행하지 않는다.

과학적 언어학의 축소판으로 간주되는 것이 촘스키의 연구로서 언어가 근거하는 언어철학을 과감하게 공식화하고 있다.[6] 들뢰즈는 촘스키 연구의 기본적 가정들의 강력한 반대자이다. 들뢰즈는 촘스키의 '유물론적' 환원법 대신 다른 형태를 선호하는데, 그것은 사건과 의미의 존재론적 혼합, 혹은 특이성들의 분포적인 내재면을 추적하는 선들의 존재론적 혼합으로 나타난다. 또한 들뢰즈는 촘스키로 대표되는 주류 언어학의 비역사성을 거부하고 언어 그 자체, 그리고 자연어를 역사화할 뿐 아니라 언어학 자체를 역사화한다. 무엇보다 들뢰즈의 언어철학의 중심에는 '텍스트의 규칙 파괴적 창조성'rule-breaking creativity of text이 위치한다.

## 들뢰즈와 언어

### 철학적 관심의 이동: 힘과 흥미

들뢰즈와 가타리는 『천의 고원』의 제4고원에서 언어학의 전제 조건에 대한 비판을 하는데 이로부터 새로운 언어철학을 위한 토대가 마련된다. 언어학의 첫번째 전제조건이 언어가 정보와 소통을 의미한다는 것이라면, 들뢰즈의 철학적 관심은 '힘'과 '흥미'의 개념으로 이동한다.

'힘'에 대한 철학적 사고는 언어의 작용을 예리하게 인식하는 것, 언어의 사용이 단순한 정보 전달이 아니라 힘을 행사하는 것임을 인식하는 것이다. 철학적 개념으로서 힘은 역사와 전통을 갖고 있다. 들뢰즈의 힘은 니체의 개념에서 차용된 것이다. 니체에게 사물의 본질은 그것이 소유한 힘(힘들)으로 나타나고 '힘에의 의지'Will to Power는 힘들의 내면과 종합을 위한 원칙이다. 니체의 철학적 물음의 목적은 이 본질, 즉 이 힘을 발견하는 것이다. 들뢰즈에게 세계는 힘과, 힘들 사이의 관계로 구성되어 있다. 세계를 구성하는 사물들은 힘들의 표현이며, 그들과 상호 작용하는

---

6 촘스키의 연구에서 언어철학은 몇 가지 가정에 의해 특징지어진다. 첫번째는 환원주의이다. 이는 언어 현상을 정신-주체 속에서 물질적 관계의 환원 가능성으로 설명하는 것으로서, '데카르트로 돌아가자'와 본유주의(innatism) 주창의 이론적 근거가 된다. 두번째 가정은 '규칙에 지배되는 창조성'(rule governed crativity)의 원칙으로, 모든 창조성은 법칙들의 복합체나 결합으로 설명되고 창조성의 유일하게 적절한 방식으로 간주된다. 세번째는 방법론적 개인주의로서, 모든 정신-두뇌는 같은 방식으로 타전되지만 발화는 분명히 개별적이며, 집단적 발화는 존재하지 않는다는 것이다. 마지막으로 역사성의 부정이다. 촘스키의 연구에서 과학적 언어학의 대상으로서 언어는 인간 사회의 역사적 발전과는 독립되어 있으며, 과학적 언어학이 가정을 위해 필요로 하는 유일한 사건은 비역사적(ahistorical)·신화적 사건이다.

주체들은 '힘들의 차이적인 요소들'이다. 주체의 신체는 힘들의 관계의 장소이며, 여기서 지배하는 힘과 지배받는 힘, 즉 작용의 반작용의 힘이 충돌한다. 들뢰즈의 관점에서 '창조'는 일종의 관계/비관계를 포함하는 것으로서, 그 관계는 이질적 계열들 사이에서 발전될 수 있다.[7]

이러한 힘의 개념은 언어에 대한 결과들을 수반한다. 언어의 고양된 형식은 주체를 규정하는 힘의 관계를 측정하고 평가하는 해석의 상태이다. 해석의 과제는 힘과 힘들 사이의 관계를 평가하는 것이며 이때 시는 힘과 그 가치들을 측정하는 평가의 예술이 된다.[8] 언어와 예술의 연관은 들뢰즈의 언어철학에서 시어와 스타일의 중심성의 특징으로 나타나고, 여기에서 언어 연구의 중심은 의미에서 힘으로 이동하게 된다.

언어에서 힘의 행사는 '흥미'를 창출한다. 힘을 포착하고 표현하는 것은 명제를 흥미롭게 하고 그 참신함이 흥미를 끄는 사건을 유발시킨다. 철학적 입장에서 흥미는 진리를 대체한다. 명제의 의미는 진리를 말하는 능력이 아니라, 그 참신함이나 흥미로움과 관계되어 있다. 들뢰즈는 철학자의 과제는 진리 추구가 아니라 흥미를 배양함으로써 세계를 의미화하는 것이라고 주장했다. 중요한 것은 참신함과의 조우, 새로운 생각을 발

---

7 들뢰즈는 이러한 창조적 힘을 베르그송의 독서를 통해 발견했다. "베르그송의 물질과 마음의 평행성의 연구가 생기론(éla vital)과 지속으로서의 시간의 개념을 공식화했다면, 들뢰즈의 이론도 새롭고 역동적인 생 혹은 개념적 사고의 형성을 창조하는 되기의 능력에 도달했다. 되기, 생생한 힘(vital force, 활력)의 연속적 변이는 궁극적으로 새로운 힘의 형식을 창조한다" (André Pierre Colombat, "Deleuze and the Three Powers of Literature and Philosophy: To Demystify, to Expreiment, to Creat", *South Atlantic Quarterly*, Vol.96, No.3, 1997, p.586).

8 문체의 철학적 스타일의 전형인 아포리즘(aphorism)은 그러한 해석을 위한 도구가 된다. 들뢰즈는 문헌학자로 경력을 시작한 니체를 일컬어 '능동적 문헌학자'라고 했는데, 이는 일정한 언어 개념과 연관되어 있다. 그것은 단순한 힘의 전달일 뿐 아니라 힘의 충돌 장소의 개념을 포함하는 것으로서, 화자는 정보를 교환하는 것이 아니라 힘을 부과함으로써 언어를 수행하고 있다는 것을 명시한다.

견하는 능력이지 옛것을 인식하고 그 적합성을 판단하는 것이 아니라는 것이다. 이는 사실과 판단 사이에서 적합성을 인식하기보다는 연관 고리를 찾는 것으로서, 힘들 사이에 창조되는 차이들을 밝히는 효과를 포착하는 것이다.[9] 철학자들은 탈주선을 탐색하고 뜻하지 않은 새로운 종합을 창조한다. 이렇게 개념이 창조되고 각각의 개념은 특이성이 되어 자기 주변을 영토화하게 되는 것이다.[10]

홍미로서의 진리의 개념은 언어 개념을 위한 결과를 수반한다. 창조성은 홍미로운 사고의 특징이다. 사고를 중얼거리게 하는 것, 즉 중얼거림이나 더듬거림의 언어로 만드는 것은 생각하는 사람으로 하여금 사고의 현대적 이미지로 이동할 수 있게 한다. 들뢰즈는 해석이 진리를 목적으로 한다는 관점을 수용함에 있어 물음에 대한 대답과 문제에 대한 해답을 모색한다. 이것이 바로 홍미가 진리보다 더 중요한 이유가 된다. 시적

---

9 들뢰즈는 이를 '이다'(IS/EST)의 논리와 '그리고'(AND/ET)의 논리로 대비시킨다. '이다'가 속성과 판단의 논리라면 이에 대비되는 '그리고'의 논리는 관계의 논리이다. 이러한 들뢰즈의 이론은 이성과 비판의 철학자인 칸트의 철학에 대립되는 것이다. 칸트는 들뢰즈와 대립하는 주요 철학자 중 한 명인데, 이는 판단을 이끌어 내는 그의 철학 경향 때문이다.
한편 칸트와 니체로 대표되는 '이다'와 '그리고'의 논리적 대립은 철학에 있어 세계관의 대립으로 확장되어 해석된다. 즉 이는 초월(transcendence)을 지향하는 이상주의(칸트, 플라톤, 기독교)와 현실을 긍정하는 지상주의(니체)의 대립이기도 하다. "니체는 그가 단순히 '이 세계'(this world)라 불리는 세계 너머의 초월적인 그 무엇에도 반대한다. 초감각적이고 이상적인 '너머'(Beyond)의 세계로의 그 어떤 이동도 거부하는 니체의 입장은 플라톤, 기독교, 칸트에 대한 비판의 핵심이 된다"(Alan D. Schrift, "Deleuze Becoming Nietzsche Becoming Spinoza Becoming Deleuze. Toward a Politics of Immanence", *Philosophy Today*, Vol. 59, 2006, p.187).
10 홍미의 개념 또한 니체에게서 기원하는데, 들뢰즈는 푸코(Foucault)와 더불어 진리에 대한 니체적 해석을 공유한다. 니체와 푸코는 진리(truth)에 대한 비판에 있어 근본적인 연관을 갖고 있는데, 그것은 '진정한' 담화가 진리에 대한 '의지'란 무엇인가, 라는 물음으로 프레임화된다. 다시 말해 진리는 분별을 위한 방법을 의미하는 것이 아니라 그 절차, 진행, 그것이 원하는 과정을 의미한다. 이렇게 진리는 지식과 능력, 주체성의 테크닉과 연결되고, 그 진행의 결과는 홍미, 혹은 '의지'에 의해 고무된다.

언어는 흥미로운 언어이다. 그것이 문학에 한정되지 않고 그 안에서 테마화되기 때문이다. 그리고 여기에서 들뢰즈 시학에 전형적인 비문법성과 스타일의 연계가 도출된다. 철학적 관점의 진리에서 흥미로의 이동은 언어의 작용에 대한 연구의 궁극적인 목적이 소통의 윤리학이 아닌 스타일의 시학을 구축하는 것임을 명시한다.

### 새로운 화용론: 기계들, 배치들, 소수자

들뢰즈의 새로운 언어이론은 모든 기호학이 유래하는 규범적 대상, 독립적인 과학적 대상으로서의 언어를 폐지하는 것이다. 주류 언어학의 방법론적 개인주의에 감화되지 않으면서 들뢰즈가 언어의 재구성 단위로 삼는 것은 개별적인 화자와 개별적인 발화가 아닌 언표의 집단적 배치이다. 이때 들뢰즈가 제기하는 언어철학은 주체의 개념이 배제된 것으로서, 이는 무엇보다 '기계'의 개념으로 나타난다.

주류 언어학인 구조주의로부터 이동의 주된 징후는 작용 개념으로서 '구조'를 '기계'로 대치하는 것이다. 구조가 공시적이고 정적인 개념이라면 기계는 통시적이고 역동적인 개념이다. 구조가 위치의 계열들로서 요소들을 갖고 있다면, 기계를 특징짓는 것은 그 요소나 부분이 아니라 그것이 위치하는 사건들이다. 주체를 생산하는 구조와 달리 기계는 주체를 생산하지 않는다. 기계 속에서 '주체는 항상 다른 곳에 존재하는' 것이다. 이렇게 공시적인 분석이 구조를 산출한다면 통시적인 분석은 기계들, 흐름들, 균열들을 생산한다.

들뢰즈의 철학에서 기계의 개념은 기계적인 것도 유기적인 것도 아니다. 들뢰즈의 기계는 접촉이 필요 없는 이질적 독립 용어들의 '이웃' voisinage; neighborhood이다. 다시 말해 기계는 특이성으로서 주위의 이웃을 조직하는 것으로 정의될 수 있다. 들뢰즈와 가타리는『안티오이디푸스』에서 기계란 무엇인가에 대한 보다 구체적인 이해를 제공하는데, 그것의 기본적인 특징은 에너지의 흐름과, 그 흐름을 코드화함으로써 형식을 부여하는 조각들, 단절들, 균열들의 계열들이다. 이에 언어 기계는 랑그의 코드이기보다는 비체계적이고 다성적인 코드로 나타나는 것이다. 기계는 욕망의 기계와 사회적 기계로 구분되는데, 사회적-기술적 기계는 명확한 역사적 연계 속에서 욕망의 기계의 응집으로 나타난다. 욕망과 사회라는 기계의 두 양상은 욕망의 기계적 배치와 언표의 집단적 배치라는 배치의 두 가지 양상을 예시한다.

들뢰즈의 언어철학에서 기계의 개념이 중요한 이유는 그것이 화용론에 새로운 개념을 도입하였기 때문이다. 그것은 역학의 의미(여기에서는 언어의 변주와 역사성이 그 정적인 체계보다 강조된다), 물질성의 의미, 사회적 실천으로서 언어의 중요성의 의미, 그리고 체계의 추상적인 관념성에 대립되는 언어의 구체적인 작용을 강조하는 것으로 나타난다. 그리하여 들뢰즈의 기계는 랑그의 닫힌 체계로부터 기계적 언어의 열린 체계로 이동할 수 있게 하는 것이다.

들뢰즈의 기계의 개념은 과도적인 것으로서 이는 새로운 화용론의 중심에 놓여 있는 개념, 즉 '배치'의 개념으로 발전된다. 배치의 가장 명백한 정의는『들뢰즈 ABC……』에서 'Desire[욕망]의 D'편에 있다. 들뢰즈의 욕망 이론은 낙관적인 것과는 거리가 먼, 비프로이트적인 것이다. 들뢰즈에게 욕망은 단일한 주체나 단일한 개체를 갖는 것이 아니다. 그것은 복수적이고 기계적이며 집단적이다. 그리고 배치로부터 분리될 수 없다. 배치는 욕망의 흐름으로서 배치 안에서 항상 욕망하고 있는 것이다. 배치는 능동적 과정이며, 메타포(은유)가 아닌 메타모르포시스(형태변이)이다.

배치를 구성하는 것은 사물과 사건의 상태, 과정과 결과의 두 의미에서 언표와 언표행위, 욕망이 순환하는 영토로서의 공간, 그리고 그 공간 내의 운동, 탈영토화와 재영토화이다.

배치는 그것이 결과나 실재이기 이전에 과정이다. 배치는 말과 행동, 세계의 대상과 그 집단, 세계 속의 발화와 그것들의 언표를 결합한다. 배치는 항상 이중적인데, 이는 욕망의 기계적 배치와 언표의 집단적 배치라는 두 개의 하위 배치의 결합이다. 언표행위의 집단적 배치는 주체를 제거하거나 다른 방식으로 그것을 적절한, 종속적인 장소에 놓는다. 실제로 주체와 같은 것이 있기는 하지만, 그것은 단지 주체화 과정의 궁극적인 산물로서일 뿐이다. 중요한 것은 과정이지 결과가 아니다. 하나의 기호 체계는 특징적인 집단적 배치의 산물로서 주체성은 언어의 구성적 혹은 내적 조건이 아니라 논리적-역사적 배열인 것이다. 배치를 특징짓는 존재론적 혼합은 토대와 상부구조의 대립이라는 마르크시즘의 비판적 용해일 뿐 아니라 범-물체론을 허용하는 스토아학파적 혼합이기도 하다.

배치의 개념이 새로운 화용론에 갖는 변화는 그것이 기표의 제국주의를 탈피하고 주체를 제거했다는 것이다. 들뢰즈에게 기표의 중심성은 해석에 몰두하기 위한 사전 텍스트일 뿐이다. 상호 결정적인 두 개의 평행한 흐름 속에서 하나의 면은 다른 하나의 면보다 우월하지 않다. 언어는 배치에 의해 합류하고 교차하는 평행한 두 면 위의 흐름의 형식 속에 전개된다. 따라서 문제는 단어 또는 발화가 의미하는 것이 무엇인가가 아니다. 중요한 것은 발화가 어떻게 작동하는가, 그것은 어떤 배치 속에 삽입되었는가, 언표의 집단적 배치의 일부로서 그것이 어떻게 욕망의 기계적 배치에 연결될 것인가이다. 언표의 집단적 배치는 현대 언어학의 대부분을 구성하는 대립, 즉 언표의 주체와 언표행위의 주체의 대립, 문법적 주체와 화자로서의 주체의 대립에 무관심하다. 집단적 배치는 비주어적인 것으로서 그 개념은 언어철학의 중심 관념으로서 주체의 중심성과 함께 사라지는 것이다.

좌파 소속임을 주장했던 들뢰즈는 좌파로 간주된다는 것은 중심이 아닌 수평에 주목하는 것, 자기중심적 정체성을 주장하는 것, 그리고 '소수자'이기를 멈추지 않는 것이라고 말했다. 들뢰즈에게 있어 민주의 선결 조건인 다수자는 양이나 대중이 아니라 표준을 의미한다(WASP는 다수자의 미국식 버전이다). 이러한 다수자에 반하여 다양성을 상정할 수 있는데, 그것은 소수자(고정된 경계와 정체성을 가진 )보다는 생성과 연결되어 있는 '소수자 되기'라고 할 수 있다. 다수자가 정적이고 반동적인 힘들의 연계라면 소수자는 변화를 위한 능동적인 힘들의 결합이다. 소수자에게는 어떤 창조성이 있는데, 이는 변화를 위한 투쟁 능력에 기인하는 것이다. 다수자는 하나의 모델로서 다수의 소수자보다 수적으로 적을 수도 있다. 그렇지만 소수자는 모델을 갖고 있지 않은 채 끊임없는 생성 과정 중에 있다. 따라서 '대중'에 대한 좌파의 호소는 다수자에 대한 호소가 아니다. 그것은 창조적인 소수자의 배열을 변화시키기 위한 그 잠재성에 호소하는 것이다. 들뢰즈에 따르면 이것이 바로 위대한 예술가들이 대중에 호소하는 이유이다. 카프카가 독자적 스타일의 대중 예술가가 되는 이유도 이 때문인 것이다. 예술가는 끊임없이 소수자에 참여해야 한다. 소수자 문학은 탈영토화되어 있고, 전적으로 정치적이며 또한 집단적이다. 들뢰즈의 새로운 화용론에서 '소수자'는 언어의 개념이 언어 예술인 문학 연구와 분리될 수 없음을 밝혔는데, 들뢰즈는 문학적 소수화를 '스타일'의 개념으로 설명하고 있다.

## 언어의 철학자: 스타일

프루스트와 프루스트를 읽는 들뢰즈가 관심을 갖는 기호는 물론 예술의 기호이다. 그 기호들은 대상(기호의 지시대상)뿐 아니라 '본질'을 드러내기 때문이다. 본질은 세계에 대한 관점으로서 예술이 우리에게 도달할 수 있게 해주는 것이다. 본질은 각각 다른 방식으로 세계를 표현하고 그 과정에서 주체를 창조한다. 그 본질은 예술 작품이 만들어지는 재료들——색깔, 소리, 혹은 단어들——로 구현되어 드러난다. 예술작품은 내용이나 주제가 아닌 그것이 물질적으로 만들어지는 재료들에 의해 특징지어지는 것이다. 그리고 여기서 '스타일'의 개념이 등장한다.

　　언어가 이질적이고 변주되는 실재라면 스타일은 언어의 요소들을 택하여 그것들을 연속적 변이continuous variation에 복속시켜 새로운 언어학적 가능성을 추출하는 것이다. 들뢰즈가 『철학이란 무엇인가?』에서 언급했듯이 작가는 단어들을 사용하지만 구문의 창조를 통해서 그 단어들은 감각이 되고, 그 감각은 언어를 더듬거리거나 떨거나 비명지르거나 노래하게 한다. 이것이 바로 감각의 언어 혹은 언어 속의 외국어foreign language, 즉 '스타일'인 것이다. 언어를 그 한계까지 밀어붙여 더 이상 언어적이지 않은 무엇까지 끌어당기는 것도 스타일을 통해서이다.

　　들뢰즈에게 시인과 철학자의 근접성은 명백하다. 그들 모두 지배적인 언어에서 '말더듬기'를 추구하고 이로써 '소수자-되기'가 이루어진다. 문학에서 언어의 '소수적' 사용은 언어학적 다양체들——음성적·구문적, 혹은 문법적·의미론적——을 택하여 이를 '통합 언어'entire language에 접한 연속적 변이의 가상선에 따른 변주 속에 위치시키는 것으로 나타난다. 이는 모태 언어maternal language의 분해 혹은 더 나아가 해체를 초래하기도 하지만 작가의 고유한 언어 속에서 새로운 소수자 언어가 창조된다.

들뢰즈에게 스타일은 윤리적이고 정치적인 비평을 수반하는 동시에 '개별화'와 되기의 새로운 가능성을 제시하는 것이다.[11] 스타일은 예술가가 자신의 독창적이고 근본적이고 차이적인 세계관을 전달하는 매체이고 들뢰즈에게 위대한 예술가 혹은 철학자는 자신만의 고유한 스타일을 창조하는 사람이다. 스타일은 들뢰즈를 평생 사로잡았던 문제로서 그의 언어철학 최고의 긴장 지점에 위치한다. 만일 언어가 들뢰즈 사상을 관통하는 일련의 개념들로 정립될 수 있다면, 스타일은 '이 독특한 세계의 알려지지 않은 특질'(프루스트)을 드러내는 철학자 들뢰즈의 창조성과 예술가로서의 '정체성'identification의 문제로 귀결된다.

이현숙

11 John Hughes, "Deleuze, Style and Literature," *Literature Interpretation Theory*, 21 (2010): 269.

# 찾아보기